XUYONG YEARBOOK 2018

叙永年鉴

（2018）

叙永县档案馆　编

方志出版社
Publishing House of Local Records

图书在版编目（CIP）数据

叙永年鉴．2018 / 叙永县档案管编 .-- 北京：方志出版社，2020.6

ISBN 978-7-5144-4186-4

Ⅰ.①叙… Ⅱ.①叙… Ⅲ.①叙永县—2018—年鉴
Ⅳ.① Z527.14

中国版本图书馆 CIP 数据核字（2020）第 086637 号

叙永年鉴（2018）

编　　者：叙永县档案馆
责任编辑：程　倩

出 版 者：方志出版社
地址　北京市朝阳区潘家园东里 9 号（国家方志馆 4 层）
邮编　100021
网址　http：//www.fzph.org
发　　行：方志出版社图书经销中心
电话　（010）67110500
经　　销：各地新华书店
排　　版：北京纺印图文设计制作有限公司
印　　刷：北京中科印刷有限公司

开　　本：889 × 1194　　1/16
印　　张：17.75
字　　数：551 千字
版　　次：2020 年 6 月第 1 版　　2020 年 6 月第 1 次印刷

ISBN　978-7-5144-4186-4　　定价：230.00 元

序

贫困问题一直是困扰人类社会发展的重大问题。中国作为世界上最大的发展中国家，为解决贫困问题进行了长期不懈的努力。改革开放以来，特别是党的十八大以来，以习近平同志为核心的党中央把脱贫攻坚作为全面建成小康社会的底线任务和标志性指标，纳入“五位一体”总体布局和“四个全面”战略布局，以前所未有的力度推进精准扶贫、精准脱贫，扶贫开发成就举世瞩目，显著改善了贫困地区和贫困群众生产生活条件，具有重大的现实意义和深远的历史意义。身处中华民族几千年发展历史上将首次整体消除绝对贫困现象的伟大时代，如何更好地发挥地方志的存史、育人、资政的作用，是新时代全国地方志系统必须深入研究和着力解决的重大课题。

党的十八大以来，在党中央国务院的正确领导下，全国地方志系统深入学习贯彻习近平新时代中国特色社会主义思想，紧紧围绕党和国家事业发展需要，深入推进地方志改革创新发展，凝心聚力，稳扎稳打，勇于担当，主动作为，全国地方志形势和地方志工作者的精神面貌发生了深刻变化，取得了优异成绩。其中，为贯彻落实《全国地方志事业发展规划纲要（2015—2020 年）》，经中国地方志指导小组领导批准，中国地方志指导小组办公室于 2015 年、2017 年先后启动民族地区与贫困地区志书、年鉴出版资助工程（以下简称“志鉴出版资助工程”），对国家级贫困县（区、旗、县级市），中西部地区、少数民族边疆地区面临出版经费困难的志书和综合年鉴给予出版资助。实施志鉴出版资助工程是紧扣时代脉搏、坚持创新发展、传承弘扬中华优秀传统文化的一项创举，不仅有力推动了“两全目标”的实现，而且数十部资助出版的志书、年鉴及时记述了民族地区与贫困地区在全面建成小康社会伟大征程中取得的新成绩和新经验、出现的新情况和新问题、涌现的优秀人物和典型事迹，留住地方文化的“根”和“魂”，为这些地区的经济社会发展、地域文化传播、爱国主义教育、精神文明建设等提供了历史借鉴和智力支持，对全面提升民族地区与贫困地区文化建设水平、确保民族地区与贫困地区和全国其他地区同步全面建成小康社会具有重要意义。

尤为可喜的是，志鉴出版资助工程促成了一批扶贫志书的编纂出版，在文化脱贫攻坚中发挥了独特的作用。例如，《贵州省减贫志》全面系统客观记述了从 1978

年至2015年贵州省扶贫、减贫工作的历程及取得的经验，为贵州省实施大扶贫战略提供了有力的资政辅治参考，集中体现了地方志工作因时而动、顺势而为的新作为。前不久，由福建省地方志编委会和人民网共同编纂的《闽宁扶贫协作图志》，是全国首部扶贫协作图志，图文并茂、直观立体、全方位地展现闽宁扶贫协作波澜壮阔的历程，弘扬“闽宁一家亲”“携手奔小康”的深厚情谊和滴水穿石、久久为功的精神，是贯彻落实习近平总书记扶贫工作重要论述精神，服务国家精准扶贫、精准脱贫战略的有力举措。希望各地以此为鉴，编纂出版更多、更好的扶贫志书、年鉴，助力国家精准扶贫、精准脱贫战略的实施，充分展现地方志的独特价值和作用。

当前，我国脱贫攻坚已进入全面决战决胜的关键时期，尚未脱贫的贫困地区集中分布在中西部深山区、极端干旱山区、高寒阴湿地区等，文化建设还比较薄弱，文化产品还不够丰富，文化精品更是少之甚少。同时，这些地区往往是民族文化、历史文化、红色文化、生态文化富集区，具有发展文化旅游、推进文化扶贫的巨大潜在优势，也是繁荣发展地方志事业的巨大文化宝库。要发挥好文化扶贫凝聚人心的优势，善于利用方志文化优势为贫困地区“赋能”，在脱贫攻坚中做出方志人应有的贡献。要发挥好中国名镇志文化工程、中国名村志文化工程的引领作用，大力加强乡镇村志编纂，让百姓记得起乡情、记得住乡愁，凝聚贫困乡镇村庄的强大民心，补齐贫困乡镇村庄的文化短板，以“扶智”的方式“扶志”，践行习近平总书记强调的“扶贫先扶智，扶贫必扶志”的重要理念。

求木之长者，必固其根本；欲流之远者，必浚其泉源。扶贫扶起的是志气骨气，传承的是家国情怀，守护的是绿水青山。扶贫既要富口袋，也要富脑袋。必须坚持文化脱贫和物质脱贫两手抓，筑牢贫困地区文化之基，补足信仰精神之钙，引领脱贫发展之舵。全国地方志系统要围绕中心、服务大局，坚决投入脱贫攻坚这场必须打赢的硬仗，积极参与脱贫攻坚战，发挥优势和特长，深入挖掘文化资源，着力补齐文化短板，努力帮助民族地区与贫困地区的文化建设实现较大的发展提升，在全面建成小康社会、实现中华民族伟大复兴中国梦的征程中贡献方志人的力量。

是为序。

中国社会科学院院长
中国地方志指导小组组长　谢伏瞻

民族地区与贫困地区年鉴出版资助工程领导小组

组　　　　长：高　翔

常务副组长：冀祥德

副　组　长：高京斋　邱新立

民族地区与贫困地区年鉴出版资助工程领导小组办公室

主　　　　任：冀祥德

副　主　任：邱新立

成　　　　员：于伟平　刘永强　冷晓玲　李　静

《叙永年鉴（2018）》编纂委员会

顾　　问：陈景强　唐　杰

主　　任：谢　华

副 主 任：同正华

成　　员：肖　刚　于联强　何光远　韦　超

《叙永年鉴（2018）》编辑部

主　　编：韦　超

责任主编：何　平

执行主编：黄永红

编　　辑：赵志强　靳中芸

图　　片：胡润林　苏忠国　李　欣　郑云霞

编 辑 说 明

一、《叙永年鉴（2018）》以马克思列宁主义、毛泽东思想、邓小平理论、“三个代表”重要思想、科学发展观、习近平新时代中国特色社会主义思想为指导，坚持辩证唯物主义和历史唯物主义的立场、观点和方法，以《地方志工作条例》为依据，真实、客观地反映叙永县各级党委、人民政府的主要工作、经济建设、社会发展和社会主义精神文明建设的重大成就，突出地方特色和时代特色，力求科学性、系统性和全面性相统一。

二、《叙永年鉴》自2008年首次出版以来，2015年始在国内外公开发行。《叙永年鉴》由叙永县档案馆编纂，各乡镇人民政府、县级各部门和有关企事业单位提供资料，《叙永年鉴》编辑部组织编纂。旨在全面、系统地记述叙永县自然、政治、经济、文化、社会等方面的年度基本情况，为党政机关、研究部门、社会各界人士及中外投资者了解和研究叙永县情提供基本资料，为编修地方志书积累和储存资料。

三、《叙永年鉴（2018）》采用分类编辑法，设置类目、分目、条目三个层次，条目为记述内容的主要形式。

四、《叙永年鉴（2018）》主要收录2017年度内发生在叙永县行政区域内的大事、要事，内容各自成体系，有些资料适当上溯，力求突出反映叙永县的特点和各乡（镇）、各企业深化改革、扩大开放、经济建设所取得的丰硕成果。

五、《叙永年鉴（2018）》资料由各有关单位提供，所有统计数据源自叙永县统计局，县统计局无该项统计数据的，采用各单位提供的数据。由于各单位统计的来源、口径、方式、方法或时间的不同，部分数据不尽一致，请读者以统计局提供的统计资料为准。资料时限为2017年1月1日至2017年12月31日。

叙永县地图

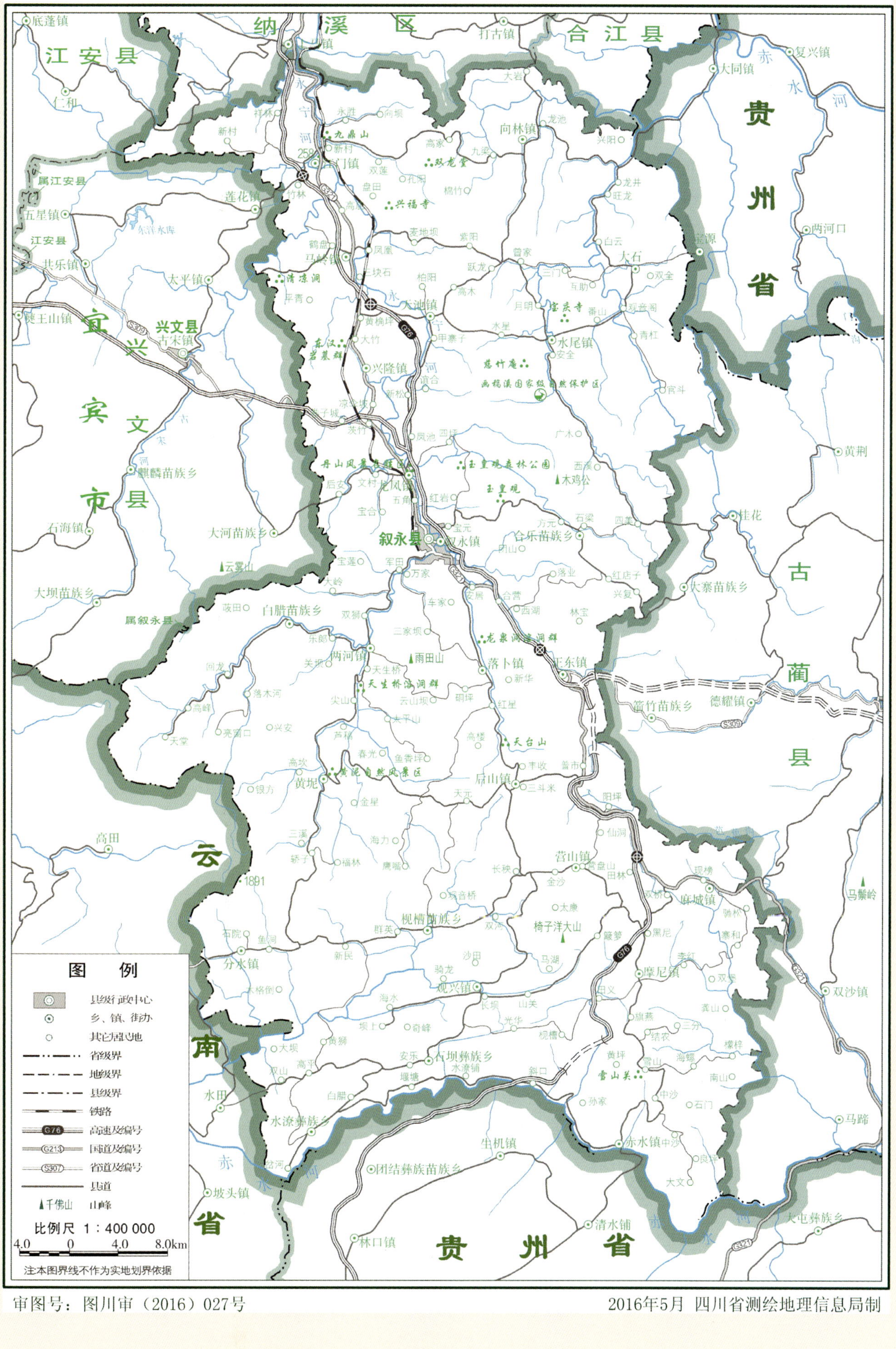

审图号：图川审（2016）027号　　2016年5月 四川省测绘地理信息局制

5月3日，中央委员、新华社原社长李从军（主席台中）到叙永调研脱贫攻坚工作

5月5日，全国政协常委、提案委员会主任孙淦（中）率队到叙永落卜镇硐坪村考察调研石漠化治理工作

9月25—26日，中央文献研究室副主任、全国红色旅游协调小组成员张宏志（左三）到叙永县调研红色资源保护利用与脱贫攻坚工作

2月8日，国家卫计委组织到叙永调研全民预防保健工作

7月13—14日，国家发展改革委地区司副巡视员杨桀（前排左二）率队到叙永督查巡查脱贫攻坚工作，实地深入石厢子彝族乡堰塘村巡查

4月11日，省人大常委会副主任黄新初（中）在石厢子彝族乡堰塘村调研

6月21人，副省长刘捷（右二）在水尾镇黄金榜易地扶贫搬迁安置点调研

10月25日，副省长、致公党中央常委、四川省委主委杨兴平（左一）在叙永县正东镇普市村村卫生室调研

12 月 15 日，江苏省政协副主席、致公党江苏省委主委麻建国（前排中）率督导组到石厢子彝族乡堰塘村党群服务中心调研

11 月 11 日，市委书记蒋辅义（前排）率队查看西溪村猕猴桃基地

11 月 30 日，市人大副主任王波（主席台中）率队到叙永县，专题调研易地扶贫搬迁和“双挂钩”项目推进情况

12 月 4 日，市委常委、组织部部长徐斌到叙永召开石厢子会议旧址教育培训基地建设推进会

1 月 24 日，举行叙永县监察委员会成立大会

12 月 22 日，叙永县举行中共十九大精神宣讲会

2 月 9 日，举行叙永县重点项目暨城建、交通、园区攻坚工作会

4 月 14 日，召开河长制及防汛减灾工作会

4 月 6 日，举行中国共产党叙永县十三届第一轮巡察工作动员会

6 月 9 日，召开幸福美丽新村（社区）文化院坝建设推进会

8 月 17 日，四川省“全面改薄”会议在叙永富丽假日酒店举行

9 月 1 日，举行脱贫攻坚政策业务培训会

9 月 28 日，召开叙永县脱贫攻坚质量安全监管暨建材价格稳控工作会

3 月 16 日，举办酒城讲坛 · 叙永大讲堂

10 月 11 日，叙永县召开农村住房安全保障暨道路交通安全管理工作电视电话会

6 月 28 日，县委书记陈景强（右三），县委副书记、县长唐杰（左二）督察丹山玉皇观森林公园环保整改工作

12 月 4 日，叙永镇中心校开展“国家宪法日”主题班会

12 月 13 日，江门镇创建“市级法治示范乡镇”通过验收

12 月 7 日，叙永县 2017 年党员暨农民夜校教师培训开班典礼

发展叙永

1 月 11 日，淘宝大学中爱电商学院揭牌仪式在叙永职高举行

3 月 15 日，叙永县 2017 年第一季度重大项目集中开工仪式在江门镇举行

4 月 18 日，产城大道项目交工仪式

6 月 27 日，鸡枞菌项目签约仪式

8 月 16 日，特色小镇建设、医疗卫生和教育事业发展项目签约仪式

10 月 27 日，叙永县人民医院创“三甲”改扩建项目等 6 个项目集中开工仪式

10 月 31 日，泸州市 2017 年第四季度重大交通项目集中开工仪式在叙永县举行

11 月 3 日，叙永县产业扶贫融资合作签约暨产业融合扶贫示范园开工仪式在麻城镇举行

12 月 11 日，江门镇成品油库建成开业庆典

2 月 27 日，县委书记陈景强（前排左一），县委副书记、县长唐杰（前排右一）率县经商、国土、水务、食药监、住房和城乡建设等部门负责人到向林镇中国沈酒基地调研

11 月 9 日，市人大代表到叙永考察江门竹浆项目

3 月 13 日，水利部到叙永审查永宁水库规划方案

4 月 11 日，省人大常委会副主任黄新初（前排左三）、市委书记蒋辅义（前排左四）、市人大常委会主任曹建国（前排左二）在石厢子彝族乡考察堰塘村现代柑橘示范园

建设中的江门竹浆厂

石厢子堰塘村

县城西装修中的永宁客运站

向林镇绵竹村建设中的沈酒村

2 月 7 日，召开叙永县脱贫攻坚大会

9 月 6 日，召开脱贫攻坚全覆盖督导迎检工作会

9 月 28 日，召开脱贫攻坚奋战动员大会

11 月 16 日，召开叙永县利用国土资源政策助推脱贫攻坚动员会

12 月 15 日，召开“五个一”帮扶工作交账会

5 月 22 日，华西证券服务有限公司、叙永县人民政府结对帮扶签约仪式

8 月 29 日，中电科重庆声光有限公司到叙永开展对口帮扶工作

5 月 31 日，深圳泸州商会到水潦彝族乡调研助推脱贫攻坚工作

11 月 16 日，四川省扶贫移民局党组成员、总会计师廖蔚（主席台中）率队专项督导叙永县脱贫攻坚“一低三有”“一低五有”达标建设等情况

12 月 18 日，召开脱贫攻坚第三次流动现场会暨省级验收评估动员大会

9 月 7 日，在泸州的全国、省人大代表在叙永县江门镇调研易地扶贫搬迁项目建设情况

9 月 12 日，泸州市“智能终端 + 就业扶贫”专场招聘会在叙永县麻城镇麻线堡社区举行

9 月 29 日，叙永县财金互动助推脱贫攻坚信贷担保专项行动集中签约仪式

10 月 17 日，举行叙永县“扶贫日”捐款活动

11 月 11 日，市委书记蒋辅义（右四）、县委书记陈景强（右一）在贫困户家调研

8 月 10 日，县委书记陈景强（左五）在石厢子彝族乡督导脱贫攻坚项目建设

3 月 23 日，县委副书记、县长唐杰（左三）在水尾镇黄金榜易地扶贫搬迁安置点，督查项目推进情况

10 月 22 日，县委书记、县长督导乡镇脱贫攻坚工作汇报会

7 月 11 日，叙永县科知局组织为观兴镇山关村 34 户贫困户送去 14 头“扶贫牛”、168 只“扶贫羊”

8 月 27 日，市委书记蒋辅义（右三）深入水尾镇西溪村走访贫困户，调研脱贫攻坚工作

8 月，营山镇高山蔬菜基地农户采摘忙

3 月 5 日，学雷锋活动暨公民道德宣传月启动仪式在春秋祠广场举行

3 月 11—12 日，美景里程四川 · 乌蒙花海骑跑挑战赛在叙永举行

5 月 11 日，“魅力天池 · 苦笋香甜”主题文化交流活动在天池镇甲寨子村举行

5 月 31 日，县委书记陈景强（后排左六），县委副书记、县长唐杰（左七）在后山镇中心幼儿园参加“六一儿童节”活动

9 月 18 日，第四届国家网络安全宣传周活动启动仪式在春秋祠广场举行

9 月 27 日，叙永县举行“喜迎十九大　脱贫奔小康”文艺演出活动，并为“十佳扶贫帮困先锋和脱贫能手”颁奖

9 月 30 日，叙永县举行“烈士纪念日”公祭活动

7 月 12 日，县城新区湿地公园建成投用。该公园占地 260 余亩，工程投资 2000 余万元

目　录

中国共产党叙永县委员会

综　述

重要会议

重要活动

组织工作

县人民政府办公室

目标管理

机关事务管理

中国人民政治协商会议叙永县委员会

纪检监察

群众团体

工 会

共青团

妇 联

科 协

工商联

文 联

检 察

法 院

司法行政

仲 裁

军 事

人民武装部

武警中队

综合经济管理

发展与改革

特 载

叙永县人民政府工作报告

——在叙永县第十七届人民代表大会第二次会议上的讲话（摘要）

（2018 年 1 月 21 日）

县委副书记、县长 唐 杰

刚刚过去的 2017 年，是本届政府的开局之年。在市委、市政府和县委的正确领导下，在县人大、县政协的监督支持下，我们团结带领全县人民，始终保持政治定力，始终坚持战略方向，始终秉持实干精神，较好地完成了全年目标任务，经济社会各项事业取得了显著成绩。

2017 年，全县生产总值（GDP）实现 115.3 亿元，同比增长 5.5%；规模以上工业增加值 10.4 亿元；全社会固定资产投资 166.3 亿元，增长 21.7%；社会消费品零售总额 70.5 亿元，增长 13.5%；地方公共财政预算收入 7.1 亿元，完成调整预算的 100%；城镇居民人均可支配收入 23880 元，增长 8.3%；农村居民人均可支配收入 10897 元，增长 10%。一年来，我们重点抓了六个方面的工作。

一、始终坚持抓脱贫、创示范，攻坚成效不断彰显

举全县之力，集全县之智，全力确保脱贫攻坚再战再胜，顺利通过省级脱贫考核验收，完成 42 个贫困村退出、13535 人减贫。

聚财力优先保脱贫。优化预算支出，全面压缩开支，全年统筹安排 28.3 亿元保障脱贫攻坚。其中，投入 2.3 亿元开展对标补短，平均每个预脱贫村投入 560 万元；设立扶贫小额信贷分险补偿基金 3499 万元，增设农业产业扶贫基金 1800 万元；发放教育扶贫救助基金 420 万元，救助贫困学生 1.7 万人次；报销、减免贫困人口医疗费用 9648.6 万元，实现县内住院、门诊“零自付”；投资 989.7 万元，新改建通信基站 80 个，所有贫困村通网络信号；投入 10 亿元，新、改建农村公路 1231 公里，建设里程全市第一，实现了所有行政村和主要少数民族聚居点通硬化路。

集人力优先干脱贫。安排 4015 名机关企事业单位干部职工，全覆盖帮扶 23644 户贫困户，每月驻村 8 天，通过“精准扶贫智慧管理系统”APP 远程签到，数据统计、帮扶管理实现信息化；增派 141 名优秀党员干部到非贫困村任第一书记，开展“4+1”帮扶，同步增强脱贫力量，实现所有贫困村和非贫困村第一书记全覆盖；34 名县领导带队，抽调 900 余名县乡干部，组建 25 个工作组，参照国检方式每季度现场验靶交账，开展全覆盖核查。通过“三个全覆盖”实现精准排查、精准诊断、精准整改。

抓重点优先亮脱贫。坚持将易地扶贫搬迁作为关键之仗、头号工程，全方位推动实施，完成5291户20186人住房建设，超额完成省下达任务。探索创新的“五书四表三个一体系”（“五书”指《搬迁申请书》《搬迁承诺书》《建房告知书》《施工质量安全责任书》《建设服务协议书》，“四表”指《农户审批表》《农户资金到位情况表》《建房安全巡回检查表》《农户住房竣工表》，“三个一体系”指“统一运转”的指挥体系、“一包到底”的责任体系、“一票否决”的问责体系）易搬档案管理模式在全市推广实施、在全省作经验交流发言。精心打造了以江门古寨、石厢子堰塘、水尾黄金榜、向林棉竹为代表的一批易地扶贫搬迁特色安置点。特别是江门古寨“以产定搬、产城相融”的易搬模式，作为全国易地扶贫搬迁实景展示唯一代表，制作成沙盘模型参加“砥砺奋进的五年”大型成就展，向中共十九大献礼，叙永工作首次以最直观的方式呈现在党和国家领导人面前。积极开展全国健康扶贫示范县创建工作，《全民预防保健改革“叙永经验”》入选全国年度改革十大案例备选名录。《撸起袖子加油干磅礴乌蒙拔穷根》等2篇文章在国扶办《中国扶贫》杂志刊登。成功创建全国家政扶贫试点县和全国建筑劳务输出基地示范县。全年共接受国家和省市脱贫攻坚督查考核、评估验收20余次，特别是7月，代表四川接受国务院督察组检查，获得高度评价。原中央委员、新华社社长李从军和省委副书记、省长尹力莅叙调研，均给予充分肯定。

二、始终坚持谋发展、增效益，综合实力不断提升

紧紧围绕产业转型升级，抓龙头、铸链条、搭平台，做大做强农业、改造提升工业、培育发展第三产业，三次产业结构调整优化为19.4∶46.2∶34.4。

现代农业蓬勃发展。一是稳定发展基础产业。粮食总产量25万吨，烤烟产值1.3亿元，新造林竹7.3万亩，林业收入显著增长。二是着力发展特色产业。依托陕西海升、山东联盛、四川巨星等龙头企业，打造“四大片区”特色产业带（指南部高寒山区生态果蔬产业带、赤水河流域特色经果产业带、北部乡村旅游产业带、中部种植养殖产业带）。投入1.2亿元在赤水河流域建成5000亩现代柑橘产业示范园，辐射带动6个乡镇种植甜橙10万亩；投资1亿元在麻城建设年产1400万袋鸡枞菌产业扶贫项目；投资15.2亿元建设年出栏100万头生猪产业扶贫项目。依托东牛牧场等养殖龙头企业，带动全县发展畜牧产业，实现大牲畜出栏55万头，小家禽出栏500万只。三是积极培育新型经营主体。全年新增农业龙头企业28家、合作社641个，新建家庭农场489户。四是巩固夯实农业基础。倒流河、龙洞、高木顶、纳坪四大水库枢纽工程全面完工；建成高标准农田6.3万亩、农机化生产道路340公里。五是稳步推进农村改革。全面完成国有林场改革，农村土地承包经营权确权颁证、供销社综合改革有序推进。

工业经济稳步发展。一是支撑力度持续加大。年初预算安排工业发展资金5500万元，支持重点企业满负荷生产；加快园区工业平台建设，入驻企业27户，实现主营业务收入17.4亿元，固定资产投资10.2亿元，超额完成目标任务。二是主导产业逐渐形成。江门竹浆项目正式投产，年销售收入近10亿元，带动16个竹区乡镇近14万户竹农致富奔康；郎酒玻瓶年产量达1亿只，产值2.5亿元，3号窑炉正加快建设；赛德水泥年产值实现5.5亿元；古泉洞酒业实现试生产；后山石灰石深加工项目第三条生产线建成投产，年产量达10万吨；页岩气勘探加快推进，有望实现规模开采。三是企业进军资本市场。中国沈酒集团抢抓IPO绿色通道政策机遇，聘请华西证券作为辅导机构，正式启动主板上市工作，两年后有望实现叙永在主板上市企业“零的突破”。

第三产业突破发展。2017年，服务业增加值40.6亿元，同比增长10%。一是大力抓商贸物流。重点打造川滇黔商贸城、物流港等项目，入驻商家130余户，营业额达8000余万元。二是重点抓电子商务。以实施国家级电子商务进农村综合示范县项目为契机，完成电商公共服务中心和130余个农村服务站点建设；开设京东商城叙永特产馆，自建“赶场小站”电商平台，培育采集3类以上重点品牌和20余种特色产品实施全网络营销；成功入围四川省县域电子商务十佳县。2017年全县电子商务交易额1.8亿元，同比增长55%。三是突出抓乡村旅游。北部山水生态游、赤水河赏花摘果游两大特色旅游品牌初步形成。总投资4.5亿元、占地710亩的“苏州园林、江南水乡”——坝上桃花坞旅游度假区建成营业，全年接待游客20万人次。成功举办赤水河自驾赏花、画稿溪清凉狂欢、彝族火把节等主题旅游活动；首次举办美景里程·乌蒙花海骑跑挑战赛，吸引200余名中外运动员参加，人民网、搜狐网等20余家主流媒体宣传报道，沿线乡镇旅游综合收入超千万；石厢子堰塘新村完成特色业态乡村旅游品牌创建。

三、始终坚持扩投资、推项目，发展后劲不断增强

充分发挥投资拉动作用，抓大不放小，推进不冒进，项目争引、建设、保障能力稳步提升。

抓争引，增强发展动力。一是争资争项有力推进。全年共争取各类项目资金36.4亿元。资源综合利用经济园区通过国家开发区名录复核；叙永通用机场列入全省通用机场规划；江门竹浆项目列入全省农村产业融合发展项目规划，获得中央预算内资金连续三年滚动支持。二是招商引资取得实效。到位市外国内资金78亿元，增长32.4%。成功引进深圳汉唐控股等泸州老窖关联企业57家，注册资本达37.4亿元。三是开放合作成效显著。积极组织30余家企业、200余种产品参加中国酒博会、西南商博会、泸州农博会等中、省、市重大会展招商活动，共签约项目11个，意向投资近60亿元。成功举办叙永籍在外成功人士茶话会和边城叙永精英论坛活动。

促建设，强化发展支撑。全县127个重点项目完成投资153亿元。其中，江门竹浆项目历经四届县委政府的艰辛努力，招商引资三易其主，坎坷建设十载有余，终于正式投产，开启了叙永工业新篇章；江门成品油库的建成投产，实现了泸州民营石化成品油仓储、批发企业“零突破”。绕城路的全线贯通，打通了县城环线新动脉，终结了321国道穿城过境的历史，极大地缓解了城区交通安全压力；产城大道二标段的竣工通车，高速路接口连接线大桥的拓宽改造，叙镇铁路、叙威高速、S438、江兴路和园区“一桥四路”〔指永宁河一号桥（龙凤大桥），永宁河东横一路、三路，永宁河东横二路及其延伸线，永宁河东环路，复烤厂绕厂公路〕的开工建设，必将有效改善叙永的交通状况。

强保障，夯实发展基础。主动适应宏观调控，充分利用各类利好政策，解决融资难等问题。推进投融资体制改革，探索政府与社会资本合作模式，启动产城大道、园区综合体PPP项目建设；拓宽融资渠道，搭建融资平台，成功引入四川省农业信贷担保有限公司，以风险分担的形式，为我县中小微涉农企业提供信贷支持；成功牵手人保财险四川省分公司，签订农业产业扶贫“政融保”合作协议，获得先期授信1亿元；完成了全省首例以保证保险增信为手段的担保贷款。深化国有企业改革，改组成立叙兴集团，做大做强国资平台。深入推进农电体制改革，全面完成150个行政村农网升级改造。强化监管手段，启动“综合治税”平台建设，实现涉税信息共享。抢抓国土资源政策向贫困地区倾斜机遇，成立工作专班，强势推进土地整理、“双挂钩”等项目，盘活县内国土资源，助推脱贫攻坚。

四、始终坚持优环境、塑形象，城乡建设不断推进

以城市建设攻坚为抓手，全力化解城市开发建设遗留问题，放大城镇集聚效应，城乡统筹、生态文明建设协调推进。

城市功能逐步完善。按照控规提质总体思路，实施城市建设项目13个，总投资82.5亿元，县城建成区面积达14.3平方公里，城镇化率达34.9%，县城区绿地率达31%。一是建筑产业发展迅速。全年建筑业产值实现13亿元，同比增长6.9%；新增建筑企业34家，同比增长188%；中七建工华贸公司成为全省首家获得建筑施工总承包、市政工程总承包双特级资质的民营企业。二是城市建设加快推进。御景东城、府前街、中广壹品城等项目建成投用，逐步形成了新区、老城区、水洞子三大片区经济商业圈。东城片区滨河路和南门河大桥的竣工通行，永宁路和环城路的升级改造，使道路微循环不断畅通；岩头上水景观、东门河湿地公园向市民开放，城区大型休闲公园、活动广场达到6处。三是城市管理日益完善。引进北控水务集团，全面实行环卫清扫保洁市场化，县城区道路卫生明显改善；"党外人士一日行"参与体验，《因为有你》环卫专题片全城播放，城市形象有效提升。

镇村建设持续升级。黄坭、大石完成撤乡设镇；石坝彝族乡更名为石厢子彝族乡，传统地名文化和地方特色得以彰显；江门、水尾成功入列省级百镇建设试点镇；江门成功申报省级首批特色小镇，引进香港昊阳集团编制场镇建设和产业发展规划；千年摩尼第一城加快建设；重塑水潦海涯、分水木格倒等6个传统村落文化记忆；两河太平山、天池甲寨子入选四川省"文化扶贫示范村"；黄坭彭德怀营地、水潦陈氏三合院等列入县级历史建筑。

环保攻坚成绩斐然。中央环保督察期间，全县干部不分昼夜、不分节假日，奋战85天，先后投入1.4亿元，顺利完成各项工作任务。"河长制"全面铺开，编制了"一河一策"实施方案；完成东门渠、鱼凫古街等渠道清淤，永宁河沿岸污水支管网工程正式投运；红岩水厂建成投用，县城饮用水水质全面提升。全面启动12个乡镇和10个乡村聚居点污水处理厂建设；24个乡镇全面配备垃圾收储箱和清运车辆，关闭16个非正规垃圾填埋点。切实加强画稿溪国家级自然保护区保护工作，关闭7家小水电，征集21名志愿者全覆盖巡查。23家重点企业完成脱硫、脱硝，秸秆焚烧、露天烧烤等专项整治行动深入推进，全县主要污染物排放量明显减少，环境质量全面提升，叙永天更蓝、水更清、山更绿。

五、始终坚持增投入、惠民生，社会事业不断发展

准确把握人民群众迫切需求，高效推进各项民生工程，提高社会保障和社会治理能力，发展成果普惠于民。

民生工程稳步推进。在财政收支矛盾加大的情况下，民生投入持续增加。一是优先发展教育事业。高考本科硬上线1688人，再创历史新高；叙永三中完成一期工程建设；叙永职高完成改扩建；城西实验学校竣工投用实现招生；成功举办全省全面改造薄弱学校工作现场会。二是完善卫生服务体系。全面落实医疗扶贫"十免四补助"（贫困人口就诊免收一般诊疗费、免收院内会诊费、免费开展白内障复明手术项目、免费艾滋病抗病毒药物和抗结核一线药物治疗、免费提供基本公共卫生服务、免费提供妇幼健康服务、免费提供巡回医疗服务、免费药物治疗包虫病患者、免费提供基本医保个人缴费、免费实施贫困孕产妇住院分娩服务，对手术治疗包虫病患者按2.5万元/人给予补助，对1000名0—6岁贫困残疾儿童进行手术、康复训练和辅具适配按3万元/人给予补助，对符合治疗救助条件的晚期血吸虫病人按5000元/人给予补助，对重症大骨节病贫困患者按700元/人给予对症治疗补助）和“四个百分之百”（贫困人口全民预防保健覆盖面100%、基本医疗保险参保率100%、商业附加险参保率100%、应救必救救助面100%），深入推进全民预防保健，王东明书记批示在全省推广“泸州模式、叙永经验”；顺利迎接全国基层中医药工作先进县评估验收；县人民医院被国家卫计委表彰为全国卫生计生系统先进集体，成功通过“三乙”评审，全面启动“三甲”创建。三是深入实施文化惠民。不断完善公共文化服务体系，42个贫困村文化室通过达标验收；春秋祠全面完成抢救维修；石厢子会议旧址成功入选《全国红色旅游经典景区名录》；水潦草把龙、海氏骨科医药等4个项目成功申报市级非遗项目；全民健身工作被国家体育总局评为全国先进。四是深化精神文明建设。全面完成泸州市创建全国文明城市目标任务；开展“破除陈规陋习、树立文明新风”“脱贫攻坚、感恩奋进”等主题教育活动，用精神脱贫助推精准脱贫；戚联华等2人被评为泸州市第五届道德模范。

社会保障效果明显。全面落实扶贫领域低保兜底政策，1.5万名贫困群众实现兜底保障；继续实行“两线合一”（通过产业扶持、就业帮助、医疗救助等措施帮扶，收入仍无法达到脱贫标准的建档立卡贫困对象，由民政局给予低保政策兜底，确保最低生活保障线和脱贫线“两线合一”），提高低保保障线。县城棚户区改造和农村危房改造成效显著，府前街、岩头上等棚改项目全面竣工，1473户拆迁户喜获新房，全面完成危房改造和地灾搬迁3985户；顺利分配206套公租房，发放300户住房租赁补贴。

社会大局安定和谐。一是坚持安全生产工作底线。2017年未发生较大以上生产安全事故，各项指标严格控制在市政府下达范围内；全面完成4项省、市级重大安全隐患闭环整改，顺利通过国务院安全生产大检查。二是加强基层社会治理。推进以大数据、信息化为牵引的“智慧云护城墙”二期建设，投资5000万元，建设“天网工程”“校园卫士”等视频监控系统；成立县、乡、村综治中心共290个，“一村一警辅”实现全覆盖；投资9000万元，建成全市一流的监管中心，成功转移监管对象368名；集中打击“盗抢骗毒”专项行动成果全市排名第一；命案发案率创历史新低，“两抢”案件下降70%。公安社会化评价第三方测评跃居全省第55位，群众安全感、满意度大幅提升。三是狠抓信访维稳。设立专项基金化解特殊疑难个案，成功化解“国际大都会”“汽贸花园”等6个城市建设遗留问题，停工2年的“凡尔赛国际”项目恢复施工；成功招募“盛世华都”项目续建借资方，化解502名购、订房户群访问题。中共十九大期间，集中精力、全力以赴抓好信访安全维稳工作，圆满实现“六个不发生”工作目标，受到省、市充分肯定。

六、始终坚持改作风、提效能，自身建设不断加强

以提升政府公信力、执行力、创造力为重点，着力打造务实、高效、创新、廉洁的行政团队，政府自身建设取得新进展。强化法治政府建设，坚持用法治思维和法治方式推动发展。深化“放管服”改革，按照“放权上求实效，监管上求创新，服务上求提升”的原则，动态管理“四项清单”。严格落实“双随机一公开”（随机抽取检查对象，随机选派执法检查人员，抽查情况及查处结果及时向社会公开），依法公开政府信息。依托现代化科技手段，切实推进行权平台运行，办案30余万件，办件量居全市第一。全面落实党风廉政建设责任制，强化重点领域权力监管，提高源头治理能力。自觉接受县人大及其常委会法律监督、工作监督和县政协民主监督，累计办理人大代表建议96件、政协委员提案169件，办结率100%。全面推行政府绩效管理，不断提高政府执行力。

同时，国防动员和国防后备力量建设稳步推进，应急管理、机关事务、统计调查、人事编制、工商质监、食品药品监管、科学技术、民族宗教、外事侨务、妇女儿童、残疾人事业、对台、气象、档案和地方志等工作均取得较大进步。

大事记

1月

3日 举行第三次全国农业普查入户登记启动仪式。

是日 泸州市义务教育均衡发展督导评估组到叙永天池镇中心校检查督导义务教育均衡发展工作。

4日 召开2017年安委会全体成员（扩大）会暨安全生产第十三次督办会。要求严格落实安全生产主体责任，加强安全管理和隐患排查治理，强化从业人员风险意识和安全教育培训，严防各类事故发生。

是日 2017年“法润泸州·法治文艺进万家”首场文艺巡演活动，在法治文化公园举行。

5日 永宁路、南大街、草市街等城区主要街道路面升级改造工程竣工投入使用。

是日 泸州市应急办、安监局、林业局组成安全生产督查组督查叙永县安全生产工作。

8日 启动新型职业农民培育工程，计划培育新型职业农民368人。培训对象以全县90个贫困村有创业能力的贫困户为主，培训内容包括农作物病虫害综合防治技术、粮油作物优质高产栽培技术、无公害蔬菜标准化生产技术、农业发展扶持政策、农业创业风险防范等。

10日 国务院扶贫办开发指导司副司长吴华，证监会办公厅副巡视员曾彤率调研组到石坝彝族乡调研易地扶贫搬迁及产业发展。

11日 泸州市脱贫攻坚青年电商培训基地淘宝大学中爱电商学院揭牌仪式在叙永县举行。市委常委、市总工会主席刘云，县委书记陈景强共同为电商培训基地揭牌。

12日 副县长谢华率县教育、财政、人社、国土、住房和城乡建设、发改等部门相关人员到纳溪区考察学习教育均衡发展工作。

13日 召开第十七届人民政府首次常务会议，研究并部署当前全县安全生产工作。

16日 县委常委、常务副县长申波到大石乡指导村级党组织换届选举工作，实地调研大石乡脱贫攻坚、信访维稳、安全生产、基础设施建设等工作并提出要求。

17日 叙永等20个县（市、区）被四川省人民政府认定为四川省农产品质量安全监管示范县。

是日 国家烟草总局财务司副司长罗明德率队调研摩尼镇联盟村新村建设项目。

18日 召开后山镇三斗米村分红大会，三斗米村富邦生态养殖专业合作社实现产值1300余万元，净利润133万元。

19日 县委书记陈景强带领县委、县人民政府有关领导及食品药品监管局等相关部门负责人开展节前食品安全检查。

是日 县委、县人大、县人民政府、县政协

“四大家”领导开展春节期间集中走访慰问离退休老干部、县武警中队、县消防大队、县人武部官兵、重点优抚对象及部分伤残军人，环卫部门一线职工。

是日 县人民政府印发《关于2017年春节期间烟花爆竹燃放安全管理的通告》，明确提出，允许燃放烟花爆竹时间为2017年1月21日至2月11日，县城区集中燃放区域为绕城线绿化带以外的开阔空旷地面、鱼凫公园、中广壹品城广场、新区广场、烈士陵园广场。禁止在国家机关、社会团体、火车站、汽车站等区域，以及森林防火区、加油站、加气站等单位周边200米范围内燃放烟花爆竹。禁止燃放高危险烟花爆竹品种。严禁销售、燃放孔明灯。

2月

6日 中共叙永县委十三届第十三次常委会议决定县委中心组组织专题学习《中共中央国务院关于推进安全生产领域改革发展的意见》，并制定出台贯彻实施意见。

7日 市人大常委会副主任王波率市发改委到叙永调研指导易地扶贫搬迁工作。

8日 国家卫生计生委基层卫生司基保处处长张并立率队到叙永调研全民预防保健工作。

是日 四川省工程咨询院和泸州市项目推进中心、发展改革委等专家到叙永现场踏勘古叙生活垃圾焚烧发电项目选址，调研叙永城市生活垃圾处理工作。

是日 召开叙永县重点项目暨城建、交通、园区攻坚工作会，安排部署2017年工作，下达城建、交通、园区大会战工作任务。

是日 召开全县安全生产、环境保护、食品农产品“双安双创”工作会。

9日 召开叙永县第十届村（居）民委员会换届选举工作培训会。

9—10日 泸州市2017年环境保护工作会在叙永召开。

14日 四川省脱贫攻坚专项督导工作座谈会在叙永召开。

是日 召开第三次全国农业普查工作推进会，通报各乡镇的普查数据与部门提供的数据之间产生的误差。

15日 市委书记蒋辅义率市发改委、市经信委、市住房和城乡建设局、市交通局、市财政局、市扶贫局等部门负责人到叙永县调研，研究部署开门红、稳增长、项目攻坚、脱贫攻坚等重点工作。

是日 市委常委、市委组织部部长徐斌到叙永园区、江门竹浆项目、川天食品、台泥水泥等重点项目现场调研。

15—16日 泸州市级评审专家组对叙永创建全国基层中医药工作先进单位进行初评。

16日 召开“五个一”帮扶暨村级集体经济发展工作推进会，表彰2016年脱贫攻坚先进，签订《叙永县贫困村“五个一”帮扶力量工作目标责任书》《村级集体经济发展目标责任书》。

16—17日 举办2016年发展村级集体经济培训班，对全县25个乡镇分管领导，90个贫困村的驻村第一书记、驻村工作组成员、驻村农技员，264个村（社区）支书共计600余人进行培训。

17日 县委书记陈景强率交通、发改、扶贫等部门到龙凤镇，调研凤林村脱贫攻坚工作。

21日 叙永县第十七届人大常委会举行第一次会议，任命吴立凡为县人民政府副县长（挂职）、同正华等23人为县十七届政府组成部门主要负责人。

是日 县委书记陈景强，县委副书记、县长唐杰，县人大常委会主任张秋平，县委副书记曹阳等县领导率县交通、城管、水务、住房和城乡建设、环保、工商等部门负责人调研城市建设管理工作。

是日 泸州市政协主席田亚东、副主席梁中元、罗素平率队到叙永调研政协及脱贫攻坚等相关工作。

22日 四川省住房和城乡建设厅副厅长邱建率队到叙永县调研新型城镇化建设工作。

是日 县委书记陈景强率队调研城区农贸市场建设改造情况。强调要坚持政府主导、因地制宜、强化监管，切实加快城区农贸市场建设改造步伐，着力营造宜居生活环境。

是日 县委常委、县委宣传部部长陈学军召集住房和城乡建设、文体广电、国土、交通、水务、公安、安监、城管及叙永镇相关部门负责人和经办人员，讨论上下桥保护维修项目前期准备工作。要求住建部门牵头，立即成立抢救维修保护项目组，抓紧开展工作。泸州市文物局局长冯建应邀参加会议。

23日 举行“法治进校园”巡讲活动启动仪式。

是日 召开全县组织、宣传、统战、政法信访暨依法治理工作会，安排部署2017年工作。县委书记陈景强与乡镇代表签订农村基层党组织建设目标责任书。

24日 召开叙永县2017年住房保障工作会暨政策培训会。

是日 县政协主席马刚主持召开帮扶村脱贫攻坚协调座谈会，专题研究叙永镇百花村扶贫工作。

27日 县委书记陈景强，县委副书记、县长唐杰率县经商、国土、水务、食药监、住房和城乡建设等部门负责人到向林镇中国沈酒基地，叙永镇野植珍食品限公司调研并现场办公。

28日 四川省易地扶贫搬迁领导小组考核组到叙永考核检查江门镇高家村、叙永镇红岩村易地扶贫搬迁工作。

是日 泸州市国土资源局初步验收叙永县永久基本农田划定成果。

是日 四川省发改委农村经济处副处长田雪松到石坝彝族乡堰塘村调研产业扶贫工作。

是月 国家卫生计生委基层卫生司基保处处长张并立率队到叙永县调研全民预防保健工作。

3月

1日 县委书记陈景强、县政协主席马刚、县委常委叶继东等县领导率农业、财政、旅游等部门负责人到麻城镇调研并现场办公。

是日 县委常委、组织部长周之平率国土、经商等部门到后山镇石灰石深加工项目和落卜镇兴池酒业有限公司生产及储存基地开展调研，解决企业发展过程中面临的困难和问题。

是日 资阳市政协副主席刘延安一行到叙永调研新农村建设。

2日 泸州市人大常委会主任曹建国一行到龙凤镇凤林村调研脱贫攻坚工作。

是日 四川省农业厅土壤肥料与资源环境处土壤科科长刘红兵到县调研高标准农田建设工作。

是日 新疆阿勒泰地区水利局经四川省防汛抗旱指挥部办公室推荐，到叙交流学习叙永县防汛信息化建设工作。

3日 召开赤水河流域高标准柑橘示范园建设工作推进会。副县长苏丹主持会议安排部署示范园建设下一步工作。

是日 召开破除陈规陋习、树立文明新风工作推进会。

7日 市委常委、组织部长、市委党校校长徐斌一行到摩尼镇联盟村调研新村建设等工作。

8日 兴文县委副书记、县长张健率队到叙永县调研涉农项目资金整合工作。

是日 市委副书记谭红杰到江门镇高家村调研督导脱贫攻坚工作，并就相关工作提出明确要求。

是日 市委常委、政法委书记封安率队到马岭镇盘田村调研督导脱贫攻坚工作。

是日 市委编办、市安监局组成督查组到叙永开展安全生产机构编制事项落实情况专项督查。

9日 四川省威远县委副书记李怀兵带领考察团到叙永调研煤炭行业过剩产能化解工作。

是日 泸州市创建省级农产品质量安全监管示范市推进会在叙永召开。

11—12日 举行叙永万亩花海骑跑挑战赛。来自丹麦、法国和国内的200余名自行车及跑步爱好者交流和参赛。

13日 召开"脱贫攻坚——人大代表再行动"动员大会。

是日 水利部水电规划设计总院副总工程师蒋肖率队调研叙永县永宁水库工程规划方案情况。

14日 县委书记陈景强，县委副书记、县长唐杰率县经商局等相关部门负责人到后山镇调研三斗米村集体经济发展和博媛矿产品有限公司年产100万吨石灰石精加工项目。

是日 市委常委、市总工会主席、市直机关工委书记刘云率队到马岭镇调研群团服务中心示范点建设工作。

15日 召开扶贫工作专题会议，部署23个扶贫专项规划编制工作。县委副书记曹阳要求迅即组建专班进行研究，结合行业实际制定专项扶贫方案。

是日 举行叙永县2017年重大项目集中开工仪式。集中开工重大项目计划总投资约93.7亿元，主要包括县乡公路改造、农村公路建设、江（门）兴（文）公路扩建、叙镇铁路泸州段建设、高速路入城大桥拓宽、叙永县2017年易地扶贫搬迁等12个项目。

是日 四川省林业厅专家检查组检查叙永县古树名木普查工作。

15日 四川省林业厅和泸州市林业局督查组专项督查叙永县退耕还林专项建设工作和天然林资源保护二期工程。

是日 举行叙永县第十六个"公民道德建设宣传月"暨"摒弃等靠要，奋力奔小康"系列活动。

16日 中共叙永县委中心组学习（扩大）会在鱼凫学术报告厅召开。邀请中山大学传播与设计学院教授张志安作《领导干部的媒介素养》专题报告。

18—19日 四川省委副书记、省长尹力到叙永县调研农业农村工作，强调要求贯彻落实习近平总书记重要讲话精神，突出抓好农业供给侧结构性改革，大力发展现代特色效益农业，带动农民持续增收、致富奔康，为城镇居民提供绿色、有机、无公害的"川字号"农产品。

18—19日 中国"山水画稿"儿童文学笔会在叙永举行，县委副书记王龙出席开幕仪式并致辞。

21日 四川省卫生计生委脱贫办调研员梁志及省扶贫移民局审计稽查处副处长张潇元一行到叙永县调研健康扶贫工作。

是日 市委组织部、市民政局联合督查组专项检查督导叙永县村（居）委会换届选举工作。

是日 叙永县第二十四届中小学生田径运动会开幕。全县25个乡镇69支代表队918名学生参加32个项目比赛。

是日 遂宁市政法委组织相关部门负责人到叙永交流青少年毒品预防教育工作，学习借鉴叙永模式经验。

21—22日 县委书记陈景强及相关县领导深入全县各乡镇，检查指导村（居）委会换届选举工作。

22日 泸州市人大常委会主任曹建国率市人大有关专、工委（室）相关负责人到江门镇调研县、乡（镇）贯彻落实市委加强人大工作和建设意见情况、代表履职监督工作情况、人大代表助推脱贫攻坚情况，开展“主任接待代表日”活动。

是日 举行县政协“我为扶贫攻坚做件事”暨“两帮双助一扶”活动推进动员会。

23日 县委书记陈景强率县国土、安监、公安、财政等部门到摩尼镇、赤水镇调研土地整理项目，研究解决项目推进中存在的困难和问题。

是日 县委副书记、县长唐杰率县发改、交通、国土、住房和城乡建设等部门负责人到天池镇、水尾镇调研精准脱贫工作。

是日 纳溪区政协主席朱太成一行到叙永考察交流诗书画院工作。

27日 国家卫计委中国人口发展与研究中心副主任刘鸿雁率评估组到叙永调研健康扶贫工作。

是日 召开叙永县领导干部大会，传达中央、省委、市委决策部署，保持贫困县党政正职领导稳定，进一步凝心聚力、鼓足干劲，确保叙永如期完成脱贫摘帽的历史使命。市委常委、组织部部长徐斌出席会议，并对叙永县提出工作要求。

是日 召开全县“加强基层社会治理，提升平安建设群众满意度”动员部署会，安排部署当前平安建设群众满意度工作。

是日 四川省专家服务团到叙永从教育、农业、林业、水利、畜牧、法律等方面开展精准扶贫活动。

28日 泸州电视台《泸州新农村》栏目组到白腊苗族乡天堂村采访报道脱贫攻坚及灾后重建工作。

29日 四川省文化馆总支书记、副馆长吕骑铧邀请原青神县职业中学校长、竹编工艺大师张德明到水尾镇西溪村考察竹编产业，现场指导竹编竹雕工艺技巧，并举行精准扶贫西溪村竹编项目收徒仪式，7名学员将到青神县免费学习3个月竹编、竹雕技能。

是日 县委副书记、县长唐杰主持召开江门竹浆项目现场办公会，专题解决项目渣场用地、林地、热电联产发电并网费用等问题。

是日 四川省水利厅专家团赴白腊苗族乡调研永宁水库项目，对开发水库旅游资源方面提出建设性意见。

28—30日 财政部驻四川省财政监察专员办事处到叙永开展2016年度农村义务教育学生营养改善计划国家试点补助资金绩效评价工作。

30日 国家烟草专卖局财务管理与监督司（审计司）副司长罗明德率队到分水镇龙洞水库、营山镇纳坪水库施工现场察看水库建设情况。要求施工单位倒排工期，加快施工进度，相关部门和牵头领导要加强对工程建设的督导，确保工程按时完工并发挥效益，尽早为群众提供服务。

31日 召开全县农业产业扶贫攻坚春季攻势行动工作推进会，安排部署2017年扶贫攻坚春季攻势行动暨全年脱贫攻坚工作，培训驻村农技员和专家服务团就如何做好产业扶贫春季服务行动。

是日 县委常委、常务副县长申波率队到叙镇铁路施工现场调研，现场指导项目推进中存在的电力供应、房屋拆迁、施工便道建设、废土处置等问题。

31日至4月2日 重庆民营（私营）经济协会副会长兼秘书长邱继烈一行25人到叙永县开展商务考察。

4月

1日 召开“鸡鸣三省”石厢子会议旧址红色旅游项目专题研讨会。

3日 欧美同学会留美医学专委会专家到叙永镇卫生院开展义诊活动，调研考察叙永县全民预防保健工作。

5—6日 召开叙永县巡察工作培训会，培训以2016年市委首轮巡察工作经验为内容，通过讲述巡检经验、工作内容、措施对参会人员展开培训。

6日 召开中国共产党叙永县十三届委员会第一轮巡察工作动员会。会议强调，巡察组织要紧盯重点领域、紧盯突出问题，以“严”字当头、“实”字兜底，从严从实打好巡察监督“第一仗”，为脱贫攻坚、追赶跨越营造风清气正的政治生态环境。

是日 召开县2017年建设领域安全生产工作会暨房屋建筑和市政工程施工安全专项整治工作部署会，强调要严排查、严整治、严执法、重拳出击，抓好安全隐患排查整治。

8日 四川省教育厅副厅长戴作安率队到叙永县江门中学、中心校、幼儿园督查学校安全工作。

是日 贵州省仁怀市政协主席杨英率队到叙永县考察交流，征求组建“赤水河流域生态联盟”建议意见。

10日 中国电子科技集团公司董事长、党组书记熊群力率集团总部及第十研究所、第二十九研究所和第三十研究所相关人员到叙永调研脱贫攻坚工作，就进一步加大帮扶力度，提高帮扶成效提出指导意见。

是日 中国人民大学法学院教授朱岩应邀到叙永作《民法总则与未来民法典在全面依法治国中的重要地位》专题讲座，县政府法制办、县政法系统各单位150余人参加学习。

是日 召开2017年关闭煤矿奖补资金等专项核查见面会，泸州市审计局对叙永县2013—2016年煤矿关闭奖补资金的使用情况进行专项核查。

11日 四川省委常委、省人大常委会副主任黄新初率队到叙永，开展《四川省农村扶贫开发条例》的贯彻实施情况执法检查。

是日 举行“国培计划”小学语文第八次送教下乡活动，邀请国培项目首席专家、中共四川省委统战部专家张先华作“四川同心·专家服务团”专题培训。

是日 四川省新闻出版广电局副局长彭佳率省、市相关部门负责人到叙永县调研广播电视节目创作和媒体融合发展工作。

是日 筠连县政协主席黄静带队到叙永县考察少数民族地区脱贫攻坚工作的成功做法和典型经验。

12日 举行叙永县100万头优质生猪产业化精准脱贫项目签约仪式。

13日 县委常委、政法委书记张伟到正东镇灯盏坪煤矿检查煤矿安全生产工作。

是日 叙永县青少年体育俱乐部获2016年四川省优秀青少年体育俱乐部称号。

12—13日 四川省煤监局煤矿安全“体检”专家组到叙永威鑫煤业督查安全工作，对检查中发现的问题进行集中通报。

14日 泸州市促进烟农增收暨烤烟标准化移栽现场会在叙永县营山镇召开，市委常委、农工委主任张文军，市烟司领导及部门负责人、全市种烟区县和乡镇领导、种烟乡镇烟站负责人共100余人出席会议。

是日 召开叙永县加快推进河长制暨防汛减灾工作会议，安排部署加快推进河长制工作和防汛减灾工作。

17日 泸州市民政局重点专项资金检查组到叙永县检查城乡最低生活保障、城乡医疗救助、临时救助、自然灾害生活救助、养老服务体系、福彩公益金、困难残疾人生活补贴七项重点民政专项资金使用情况。

18日 召开叙永县园区第一次领导组成员会议。县委书记陈景强强调，各级各部门要解放思想、凝聚共识，密切配合，主动作为，全力推进园区建设。

19日 四川省农业厅机电提灌处处长夏

攀峰、副处长余飞一行到叙永县调研提灌站建设工作。

是日 县委副书记、县长唐杰率县国土、发改、住房和城乡建设等部门负责人到水尾、向林等乡镇调研工程项目建设情况，要求各级各部门要上下联动，相互配合，全力服务于项目建设，认真解决存在的困难和问题，确保项目早日建成发挥效益。

20日 县委书记陈景强，县委副书记、县长唐杰率县委组织部、县委编办、县财政、发改、人社、民政等部门负责人调研公安工作。

22日 全省脱贫攻坚电视电话会通报，叙永县2016年度脱贫攻坚工作在接受省市考核和第三方评估中获乌蒙山区贫困区县第一。

24日 县委副书记、县长唐杰带领财政局、交通局、水务局、住房和城乡建设局等单位到黄坭乡督导检查安全生产工作，实地察看、了解黄坭乡燕子岩隐患整改落实情况。

25日 国土资源部财评中心主任殷燚率队到叙永调研脱贫攻坚工作。

26日 召开叙永县脱贫攻坚第一季度流动现场会。

是日 召开全县春耕生产、农机化工作暨春季动物疫病防控工作会，传达中央、省、市农业农村工作会议精神，安排部署春耕生产等系列工作。

是日 四川省价格监督检查与反垄断局局长俞振刚到叙永调研易地扶贫搬迁建材价格监管，高度评价叙永县规范易地扶贫搬迁建材价格行为举措。

是日 合江县政协到叙永考察“缓解城市停车难问题”，探讨科学拓展停车空间，促进依法有序停车问题。

27日 四川省劳动监察总队“铸盾行动”工作组到叙永检查指导劳动保障监察工作。

是日 举行2017年“书香叙永”全民阅读活动启动仪式暨第五届永宁之春诗咏会，县政协副主席、永宁诗书画院院长陈一龙致辞。

28日 中央电视台中文国际频道《国宝档案》栏目组到叙永拍摄《国宝档案——天府探秘》之《叙永春秋祠》。

5月

3日 四川省交通运输厅专家对G321线胜利桥、江门1、2号桥进行安全检查。

3—4日 中共中央委员、新华社原社长李从军到泸州调研脱贫攻坚工作，深入水潦彝族乡“鸡鸣三省”大桥建设工地、石坝彝族乡“鸡鸣三省”会议旧址及红军长征遗址、海升公司现代甜橙基地、彝家新寨易地扶贫搬迁集中安置点等地调研、慰问贫困户。

4日 泸州市民宗局局长熊华跃带队到叙永调研彝家新寨特色工作。

是日 四川省经信委生产性服务业处处长王增斌和泸州市经信委主任李霄一行到叙永调研生产性服务业项目，了解申报2017年度省级技改资金生产性服务业方向的泸州市成达物流有限公司“现代特色物流仓储中心建设”项目，对项目建设提出建议和意见。

5日 全国政协常委、提案委员会主任孙淦一行到叙永调研。先后到落卜镇硐坪村、三台村，实地考察当地石漠化综合治理和工矿废弃地、矿山地质环境恢复治理工程，了解工程治理情况及效益发挥情况，听取相关工作情况介绍。

9日 四川省民委民族研究所所长袁小文一行到石坝彝族乡调研少数民族“十三五”发展规划。

9—10日 致公党四川省委办公室主任杨成率队到叙永开展脱贫攻坚民主监督调研。

11日 重庆市梁平区政协副主席廖文宪、周毅到叙永考察红色旅游发展情况，交流红色旅游发展经验。

12日 市委书记蒋辅义率市经信、卫计、国土、交通、扶贫移民、环保等部门负责人到叙永，研究解决重点工作推进中的困难和问题，并现场研究解决措施和办法。

15日 县委书记陈景强召集县扶贫、发改、住房和城乡建设、财政等部门负责人召开脱贫攻坚工作推进会，研究部署当前及下一阶段脱贫攻坚工作，对进一步做实脱贫攻坚各项工作提出明确要求。

16日 县委副书记、县长唐杰率县城管、住房和城乡建设、水务、国土等部门负责人到龙凤、叙永镇检查指导汛期安全工作，要求要进一步完善应急预案，加强巡查监测和值班值守，做好应急物资储备，最大限度地保证人民群众的生命财产安全。

17日 召开全县脱贫攻坚推进会，对脱贫攻坚工作再次统一思想、提高认识，安排近期脱贫攻坚和易地扶贫搬迁相关工作。

是日 四川省残联副理事长黄卫德到叙永督查残疾人工作，调研康复中心项目建设。

18日 泸州市政协主席田亚东、副主席罗素平率队到叙永镇百花村调研督导脱贫攻坚工作。

是日 召开森林防火工作紧急电视电话会议，安排部署夏秋季森林防火工作。

19日 举行叙永县义务教育均衡发展迎接省政府督导评估工作动员会，研究部署义务教育均衡发展工作。市政府总督学肖林应邀到会指导。县委、县人民政府与各乡镇党委、人民政府及县级有关部门代表签订目标责任书。

是日 召开叙永县科学技术协会第七次代表大会。选举产生新一届县科学技术协会第七届委员会委员、主席和副主席。

20日 县委副书记、县长唐杰到分水督导精准扶贫工作，实地调研四川昆能农林开发有限公司、路井村核桃种植基地和养牛基地。

22日 举行华西证券股份有限公司、叙永县人民政府结对帮扶签约仪式。副县长袁维荣代表叙永县人民政府与华西证券股份有限公司签订结对帮扶合作协议。

是日 县委副书记、县长唐杰率县教育、财政、公安、城管、住房和城乡建设、安监、交通、食药监等25个部门负责人，到先农完小、西外小学、东城幼儿园、城郊中学、叙师附小、西城幼儿园、叙永二中定水校区督查指导学校安全工作，并就全面开展学校安全稳定专项治理行动进行安排部署。

23日 共青团叙永县第十六次代表大会选举产生共青团叙永县第十六届委员会委员、候补委员，朱鹏云当选团县委书记。

24日 召开县政协第十四届委员会新任委员培训会。邀请泸州市政协副主席周亚琼等，分别就政协委员如何准确定位、尽职履职，政协委员的履职担当与委员管理，以及提升委员提案与社情民意信息水平工作开展业务辅导。

24—25日 泸州市人大常委会主任曹建国到叙永县蹲点督导脱贫攻坚工作，强调要做深、做细、做实各项扶贫工作，确保完成脱贫摘帽任务。

26日 叙永县2017年地质灾害应急演练在正东镇伏龙村5社猪毛田滑坡地质灾害隐患点举行。县委常委、副县长王亦白担任演练指挥长，县国土资源局、县人武部官兵、县消防大队、县矿山救护队、伏龙村5社群众等15支参演队伍共226人参与演练。

27日 《中国共产党叙永县历史（1950—1978）》（二卷）经专家组评审通过。

31日 泸州市人民政府批复撤销大石乡、黄坭乡，设立大石镇、黄坭镇，分别管辖原大石乡、黄坭乡行政区划，镇人民政府住地住原乡人民政府址；石坝彝族乡更名为石厢子彝族乡。

是日 召开全县中、小学校安全管理专项治理工作会，部署安排学校安全管理工作。

是月 在成都举行的第六届四川国际茶博会

上，叙永县选送的“草坪翠芽”“春针”和“红岩定峰毛尖”获金奖。

6月

1日 四川省纪委到叙永检查执纪审查安全工作。

是日 副市长马宗慧率队到叙永督查高考安全保密及备考工作，要求全力做好高考试卷安全保密工作，加强考点周边环境治理，制定应急工作预案，确保对突发事件的有效预防和应急处置，确保实现2017年“平安高考”目标。

2日 县委常委、宣传部长陈学军主持召开县人民医院升“三甲”项目建设工作推进会。

6日 县委书记陈景强，县委副书记、县长唐杰率县委办、政府办、教育、公安、食药监、交通、文体广、卫计、城管等部门主要负责人到叙永一中高考考点检查备考工作，看望2017年高考学子。

是日 召开2017年健康扶贫工作推进会。通报2017年第一季度健康扶贫工作督查情况，安排部署下一步的工作。

是日 副县长袁维荣率队到摩尼镇、麻城镇、水潦彝族乡检查乡镇生活垃圾处理、污水处理、乡镇集中式饮用水水源地保护工作，要求相关乡镇，进一步落实乡镇环境保护主体责任，完善环保基础设施建设。

7日 召开叙永县脱贫攻坚推进会，通报脱贫攻坚推进情况，安排部署下一阶段的脱贫攻坚工作，并对脱贫攻坚有关业务工作进行培训。会议以电视电话会议形式直接开到村一级。

8日 县委常委、政法委书记张伟，县政协副主席陈一龙，率县委政法委、县住房和城乡建设局、县教育局、县档案局、建行、联通公司、城投公司等相关单位负责人，到分水镇现场办公，督导脱贫攻坚工作，安排部署脱贫攻坚全覆盖核查、“回头看”、“回头帮”等工作。

9日 召开2017年幸福美丽新村（社区）文化院坝建设推进会。安排部署2017年全县幸福美丽新村（社区）文化院坝建设工作，现场参观天池、两河和马岭等文化院坝示范点。

是日 县人大常委会副主任李官培率队调研固体废物污染环境防治工作，要求县环境保护局加强对《中华人民共和国固体废物污染环境防治法》及相关法规条例的宣传贯彻工作，确保全县固体废物环境安全。

是日 举行全县2017年“安全生产月”集中宣传咨询活动，县安办、安监、公安、交通等部门通过直接与公众面对面交流互动，提供与生产生活密切相关的安全咨询服务。

9—11日 县委副书记、县长唐杰率县投促、经商、财政、金融服务中心到深圳招商引资，先后与深圳天昆科技就新能源汽车配件生产，豪博讯电子科技公司、鸿弈盛光电公司就智能终端产业进行沟通对接。

12—14日 叙永县创建全国基层中医药工作先进单位接受省级评审。评审组专家肯定叙永县中医创先工作。

14日 召开叙永县农电体制改革验收工作会，县委副书记、县长唐杰要求，各相关部门、乡镇要上下联动，集中时间、精力、人力全面开展验收工作。

16日 泸州市人大常委会副主任姚福康率调研组到摩尼镇新苗实验学校，专题调研学生心理健康及校园安全管理工作。

是日 召开学习贯彻省第十一次党代会精神宣传动员会暨集体备课会，安排部署启动学习宣传省委党代会精神。

18日 市委常委、常务副市长曹俊杰，市人大常委会副主任王波率市发改委、市财政、扶贫、交通、国土、人社、市人民政府目督办到叙永县，调研重大项目建设及全县经济社会发展情况。

19日 召开2017年第二季度农民工工资拖欠治理工作会。副县长古涛要求，要采取强有力措施解决好农民工工资拖欠问题。

是日 市委常委、组织部长、统战部部长徐斌率市委组织部、西南医科大附属医院、市卫计委等部门负责人，到叙永调研县人民医院创建“三甲”项目建设情况，现场办公解决存在的问题。

21日 四川省副省长刘捷率队到叙永开展脱贫攻坚工作督导，宣讲省十一次党代会精神。

是日 副县长袁维荣在江门镇主持召开竹浆项目推进会，专题协调解决土地申报、融资租赁、图纸审查等问题。

22日 市委常委、市委组织部部长、统战部部长徐斌率市委宣讲团到叙永县开展学习贯彻省第十一次党代会精神宣讲报告会。

是日 举行叙永县第十六个“全国安全生产月”煤矿安全知识竞赛活动，古蔺县榆新矿业有限公司组队参加。

23日 县第十七届人大常委会第四次会议听取和审议县政府关于城乡污水处理厂建设和运营情况的报告。

26日 市委脱贫攻坚督查考核组到叙永开展2017年脱贫攻坚夏季督查考核。

是日 叙永县举办“为爱汇聚，拥抱未来，无毒无悔”“6·26”国际禁毒日宣传活动。县禁毒委成员单位的分管领导、禁毒工作者和禁毒志愿者近600人参加。

是日 市委副书记、市长刘强率市环保、城管、林业、水务等部门负责人到叙永调研指导环境保护工作。

27日 叙永县举行“年产1400万袋鸡枞菌”项目投资合作签约仪式。

28日 县委书记陈景强，县委副书记、县长唐杰率县效监办、环保、林业等部门到玉皇观督察环境保护整改工作，并就相关工作提出要求。

是日 召开乱埋乱葬专项整治工作动员会，要求各乡镇要坚决遏制乱埋乱葬现象，保证禁葬区域内坟墓零增长。

29日 县委常委、常务副县长申波率县委宣传部、县发改、金融办、文体广电等单位到石厢子彝族乡，调研指导堰塘村党群服务中心、卫生站及新村建设打造工作。

30日 叙永县举行庆祝中国共产党成立96周年暨“七一”表扬大会。

7月

3日 县委副书记曹阳率县发改、住房和城乡建设、农业、卫计等有关部门负责人到石厢子彝族乡堰塘村、正东镇普市村调研督导脱贫攻坚工作，就强化责任、对标补短、确保工作经得起检验作出强调部署。

是日 叙永县举行县村（社区）主任培训会，针对深化农村改革、提升社会管理与服务、加强基层民主政治建设、引领致富等方面进行培训。全县264名村（社区）主任参训。

5日 四川省民政厅到叙永县全国婚姻登记示范窗口、国家AAA级婚姻登记处调研婚姻登记和收养工作。

是日 县委书记陈景强率县发改、住房和城乡建设、人社、卫计、财政等有关部门负责人到易地扶贫搬迁集中安置示范点石厢子彝族乡堰塘村、正东镇普市村调研督导脱贫攻坚工作，陈景强要求，各级各部门要对照国家标准，补齐工作中的短板，在做细做实基础资料的同时，要抓特色亮点工作的打造，为全县提供可供复制“模式”。

6日 县委常委、统战部部长王坤，县政协副主席、工商联主席余显中一行到落卜镇新华村大红山农业开发有限公司“公司＋贫困户”模式彝家宝生态养猪场调研。

8 日 县委副书记、县长唐杰到乡镇检查汛期安全工作，要求高度重视，强化安全措施，加强值班值守，加快推进防汛工程建设，做好相关应急预案，确保人民群众生命财产安全。

11 日晚 分水镇突降区域性冰雹，并伴有大风，持续 10 多分钟，造成石院、路井、分水等村社农作物，尤其烤烟大面积受灾。

12 日 县政协主席马刚率县公安、城管、住房和城乡建设、工商等部门就县政协重点提案《鱼凫古街沿线卫生问题整治》进行专题调研和督办。

13 日 四川省教育厅副总督学沈成军率队到落卜、后山、正东、合乐、龙凤等乡镇中小学校，督查农村义务教育薄弱学校改造项目实施情况。

13—14 日 国家发展改革委地区司副巡视员杨椞率队到叙永督查巡查脱贫攻坚工作。

18 日 召开叙永县农民夜校工作推进会。

19 日 副县长谢华率队到叙永一中调研新高考制度改革、教育教学精细管理、学校安全管理专项治理、学生食堂和寝室的安全监管、师生心理健康疏导工作。

是日 副县长袁维荣到后山镇新房子煤矿对拉采煤工作面的作业情况、巷道掘进情况、安全隐患整改完善情况等进行检查督导。

是日 2017 年突发环境事件应急演练在正东赛德水泥厂举行。

是日 四川省递进班第八期企业高管班第三组学员到叙永后山镇三斗米村和正东镇普市村考察当地村集体经济发展和脱贫攻坚工作，并对叙永脱贫攻坚、村集体经济发展等工作提出建议意见。

20 日 市委书记蒋辅义到叙永督导环保问题整改工作，实地深入江门 20 万吨 / 年漂白竹浆纸一体化项目现场察看，强调要加快环保问题整改步伐，按时完成整改任务。

21 日 召开 2017 年脱贫攻坚住房建设质量安全保障工作会，全面落实住房建设的质量和安全要求。

是日 县委副书记、县长唐杰率县环保、水务等部门主要负责人到兴隆、马岭、江门等镇，实地查看江门镇饮用水水源保护区环境保护情况以及各乡镇污水处理厂运行情况，排查整治环境安全隐患，解决突出环境问题。

26 日 泸州市教育局组织到叙永县落卜、后山、正东、合乐等乡镇中小学校，督查农村义务教育薄弱学校改造情况。

是日 四川省安全监管局安监二处副处长谢述奎带领省安委会督查组成员综合督查叙永县汛期安全生产。

是日 四川省评审专家团队现场评审叙永县人民医院创建三等乙级综合医院项目。

27 日 国家卫生计生委妇幼司妇女处处长裘洁率专家组一行 5 人到叙永县督查预防艾滋病、梅毒和乙肝母婴传播工作。

是日 举行全民参保登记工作动员会。

28 日 市委副书记、市长刘强到叙永现场督查生活垃圾焚烧发电项目。

8月

1 日 市人大常委会副主任王波率队到叙永调研《退耕还林条例》实施及竹资源开发利用情况。

4 日 召开政府第十七届第一次全体成员会议暨乡镇长会议，传达市委、市人民政府关于环保整改工作的部署要求。

是日 泸州市科技知识产权局局长邹维带队到叙永调研叙永县乌蒙古彝特色水果加工研究所筹建情况。

8 日 副县长冉安健率队到江门镇督查环保工作。

9日 泸州市安办主任、市安全监管局（煤管局）局长李华桂率队到叙永煤矿、威鑫煤矿暗查暗访。

10日 团中央青年发展部副部长赵宝东率队到叙永调研青年电商培训工作。

13日 市委书记蒋辅义到白腊苗族乡考察调研灾后重建和地灾防治工作。

15日 市委常委、组织部长徐斌率队到叙永调研督导"全面改薄"工作。

是日 召开叙永县防汛减灾和地质灾害防治工作调度视频会，专题听取近期雨情趋势、地质灾害、防汛减灾隐患排查及相关工作开展情况汇报。

是日 四川省文化厅评估小组到叙永开展第六次全国公共图书馆评估定级复评工作。

16日 举行叙永县人民政府与昊阳国际控股集团（香港）有限公司项目合作签约仪式。

是日 召开全县小酒厂环保突出问题整治工作电视电话会议，传达泸州市酒类企业环保问题专题研究会议精神，通报全县酒类产业环保工作情况。

16—17日 市委常委、组织部部长徐斌陪同四川省中医药科学院、四川省第二中医医院、西南医科大学附属中医院等省市医药专家到叙永调研考察，为叙永县中药材种植把脉，助力脱贫攻坚。

17日 四川省"全面改薄"工作现场会在叙永召开，县委书记陈景强作"全面改薄"工作经验交流。

20日 四川省防汛减灾和地灾防范第四督导组到叙永督导防汛减灾和地灾防治工作。

21日 县委常委、统战部部长王坤率统战部相关人员到叙永镇和平社区调研基层统战工作，确定在和平社区建立统战工作站（试点）。

28日 市防汛减灾综合督查组到营山镇开展督查工作。

29日 市委常委、副市长龚玉泉，县委副书记、县长唐杰，县领导胡宁、袁维荣、叶继东出席四川叙永农村商业银行股份有限公司与四川锦泰财产保险股份有限公司泸州中支公司贷款保证保险合作协议及授信签约仪式。

30日 公安部交管局副局长奚路彪率四川省泸州市交管部门负责人到叙永县，督导检查交通安全工作及"三个不发生"（指"不发生暴恐案事件、不发生在全国有重大影响的大规模群体性事件、不发生重大公共安全案事件"）创建活动开展情况。

31日 四川省扶贫移民局项目中心主任王思铁、市扶贫移民局副局长何世强等到赤水镇调研"中国贫困片区产业扶贫试点示范项目"并召开工作汇报会。

是日 四川省烟草专卖局局长李恩华一行到叙永县调研指导烤烟生产工作。

9月

1日 召开全县脱贫攻坚政策业务培训会，邀请四川省扶贫移民局考核处副处长薛兵作脱贫攻坚政策业务辅导。会议以电视电话会议形式召开，25个乡镇设置分会场。

是日 召开安全生产第十六次书记、县长督办会，县委副书记、县长唐杰对18条安全隐患进行挂牌督办。

6日 举行叙永县健康扶贫"大病集中救治一批"启动仪式。县委书记陈景强，县委常委胡宁，县人大常委会副主任李官培，副县长谢华、县政协副主席陈一龙出席启动仪式。

7日 泸州市部分全国、省人大代表到叙永专题调研脱贫攻坚工作和经济社会发展情况。

12日 市人大常委会副主任王波率专委会成员及市农业、食药监、财政、质监、环保等部门到叙永县检查《中华人民共和国农产品质量安全法》及相关实施办法执行情况。

13日 四川省委组织部副巡视员杨天利、省委组织部信息中心调研员孙忠等到石厢子彝族乡开展抓党建促脱贫攻坚专项督导工作。

是日 泸州市教育局局长黄辉率队到叙永督查学校开学工作、教育教学常规管理、控辍保学、学生资助政策落实、校园安全专项治理等工作。

15—18日 县委副书记、县长唐杰，县委常委、常务副县长袁维荣赴成都参加第二届中国西部国际博览会进出口商品展会。

18日 启动叙永县2017年国家网络安全宣传周活动。

19日 叙永县举行脱贫攻坚“三大工程”暨扶贫项目建设推进会议。

19—20日 四川省安委会督查组到叙永县灯盏坪煤矿、后山煤矿、分水镇中心校等地督查安全生产大检查工作开展情况。

20日 四川省人民政府安委会安全生产大检查专项督查组到后山镇后山煤矿进行安全工作检查。

23日 国家民政部社会事务司副巡视员杨宗涛率队到叙永督导调研殡葬改革工作。

25—26日 中央文献研究室副主任、全国红色旅游协调小组成员张宏志率队到叙永调研红色资源保护利用与脱贫攻坚工作。

27日 县政协主席马刚率队考察全县重点园区项目建设情况。

是日 举行叙永县“喜迎十九大、脱贫奔小康”文艺演出活动。

是日 县委副书记、县长唐杰率县教育、发改、财政、住房和城乡建设、国土等部门到叙永三中项目现场，督导项目推进情况。

28日 召开叙永县脱贫攻坚奋战十月动员大会。

29日 中共叙永县委第一、第二、第三巡察组分别进驻县文化体育新闻出版广电局、工商行政管理和质量技术监督局、安监局，组织召开巡察工作动员会，启动为期一个月的巡察工作。

10月

11日 召开农村住房安全保障暨道路交通安全管理工作电视电话会，通报各乡镇易地扶贫搬迁、危房改造、地灾搬迁等安全住房建设推进情况，强化部署相关工作。

12日 泸州市“脱贫攻坚1万名人大代表再行动”现场会在叙永县召开。

17日 举行第四个全国扶贫日，第二十五个国际消除贫困日主题活动。

18日 县委书记陈景强率县委政法委、群工局等单位到叙永镇督导信访维稳工作。

19日 市委常委、市纪委书记杨晓到叙永调研督导纪检监察工作。

20日 中国国际扶贫中心副主任张广平率世行第六期扶贫项目检查组到叙永督导项目实施工作。

21—22日 县委书记陈景强，县委副书记、县长唐杰率县发改、财政、住房和城乡建设、国土等部门到乡镇督导调研脱贫攻坚工作，解决工作存在的困难和问题、对加快推进各项相关工作提出指导性意见。

23—24日 四川省中小学实验教学评估专家组到叙永专项评估实验教学工作。

24日 市委督导组到叙永县督导民生工作。

25日 四川省扶贫移民局巡视员王小刚到叙永县调研产业扶贫和非贫困村脱贫攻坚工作。

是日 四川省人民政府副省长、致公党中央常委、四川省委主委杨兴平率队到叙永调研产业发展和健康扶贫等工作。

26日 市委常委、宣传部部长鞠丽率队到叙永调研宣传思想文化工作。

27日 举行2017年第四季度重大城建项目集中开工仪式。

是日 泸州市副市长马宗慧到麻城镇检查校园安全、调研精准扶贫工作。

28日 中央文献研究室办公厅副主任刘文起一行到“鸡鸣三省”石厢子会议旧址、“鸡鸣三省”大峡谷、彝家新寨考察调研红色文化资源的保护和开发情况。

是日 中国林学会竹子分会副主任委员、西南林业大学亚太林学院院长、国家二级教授、博士生导师董文渊带队考察叙永罗汉竹基地及产品加工，对罗汉竹基地建设和退化罗汉竹林复壮提出技术指导意见。

30日 公布2016年叙永县本级“三公”经费支出汇总情况。2016年叙永县县本级部门，包括县级行政单位（含参照公务员法管理的事业单位）、事业单位和其他单位使用财政拨款（不含教育收费）安排“三公”经费支出总额1174万元，比预算数减少133.73万元。

31日 泸州市政协“企业帮村委员帮户、我为脱贫攻坚做件事”活动推进会在叙永县召开。

是日 泸州市2017年第四季度重大交通项目集中开工仪式在叙永县举行，市委书记蒋辅义出席仪式并宣布项目开工。

11月

2日 召开叙永县2017年冬季油茶基地建设工作会议。

3日 举行叙永县产业扶贫融资合作签约暨产业融合扶贫示范园开工仪式。叙永县人民政府与四川省人保财险公司签订产业扶贫融资合作协议，叙永县年产1400万袋黑皮鸡枞菌项目和100万头生猪产业链工程——1万头种猪场项目开工建设。

7日 召开叙永县脱贫攻坚“六有”大数据平台信息系统培训会。

7—8日 四川省草原工作总站副站长何光武率甘孜州草原站、炉霍县农牧和科技局有关领导及技术人员到叙永县东牛牧场、后山镇肉牛养殖专业户参观考察产业扶贫攻坚工作。

8日 四川省政协副主席翟占一率队到叙永调研江门古寨易地扶贫搬迁项目。

10日 江苏省淮安市淮阴区副区长黄克涛带队到江门镇考察调研江门古寨易地搬迁工作。

11日 市委书记蒋辅义率市委办、市扶贫局等有关单位负责人到水尾镇西溪村调研督导脱贫攻坚工作。

13日 中共叙永县委第三巡察组进驻叙永县总工会，启动对该单位的进驻巡察工作。

是日 四川省文化厅党组书记、厅长周思源率队到叙永调研指导脱贫攻坚工作，并到水尾镇西溪村宣讲中共十九大精神。

13—15日 县人大常委会主任张秋平率队到乡镇调研经济发展工作。

14日 四川省安监局监督检查组到叙永开展安全生产行政执法监督交叉检查。

是日 县委书记陈景强率县扶贫、财政、发改、住房和城乡建设、民宗、审计等单位到合乐、马岭等乡镇调研督导脱贫攻坚工作。

15日 泸州市人大常委会副主任陈剑波率队到叙永县专题调研人大代表履职监督和乡村食药监队伍建设情况。

16日 泸州市依法治市领导组到叙永检查县环保局依法治县工作。

是日 四川省扶贫移民局党组成员、总会计师廖蔚率队到叙永专项督导脱贫攻坚“一低三有”“一低五有”达标建设等情况。

是日 举行叙永县城市环境卫生市场化启动仪式。

17日 湖北省石漠化综合治理考察团到叙永考察石漠化综合治理工作。

21—22日 县委书记陈景强率县府办、县发改、县财政、县招商、县国土、县扶贫等部门和江门镇主要负责人到北京展览馆参观“砥砺奋进的五年”大型成就展。县人大常委会主任张秋平，县政协主席马刚，县委常委、常务副县长袁维荣，副县长冉安健等随同前往参观叙永县江门古寨易地扶贫搬迁集中安置点实景沙盘。

23日 中国中医科学院副院长杨龙会率队到叙永县评审创建全国基层中医药工作先进单位工作。

是日 召开全县农村土地确权颁证暨农村集体资产股份合作制改革试点工作会议。

28日 四川省环保督查组到叙永县开展环境保护专项督查工作。

30日 市人大常委会副主任王波率队到叙永专题调研易地扶贫搬迁和“双挂钩”项目推进情况。

是日 县委书记陈景强，县委副书记、县长唐杰率队到绕城路、国际大都会、人民医院调研叙永城市建设及管理运营工作。

12月

1日 国家督学、督导组组长张荣率国家教育督导组一行到叙永县对四川省全面改善贫困地区义务教育薄弱学校基本办学条件工作进行专项督导。

4日 市委常委、组织部部长徐斌到叙永组织召开石厢子会议旧址教育培训基地建设推进会，听取基地建设前期推进情况，研究部署基地建设工作。

5日 叙永县举行学习宣传贯彻中共十九大精神宣讲报告会，市委宣讲团成员、市委常委、市委组织部部长、市委统战部部长徐斌，作中共十九大精神宣讲报告。

是日 召开叙永县基层治理工作动员部署会。

6日 四川省综治办专职副主任杨军率调研组到叙永调研“雪亮工程”和综治中心规范化建设。

9日 “百卉绽放新时代”——四川省宣传贯彻十九大精神主题文艺创演季暨四川曲艺传承基地授牌仪式在叙永举行，四川省曲艺研究院向叙永县授予“四川省曲艺传承基地”。

11日 在江门镇举行江门成品油库开业庆典。

12—13日 泸州市扶贫攻坚督查组到叙永县调研全覆盖督查易地扶贫搬迁工作推进情况。

13日 泸州市人大常委会主任曹建国、副主任王波一行到叙永调研脱贫攻坚工作。

14日 召开全县农业经济全域规划动员部署电视电话会议。

15日 江苏省政协副主席、致公党江苏省委主委麻建国率致公党江苏省委到叙永开展脱贫攻坚民主监督调研。

18日 举行叙永县2017年脱贫攻坚第三次流动现场会暨省级验收评估动员大会。

19日 《四川日报》、《华西都市报》、《泸州日报》、泸州电视台、泸州人民广播电台等10多家省市级媒体到叙永开展集中采访报道。

20日 县委书记陈景强率县投促局、园区管委会、县法制办到浙江绍兴浙江华绣（中国）科技有限公司，考察企业纳米银生产线项目。

22日 举行叙永县2017年食品安全突发事件（Ⅳ级）应急处置演练。

25日 召开全县安全生产目标迎检暨岁末年初安全生产专项整治工作会，部署2017年度安全生产目标考核工作。

26日 叙永县农业有机废弃物综合利用项目签约仪式举行。县委书记陈景强出席签约仪式，县委副书记、县长唐杰代表县政府与宏吉投资有限公司签约。

是日 县委书记陈景强率县委中心学习组举行重温入党誓词活动。

27日 召开中国共产党叙永县第十三届委员会第四次全体会议。会议审议通过《中共叙永县委关于全面深入贯彻落实中共十九大精神建成乌蒙山精准脱贫示范县加快建设川滇黔结合部县级中心城市的决定》。

是月　北控城市服务集团北控城市服务（叙永）有限公司入驻叙永县，城区服务保洁面积近110万平方米，服务年限3年，年服务费1576万元，新增环卫作业设备设施500余万元，运行垃圾中转站5座，公厕18座，陆续投入机械设备60余台，累积接收环卫工人240余人，新增40余人。项目公司的服务内容包括叙永县城区及背街小巷街道清扫保洁、生活垃圾收运、垃圾转运站及公厕运营管理等。

县情概况

建置区划

【历史沿革】 叙永历史悠久，是四川省首批历史文化名城县。战国时期，属夜郎国地。汉时相继属犍为郡、牂柯郡、江阳郡。晋时先后属牂柯郡、江阳郡、平夷郡、南广郡、东江阳郡、泸州。唐元和元年（806 年），置羁縻蔺州，领今叙永、古蔺地，属剑南道泸州。宋乾德二年（964 年），废羁縻蔺州，县境相继分属泸州江安、合江、纳溪和泸夷罗氏鬼国地。元朝，相继置西南番安抚司、西南番总管府、永宁路、西南镇边元帅军民宣抚司、永宁镇边都元帅府，隶属四川行中书省。明洪武四年（1371 年），废永宁镇边都元帅府，设永宁宣抚司、增置永宁卫，属四川；后改永宁长官司、永宁宣抚司，隶四川布政司；增置赤水卫、普市守御千户所，分属四川都司、贵州都司；天启三年（1623 年），废永宁宣抚司，设叙永同知，隶四川叙州府；相继置叙永善后厅、叙永军粮厅，隶叙州府。清朝初期，置分巡永宁道、叙永管粮厅；康熙二十六年（1687 年），改永宁卫、普市所为永宁县，属贵州威宁府，将赤水卫并入贵州毕节县；雍正五年（1727 年）改永宁县隶四川叙州府，置叙永直隶厅辖永宁县、赤水分县丞；光绪三十四年（1908 年），迁永宁县治于古蔺，并于次年改称古蔺县；后置永宁直隶州，属四川省。中华民国时期，改永宁直隶州为叙永县，分属下川南道、永宁道、四川省政府、四川省第七行政督察区。1949 年 12 月 1 日，叙永解放，成立叙永县人民政府，属泸县专员公署。1952 年，相继属隆昌专员公署、泸州专区公署、泸州专员公署。1960 年，属宜宾专员公署。1985 年，属泸州市，迄今未变。

【县名由来】 叙永之称，始于明天启三年（1623 年），据清康熙《叙永厅志》载：“改土归流，以叙（州府）郡丞驻永（宁）治之号叙永厅。”即以“叙州府”之“叙”、“永宁”之“永”为叙永。清代置叙永直隶厅。民国 2 年（1913 年），改为叙永县，迄今未变。

【行政区划】 2017 年 5 月 31 日，泸州市人民政府行文批复同意叙永县大石乡、黄坭乡撤乡设镇，石坝彝族乡更名为石厢子彝族乡。以原大石乡的行政区域为大石镇的行政区域，大石镇人民政府驻东大街 347 号；以原黄坭乡的行政区域为黄坭镇的行政区域，黄坭镇人民政府驻黄坭老街 334 号。至此，全县有 20 个镇：叙永、江门、马岭、天池、水尾、两河、落卜、后山、分水、摩尼、赤水、龙凤、正东、观兴、向林、兴隆、营山、麻城、大石、黄坭；5 个民族乡：合乐、白腊、枧槽、水潦、石厢子。有村民委员会 231 个，村民小组 1657 个；社区居民委员会 30 个，居民小组 210 个。

【人口状况】 2017 年年末，全县总人口 72.53 万。

其中，男性38.17万人，女性34.36万人；非农业人口55.53万人，占总人口的76.56%；少数民族人口7.80万，占总人口的10.75%，其中苗族6.10万人、彝族1.42万人。人口出生率为16.32‰，自然增长率为6.47‰。城镇化率为34.16%。

自然环境

【地理环境】叙永县位于四川盆地南缘，云贵高原北端，地处川、滇、黔三省接合部，素有“川南门户”“鸡鸣三省”之称。东连古蔺县，南接贵州省毕节市、云南省镇雄县、威信县，西邻兴文县，北抵纳溪区、合江县。县境地跨北纬28°09′—28°31′，东经105°26′—105°43′，东西宽54.3公里，南北长94.9公里，辖区面积2976.8平方公里。属中山、低山地貌，有山地、丘陵、河谷3个阶梯。地势由东南向北倾斜，最高海拔在南面川滇交界地罗汉林山1902米，最低海拔在境北江门峡内剪草铺247米，相对高差1655米，其间峰峦重叠，岭谷相间。山脉自云贵边境分6支向境内延伸，形成大小山峰148座。岩溶地形发育，河流随山势呈羽状分布，形成赤水河、永宁河两大水系，蜿蜒数百里注入长江。

【气候特征】县境属亚热带季风气候区，雨量充沛，日照偏少。春季回暖早，冷空气活动频繁，常出现持续低温阴雨（俗称“倒春寒”）；夏季气温高，时有焚风（俗称“火风”），降水多而集中，旱涝交错；秋季气温下降快，绵雨寡照长，有“晒不干的永宁”之说；冬季多云雾，山区降雪早，气温低，有冰冻出现。北部冬暖夏暑，气候温和，无霜期长，夏季光合潜力大；南部夏暖冬寒，气候偏低，阳光充足。全县分为暖湿平丘区、暖湿低山区、冷湿中山区、干热少雨区4个气候资源区，暖湿平丘区包括江门、马岭、天池、水尾、兴隆等镇，光、热、水条件为全县最优。2017年，日照时数1182.9小时，年平均气温18.8℃，相对湿度79%，降水量1134.2毫米。

自然资源

【土地资源】全县土地总面积（量算辖区面积）2978.8平方公里，折合446.82万亩。其中，丘陵206.15万亩，低山地156.96万亩，中山地15.69万亩。至2017年年末，有耕地面积55.20万亩，林地面积245.73万亩。

【矿产资源】能源矿中，无烟煤主要分布于后山、正东、摩尼等镇，已探明储量69亿吨，发热量6000千卡/公斤—8750千卡/公斤，是四川省尚存唯一优质无烟煤基地、属古叙永煤田；烟煤分布于两河、分水、天池等镇，探明储量1338.28万吨；天然气分布于天池镇高木顶，探明储量1.33亿立方米。金属矿中，铁主要分布于落卜、后山、正东、两河等镇，有矿床及矿点18处，矿石品位多在30%左右，高者达50%；铜分布于马岭、天池、兴隆、大石等镇，探明储量4374.42吨，矿石品位在0.31%—2.88%；铀发现矿点2处，位于黄坭、镇、两河镇，矿石品位在0.012%—0.039%；钾分布于落卜镇母猪洞一带，品位在7.82%—8.29%；镓分布于兴隆镇土地咀，品位在0.002%—0.004%，探明储量11.45吨；铝土矿分布于分水镇小岩洞，品位在48.68%—59.46%，探明储量32.4吨。非金属矿中，硫主要分布于落卜、观兴、两河、摩尼等镇，探明储量12601万吨，品位在20%左右、高者达27%；石灰石于落卜至后山一带广泛分布，储量巨大；高岭土分布于南面乡镇，探明储量307.81万吨；耐火黏土分布于两河枇杷沟一带，探明储量28.8万吨；石硅分布于石厢子、水潦、观兴等乡镇，储量数亿吨，品位在95%以上；石英砂分布于落卜、天池、水尾等镇，品位为90%，储量数亿吨；大理石分布于正东镇、后山镇，已发现墨晶玉、彩霞、珊瑚、翡翠玉等，石质致密细腻，储量达

1000万—1亿立方米；铸型砂岩分布于江门镇剪草铺，品位为82%；磷品位在11%—13%。

【林业资源】 叙永素有“川南林乡”美誉，是四川省百万亩速生丰产用材林基地建设重点县、竹基地建设重点县、现代林业产业技术基地县，位列全国16个乡村林场建设重点县、全国森林资源可持续管理经营试点县。林木树种78类科、近300种。其中，以杉、松、柏为主的针叶树9种，以樟、檫、喜树、泡桐、栗为主的阔叶树40多种，楠竹、水竹、苦竹等10多种，还有核桃、油茶、柿、桃、樱桃等果树。马岭、水尾、大石等镇发现有成片桫椤树，为国家一级古珍稀濒危保护植物。画稿溪自然生态保护区内，桫椤树数量达12万多株，连片成林，是国内目前发现的桫椤生长密度最大的原生群落，有“桫椤世界”之称。玉皇观森林公园内1000余株鹅掌楸，为珍贵树种。2017年，全县造林7.3万亩，其中退耕还林7.07万亩，全县森林面积254.86万亩，森林覆盖率56.22%；自然区保护区面积35.74万亩。

【水资源】 县境河流属长江水系，分属永宁河、水尾河、倒流河、象鼻河、马蹄河5个水系，常年可利用溪河33条（段），河流水力理论蕴藏量21.32万千瓦，技术可开发量9.9万千瓦，已开发装机容量6.23万千瓦。地下水储量22.96亿立方米，已引出普站王家洞地下水建成冷水河饮水工程。2017年，启动倒流河水库支渠建设工程；纳坪水库建成蓄水，高木顶水库、龙洞水库完成主体工程建设。

叙永文化

【文化资源】 叙永于1990年被列为四川省首批历史文化名城，2010年被命名为四川省革命老区县，2014年1月，获批四川省享受少数民族地区待遇县。县内存留有战国铜釜、汉代岩墓、三国铜鼓、彝族古碑、虎殿图腾、霞峰古树碑等，已开发可供游人观赏的人文、自然景点30余处。叙永是明代彝族女政治家奢香夫人、兵部尚书熊文灿、彝族土司首领奢崇明、近代辛亥革命川南总司令黄方、辛亥革命彝族志士余健光、中共两广省委书记陆更夫、开国上将傅钟、台湾“国史馆”馆长黄季陆的故乡。县内有国家级重点文物保护单位清代木雕一绝春秋祠、清凉洞摩崖石刻，国家级生态自然保护区画稿溪；省级文物保护单位大石龙龟山石刻、丹山玉皇观摩岩石刻群、傅钟故居、护国讨袁纪念地松坡亭、蜀南第一雄关雪山关等，“川南小峨眉”之称的省级风景名胜区、省级森林公园玉皇观，省级非物质文化遗产保护项目川南苗族踩山节、蜀南彝族咪苏唢呐、木格岛苗族祭祀和构树皮造纸工艺。有四川省第一个少数民族政权界（盖）首山苗民政府旧址、全国300个红色旅游经典景区之一的红军长征“鸡鸣三省”石厢子会议旧址、川南游击纵队成立旧址等革命遗址遗迹。有一洞三窟、奇险幽深的天生桥溶洞群。

【叙永精神】 从2012年12月始，“阳光边城奋进永宁”为新时期叙永精神表述语。

【叙永名片】 叙永古称永宁，是四川省首批历史文化名城、四川省革命老区县、四川省享受少数民族地区政策待遇县、四川省农产品质量安全监管示范县、四川省县域电子商务十佳县，是国家级贫困县、国家扶贫连片开发重点县、全国造林绿化先进县、速生丰产用材林基地县、国家木材战略储备基地县，国家优质烤烟基地县。

国民经济与社会发展

【工业经济】 2017年工业增加值39.8亿元，比2016年（下同）增长9.0%，其中规模以上工业增加值增长6.8%。规模以上工业企业主营业务收入50.32亿元，同比增长13.8%；实现利润1.15亿元，同比下降18.5%。建筑业增加值6.5

亿元，同比增长 9.5%；具有建筑业资质的所有独立核算建筑企业总产值（含省外）14.15 亿元，同比增长 16.4%。

【农业经济】 2017 年发展南部高寒山区生态果蔬产业带、赤水河流域特色经果产业带、北部乡村旅游产业带、中部种植养殖产业带“四大片区”特色产业带：投资 1.2 亿元，建成赤水河流域 5000 亩现代柑橘产业示范园，辐射带动 6 个乡镇种植甜橙 10 万亩；投资 1 亿元，建设年产 1400 万袋鸡枞菌麻城产业扶贫项目；投资 15.2 亿元，建设年出栏 100 万头生猪产业扶贫项目及东牛牧场等养殖龙头企业。全面完成倒流河、龙洞、高木顶、纳坪四大水库枢纽工程建设。新增农业龙头企业 28 家、合作社 641 个，新建家庭农场 489 户。新增耕地灌溉面积 870 公顷，新增节水灌溉面积 90 公顷，新增森林面积 1280.64 公顷，新增森林蓄积 15.17 万立方米，新增森林覆盖率 0.43%。生猪存栏 34.46 万头，出栏 41.92 万头；牛存栏 12.78 万头，出栏 3.23 万头；羊存栏 1.52 万只，出栏 0.67 万只。泸州野植珍食品有限公司、四川乌蒙山雨阳生态农业发展有限公司、泸州市恒达农业科技发展有限公司获省级林业产业化龙头企业，叙永县水尾西溪村获“四川省森林康养体验基地”称号。

【第三产业】 重点打造川滇黔商贸城、物流港等项目，入驻商家 130 余户，营业额 8000 余万元；完成电商公共服务中心和 130 余个农村服务站点建设，开设京东商城叙永特产馆自建“赶场小站”电商平台，3 类以上重点品牌和 20 余种特色产品实施全网络营销，入围四川省县域电子商务十佳县；投资 4.5 亿元，建成占地 710 亩的“苏州园林、江南水乡”坝上桃花坞旅游度假区建成，全年接待游客 20 万人次；实施北部山水生态游、赤水河赏花摘果游两大特色旅游品牌，举办赤水河自驾赏花、画稿溪清凉狂欢、彝族火把节等主题旅游活动；首次举办美景里程 · 乌蒙花海骑跑挑战赛，200 余名中外运动员参加，人民网、搜狐网等 20 余家主流媒体宣传报道，沿线乡镇旅游综合收入超千万元；石厢子堰塘新村完成特色业态乡村旅游品牌创建。

【科技文化】 全年中等职业教育招生 1224 人，普通高中招生 3092 人，初中招生 11106 人，普通小学招生 7514 人，特殊教育招生 158 人，学前教育在园幼儿 1.92 万人。全面完成 25 个乡镇综合文化站、231 个行政村建成农家书屋，完成 12 个行政村固定电影放映点建设，全国 300 个红色旅游经典景区的鸡鸣三省石厢子会议旧址打造列入泸州市重大项目，水潦草把龙、海氏骨科医药等 4 个项目申报市级非遗项目成功，新增运动场地 1.1 万平方米。全面完成国家级文物保护单位春秋祠抢救维修，纪录片《春秋祠里盐商传奇》在央视《国宝档案》栏目上映，叙永形象片在央视微信平台 1 号线上推出、并在中央 1 台《鸟瞰中国》中播出，《护国英雄》获电视社教专题提名奖。全民健身工作被国家体育总局评为全国群众体育先进单位；在全国空手道俱乐部争霸赛四川站比赛中，叙永 26 名参赛运动员获 11 金 7 银 11 铜。全民预防保健“泸州模式、叙永经验”在全省推广，全国基层中医药工作先进县通过评估验收，叙永县人民医院被国家卫计委表彰为全国卫生计生系统先进集体，通过“三乙”评审，全面启动“三甲”创建。

领导机构负责人名录

【县　委】

书记：陈景强

副书记：唐　杰　曹　阳

王　龙（挂职）

李　游（2 月任职，挂职）

郑　勇（7 月任职，挂职）

常委：任刚美（10月离任，挂职）
王亦白（10月离任，挂职）
陈学军（8月离任）
胡　宁（8月任职）
黄安华　周之平　张　伟　王　坤
唐　榕（女）　申　波（8月离任）
袁维荣（8月任职）　叶继东

【县人大常委会】

主任：张秋平

副主任：李官培　韩　燕　李小英（女）
高崇明

【县人民政府】

县长：唐　杰

常务副县长：申　波（8月离任）
袁维荣（9—12月任职）

副县长：袁维荣（1—8月任职）
王亦白（10月离任）　谢　华（女）
石　磊　古　涛（7月离任，挂职）
苏　丹　吴立凡（2月任职）
冉安键（7月任职）
申　刚（11月任职）

【县政协】

主席：马　刚（苗族）

副主席：邓　娟（女）　何　水　陈一龙
余显中

中国共产党叙永县委员会

综　述

【概　况】贯彻落实中央、省委、市委决策部署，特别是中共十九大精神和省第十一次党代会、市第八次党代会精神，按照县第十三次党代会决议“建成乌蒙山精准脱贫示范县”，着力打好“三大会战”。2017年，生产总值（GDP）115.36亿元，比2016年（下同）增长7.7%；规模以上工业增加值增长6.8%；全社会固定资产投资166.29亿元，同比增长21.7%；地方一般公共预算收入7.1亿元；城镇居民人均可支配收入2.39万元，同比增长8.3%；农村居民人均可支配收入1.09万元，同比增长10.0%。

【脱贫攻坚】全面聚焦脱贫，形成一切围绕脱贫转，一切围绕脱贫干的攻坚局面。力量向脱贫聚合，增派141名第一书记帮扶非贫困村；4015名机关单位干部全覆盖帮扶贫困户。资源向脱贫聚集，全面压缩开支，优先保障脱贫，投入28.3亿元，实施项目178个。考核向脱贫聚焦，模拟国检、每周交账、季度考核，层层压实责任，攻坚合力有效形成。2017年，退出贫困村42个，减贫13535人，贫困村从72个降至30个，贫困人口从50243人降至37141人。被四川省推荐创建全国健康扶贫示范县，在全省易地扶贫搬迁工作会上作交流发言；江门古寨易地扶贫搬迁点，作为全国唯一示范点，制成沙盘参加“砥砺奋进的五年”大型成就展，进京向中共十九大献礼。

【依法治县】建立健全拟任科级干部法治水平测试制度，开展学法活动和开设远程教育法治培训班，全年开展各级会前学法640余次，组织远程法治培训班3批次。增加法律顾问团成员，健全“三重一大”决策机制。严格落实“两个责任”，完善约谈和问责机制。深化六大领域基层治理，提前完成“雪亮”工程、校园卫士、天网改造建设任务，成立县、乡、村（社区）综治中心290个，“一村一警辅”实现全覆盖。依法惩治各类违法犯罪，集中打击“盗抢骗毒”专项行动获泸州市排名第一，命案案发率创历史最低，“两抢”案件下降70%，公安社会化评价测评跃居全省第55位。

【经济体制改革】推进供给侧结构性改革，制定出台和修订完善10个专项方案，利用“贫困县IPO绿色通道”政策机遇，招引深圳汉唐等45家企业落户叙永，全年引进到位市外国内资金75.84亿元。支持赛德水泥等4家企业纳入直购电试点，建成电商站点208个。

【农业农村体制改革】推进农村土地承包经营权确权颁证，25个乡镇成立“三资”委托代理服务中心、233个村全部实行会计委托代理制，县级和乡镇片区农村产权交易平台、林权交易平台建成投用。全县累计流转土地面积16万亩，其中规模流转面积7.6万亩，累计培育家庭农场27家，农民专业合作社316个，适度规模经营户352户。

【生态文明体制改革】 制定出台《叙永县环境保护工作职责分工方案》《叙永县党政领导干部生态环境损害责任追究实施细则（试行）》等方案，坚持“一岗双责”，解决生态环境领域突出问题，保障生态安全。深化国有林场改革，养田林场等3个国有林场、19个工区、28个护林点，完成清产核资工作。

【文化教育卫生发展】 开展各类群众文化活动72场次，超过9.2万人次参加。全省薄弱学校改造现场会在叙永县召开。人民医院创建三乙医院，加快创建三甲工作。以开展全民预防保健和健康扶贫工作为抓手，实施“四百工程”，全县累计免费体检72万人次，在家贫困人口免费体检率达100%。

【党的制度建设】 编制《叙永县园区领导班子和干部人才队伍建设规划》，进一步充实园区领导班子。出台《叙永县乡镇、部门党（工）委及其下属党组织书记抓党建工作述职评议考核问责办法》，对抓党建工作失职失责的党组织书记严肃问责。

重要会议

【县委全委会议】 十三届三次全体会议，1月4日举行。会议听取县委组织部关于遴选中共十九大代表及省第十一次党代会代表推荐提名人选有关工作的汇报，审议通过中共十九大代表及省第十一次党代会代表推荐提名人选建议方案，研究确定出席中共十九大代表候选人推荐人选40名，出席省第十一次党代会代表候选人推荐人选34名。

十三届四次全体会议，12月27日召开。会议总结报告县委常委会一年来的工作，审议《中共叙永县委关于全面深入贯彻落实中共十九大精神建成乌蒙山精准脱贫示范县加快建设川滇黔结合部县级中心城市的决定（草案）》。会议确定2018年全县工作基调为稳中求进、脱贫攻坚、坚守底线、高质量发展，总体要求为高举中国特色社会主义伟大旗帜，在邓小平理论、“三个代表”重要思想、科学发展观、习近平新时代中国特色社会主义思想的指导下，全面贯彻中共十九大精神，牢牢把握“川滇黔结合部县级中心城市”的发展定位，紧紧围绕“建成乌蒙山精准脱贫示范县”的奋斗目标，打好“精准脱贫、园区发展、项目建设、国土金融、城乡建设”五大攻坚战。

【县委常委会议】 全年，召开常委会17次。

2017年中共叙永县委常委会议一览表

表1

时 间	届 次	议 题	决 定
1月4日	十三届第十二次	听取在财政局增挂“叙永县国有资产管理局”牌子、党代会代表推荐关工作、脱贫户房屋安全鉴定工作、国有林场改革实施方案、工商联换届工作、调整县领导联系乡镇及联系挂钩村的建议方案、干部人事工作情况汇报	1. 原则同意县编委会、县委组织部、县政府常务会研究的意见。2. 将2016年已实施改造但尚未鉴定的贫困户住房全部纳入房屋安全鉴定范围。3. 国有林场改革要边推进边完善。4. 按意见修改完善关于调整县领导联系乡镇及联系挂钩村的建议方案
2月6日	十三届第十三次	1. 传达学习《中共中央国务院关于推进安全生产领域改革发展的意见》和国家、省、市会议精神。2. 赤水河畔精品休闲体育度假区项目情况、重点项目考核情况、县环卫清扫保洁工作、安全生产目标考核情况、实施产业园区大会战三年攻坚行动工作意见、干部表彰和年度考核工作、党风廉政建设责任制工作的汇报。3. 研究干部人事任免	1. 切实做好城区化粪池清掏工作；理顺乡镇交管办和派出所职能，做好隐患排查和整改工作。2. 实行四大班子领导重点项目版块负责制，每个版块工作经费为100万元。3. 将鸡鸣三省石厢子会议旧址红色旅游、城区河道治理、高速路入城大桥拓宽工程等项目纳入重点建设项目计划。4. 县领导兼任园区党工委书记4。5. 表彰先进奖励以实物形式发放，6. 评定“优秀”等次县级领导干部6人、评定“称职”等次县级领导干部25人

续表 1

时　间	届　次	议　题	决　定
2 月 20 日	十三届第十四次	1. 听取促进工业经济加快发展实施意见、纪检监察和 2017 年党风廉政建设社会评价实施方案工作的汇报。2. 研究干部人事任免事项	1. 尽快修改完善《关于促进工业经济加快发展的实施意见》下发。2. 企业入驻叙永利用“贫困县 IPO 绿色通道”上市及“飞地园区”相应扶持政策。3. 同意《县纪委工作报告》和县纪委提出的实施方案
3 月 20 日	十三届第十五次	1. 听取“交通大会战重点项目建设”、“与泸州市交通投资集团有限责任公司签订战略合作协议”、“组建叙永县交通投资集团有限公司”、《叙永县法治政府建设实施方案（2017—2020 年）》、统战工作、编制工作、关爱和扶贫 2 个基金会整改工作、平安建设、干部管理工作情况汇报。2. 专题听取第一季度履行党风廉政建设主体责任情况的汇报	1. 县境 400 公里扶贫公路改造由泸州市交通投资集团公司负责建设。2. 叙永县交通投资集团有限公司作为县国资集团下属子公司。3. 苏丹牵头落实整合农业局班子，成员中增设总畜牧师职位；农口系统派驻乡镇人员改革问题，先提出方案经研究后再报市里，争取在叙永先行先试。4. 县扶贫基金会、关爱基金会 2 个基金会合并保留 1 个基金会，由张德全接任新基金会会长并兼任县关工委执行主任；5. 由县财政注入 400 万元进行登记注册，注册资金由国资集团管理。6. 乡镇、村一级综治中心在村党群服务中心挂牌办公。7. 同意科级领导班子及领导干部年度考核方案、县委巡察组人员调整充实方案、部分县级部门、乡镇班子调整充实方案、部分试用期满干部正式任职方案、县级后备干部推荐人选方案
5 月 9 日	十三届第十六次	1. 听取加快推进河长制工作、扶贫资金调配管理、义务教育均衡发展迎省检工作、园区建设、扩大对外开放加快利用外资助推脱贫攻坚实施意见、增派帮扶力量、依法治县工作、对台工作和共青团工作情况汇报。2. 研究干部人事工作	1. 成立叙永县河湖管理保护办公室，编制 5 人。2. 非贫困村“村村响”等资金需求纳入整体需求盘子。3. 县财政安排 100 万元专项资金作为教育均衡发展迎检工作经费，由县国资公司先行借资 8000 万元用于向国开行贷款的资本金和学校征地前期费用。4. 落户叙永建筑企业、劳务公司、金融公司和互联网公司奖励标准要根据实际情况分段设置。5. 县委改革办专职副主任配备由县委编办提交县编委会研究。6. 在县委办增设依法治县综合股，调节 2 个事业编制，配备 2 名专职人员。7. 同意团县委提出的建议方案和县委组织部提出的建议方案
5 月 22 日	十三届第十七次	1. 听取拟推荐上报市委表扬对象及县级“七・一”表扬工作汇报。2. 传达学习市委近期学校安全稳定工作的有关要求，研究部署并近期安全信访维稳工作	1. 同意县委组织部“七・一”通报表扬方案。2. 学校安全工作由陈学军、谢华负责。3. 开展农村摩托车专项整治、加强森林火源防控管理。4. 齐抓共管，确保省十一次党代会期间信访不出县
6 月 14 日	十三届第十八次	1. 学习《中华人民共和国环境保护法》。2. 听取县环境保护工作、机构编制工、农业产业发展、烈士陵园公路大桥建设、平安建设重点工作、县财政运行的情况汇报。3. 研究干部任免和干部违纪工作	1. 县长唐杰牵头重点抓环保问题的整改落实。2. 县委办公室设立叙永县委常委办公室、在县委办公室挂“叙永县全面深化改革领导小组办公室”牌子，调整县政协专委会机构设置，县委宣传部设立叙永县信息传媒中心，县委农工办变更机构名称，县发改局重大建设项目稽察特派员办公室主任按副科级配备、县人社局合管中心主任按副科级配备，成立四川省叙永县第三中学校。3. 成立农业产业发展投资引导基金意见。4. 明确张伟、石磊分工责任。5. 县财政支出原则保基本、保安全、保维稳、保脱贫、保应急，要严格控制支出，比照市上“双压缩”要求，公共支出压缩 10%，专项支出压缩 30%
6 月 20 日	十三届第十九次	听取庆祝建党 96 周年暨“七・一”表扬方案的汇报、上半年履行党风廉政建设主体责任情况的汇报	确定表彰“四好”领导班子先进集体、优秀基层党组织书记先进基层党组织、优秀党务工作者、优秀共产党员、先进帮扶单位、“双星”先进集体等名单
7 月 19 日	十三届第二十次	1. 传达学习王东明讲话精神。2. 听取干部违工作、国有企业改革工作、下达 2016 年综合目标考核奖励资金、新型智慧城市建设工作、乡镇群团中心（站）建设、调整部分县级领导联系帮扶工作的情况汇报。3. 研究干部人事工作	1. 切实贯彻王东明讲话精神，抓好稳增长、脱贫攻坚、环保整改、防汛减灾、安全生产和维护稳定等重点工作。2. 同意县政府常务会研究的国有企业改革意见。3. 乡镇群团工作中心在便民服务中心挂牌，在乡镇党委中明确 1 人担任群团中心主任
8 月 3 日	十三届第二十一次	研究干部人事工作	夏征勇为副县级领导干部进入会议推荐人选对象

续表 1

时 间	届 次	议 题	决 定
8 月 3 日	十三届 第二十二次	研究干部人事工作	夏征勇为副县级领导干部人选考察对象，袁维荣为县（区）常务副县（区）长人选考察对象
8 月 21 日	十三届 第二十三次	听取县干部违纪案件工作情况的汇报	对县国土资源局、摩尼镇相关领导违反工作纪律，未及时制止查处叙永县威山煤业有限公司下属银洪源矿业有限公司违法开采黏土矿的行为，给予行政警告处分
8 月 30 日	十三次 第二十四次	1. 传达学习习近平总书记重要讲话、省脱贫攻坚帮扶工作推进会议精神、市组织系统“两学一做”学习教育常态化制度化暨组织工作推进会议精神、市委网安领导小组第四次会议精神、甘肃祁连山国家级自然保护区生态环境问题督查处理情况及腾格里沙漠污染问题处理情况。2. 听取县党风廉政建设工作、县环境保护工作、城市建设工作、财政工作、生态文明体制改革方案、编制工作、林场整合工作、干部管理工作、《中共叙永县委工作规则》（送审稿）起草工作、县院士（专家）工作站建设、党风廉政建设主体责任情况汇报。3. 研究干部人事任免事项	1. 同意《叙永县关于进一步加强 2017 年党风廉政建设社会评价工作实施方案》。2. 县委宣传部、公安局进一步强化网络监管，切实做到快速反应、果断处置。4. 同意县政府常务会、县编委会、县科协提出的建议意见。5. 严格落实全市统战系统“两学一做”常态化制度化暨统战工作推进会议精神。6. 同意县政府常务会盛世华都项目续建投资人招募会议研究确定的内容。7. 原则同意县委办公室起草的《中共叙永县委工作规则》（送审稿）。8. 同意巡察办第二轮巡察建议及村（社区）延伸巡察建议方案。9. 同意县委组织部关于调整县领导联系乡镇及村情况的建议
10 月 17 日	十三届 第二十五次	1. 听取强化中共十九大期间县安全稳定工作、叙永三中项目建设工作、组建叙永县边城公共交通有限公司工作和 S438 线兴隆镇巴毛田至贵州界段升级改造工程委托代建工作、易地流转新增耕地占补平衡指标、2017 年下半年扶贫资金安排情况、叙永县 2016 年财政决算和 2017 年 1—8 月预算执行情况、调整县人民政府部分工作部门党组织设置情况、叙永县政协党组关于增加县政协机构设置和人员配置工作的汇报。2. 研究干部人任免事项和干部违纪案件工作	1. 全力抓好中共十九大期间安全稳定工作，张伟、石磊负责全县面上的统一指挥和安排。2. 唐杰牵头，研究论证开通城市公交的相关方案和问题摸排。3. 唐杰牵头，袁维荣负责对接市交投集团项目组织实施工作。4. 袁维荣牵头研究扶贫资金使用管理工作。5. 同意县委组织部提出的建议意见。6. 设置叙永县政协委员联络联谊委员会、政协政策研究委员会等 2 个机构，在叙永镇开展政协乡镇工委试点。7. 对相关违纪责任人给予纪律处分
10 月 17 日	十三届 第二十六次	研究干部人事工作	申刚、傅涌为副县级领导干部进入会议推荐人选对象
10 月 17 日	十三届 第二十七次	研究干部人事工作	申刚、傅涌为副县级领导干部人选考察对象
11 月 27 日	十三届 第二十八次	1. 听取《叙永县深化国家监察体制改革试点工作实施方案》《叙永县深入学习宣传贯彻中共十九大精神扎实开展基层治理工作方案》、叙永县园区综合体建设 PPP 项目实施方案、学习宣传贯彻中共十九大精神的汇报。2. 研究干部人事工作	1. 同意《叙永县深化国家监察体制改革试点工作实施方案》《叙永县深入学习宣传贯彻中共十九大精神扎实开展基层治理工作方案》。2. 园区基础设施项目按照 11 月 6 日现场办公研究的意见组织实施，加快“一桥四路”中桥的征地等相关工作，确保在流动现场会上展示良好形象

【县委中心组专题学习会】 3 月 16 日，县委书记陈景强主持召开中共叙永县委中心组学习（扩大）会，邀请中山大学传播与设计学院教授张志安作《领导干部的媒介素养》专题报告。

10 月 12 日，县委书记陈景强主持会议，传达学习市委常委（扩大）会议精神，通报近期省市督查情况和全县 9 月重点工作、安排部署 10 月重点工作，研究中共十九大期间的信访稳定工作。县委副书记、县长唐杰，县政协主席马刚，县委副书记曹阳等参加会议。陈景强指出，要切实抓好信访维稳、脱贫攻坚、项目建设等工作，保质保量完成全年目标任务。

11月6日，县委书记陈景强主持会议，学习关于中共十九大的主题、习近平新时代中国特色社会主义思想的历史地位和丰富内涵、中共十八大以来党和国家事业发生的历史性变革、中国特色社会主义进入新时代等九个方面的内容。

【全县领导干部大会】 1月12日召开，陈景强主持会议。对县委、县政府领导班子和领导干部进行年度考核测评，县委书记陈景强作口头述职，县委全委会成员、非县委全委会成员的其他县级领导、县纪委常委会成员、各乡镇党政主要负责人、县级相关部门（单位）主要负责人以及部分老干部代表等140余人参加测评。

3月27日召开，陈景强主持会议。传达中央、省委、市委决策部署，要求以高度的政治责任感，把思想和行动统一到习近平总书记关于保持贫困县党政正职稳定的要求上来，进一步凝心聚力、鼓足干劲，确保叙永如期完成脱贫摘帽的历史使命。市委常委、组织部部长徐斌出席会议，并要求县级干部、乡镇部门党政正职，要在各自岗位上，认真履职尽责，要以高度的政治责任感，把思想和行动统一到省委、市委关于陈景强继续担任叙永县委书记这一决定上来，以实际行动贯彻落实省委、市委决定，更好地巩固和发展当前的好局面，保持经济社会发展的好势头。陈景强表示，将坚决服从组织安排，全力以赴抓好脱贫攻坚等各项工作，不辜负组织的信任和人民的重托，向省委、市委，向全县人民交上一份合格的、满意的答卷。

【脱贫攻坚会议】 脱贫攻坚2016年度总结暨2017年动员大会，2月7日召开。会议总结全县2016年脱贫攻坚工作，表彰在脱贫攻坚工作中涌现出来的先进集体和个人，安排部署2017年脱贫攻坚工作。县委书记、县脱贫攻坚领导小组组长陈景强强调，要以铁的精神、严的作风、实的干劲，在2017年再战再胜、继续领跑。

四川省脱贫攻坚专项督导工作座谈会议，2月14日在叙永召开。四川省文化厅直属机关党委书记严飒爽，市委常委、农工委主任张文军等出席会议。省督导组肯定叙永围绕脱贫攻坚目标，深化思想认识，传导工作压力，完善脱贫措施，精心谋划安排部署，精准帮扶工作成效明显，走在全省的前列。省督查组要求，要进一步抓好产业精准扶贫工作。要坚持市场导向，遵循市场和产业发展规律，因地制宜，合理制定产业发展方向、重点和规模，提高产业发展持续性和有效性。要将产业发展和建档立卡贫困人口的脱贫有效衔接起来，通过股份制、集体经济、订单帮扶等多种形式，建立贫困户和产业发展的利益连接机制，让贫困人口分享产业发展收益。要夯实产业扶贫责任，制定多元化产业措施，精准到村到户。在抓好贫困村基础设施、产业发展的同时，也要注重文化教育扶贫，双轮驱动，两手抓好，扶贫工作才能取得更好成效。要严格落实扶贫考核机制，要深入开展督查、巡查工作，防范不准、不实问题。要加强调研，找准工作薄弱环节和着力点，确保脱贫攻坚工作继续走在全省前列，使该项工作成为全省的典范。

扶贫专项规划编制工作专题会议，3月15日召开。会议部署23个扶贫专项规划编制工作。县委副书记曹阳强调，要紧密对接，加紧研究，加快实施；要强化责任，狠抓落实。切实把握以下6个方面工作：1.县级相应部门要抓紧与省市对接沟通，及时掌握省级、市级对口部门专项分解到县的项目资金计划，县级部门之间要互通信息；2.县级财政部门要及时将本级财政安排的项目资金计划通报相关部门，并与省、市财政部门及时沟通对接，落实省、市财政到县资金，编制专项实施方案中的县级项目资金数据要与财政提供数据一致；3.涉及财政专项扶贫资金的部门（扶贫、发改、林业、民宗、残联等）要及时将2017年已安排或下步将安排的扶贫各级财政专项项目资金计划通报相关部门，确保对应项目的财政专项扶贫资金一致，其他部门不得随意填写财政专项扶贫资金；4. 通过金融、社会扶贫资金等非财政资金实施的项目，要及时报市级对口部门，列入市级专项实施方案；5. 涉及市级统筹跨县（区）的项目，专项中要有相对应的内容；6. 县级相关部门的专项实施方案，须报市级对口部门审核把关后，再报县脱贫攻坚办汇总上报。

脱贫攻坚第一季度流动现场会，4 月 26 日召开。会议贯彻落实中央和省市脱贫攻坚相关会议精神，总结 2017 年脱贫攻坚第一季度工作，通报第一季度考核结果，安排部署近期及下一阶段脱贫攻坚工作。县委书记、县脱贫攻坚领导小组组长陈景强强调，脱贫攻坚是当前全县最重要的中心工作、最硬的政治任务，必须要用超常的手段、超常的措施、超常的力度来完成这项任务。脱贫攻坚要实行最严格的工作纪律。

叙永县脱贫攻坚领导小组会议，6 月 5 日召开。县委书记、县脱贫攻坚领导小组组长陈景强要求，全员为脱贫、全县抓脱贫、要一切围绕脱贫干。

叙永县脱贫攻坚推进会，6 月 7 日召开。会议通报近期脱贫攻坚推进的有关情况，安排部署下一阶段的脱贫攻坚工作，并对脱贫攻坚有关业务工作进行培训。会议以电视电话会议形式直接开到村一级。

叙永县第二季度脱贫攻坚会，7 月 21 日召开。会议安排部署第二季度脱贫攻坚考核工作，并对脱贫攻坚有关业务工作进行培训。县委书记、县脱贫攻坚领导小组组长陈景强强调，全县上下要进一步增强政治意识和工作主动性，强化政策宣传，提升帮扶工作实效，加快项目推进速度。对工作中发现的问题，务必高度重视，拿出过硬作风和针对性举措，一项一项抓落实，确保问题能够得到整改落实。

叙永县脱贫攻坚领导小组会议，8 月 8 日召开。会议总结全县上半年脱贫攻坚工作，研究部署当前脱贫攻坚各项重点工作。县委书记、县脱贫攻坚领导小组组长陈景强强调，全县上下要保持清醒头脑，认真梳理工作中存在的问题，制定好工作清单，确保 2017 年“再战再胜”。

县脱贫攻坚政策业务培训会，9 月 1 日召开。县委书记、县脱贫攻坚领导小组组长陈景强主持培会议，邀请四川省扶贫移民局考核处副处长薛兵作脱贫攻坚政策业务辅导。会议以电视电话会议形式召开，25 个乡镇设置分会场。县级各部门、企事业单位主要领导、分管领导，县委办、县府办、县人大办、县政协办全体干部，乡（镇）党委书记、乡（镇）长、分管领导、扶贫办主任，所有贫困村和非贫困村的第一书记，县脱贫办全体成员在主会场参加培训；乡镇机关全体干部和县级部门所有帮扶责任人在分会场参加培训，参训 4200 余人。

叙永县脱贫攻坚奋战十月动员大会，9 月 28 日召开。会议对全县脱贫攻坚工作再安排再部署再强化，县委书记、县脱贫攻坚领导小组组长陈景强强调，要认识再提高，把认识统一到当前脱贫攻坚问题的研究解决和本次会议要求上来；统筹必须再加强，加强对当前脱贫攻坚的领导；执行必须再强化，增强执行力；运转必须高效，各部门各乡镇必须动起来干起来；攻坚必须再抓紧；坚决遏制扶贫工程领域的腐败；时间必须再细化；帮扶单位和帮扶干部必须到位；督查考核必须再严格。

叙永县脱贫攻坚领导小组会，10 月 16 日召开。会议听取县级脱贫攻坚全覆盖督查、“三大工程”推进、住房保障、“扶贫日”活动开展等 11 个方面的工作情况汇报，并对全力加快推进全县脱贫攻坚相关工作进行安排部署。

2017 年贫困退出验收动员大会，10 月 20 日召开。会议全面梳理脱贫攻坚工作，并就相关验收工作进行业务培训，会议以电视电话会形式召开，各乡镇设分会场。

全县脱贫攻坚交账会，10月23日召开。县领导对分管领域脱贫攻坚存在问题进行交账。

产业扶贫和非贫困村脱贫攻坚调研工作座谈会，10月25日在富丽假日酒店举行。会议听取泸州市和叙永县相关工作及存在困难的汇报，四川省扶贫移民局巡视员王小刚，市委常委、市农工委主任张文军，县委书记陈景强，县领导王龙、叶继东参加会议，省、市扶贫局相关领导出席会议。

脱贫攻坚工作交账会，12月12日召开。会议通报扶贫项目及住房保障和扶贫信访办理督查情况。相关县领导就分管的集体经济、“五个一”、民生工程、易地搬迁、土地整理、安全饮水、危房改造和道路建设等及存在的问题进行交账。

2017年脱贫攻坚第三次流动现场会暨省级验收评估动员大会，12月18日召开。会议通报第三季度考核结果，安排部署问题整改及迎省检相关工作。县委书记、县脱贫攻坚领导小组组长陈景强要求，全县各级各部门要将问题整改和迎省检工作作为当前工作中心，认真梳理工作中存在问题和不足，全力抢抓问题整改，确保在脱贫攻坚年终“大考”中取得好成绩。

【专题会议】“五个一”帮扶暨村级集体经济发展工作推进会，2月16日召开。会议总结2016年“五个一”帮扶工作，表彰脱贫攻坚中做出突出贡献的“五个一”优秀驻村第一书记、优秀驻村农技员、优秀驻村工作组成员进行表扬和颁奖。县委副书记、县“五个一”帮扶力量协调工作领导小组组长曹阳代表领导小组与各乡镇签订《叙永县贫困村“五个一”帮扶力量工作目标责任书》《村级集体经济发展目标责任书》。

中国共产党叙永县十三届第一轮巡察工作动员会，4月6日召开。会议部署中共叙永县委首轮巡察工作。县委书记、县委巡察工作领导小组组长陈景强强调，全县首轮巡察时间紧、任务重，要以“严”字当头、“实”字兜底，从严从实打好巡察监督“第一仗”，为脱贫攻坚、追赶跨越营造风清气正的政治生态环境。

叙永县义务教育均衡发展迎接省政府督导评估工作动员会，5月19日召开。县委副书记、县长唐杰主持会议，贯彻落实国务院、省、市义务教育均衡发展工作要求，分析全县义务教育均衡发展工作推进中面临的困难和问题，研究部署当前和今后一段时期义务教育均衡发展工作。会上，县委、县人民政府与各乡镇党委、人民政府及县级有关部门代表签订目标责任书。

叙永县专题研究部署环保整改工作会，6月27日召开。会议研究部署上级环境保护督察反馈意见整改工作。县委书记陈景强强调，当前和今后一个时期要把上级环境保护督察反馈意见整改工作作为全县环保工作的中心任务。要求相关部门把环保工作列入重要议事日程，切实解决好环境保护工作中的突出问题；加大执法检查，对环保设施不达标、不执行国家规定、不服从监管部门管理和存在重大风险隐患的企业要严肃追责，该整改的整改，该关停的关停，切实加大依法整治力度。

庆祝中国共产党成立96周年暨“七一”表扬大会，6月30日召开。会议宣读县委“七一”表扬决定，并对创建“四好”领导班子先进集体、优秀基层党组织书记、优秀共产党员、先进帮扶单位、“双星”争创先进集体和个人代表进行颁奖。县委书记陈景强强调，广大党员干部要继承党的优良作风，弘扬时代精神，锐意进取、开拓创新、真抓实干，在全县脱贫攻坚、安全稳定、经济社会发展中再创佳绩，再立新功。

庆祝建军90周年暨“八一”表扬大会，7月27日县委副书记、县长唐杰主持召开。会议表扬先进集体和个人，安排部署双拥工作。县委书记陈景强要求，全县上下要坚持围绕发展抓双拥、抓好双拥促发展，推动地方经济社会发展和国防后备力量建设，密切“同呼吸、共命运、心连心”的新型军政军民关系。

四川“全面改薄”工作现场会，8月17日在叙永召开。县委书记陈景强在作“全面改薄”工作经验交流，四川省教育厅党组成员、机关党委书记张澜涛出席会议并讲话。四川省财政、发改和教育等部门相关负责人，各市（州）和部分区（县）教育行政部门负责人参加会议。泸州市人民政府副市长马宗慧，县委书记陈景强，县委副书记郑勇，县领导陈学军、李官培、谢华、陈一龙等参加会议或陪同参观项目现场。

宣传贯彻中共十九大精神宣讲报告会，12月5日由县委书记陈景强主持召开。市委宣讲团成员、市委常委、市委组织部部长、市委统战部部长徐斌，向叙永县领导干部群众作中共十九大精神宣讲报告。徐斌围绕深刻把握中共十九大主题及主要成果、习近平新时代中国特色社会主义思想、过去五年的历史性成就和历史性变革、中国特色社会主义进入新时代、中国社会主要矛盾的变化、“两个一百年”奋斗目标的战略部署、中国经济社会发展重大战略部署、坚定不移推进全面从严治党、坚定以习近平新时代中国特色社会主义思想为统揽推进各项工作再上新台阶九个方面，结合四川省、泸州市及叙永县发展实际，系统的解读和阐述中共十九大精神。

重要活动

【市委书记蒋辅义率队到叙永调研】 2月15日，市委书记蒋辅义率泸州市发改委、市经信委、市住房和城乡建设局、市交通局、市财政局、市扶贫局等部门负责人到叙永县调研，并召开座谈会，听取叙永工作情况汇报，研究部署开门红、稳增长、项目攻坚、脱贫攻坚等重点工作。市委常委、组织部部长徐斌，市委常委、农工委主任张文军，市人大常委会副主任王波随同调研。

【县委书记陈景强率队检查乡镇换届选举工作】 3月21日，县委书记陈景强、县委副书记王龙率队到水尾、天池等乡镇，检查指导村（居）委会换届选举工作。陈景强要求，要进一步加强党的领导，选优配强带头人；要把村（居）委会换届工作作为当前的大事来抓；要深入一线了解情况、做好调查，引导广大党员、群众正确行使民主权利，保证把政治素质好、带动能力强、服务能力强的能人选出来，带领群众增收致富；要进一步规范工作程序，保障好党员和群众的选举权。

【县委书记陈景强专题调研群众信访工作】 4月19日，县委书记陈景强到县委群工局专题调研群众信访工作。县委副书记曹阳，政法委书记张伟，县政府副县长、公安局局长石磊随同调研，县委办、县委组织部、县委编办、县财政局等单位负责人参加会议。陈景强强调，群众信访工作是党委和政府重要的工作之一；群工局务必“围绕中心、服务大局”，要抓好问题的化解处置，解决好群众的合理诉求；要抓好责任的落实，明确县级领导、部门及乡镇干部“一岗双责”做好信访工作；要抓好督查督办，发挥好信访部门“三项建议权”，提升干部的认识与担当。

【中共中央委员、新华社原社长李从军到县调研】 5月3—4日，中共中央委员、新华社原社长李从军到叙永调研脱贫攻坚工作，深入水潦彝族乡“鸡鸣三省”大桥建设工地、石坝彝族乡“鸡鸣三省”会议旧址及红军长征遗址、海升公司现代甜橙基地、彝家新寨易地扶贫搬迁集中安置点等地调研、慰问贫困户。李从军强调，要抓住关键和重点积极探索，勤于思考，善于创造和总结好经验好做法。抓好交通基础设施建设，采取市场机制，把贫困地区重大交通基础设施纳入国家规划，争取政策和资金支持。发挥好基础设施项目和产业投资的带动效应，夯实发展基础。多渠道筹措建设资金，加大对贫困地区的投资力度，尤其要加大金融支持。提高贫困地区教育、医疗水平，把教育扶持和医疗救助。多措并举应对脱贫攻坚资金缺口，既要向上争取，又要广泛引进社会资金参与扶贫开发。脱贫政策要注重持续性，防止出现脱贫后返贫等问题。

【市委书记蒋辅义调研叙永重点工作】 5月12日，市委书记蒋辅义率市经信、卫计、国土、交通、扶贫移民、环保等部门深入叙永，研究解决重点工作推进中的困难和问题。蒋辅义强调，要更加开明开放，以脱贫攻坚为统领，统筹推进各项重点工作。市领导杨晓、张文军、李锋、刘杰出席汇报会。县委书记陈景强汇报有关工作，县委副书记、县长唐杰，县领导曹阳、周之平、唐榕、申波、谢华出席汇报会。

【市委常委、组织部部长徐斌到帮扶联系村指导工作】 5月17日，市委常委、组织部部长徐斌率数名企业家到帮扶联系的正东镇普市村，为当地产业发展“把脉”，并带领正东镇普市村、阳坪村村社干部、党员致富带头人前往合江县合江镇石堰村、泸县太伏镇王湾村、后山镇山斗米村考察学习当地产业发展先进经验。

【县委书记陈景强率队看望高考学子】 6月6日，县委书记陈景强，县委副书记、县长唐杰率县委办、政府办、教育、公安、食药监、交通、文体广、卫计、城管等部门主要负责人，到叙永一中高考考点看望2017年高考学子，勉励全县广大考生沉着应考，考出好成绩。陈景强现场要求，考场工作人员一定要各负其责，为考生提供周到细致的服务，各带队教师一定要密切关注考生们的心理动向，积极开展心理疏导，让考生们树立信心，全力以赴做好高考准备工作，确保实现平安高考。

【市委常委、组织部部长徐斌率队调研县人民医院创建“三甲”工作】 6月20日，市委常委、组织部长徐斌率市委组织部、西南医科大附属医院、市卫计委等部门负责人到叙永调研县人民医院创建“三甲”项目建设情况，现场办公解决存在的问题。

【乡镇脱贫攻坚工作调研督导】 7月5日，县委书记陈景强率县发改、住房和城乡建设、人社、卫计、财政等有关部门负责人到易地扶贫搬迁的示范村石厢子彝族乡堰塘村、正东镇普市村调研督导脱贫攻坚工作，现场研究解决工作推进中存在的问题。陈景强要求，各级各部门要对照国家标准，补齐工作中的短板，在做细做实基础资料的同时，要抓特色亮点工作的打造，为全县提供可供复制的“模式”，让群众搬得出、稳得住、能致富。

10月21—22日，县委书记陈景强，县委副书记、县长唐杰率县发改、财政、住房和城乡建设、国土等部门到乡镇督导调研脱贫攻坚工作，解决工作存在的困难和问题、对加快推进各项相关工作提出指导性意见。县委副书记曹阳、郑勇，县领导胡宁、袁维荣、叶继东、李官培、高崇明、苏丹、冉安健、邓娟等陪同检查。

【市委书记蒋辅义到叙永督导环保问题整改工作】 7月20日，市委书记蒋辅义赴叙督导环保问题整改工作，并到园区江门20万吨/年漂白竹浆纸一体化项目现场考察。蒋辅义强调要加快环保问题整改步伐，按时完成整改任务。

【县委书记陈景强率队督查乡镇环保整改工作】 8月7日，县委书记陈景强、副县长冉安健率县环保、发改等部门负责人到水尾镇画稿溪、西溪村和龙凤镇吉星水电站，实地督查乡镇环保整改工作。陈景强强调，环保整改是当前工作的重中之重，要严格按照整改要求，加快整改进度，确保工作取得新成效。

【市委常委、组织部部长徐斌率医药专家组到叙永调研考察】 8月16—17日，市委常委、组织部部长徐斌率四川省中医药科学院、四川省第二中医医院、西南医科大学附属中医院等省市医药专家到叙永正东镇普市村天麻种植基地、后山镇中药材种苗组培基地，叙永镇红岩村中药材种植基地，实地考察、了解叙永中药材种植品种、规模、效益等方面的情况。县委书记陈景强、县委副书记郑勇汇报相关工作。

【市委书记蒋辅义到叙永调研脱贫攻坚工作】 8月27日，市委书记蒋辅义到水尾镇西溪村调研脱贫攻坚工作，就加强相关工作提出明确要求。县委书记陈景强，县委副书记曹阳，县委常委、县委办主任叶继东随同调研。

【省委组织部组织到叙永开展抓党建促脱贫攻坚专项督导】 9月13日下午，中共四川省委组织部副巡视员杨天利、省委组织部信息中心调研员孙忠等一行到石厢子彝族乡开展抓党建促脱贫攻坚专项督导工作。

【中央文献研究室副主任张宏志到叙永调研】 9月25—26日，中央文献研究室副主任、全国红色旅游协调小组成员张宏志率队到叙永调研红色资源保护利用与脱贫攻坚工作。市委常委、副市长许先春，县委常委、宣传部长胡宁陪同调研。张宏志要求市、县继续保护、开发、利用好这些资源，并不断丰富具有宣传教育意义的展出内容，同时并就如何进一步深入挖掘党史资料、保护革命遗址，规划、整合红色旅游资源等提出宝贵的意见和建议。

【"喜迎十九大、脱贫奔小康"文艺演出活动】 9月27日，叙永县举办"喜迎十九大、脱贫奔小康"文艺演出活动，全县各族群众欢聚一堂，载歌载舞，以特有的方式为祖国庆生，喜迎中共十九大的胜利召开。县委书记陈景强出席活动并致辞强调，中共十九大即将召开，全县广大党员干部和各族人民群众继续保持攻坚克难作风，瞄准目标，铆足干劲，坚决打赢脱贫攻坚这场硬仗，努力创造出无愧于历史、无愧于人民的新业绩，以优异成绩向中共十九大献礼。

【"烈士纪念日"公祭活动】 9月30日，县委书记陈景强及县（县委、县人大、县政府、县政协）领导及社会各界代表，在烈士陵园举行烈士公祭活动，缅怀先烈，寄托哀思。陈景强在活动仪式上宣读缅怀革命先烈的祭文。

【中央文献研究室办公厅副主任刘文起到叙永考察调研】 10月26—27日，中央文献研究室办公厅副主任刘文起率队到叙永考察调研红色资源保护利用工作。刘文起一行先后到石厢子彝族乡堰塘新村党群服务中心，中央红军长征"鸡鸣三省"石厢子会议陈列馆，中央红军长征"鸡鸣三省"石厢子会议旧址、红军驻地，水潦彝族乡中央红军长征"鸡鸣三省"大峡谷等地，实地调研叙永县红色资源保护及开发利用情况。市委常委、副市长许先春，市委党研室副主任李军陪同调研。

【县委书记陈景强率队调研人大常委会工作】 11月28日，县委书记陈景强率队调研县人大常委会工作，并专题听取工作汇报。县人大常委会主任张秋平，副主任李官培、韩燕、高崇明、李小英出席会议。陈景强对县人大常委会的工作给予充分肯定，认为县人大的调研工作一针见血地指出了全县经济社会发展存在问题，提出的建议非常有价值，提出的措施很切合实际，非常具有针对性。陈景强要求，县人大常委会要进一步发挥人大监督职能，深入开展调研，为政府工作提出意见和建议，为党委决策提供参考。张秋平重点围绕全县经济工作、园区发展、城市建设、脱贫攻坚、人大工作等方面，汇报人大有关情况、目前存在的困难和问题，有针对性地提出2018年的工作建议。

【四川省综治调研组到叙永县调研】 12月6日，四川省综治办专职副主任杨军率调研组到叙永县调研"雪亮工程"和综治中心规范化建设，实地察看江门镇古寨社区综治中心、叙永镇综治中心、县公安局指挥中心、县多元化解中心、县综治中心运行情况后，杨军肯定叙永"党政领导高度重视、工作举措针对性强、平安建设成效明显"。

【致公党江苏省委到叙永开展脱贫攻坚民主监督调研】 12月15日，江苏省政协副主席、致公党江苏省委主委麻建国率致公党江苏省委相关人员到叙永县开展脱贫攻坚民主监督调研。中共四川省委统战部、致公党四川省委相关领导，市委副书记、市长刘强，市委常委、市委农工委主任张文军，致公党四川省委副主委、致公党市委主委、副市长马宗慧，县委副书记、县长唐杰，县政协主席马刚及县领导王坤、叶继东、苏丹陪同调研或参加座谈会。

组织工作

【概　况】 截至2017年年末，全县有中共党组织903个，其中县委1个、党工委45个、党总支47个、党支部810个。有中共党员2.24万人，其中预备党员281人、女性党员4205人，少数民族党员878人，30岁以下党员2454人，60岁以上党员7709人；大专以党员上6220人，初中及以下党员117人；在职党员5089人，农村党员12546人。

【干部任用】 按《叙永县推进领导干部能上能下实施办法（试行）》《叙永县调整不适应脱贫攻坚的领导干部实施细则（试行）》规定，统筹党政干部、事业单位干部培养选拔，抓实少数民族干部、女干部、党外干部和年轻干部的选配培养。调整领导班子3个，领导干部4人，从脱贫攻坚一线提拔任用10名正科级领导干部、48名副科级领导干部，新提拔任用6名35岁以下年轻干部到乡镇。

【“两学一做”主题教育】 制定出台《关于推进“两学一做”学习教育常态化制度化的实施意见》，分层分类全覆盖培训各领域基层党组织书记1500人次，全县640多名科级及以上领导干部带头落实双重组织生活制度，800个党支部开展“两重温两对照”主题党日活动1次以上。推进“共产党员示范行动”，结合“七一”建党96周年活动，组织开展向廖俊波、蔡松松学习活动。

【全覆盖精准帮扶】 加大党建促脱贫攻坚力度，探索“三张清单+目标管理”“考核督查+关爱激励”“例会述职+定向培养”“正面宣传+反面警示”机制，加强驻村干部管理。年初“五个一”工作在全省脱贫攻坚考核中排名第一，满意度测评获得满分。将全县38名县领导、94个部门、231名驻村第一书记、90名农技人员、11个农业巡回服务小组，134名驻村工作组成员及4011名机关干部与村、贫困户捆绑结对，实现贫困村“5+1”，非贫困“3+1”全覆盖，23644户贫困对象县级帮扶力量全覆盖，镇村干部二次覆盖。

【干部队伍建设】 率先在全市建立拟任科级领导干部任前法律知识测试制度，将政治理论、法律、安全、环保等知识测试成绩，作为拟任科级领导干部任职前置条件。鲜明选人用人导向，注重在脱贫攻坚、项目建设、农村基层、信访维稳“四个一线”培养选拔干部，实施“脱贫攻坚干部选任计划”。2017年，提拔科级干部81人。抓好领导班子运行情况跟踪了解，调研分析25个乡镇班子运行情况，调整领导班子8个、领导干部9人。成立人才编制管理中心，建设50套人才公寓，在叙永超越现代农业有限公司赤水河基地建设叙永县首个市级院士（专家）工作站。加强干部监管，科级领导干部因私出国境10人，请销假报备107人；完成176名正科级、427名副科级领导干部个人有关事项填报；对4个单位主要领导进行任期经济责任审计和离任经济责任审计，提醒谈话科级领导干部13人，函询干部2人；对2016年度受到撤销党内职务或者行政职务以上处分的3名科级党政领导干部、开展存在问题提拔倒查。全年处理违纪干部49人，约谈科级领导干部、第一书记215人，调整不胜任的“一把手”2人。集中表扬310名服务基层20年期满干部，出资100万元，设立脱贫攻坚关爱救助基金，对全县157名任职10年以上的困难离职村干部予以慰问，对因劳累过度、突发疾病去世的驻村干部孟正书等6名一线干部进行抚恤慰问。

【基层党组织建设】 投入200万元，打造党建示范点12个。投入2800万元，新改建村级阵地42个。投入800万元，足额保障村（社区）工作经费、服务群众专项经费。对310名乡镇工作满20年的干部颁发“服务基层20年”奖。为1732名离职村（社区）干部发放生活补助70余万元。常态化制度化开展“两学一做”学习教育，推进11项基层党建重点任务，理顺5个国有企业党组织架构，12个软弱涣散党组织提档升级。

【干部培训】 启动换届后大规模培训干部工作，举办新任副科级领导干部和选调生培训班1期，调训新任副科级领导干部和选调生50人。举办村（社区）党组织书记培训班两期，提升换届后村（社区）党组织书记抓班子带队伍促发展能力。依托清华大学远程教育平台，举办9期远程教育培训班，调训科级领导干部640余人次。举办优秀干部和人才递进培养培训班1期，培训乡科级培养对象和村（社区）主要负责人后备人选52人。举办村干部培训班7期，全覆盖对全县1500余名村干部、第一书记、驻村工作组成员开展培训。与南开大学合作建立“南开大学基层实践基地”，明确双方权利义务，南开大学5名师生到叙永县担任第一书记助理，开展为期1个月的农村扶贫实践。组织乡镇党委书记及相关部门分管领导48人赴绵阳江油市、成都彭州市、南充蓬安县、广安前锋区参观，学习基层党建先进经验，订购《“绣花功夫”四川脱贫攻坚案例选》500余本，分发各乡镇、各部门、“五个一”帮扶力量等。

【基层党组织建设】 出台并严格执行《叙永县乡镇、部门党工委及其下属党组织书记抓党建工作述职评议考核问责办法》，每年组织党（工）委书记向县委述职，检验工作成效，推动工作落实。制定出台《推进基层党组织标准化建设意见》，分类推进七个领域党建工作，分领域打造一批示范点；从严抓实党内政治生活，狠抓“三会一课”、“固定党日”、组织生活会、民主评议党员等制度落实。实施“好书记培育计划”“村后备干部培养计划”，探索“党建+”工作方式，建立创办特色党小组，加快推进农民专业合作社、专业协会、家庭农场等新型农村经营主体党建工作。实施党员发展“六个专项计划”，党员发展指标注重向非公企业和社会组织、农民工、高知识群体、少数民族群众倾斜，要求90个贫困村每村至少发展1名党员。

【基层党组织换届】 建立乡镇领导班子换届联系点制度，38名县领导带队组建村级换届指导督导组，针对村（社区）两委换届存在问题，2次召开风险研判分析会，对乡镇逐一研判，提出指导意见，确保两委换届平稳、有序，圆满完成。

【支部结对子活动】 组织龙马潭35个单位支部、县263个机关支部与231个村支部结对，进一步强化村支部建设。

【整顿软弱涣散村党支部】 通过实行1名县级党员领导联系指导、1个县级机关单位党组织结对帮扶、下派1名第一书记驻点落实，对13个软弱涣散村支部进行整顿，推动农村基层党组织全面加强全面过硬。

【共产党员示范行动】 做好党员佩戴党徽工作，全县先后成立800余个党员先锋队，在防汛抗洪、地质灾害中，发挥基层党组织战斗堡垒作用和党员先锋模范作用。强化党员教育，开展集中培训418次。

【“农民夜校”规范化建设】 出台《叙永县“农民夜校”规范化建设方案》，规范“四类建设”，标准化打造县乡村三级教学平台，县建1个“农民夜校”总校，乡镇建25个“农民夜校”中心校，村建392个“农民夜校”教学点，实现教学全覆盖；采取“五类渠道”选优配强县乡村三级师资库，出台《叙永县党员暨农民教育培训师资库管理办法》，实行分片分组管理，教师队伍达2300余人。整合27个“农民夜校”联席会议成员单位力量，开发本土纸质教材50类，印发2万余册，音像教材7类，发放4000余份至所有教学点。投入27万元专项经费用于教学点建设和师资培训。配备专人对夜校日常教学及设备维护进行规范化管理。截至2017年年底，累计开展各类培训1.6万余个学时，19万群众参加学习。

【打造党建脱贫攻坚示范点】 制发《关于打造党建引领脱贫攻坚示范工程的实施意见》，分南北两线，打造正东普市、江门高家、后山镇三斗米等一批党建脱贫攻坚示范点。制定出台村级集体经济发展5类30条措施，拓展“一改三化”模式，着力破解集体经济瓶颈，推进47个集体经济项目建设。截至9月，全县264个村（社区）集体经济收入1591.38万元；后山镇三斗米村产值超过1亿元，成功实现挂牌上市。新华社刊发《泸州“一改三化”发展壮大村集体经济》，报道叙永县三斗米村（贫困村）村集体收入超百万元;《叙永县坚持“四个优先”激励扶贫一线干部打硬仗拔穷根》，叙永县发展壮大村级集体等经验在全省交流;《支部带头大力探索“5988”模式，着力打造“四好”幸福美丽新村》《叙永县“四位一体”抓期满轮换小杠杆撬动大扶贫》《正东镇普市村创新“党建+”模式推动社会治理上台阶》《叙永县“三个三”打好到户帮扶持久战》等6期“组工通讯”得到市委常委、组织部长徐斌肯定性批示;《三斗米村的增收脱贫之路》入选四川省直关工委驻村帮扶故事会;《叙永县创新推动驻村脱贫工作》被党课刊载,《“四项攻坚行动”打造精准脱贫示范县》《四个狠抓保障村（社区）换届选举》被党课参考刊载,《泸州叙永县着力提升第一书记驻村动力》被四川机关党建网刊载。

【人才引进】 成立由县委书记、县长任“双组长”的人才工作领导小组，明确成员单位职能职责。设立叙永县人才编制管理中心，单设高层次人才专项编制，实行家属随迁调动安置、子女入学优先照顾等优惠政策，定期发布急需紧缺专业高层次人才需求信息，为高层次人才的引进提供“保姆式”服务。健全优秀人才服务保障政策，完善领导干部联系专家和优秀人才制度，定期开展优秀人才评选、慰问、健康体检等活动。将“酒城人才新政”89项任务层层分解下达相关部门。设立人才专项资金800万元，制定印发《叙永县人才发展基金管理暂行办法》，明确人才发展基金分配和使用原则、使用范围、支持原则、安排方式、管理监督等，保障人才工作需要。在叙永超越现代农业有限公司赤水河基地（石坝彝族乡堰塘村）建成市级院士（专家）工作站，并通过专家组评审。建成“酒城人才新政”人才公寓50套，统筹推进乡镇机关、教师周转房和公租房建设，拿出一定比例的公租房，解决在叙机关事业单位工作的优秀青年人才住房问题。2017年上半年全县公招机关事业人员529人，下半年拟公招机关事业人员153人；通过定向培养、直接考核聘用等方式，教育、卫生系统招聘事业人员182人。县人民医院引进医卫人才62人，县妇幼保健院柔性引进正高级职称、副高级职称医卫人员各1人。

【培养年轻干部】 在全县范围遴选产生32名优秀年轻干部人才作为乡科级干部培养对象，抽调43名年轻干部到县脱贫办、县重点项目推进办等急难险重岗位挂职锻炼；推荐6名优秀干部到省级厅委局、大型国有企业及以上单位挂职锻炼，8名年轻干部到省内发达地区挂职锻炼。

宣　传

【概　况】 2017年，以坚持和发展中国特色社会主义、实现中华民族伟大复兴中国梦为主题，迎接宣传贯彻中共十九大为主线，牢牢把握稳中求进的工作总基调，紧紧抓住理论武装、意识形态、舆论引导、网络治理、文明创建、文艺文化、队伍建设7项重点工作，全面落实中央、省委、市委、县委重大决策部署，坚持务实宣传，强化看齐意识，勇于责任担当，为叙永决胜全面小康、建成乌蒙山精准脱贫示范县提供思想舆论环境和良好的精神文化支撑。

【理论学习】 全年县委中心组集中学习 23 次，中心组学习信息被四川省党委党组中心组网络学习平台采用 32 篇，泸州宣传网采用 28 篇。各级党委中心组组织学习、宣讲中共十九大精神 120 余场次。

【拓展宣教载体】 升级打造 25 个乡镇“坝坝讲坛·微言微语”宣讲平台。依托“两坛一堂”，扎实开展“三级三讲”，开展宣讲 410 余场，开展叙永大讲坛“1+N”模式“七进”活动 31 场，“春秋讲坛”“丹山讲坛”“鱼凫讲坛”等民间讲坛 10 场。编发理论社科丛书《永宁论坛》《漫画十三五》《漫画精准扶贫》《叙永历史文化丛书》2.5 万余册。摄制践行社会主义核心价值观本土方言剧《新村轶事》脱贫攻坚公益宣传片在全县展播。

【宣传阵地管理】 严格执行“辖区负责、属地管理、责任承包”制度，实行“一把手”负总责制，强化“四个责任”落实。落实论坛、研讨会、报告会、形势分析会等的审批备案制度，审批备案 36 次。加强对党校、中小学校思想政治教育课管理和师资队伍管理。强化县域内报纸杂志、电视电台、移动自媒体的管理，全年无刊载传播有损党和国家利益、影响经济社会发展的言论视频。

【宣传报道】 2017 年在国家、省、市媒体发表外宣稿件 9632 条，其中传统媒体 1965 条，网络新媒体 7667 条。重要媒体用稿实现新突破。《四川叙永：铁水火龙庆元宵》稿件被英国路透社采用，这是叙永新闻首次被西方媒体关注;《人民日报》海外版头版主要位置刊发图片新闻《春到赤水河》，推介叙永独特旅游资源;《四川叙永：林下竹荪，采收上市》被新华社刊发成通稿，宣传叙永县的产业扶贫成效。2017 年新华社刊发叙永新闻 15 条。

【叙永形象宣传】 拍摄叙永新版城市形象宣传片，2017 年 9 月 27 日、10 月 5 号分别在央视一套展播，央视 1 号线微信公众号专题推广，与香港凤凰卫视、欧洲台、美洲台达成初步推广意向。开展“泸报全媒体编辑记者赴叙永重走长征路”“鸡鸣三省·乌蒙花海”四川摄影家走基层采风活动、“美景里程——四川叙永乌蒙花海骑跑两项挑战赛”“边城神韵·光影叙永摄影展”等主题宣传活动，接待中央、省、市采访团、摄制组 200 余（人）次，扩大对外影响力。

【网络舆情管控】 调整充实网络安全和信息化领导小组，制发《网络宣传工作指南》，建立县、乡镇、部门网络舆情预警导控信息体系。开展“净网行动”“打击暴恐音视频专项行动”“互联网身份实名注册”“网络弹窗治理”“问题地图排查”等专项行动，开展现场督查 4 次，清理违规信息 8 条，约谈网站负责人 8 人次，整改安全技术漏洞 24 家，关停网站 3 家，依法打击暴恐音视频传播案件 1 起。与属地互联网企业合作开展“网络歌手大赛”“网络春晚”“网络安全宣传周”“网络安全法”“网络中国节”“文明办网·文明上网”等主题活动。

【舆论引导】 组建 100 名网络评论员队伍，其中骨干网络评论员 50 人、核心网评员 6 人，撰写网评文章 343 篇，跟帖评论 13609 条，举报互联网有害信息 72 条，向省、市委宣传部报送社会舆情信息 2642 条，中宣部采用 69 条，中共四川省委宣传部采用 53 条，完成 24 次专题约稿，连续 5 年被评为四川省舆情信息先进单位。办理回复网络问政 483 件，满意率 97.9%，实施乡镇、部门全覆盖试点，服务保障县长唐杰参加泸州新闻网在线访谈工作。

【网络扶贫行动】 制定《网络扶贫行动计划》，建设县级电商运营中心 1 个、镇村级电商服务站点 172 个，打造贫困村电商扶贫示范村点 4 个，全川唯一电商培训基地淘宝大学落户叙永。

组织当地互联网企业，发起“无公害蔬菜同城购”“我为贫困户水果代言”等活动，帮助解决贫困村农副产品销售难问题。

【社会主义核心价值观宣传活动】 开展道德模范“传帮带”和典型事迹巡讲巡演巡展，推进“叙永好人榜”进机关、进企业、进学校、进社区全覆盖，上榜300余人。组建“叙永好人”数据库，全县获“四川好人”“市第五届道德模范”“岗位学雷锋敬业标兵”“醉美泸州·最美警官”“醉美泸州·最美警队”“最美司机”“五老七贤”“最美文明劝导员”“新乡贤”等县级以上表扬称号20人次。开展叙永县第五届道德模范暨“脱贫明星”评选表扬活动，分别评选“十佳扶贫帮困先锋”“十佳自强脱贫能人”10人，获全社会广泛关注，网上投票量达52万，浏览量突破200万。

【文化院坝打造】 建成石厢子彝族乡堰塘村、摩尼镇联盟村等贫困地区村综合文化服务中心17个，兴隆镇卷子城村等25个文化院坝，合乐苗族乡兴复村等23个省级贫困村文化院坝示范点，建设完成42个预脱贫村综合文化室。

【打造文化精品】 组建《陆更夫传》编写领导小组和编辑部，完成50%编辑任务。编印《叙永历史文化丛书》共3辑15卷，其中，《叙永非遗》《叙永诗选》已出版发行，《叙永名胜》《叙永文选》正在按计划进行创作生产。组织拍摄微电影《左耳的声音》，获全市“魅力酒城·文化泸州”第三届微电影大赛唯一的一等奖。拍摄制作“脱贫攻坚·我们共同的责任”公益宣传广告片并在全县展播。纪录片《木灵》作为全国唯一县级电视台拍摄的纪录片参加全国星光奖评选。组织拍摄脱贫攻坚纪实片，完成第一集拍摄。

【宣传队伍建设】 在全县25个乡镇党委配备宣传委员25人，配备专兼职宣传干事25人、专兼职文化干事26人（享受中层干部待遇）。在村（社区）两委干部中明确公益文化岗位人员265人。邀请中山大学教授张志安赴叙开展领导干部媒介素养和舆情应对培训，选送年轻干部到清华大学、人民网等参加业务培训200余人次，输送优秀人才到市委宣传部、《四川农村日报》社等参与工作式培训7人次，选拔9名优秀乡镇宣传干部到县委宣传部参与工作式培训。

统一战线

【概　况】 成立以县委书记为组长的统一战线工作领导小组，将统战工作纳入县委重要议事日程，县委常委会4次召开会议专题研究统战工作。调整充实县委民宗委成员，实现统战部、民宗局合署办公。成立副科级单位统战事务服务中心，增加人员编制6个，落实乡镇和县级部门统战工作分管领导和专兼职统战工作人员。

【健全工作机制】 建立统战工作联席会议制度，组织成员单位领导班子和有关乡镇、部门负责人每季度召开1次联席会，对阶段性工作进行总结和谋划；建立统战工作保证目标绩效考核机制，向乡镇和部门印发考核细则，将统战工作纳入乡镇和部门年终目标考核内容，通过自查自评和检查考核，督促工作落实。

【建立党外代表人士数据库】 通过摸底排查和自下而上推荐，将县、乡镇两级党外代表人士录入党外代表人士数据库，并对县级数据库中200余名来自教育、医疗、民营企业等行业的党外优秀代表人士进行分类，落实专人进行动态管理，及时更新有关信息。

【党外干部队伍建设】 印发《关于推荐党外后备干部的通知》，从乡镇、县级各部门中推荐产生85名副科级党外后备干部人选和20名正科级党外后备干部人选；加强与组织部的沟通对接，实现党外干部信息共享，增强后备干部储备的实效性和针对性。向县委推荐提拔任用3名优秀党外干部；推荐1名副科级党外领导干部到市级部门上挂锻炼，3名党外干部到市委统战部组织的培训班学习，1名副县级党外领导干部到省社会主义学院进修班学习。

【非公有制经济人才培养】 组织新任工商联领导班子成员、新任代表委员中非公有制经济代表人士开展理想信念教育活动3批65人次；推荐工商联执委参加市工商联举办的专题讲座和项目推介会2批次30余人，推荐2名副主席参加省市工商联举办的川南片区企业家法制培训讲座；向市工商联推荐年轻一代企业家人才25人；严格按要求完成37名非公经济代表人士的综合评价工作。

【党外知识分子工作】 建立完善党外人士对口帮扶贫困户、定期调研、定期学习等制度。开展党外知识分子摸底调研，将50余名党外知识分子纳入培养对象。在长海联合会计师事务所、叙永县二中等2个党外知识分子较多的单位成立党外知识分子活动中心。

【新的社会阶层人士工作】 成立新的社会阶层人士统战工作领导小组，制定《关于加强新的社会阶层人士统战工作的实施意见》，明确新的社会阶层人士统战工作分管领导和具体负责人，在新的社会组织中落实统战委员和联络员，建立新的社会阶层人士统战工作联席会议制度，每半年召开一次会议。会同民政、工商、司法、教育、卫生及25个乡镇等部门单位启动对新的社会阶层人士调查摸底工作，同步建立信息库。建立50余名具有代表性的新的社会阶层人士个人档案，向市委统战部推荐泸州市新的社会阶层人士联谊会理事人选1人、会员人选2人。2017年，县人大、政协中的新的社会阶层人士累计参与调研活动13批次，就脱贫攻坚、环境保护等热点难点问题提出意见建议58条。

【宗教管理】 选派7名宗教工作干部参加泸州市宗教政策法规培训，组织宗教场所教职人员集中学习新修订的《宗教事务条例》等政策法规4场次，建立民族宗教工作联席会议制度，每半年一次组织乡镇、有关部门和宗教场所负责人召开会议，分析研判和总结谋划工作。制发《民族宗教法律法规选编》，要求教职人员和信教群众学习。开展宗教场所和教职人员“双五好”创建工作，敬业寺被命名为市级五好宗教活动场所、2名教职人员被命名为五好教职人员。

【“民族团结示范”创建】 印发《关于创建少数民族团结进步示范单位的通知》，在乡镇、村（社区）、宗教活动场所、部分企业中掀起争创热潮，创建3个省级示范单位和1个市级示范基地，申报“鸡鸣三省”石厢子会议遗址被命名为第二批“四川统一战线中国特色社会主义教育基地”。开展民族团结进步“六进”活动，发放民族团结应知应会卡2880余册，开展学习交流2批400余人次。

【港澳台及海外统战工作】 通过召开侨联会、台联会，组织台胞台属、归侨侨眷侨属300余人次集中学习《反分裂国家法》《中华人民共和国归侨侨眷权益保护法》和国务院《信访条例》等法律法规。举办叙永县侨联学习中共十九大精神专题讲座，组织40余名归侨侨眷侨属参加学习。组织台胞台属、侨眷侨属代表开展迎新春联谊活动、端午节茶话会、庆国庆迎中秋茶话会等3批近100人次；组织38名台侨代表和部门、群团有关负责人举办“庆祝香港回归20周年联谊会”活动；利用春节慰问困难台属、侨属23人；开展“六一”慰问活动，为民办学校家乐双语幼儿园小朋友送去慰问金并参加文艺演出。

【非公经济联谊】 举办新春联谊会，邀请叙永籍在外的政界、商界成功人士近60人参加会议，会议通报全县经济社会发展情况和发展机遇，呼吁各位商界成功人士积极返乡投资实业。到贵州六盘水川渝商会、云南玉溪川渝商会等调研，与当地叙永籍实力企业家座谈，鼓励他们回乡创办经济实体，参与家乡经济建设。邀请接待深圳市泸州商会、成都叙永商会、江苏泸州商会筹备组、重庆民营（私营）经济协会等到叙开展商务投资考察，为叙永招商引资广牵红线，做好服务。

【非公经济单位助力脱贫攻坚】 引进泸州市互生缘商会、泸州向阳集团、深圳市泸州商会、泸州风尚广告有限公司、江阳建工集团等企业（团体），通过捐款捐物、购买设备、资助学业等方式，助力全县脱贫攻坚事业，累计投入资金34.4万元。号召商会会员进驻42个预脱贫村发展产业帮助贫困户增收脱贫，引导贫困村致富能手加入商会，参与企业在贫困村投入扶贫资金2158万元，为22943名困难群众提供产业、就业、公益、技能等帮扶；36名贫困村的致富能手加入工商联直属农业旅游行业商会，通过参加商会组织的学习培训，自身发展能力不断提高。动员县域内民营企业家为脱贫攻坚捐赠款项累计200余万元，全额用于全县扶贫济困事业。

精神文明建设

【打造社会主义核心价值观主题楼院】 打造社会主义核心价值观主题楼院、街区、学习、乡镇、村（社区）示范点各2个，升级建设主题公园1个。

【“善行义举好人榜”活动】 开展“善行义举好人榜”全覆盖活动，获四川省“岗位学雷锋先进人物”称号2人，获评2017年泸州市第五届道德模范2人，获泸州市首届“五老七贤”称号1人，获泸州市“最美文明劝导员”称号2人。

【叙永县第五届道德模范暨“脱贫明星”评选表彰活动】 举办叙永县第五届道德模范暨“脱贫明星”评选表彰活动，评选“十佳扶贫帮困先锋”和“十佳自强脱贫能人”20人。以“两坛一堂”为载体，常态化推进先进典型系列“事迹巡展”和“传帮带”活动，让社会主义核心价值观在基层落地生根。

【公民道德建设系列活动】 开展公开窗口行业优质服务、文明交通出行、“五小”行业规范等“十大专项治理行动”，提升市民文明素质。以“四好村”创建为抓手，推进移风易俗、“脱贫攻坚·感恩奋进”专项主题系列教育活动，解决贫困群众“等靠要”思想和陈规陋习问题，引领农村文明新风尚。

【志愿服务活动】 依托“叙永县学雷锋爱心联盟”，促进志愿服务工作系统化、程序化、规范化，全年开展各类志愿服务活动1000余次，参与人数1万余人次，志愿者服务累计时长超6万小时。

【文明单位创建】 将移风易俗融入农村精神文明建设，以“四好村”创建为契机，开展“破除陈规陋习·树立文明新风”“向幸福出发——寻找最美家庭”“脱贫攻坚·感恩奋进”系列主题教育活动，进行建文明家庭、文明村镇、文明单位、文明校园和文明县城为主要内容的文明创建。2017年，创建县级（最佳）文明单位5个、县级文明校园11所、县级（最佳）文明村（社区）65个、县级文明集镇8个，市级文明村（社区）8个、市级文明校园9所，省级文明校园4所。评选首批叙永县“十星级文明户”100户、叙永县“最美家庭”38户，泸州市“最美家庭”12户。

【未成年人思想道德建设】 推进25所乡村学校少年宫建管用工作，按照“一宫一品”标准，建成乡村学校少年宫25所，其中中央项目13所、自建12所。编印乡村学校少年宫参考读本《七彩童年你我相伴》，供全县4万余名农村学生阅读。开展“少年强中国梦”等系列活动，强化主题教育。

信　访

【概　况】 2017年，接访群众655批1874人次，现场解答、协调处理500批1670人次，转交办理155批204人次。其中，县领导接访群众71批122人次，办结、化解信访问题65个。

【建立网上信访体系】 制定《叙永县信访部门

网上信访事项办理办法》，明确人民网、书记信箱等不同网上信访渠道受理、转办时限及办理流程，群众来信进行梳理、分类、审核，通过系统在网上直接转交到事权单位办理，确保网上信访事项第一时间受理、第一时间转办，信访事项的办理过程向信访人公开，信访人可以根据在网上登记时生成的查询码，直接在网上查询办理进度和结果。2017年，办理网上信访群众来信件678件。

【探索“四诊合一”流程机制】 探索建立“四诊合一”工作模式，借鉴医院医治流程将解决信访问题分为门诊、出诊、会诊、复诊四个阶段。“门诊”就是发现问题。由群工局来访、来信等业务股室梳理、发现问题和隐患，建立台账，分类建档管理，并定期在每月信访问题研判会上，提请局班子及中层以上干部进行会商研究，逐案拿出办理思路进行交办。“出诊”就是调查研究。由信访问题事权单位牵头，相关职能单位配合，深入问题所在地了解情况，提出解决问题的建议意见。“会诊”就是综合研判。由县委、县政府分管信访工作领导主持召开会商会议，组织各责任单位及属地乡镇，通过分析研判拿出解决信访问题的最佳方案。“复诊”就是督办落实，由群工局督查督办科室牵头，按照信访问题交办要求督查了解责任单位的办理进度，定期在《信访工作月报》上进行通报，对重大问题提请县上的督查室、效监办进行联合督查。“四诊合一”各阶段互相衔接，环环相扣，进一步补充完善信访工作联席会议制度，拓展延伸信访联席会议职能，处理盛世华都购房户集体访、回民上访、汽贸花园集体访、出租车驾驶员集体访等一批重大信访案件。

【落实初信初访首问责任制】 严格落实初信初访首问责任制，在信访信息系统上办理来信、来访件356件，结案率达100%。在中央环保第五巡视组驻川期间，县级层面收到群众反映环保问题的来电、来信信访件135件，逐案成立工作组第一时间开展调查、处理工作，确保135件涉环案件在规定时间内办理完毕，把问题大部分吸附在县级层面上解决。叙永县群众向中央环保巡视组反映涉环信访案件16件（全市227件），为全市各区县中最少。

【化解疑难案件】 组织开展“化解信访矛盾、规范信访秩序”专项活动、“系统治理、属地治理”专项活动、“十大领域信访问题整治”专项活动等三大信访活动，成立以县委、县政府主要领导任组长的领导小组，设4个工作小组，分乡镇、部门开展业务指导和督查工作。按县处级、乡科级进行领导包案，匹配信访专项资金41万元，解决信访问题陈年积案。排查、梳理出普通类信访案件292件，办结287件，办结率98.3%，化解265件，化解率90.8%；重点特殊疑难信访案件73件，办结72件，办结率98.6%，化解53件，化解率72.6%。

县直属机关工委

【“两学一做”学习教育】 以“两学一做”为基本内容，推行“支部主题党日”“固定党日”活动，坚持民主评议党员、党性分析、谈心谈话等制度，将“两学一做”学习教育融入基层党建的日常工作之中，融入党内政治生活准则、监督条例、问责条例等党内法规的落实落地之中，抓常、抓细、抓实、抓长。

【“法律进机关”活动】 2017年，开展依法治理标准化单位建设，动员机关加强示范点打造，推荐县级“法律进机关”示范点3个，推荐市级“法律进机关”示范点1个，实行机关单位对示范点进行动态管理，以“法律进机关”示范点推进依法治理标准化建设，将示范创建的经验及时运用到标准化建设中。督促指导县级机关开展“健康机关”创建，推荐县级“健康机关”8个。

【基层党组织管理】 严格机关党组织书记的述职评议考核工作，督促机关党员领导干部带头参加机关支部活动和过双重组织生活，主动接受机关党组织的监督，以模范行动支持机关党支部开展工作。督促基层党支部开展好党内活动，规范填写《机关支部工作手册》，检查支部活动开展情况，对活动开展不规范、记录不完善的单位党组织及时通报。全年，调阅81个基层支部《机关支部工作手册》。

【发展党员】 全年举办入党积极分子培训1次，参训160余人，举办发展对象培训班1次，参训90余人。考察党员14人，讨论转正党员14人。

【党员教育管理】 以机关支部为单位对机关党员实行一表一卡一册动态管理，利用“酒城先锋”智慧平台，通过支部采集、机关党组织核查、工委审阅三个步骤，对县直机关党组织、党员信息进行摸底核查，做到基数清数量明。利用培训会、工作推进会、精神宣讲会邀请党校教授、相关单位负责人、行业专家定期对党务干部、党组织书记进行理论、业务培训和廉政教育培训。常态化开展思想理论、法纪、警示、反面典型“四项教育”。

【基层党组织建设】 41个党组织完成换届选举。指导新设立的金融服务中心、成都片区招商及交流合作联络处、县委巡察办建立支部，做到党组织机关单位全覆盖。指导地税局、旅游局、安监局及时根据工作性质，合理调整组织设置。对10个未及时换届和即将到届的机关党组织下发“基层党组织按期换届提醒卡”，进行警示提醒。推荐12个县直机关“四好”领导班子先进集体被县委表扬。

【共产党员示范行动】 结合“法律进机关”“廉洁文化进机关”活动，开展文明礼仪、廉政法治教育。结合纪念建党96周年，开展“共产党员示范行动”“示范岗”“示范团队”“示范单位”创建活动。全年，验收县委宣传部、县检察院、县政务中心、县财政局、县民政局等5个示范创建工作。推荐获县委表扬共产党员示范岗9个、共产党员示范团队4个、共产党员示范单位6个。

【监督检查】 机关工委组成3个督察组，采取随机查阅各直属党组织领导班子工作笔记、办公室会议纪要，随机访谈领导和干部，谈话了解工作宣传、开展、落实情况的方式，对49个县级机关和乡镇机关党章、党纪、党规学习情况，机关党建工作贯彻落实情况，党的阵地规范化建设推进情况以及工作纪律执行情况进行督导检查。配合纪委，结合党风廉政建设相关工作开展督促检查。

【健全帮扶工作管理机制】 严把驻村工作组成员审核关，因村选人、精准选派，确保人选选得准、过得硬，选派驻村工作组成员134个，全年轮换或调整75个，保证每位新任驻村工作组人员对接到位、谈心谈话到位、思想动员到位、待遇保障到位，让驻村干部下得去、融得进、干得好，把选派单位职能优势、资源优势聚焦到精准帮扶上，做到贫困村不出列、单位帮扶责任不脱钩。下发《叙永县帮扶单位考核办法》《叙永县驻村工作组考核办法》，加强对干部驻村帮扶工作调研指导和督促考核。开展驻村干部培训，下发90本《四川省联系贫困县帮扶贫困村工作手册》、231本《怎样选派与当好驻村第一书记》，让驻村干部利用微信、QQ工作群等网络平台，定期组织驻村干部畅谈对农村工作的感悟体会、帮扶工作中的经验做法、驻村工作中遇到的矛盾问题以及开展好下步工作的意见建议，利用“五个一”干部驻村帮扶工作推进会、日常例会加强对驻村干部开展全覆盖培训，组织20名驻村帮扶干部参加全省乌蒙山片区驻村干部示范培训班学习。建立不合格驻村干部召回制度，对工作不到位、不适应的驻村干部，对未按规定时间在岗帮扶、群众满意度低的驻村干部，督促派出单位召回重新选派，派出单位重新选派后，仍达不到要求，再次出现被召回的，县直机关工委将进行通报。建立扶贫工作表扬机制，将干部驻村帮扶工作实效作为单位年度考核、干部评优评先与提拔重用的重要依据。2017年，推荐3个单位受省委、省人民政府表彰，推荐10个单位、10名优秀驻村干部受市委市人民政府表彰，推荐25个脱贫攻坚先进部门（单位）、9个接受省级验收考核和第三方评估帮扶部门特别贡献集体奖、30名脱贫攻坚“五个一”帮扶力量先进个人受县委、县人民政府表彰，推荐20个先进帮扶单位、10名优秀驻村工作组成员在建党96周年之际，受县委、县人民政府表扬。

政策政研

【起草文件文稿】 起草和完善一系列脱贫攻坚、工业经济、重大项目建设等政策性文件，起草县十三届四次全委会报告等重大会议讲话稿、各级领导到县考察汇报材料、重点工作汇报材料等。承办县委、县委办文件326个，起草县委领导讲话及各种汇报材料100余篇。

【调查研究】 围绕“脱贫攻坚、城市交通、园区建设”三大会战和产业发展、民生改善等10余个重点课题开展调研实践，指导各乡镇、各部门开展调研活动，配合上级部门完成各项调研课题。将调研成果转化为领导决策，撰写或协助县委领导在省级以上刊物发表署名文章7篇，在省级以上会议交流5次。《四川省叙永县健康扶贫工作情况调研报告摘编》，入选国家卫生计生委办公厅《卫生计生工作交流》内刊;《泸州市全民预防保健工作情况报告》被省委书记王东明批示“在全省推广泸州模式、叙永经验”;《全民体检分类管理重点救助》经验材料入选省委组织部《“绣花”工夫四川脱贫攻坚案例选》并在全省推广;《全民预防保健改革“叙永经验”》被中国改革网刊载，并入选年度改革10大案例备选名录，在全国作经验推广。

督查工作

【概　况】 牵头督办2017年泸州市重点项目流动现场会、泸州市工业流动现场会在叙永成功召开，全年围绕重点项目、重大决策开展督查督办100余次，共计出通报55期。

【重点项目督导】 全年跟踪督导泸州打叶复烤厂扩能技改项目（县城工业园区）、叙永江门竹浆纸一体化项目、叙永县2017年新农村建设、农村基础设施建设项目、泸州老窖集团产业园区项目、叙永县S438线巴毛田至贵州界段改建、绕城公路建设工程、叙永县“十三五”易地扶贫搬迁、叙永县倒流河水库等9个2017年泸州市对叙永县重点项目。

巡察工作

【编制巡察工作五年规划】 编制印发《中共十三届叙永县委五年巡察工作规划（2017年—2021年）》和《中共十三届叙永县委2017年巡察工作计划》，为十三届叙永县委任期内的整个巡察工作开展提出“时间表”和“路线图”。

【健全巡察机制】 明确将25个乡镇党委、7个县委工作机构、25个县政府工作机构、6个其他工作机构、11个直属事业单位、5个县属国有公司等6类78个机构作为十三届叙永县委巡察对象。实行每年开展两轮巡察，实现对全县78个巡察对象的全面覆盖。遴选168名政治过硬、业务过硬、作风过硬、纪律过硬的干部建立县级巡察人员库，实行巡察干部抽调绿色通道，优先保障巡察工作人才供应，强化巡察工作人才保障。探索建立组长、副组长交流机制，即在每轮巡察结束后，对巡察组组长、副组长搭配进行重组。

【深化巡察整改责任体系】 对原有巡察整改责任体系进行进一步深化，打造“分管县领导+巡察组+督促整改责任单位+被巡察单位”的整改责任体系，实现巡察整改体系三个提升。督促层级提升。建立被巡察单位分管县领导全程参加巡察反馈会工作机制，由分管县领导参加反馈会并就巡察整改工作明责任、提要求，传导县委全面从严治党坚定决心，在压紧压实被巡察党组织巡察整改政治责任的同时，促进分管县领导“一岗双职”主体责任有效落实。指导精度提升。按照反馈问题属性，引入行业主管部门作为督促整改责任单位，对整改责任部门“如何整改、如何整改到位”进行专业、权威的指导，全面提升问题整改准确性、实效性。工作效能提升。将督促整改由单打独斗升级为团队作战，在县委巡察组继续对整改工作进行总体督促的同时，由督促整改责任单位定期对整改情况进行跟踪督导，形成“事中＋事后”的无缝督促体系，提升工作效能。

【巡察业务培训】 邀请曾参与省委巡视、市委巡察工作的领导、专家和业务骨干到叙授课，开展巡察实战业务培训，详细讲解如何通过查财务、看汇报、听懂弦外之音等方式发现被巡察单位存在问题，着力提升巡察人员攻坚能力。赴河南省新县进行专题考察学习，开拓巡察机构工作人员眼界，提升巡察人员在问题发现、问题处理以及其他巡察工作中遇到的重、难点问题及化解等方面能力。全年，累计邀请巡察专家到叙永授课2次，外出学习1次，开展组内自学64次。

【巡察业务开展】 2017年4月，启动十三届县委第一轮巡察工作，将县食品药品监督局、县司法局、县残联3个单位确定为2017年第一轮巡察对象。第二轮巡察工作与9月启动，巡察县文体广局、县安监局、县工商质监局、县外侨旅游局、县档案史志局、县总工会、县工商联、县妇联、县科协9个县级部门。抽调部分乡镇纪委书记、部门纪检组长、巡察人才库人员78人，组成18个巡察小组，分别在对应县委巡察组指导下，在全县选择80个村（社区）开展延伸巡察工作。共发现各类问题83个，向县纪委等相关单位移交问题线索20条、向被巡察单位移交整改问题线索63条。

保密工作

【保密宣传培训】 构建干部保密教育培训机制，实行分级分类保密教育培训。将干部保密教育培训纳入党委（党组）中心组学习、职工政治理论学习和公职人员职业教育中，推进干部保密教育培训经常化、制度化、规范化。采取以考促学方式，印发泸州市国家保密局《精选保密法规知识100题》，结合保密检查，对机关干部学习保密法规、掌握保密知识情况进行测试。采取现场演示、互动交流等方式，突出针对性和实效性，对全县保密干部进行“参与式”培训，提高保密干部队伍政治素质和业务能力。向全县新任科级以上领导干部发放保密工作领导责任提醒卡80份，向全县公职人员发放保密工作风险提醒卡4500份，并适时发送保密提醒短信，强化保密风险意识。

【保密技防督查】 开展人民政府信息公开保密审查和监督指导，确保“涉密信息不上网”“上网信息不涉密”。健全网络失泄密防范联席会议制度，加强电子政务内网、手机等互联网移动终端和办公自动化设备使用保密检查和技术监管。指导机关单位做好定密授权申请、定密责任人确定和保密事项范围梳理，以及国家秘密确定、变更、解除等工作，完成机关单位定密责任人的确定工作。指导、督促机关单位科学确定保密要害部门部位，并严格按照保密规定建设和管理，确保“三铁一器”等基本安全保密措施落到实处，建立全县保密要害部门部位管理台账和信息数据库。开展涉密人员核查分类和确认工作，建立全县保涉密人员管理台账和信息数据库，规范涉密人员岗前保密审查，强化在岗、离岗和脱密期管理，落实涉密人员出国（境）管理、审批和报备制度。

【涉密载体管理】 坚持涉密载体全程化管理原则，落实《涉密载体保密管理制度》，实行涉密载体全流程规范管理，全面夯实保密管理基础。

对叙永、合乐、江门、大石、龙凤等16个乡镇和县人民政府办、县委宣传部、政法委、县发改局等部门2016年以后的涉密文件收发、传借阅、复制、清退、销毁以及涉密电子设备使用管理等8本台账建立情况进行跟踪检查。

【计算机网络失泄密防范】 推进“涉密计算机及移动存储介质保密管理系统”和“互联网计算机敏感信息实时监管系统”建设，全县乡镇、部门52台涉密计算机安装“三合一”管控设备，实行全县统一编号台账式管理，防止违法外联和移动存储介质交叉使用导致失泄密问题的发生。完善《计算机网上技术检查工作制度》，规范工作流程，对连接互联网的计算机进行适时监控预警，做到“早排查、早发现、早解决”。

党政网管理

【概　况】 2017年叙永电子政务门户网站发布图片新闻595条、叙永要情67条、部门工作动态858条、乡镇工作动态461条。泸州市电子政务内网采用叙永县图片信息513条、县区信息1130条。完成国贫县机要系统提升工程建设，机要系统进入试运行，继续保持“保密、优质、高速、无事故”先进单位称号。

【电子政务内网管理】 保证全县电子政务内网全年运行安全畅通；新建电子政务内网运行机房，完善电信、移动、联通信号接入。

【视频系统管理】 加强“云视泸州”视频会议系统、党政网高清会议系统、党政网IP视频会议系统使用与管理，视频会议系统间互为备用，系统应用和制度管理不断完善，服务好本地重要会议。

【播报视频会议】 2017年，播视频会议217次，其中中央—省—市—县会议20次，省—市—县会议42次，市—县会议12次，市—县—乡会议8次，市—县—乡—村会议9次，县—乡镇会议23次，县—乡—村会议2次，乡—村会议2次，服务当地会议99次。

机构编制

【改建“大农业”机构】 对农业综合体制实行“大部制”（大部门体制）改革，新组建县农业局，将县农业局、畜牧局、农机局的职责整合划入县农业局，并完成下属事业单位的整合。改革后，县农业局下属设置参公事业单位2个，直属事业单位9个，派驻乡镇事业单位24个。收回参公编制5个，事业编制12个。

【事业单位分类改革】 全县有事业单位487个，纳入分类的事业单位机构数471个，批复事业单位分类机构数442个。其中，行政类事业单位6个、公益一类事业单位433个、公益二类事业单位2个、生产经营类事业单位1个，占全县纳入分类事业单位总数的96.84%。

【国有林场体制改革】 将大安林场、半边山林场、荞田林场3个国有林场予以整合，新组建叙永县国有林场，为财政全额拨款公益一类事业单位，强化其森林资源管理及保护等公益性职能，将林场经营性职能予以剥离，交由国有林投公司履职。

【经营类事业单位改制】 县住房和城乡建设局下属建筑规划设计室，在事业单位分类改革中列入经营类事业单位，将该单位予以撤销，对相关人员进行参保安置。

【增强环保、统计机构】 成立环境监察执法大队片区执法中队，对所辖区域内环境保护实行分片区监督检查，增加10个编制协助执法。对国家级自然保护区画稿溪的环境保护，将画稿溪管理处事业编制由3个增加到15个。强化环境监测建设，足额配备环境监测站编制18个。县统计局增设内设机构“乡镇统计管理办公室”，增设副局长1人，总经济师1人；配备参公事业编制2个用于统计办公室负责指导乡镇统计工作，协助完成国家和省、市联网直报平台“双随机”抽查任务。加强乡镇统计力量，在各乡镇设立乡镇统计站，明确1—2名行政或事业人员负责本乡镇统计工作。

【增加平安叙永建设编制】 在政法委成立县综治中心。统筹负责网格化服务管理、矛盾纠纷多元化解、“雪亮”工程等综治重点工作，在乡镇、村一级也分别成立综治中心，加强综治基层基础建设，形成社会治理合力。在公安局增加事业编制10个，并在公安系统安置退伍兵8人，进一步提升公安机关快速反应和应急处突能力。

【事业单位登记管理】 开展事业单位法人公示信息抽查，对全县6个事业单位进行法人公示信息实地核查，并向社会公示；换发、发放新版事业单位法人证书换发及机关、群团统一社会信用代码赋码证书471本，发放机关、群团统一社会信用代码证书81本；动态更新全县444个党政机关及事业单位的政务和公益域名。

【完善安全机构职能界定】 明确安全生产综合监管与行业监管、行业监管部门之间的安全生产权责，明确各部门承担安全生产相关机构和专门人员，完善部门“三定”中的安全监管职能职责，并及时在政府网站公布；落实功能区安全生产监管机构，县园区、自然保护区、旅游区等均明确安全机构及相关人员。落实基层安全生产监察执法力量。在安全生产监察执法大队下设五个片区执法中队，负责25个乡镇的安全生产监察执法，在煤监站抽调人员协助执法，实现全县生产执法全覆盖。

【机构编制管理】 成立人才专项编制管理中心，将预留编制放入编制管理中心，根据全县各部门各行业对高层次人才的需要，专门用于引进专业人才，按照“人留编留，人去编消，总量控制，动态管理”的原则用好用活有限的编制资源。实行“人员变动，随时登记，适时更新，动态管理”，完善机构编制实时台账。叙永县事业单位从492个核减至487个，核减林场和养护段空余事业编制160个，用于保障全县重点行业和领域的编制需求。

老干部管理

【时事政策学习】 采取集中学习、座谈交流等多种形式，组织引导离退休干部深入学习习近平总书记系列重要讲话和中央、省、市、县重要会议精神，宣传党委、政府的重大决策部署，围绕“脱贫攻坚”主题，组织开展3次工作情况通报会，向老干部通报全县经济社会事业发展情况和重点项目建设情况。引导离退休干部适应新形势新任务新要求，自觉理解、支持和拥护各项重大决策部署。组织离退休老干部开展4次党章党纪党规学习会，教育引导离退休干部党员牢固树立纪律和规矩意识，严守政治纪律和政治规矩，自觉遵法学法用法，自觉抵制社会不良风气

【落实生活待遇】 确保离休费保障机制、医疗费保障机制、财政支持机制有效运转，各项政策规定的费用按时足额发放和报销；组织副县级以上退休干部分两批到华东五市、云南参观考察，在考察期间开展法制教育、健康讲座等活动。组织20余名离休干部到兴文僰王山健康修养，调养身心。加强医疗保健工作，做到有病早治、无病早防，组织全体离退休老干部进行全面健康体检。

【困难老干部帮扶】 建立健全困难老干部帮扶机制，加大对空巢、独居、失能和重病离休干部的关心照顾，多渠道帮助解决老干部生活和精神等方面的困难和问题。对有困难的老干部和老干部遗孀及时给予适当照顾，帮助他们解决生活、医疗等方面的实际困难和问题。

【日常文体娱乐活动】 每月组织一次老干部集中活动，让老干部们交换思想、交流感情、增进友谊，联合县文体广电局、县人力资源社会保障局、县老体协等单位承办2017年“迎春杯”“长

寿杯”门球赛。

【组织离退休老干部参观考察】 2017年，组织离退休老干部参观考察工农业生产和重点项目建设，实地参观水潦彝族乡海涯电站、海涯彝家新寨、石箱子彝族乡堰塘新村及甜橙产业项目基地、赤水镇双山苗王寨、摩尼镇联盟新村及摩尼镇小城镇建设。

【发挥老干部余热】 围绕迎接中共十九大和学习贯彻中共十九大精神为主线，组织开展老干部建言献策活动，召开座谈会、征求意见会4场，征集意见建议28条，完成调研文章5篇；畅谈发展变化座谈活动3次，心得体会6篇；开展书画征集活动，征集书画作品18幅，报送泸州市12幅。开展诗词作品征集活动，其中歌颂长征过叙永80周年8篇，庆祝中国人民解放建军80周年5篇；开展摄影作品征集活动，完成7幅，选送泸州市3幅；开展文艺活动演出3场次，其中《唱支山歌给党听》《我亲爱的祖国》选送泸州市演出。

关心下一代工作

【概　况】 2017年，实现基层关爱组织全覆盖，爱活动“纵向到底、横向到边”。全县有455个单位建立基层关工委组织，参与关爱活动的老同志1.28万余人，占全县老年人总数的13%，其中参加“酒城五老”志愿服务3000余人，老同志结对关爱留守儿童1万余人。关工委顾问周农民被四川省关工委、四川省文明办等部门表彰为关爱明天“十佳五老”。

【中国下一代教育基金会到叙永调研】 7月11日，中国下一代教育基金会到叙永调研“春苗营养厨房”项目实施情况。调研组先后到马岭镇麦地完小、天池镇中心校等学校，查看厨房设备设施配备使用情况，听取项目落地实施情况汇报后，对叙永项目运行情况给予充分肯定。调研组指出，叙永县的“春苗营养厨房”项目实施给学校食堂带来极大的变化，保证食堂卫生标准及学生膳食营养搭配，为孩子们健康成长提供保障。

【“法治进校园”巡讲活动】 3月组织老年志愿者到叙永县职业高中参加“法治进校园”巡讲活动启动仪式，老年志愿者和1200余名学生共同签字承诺：不暴力，更不对暴力沉默。

【“远离毒品，珍爱生命”活动】 组织关工委成员和全县中小学生观看由泸州市关工委组织拍摄的微电影《噩梦》，引导学生远离毒品，珍爱生命。到摩尼镇新苗实验学校和落卜镇中心校开展禁毒专题调研，撰写学校禁毒教育工作总结调研报告向全县推广。连续15年深入强戒所看望慰问在戒吸毒人员，组织关工委成员深入县强戒所看望慰问100余名失足青年。

【关爱失足未成年人】 组织关工委成员担任社会监护人参与失足青少年询问工作。法制团老干部共陪同县检察院、交警大队、禁毒大队、城中中队等询问41名失足未成年人，听证帮助2名未成年人减轻处罚。

【构建家校共育】 配合教育局、妇联等召开叙永县家庭教育推进暨论文评选大会，表彰36篇优秀论文，并编辑一本论文集。家教团五老志愿者积极深入正东中心校、江门中心校等部分中小学校开展以“家校共育，让孩子健康成长”为主题的宣讲活动，与学校和家长委员会召开座谈会。

【爱国主义教育】 12月，先后组织关工委30余名五老志愿者深入城郊中学、叙永二中与该校师生同台共演，纪念“12·9”学生运动，引导青少年爱党、爱国、爱家。联合叙永县文明办、县文学艺术联合会、县妇联等部门主办《童心向党、快乐阳光》文艺会演。全县600余名青少年观看演出。

【暑期夏令营】 在水尾镇观音阁村关工组开展2017年学生暑期夏令营活动，组织县关工委老年志愿者郑中全、王伟到该村连续15天免费教200余名留守儿童学习诗词、书法、楹联。

【关爱书屋】 配合县扶贫基金会联合上海青新青

少年发展促进中心、上海思麦公益基金会在兴隆镇联合小学建立图书室。

【网吧巡查】 组织老年志愿者配合县文体广局文化执法大会深入县城网吧开展监管巡查工作。劝诫引导青少年远离精神毒品，拒绝网络游戏。

【传统文化进校园活动】 组织老年志愿者赴白腊苗族乡高峰完小开展传统文化进校园活动，引导孩子们走进古典文学，走进中国古诗词，140多名学生参加诗词兴趣班“古诗词基础知识讲座”和书法兴趣班“书法基础知识讲座”，在校园展出老同志们的诗词书法作品30多幅，为爱好诗词的同学们带去60册诗词习作工具书。

【特殊青少年群体排查】 县关工委联合县教育局、民政局等7个部门下发“五失”（失学、失业、失亲、失足、失能）特困、重病、重残、留守儿童、事实孤儿等特殊青少年群体的排查工作。初步排查出，叙永现有孤儿317人、残疾儿童1521人（0—18岁），其中重残儿童（一、二级残疾）832人。

【探索农村留守儿童教育能力发展】 召开乌蒙山区留守儿童教育能力研讨会，联合摩尼新苗小学编印书籍《托起明天的太阳——留守儿童教育能力培养理论与实践的探索》。

【助学工程】 2017年，朝阳工程资助全县420名困境中小学生读书成才，资助金额75.86万元；栋梁工程资助贫困大学生625人，资助金额230万元。救助患疑难怪重病的困难儿童8人，救助金额为56000元；资助孤残女学生、困境儿童6人，资助资金20400元。开展儿童节文物，发放慰问金额25600元。资助水尾镇观音阁村留守儿童活动室、天池镇幼儿园，资助67000元的配套设施。选送70余名初中贫困毕业生赴上海参加免费中职教育。

【引导青年创业】 配合县扶贫基金会帮助水尾镇观音阁村失业青年王志勇创办养猪场，并在厂区选址、建筑修建等方面提供咨询。配合四川省关工委关爱明天杂志社记者莫尔佳深入叙永县实地采访关工委引导农村返乡青年创业工作，专题刊登《叙永县关工委引导农村青年创业致富》的相关报道。

党校教育

【干部培训】 举办叙永县2017年新任副科级领导干部和选调生培训班1期，参训49人；举办叙永县优秀干部和人才递进培养培训班第五期1期（两个班），参训52人。培训中突出针对性和实效性，就当前工作中的热点、重点、难点，聘请市委党校专家、县级领导和部门领导授课。举办8期清华大学继续教育学院远程教育专题培训，县级部门和乡镇参训518余人。举办农民夜校县级师资培训1期，培训100人；开展农民夜校“送课下乡”1期，培训50人。

【教学科研】 参与四川省级课题《泸州市美丽特色小城镇建设研究》——《叙永县江门镇特色小镇建设研究》《叙永县水尾镇生态旅游镇建设研究》。完成市级课题《叙永县水潦彝族乡海涯村精准扶贫工作所面临的困难及对策探讨》和《叙永县乡村旅游扶贫思考》工作。编写完成“农民夜校”教材3本。

【党课培训】 与机关工委、叙永镇联合开展入党积极分子培训，组织讲师3人对入党积极分子进行党章、党的性质和宗旨、党的指导思想等培训，全年办理入党积极分子培训2期，参训160人；为县级机关发展对象、主体班学员、社区党员干部作党性教育、党史教育4场次，参训260人。

【中共十九大精神宣讲】 组织高级讲师4人参加县委讲师团，到各部门、乡镇开展中共十八届六中全会、四川省第十一次党代会精神、中共十九大精神宣讲，累计宣讲52场，3270人参训。组织讲师1人参加县委宣传部举办的全县“坝坝讲堂，微言微语”宣讲员培训，80人参训。配合协助组织部、机关工委、扶贫基金会、环保局、水务局、国土局、气象局、烟草公司、济民学校等单位开展各类业务培训，培训5000余人。

【联合办学】 完成四川省干部函授学院、四川电大成考教育的本、专科招生工作，招生102人。抓好四川省干部函授学院156人、四川电大20人现有在校生的教学、管理、毕业等工作。

党史工作

【完成《中国共产党叙永县历史（1950—1978）》编写】《中国共产党叙永县历史（1950—1978）》（党史二卷）经专家组评审通过。党史二卷记述从1949年12月叙永解放到1978年12月中共十一届三中全会召开这一历史时期，中共叙永县委带领全县人民进行社会主义革命和建设的光辉历程，以及取得的辉煌成就。

【党史课题编研】 完成泸州市重大党史课题《长征“鸡鸣三省”会议文献专辑（二稿）》编辑工作；完成“中国工农红军川滇黔游击纵队课题”及《中国工农红军川滇黔游击纵队史料选编（叙永县）》编纂、审校。启动《陆更夫传》编写，到陆更夫烈士学习战斗过的成都、广州等地广泛深入收集资料，完成编写《陆更夫资料长编》。

【执政实录编纂】 出版发行《中国共产党叙永执政实录（2015）》，完成《中国共产党叙永执政实录（2016）》初稿编写。

【协助拍摄党史教育片】 完成《决定命运之地》脚本审改、选景工作，并接受专访。

【利用红色经典服务经济社会】 为红色旅游开发编写红色经典概况，为《泸州市红色旅游工作推进计划（征求意见稿）》提供修改建议，为“赤水河流域旅游打造于发展规划”调研提出“一核心两翅翼”建议意见，协同石厢子彝族乡完成红色遗址遗迹保护划定规划范围，为县文管所提供叙永县革命遗址遗迹文物申报升级相关资料。

【中央文献研究室领导到叙永考察调研红色资源】 10月26—27日，中央文献研究室办公厅副主任刘文起率队到中央红军长征“鸡鸣三省”石厢子会议陈列馆，中央红军长征“鸡鸣三省”石厢子会议旧址、红军驻地，水潦彝族乡中央红军长征“鸡鸣三省”大峡谷等地，调研叙永县红色资源保护及开发利用情况。刘文起强调，红军长征中央机关在石厢子过年，召开“鸡鸣三省”石厢子会议，留下系列遗址遗迹，这是极其宝贵的红色资源，要切实加强保护，进一步发挥好党史教育基地的宣传作用，弘扬和传播红色文化，做好党史文物和遗址的保护利用工作。

叙永县人民代表大会

重要会议

【县第十七届人民代表大会常委会议】 2017 年，第十七届人大常委会召开会议 9 次。

2017 年叙永县第十七届人大常委会议一览表

表 2

时间	届次	议题	决定
2 月 21 日	十七届第一次	1. 学习《中华人民共和国地方各级人民代表大会和地方各级人民政府组织法》。2. 听取和审议《叙永县人民政府关于提请审议给予叙永县国有资产经营有限公司流动性支持的议案》《叙永县人大常委会 2017 年工作要点》《叙永县人大常委会主任会议关于提请审议设立叙永县第十七届人民代表大会常务委员会代表资格审查委员会的议案》《叙永县人大常委会主任会议关于提请审议开展第七个五年法治宣传教育的决议（草案）的议案》3. 审议通过人事任免案	1. 作出《关于批准给予叙永县国有资产经营有限公司流动性支持的决定》《叙永县人民代表大会常务委员会关于开展第七个五年法治宣传教育的决议》。2. 通过《叙永县人大常委会 2017 年工作要点》。3. 任命叙永县第十七届人民代表大会常务委员会代表资格审查委员会主任委员韩燕，副主任委员罗俊丹，委员魏长云、黄芳（女）、吕艳（女）。4. 任命吴立凡为叙永县人民政府副县长，同正华为叙永县人民政府办公室主任，王莉为叙永县发展和改革局局长，申刚为叙永县经济和商务局局长，赵燕友为叙永县教育局局长，石磊为叙永县公安局局长，李忠为叙永县监察局局长，温毅为叙永县民政局局长，魏功进为叙永县司法局局长，肖刚为叙永县财政局局长，周莉俐为叙永县人力资源和社会保障局局长，张刚为叙永县住房和城乡规划建设局局长，李小平为叙永县交通运输局局长，杜安辉为叙永县水务局局长，邱团书为叙永县农业局局长，成禄富为叙永县林业局局长，穆岚为叙永县文化体育新闻出版广播电影电视局局长，李应乾为叙永县卫生和计划生育局局长，陈云强为叙永县审计局局长，傅涌为叙永县环境保护局局长，于联强为叙永县统计局局长，朱旭为叙永县食品药品监督管理局局长，杨小平为叙永县工商行政管理和质量技术监督局局长，李丽君为叙永县扶贫和移民工作局局长
3 月 8 日	十七届第二次	1. 听取和审议《叙永县人民政府关于提请审议泸州浦发投资发展基金支持项目政府购买服务相关事宜的议案》《叙永县人民政府关于 2017 年年初预算预留资金细化方案》《叙永县人大财政经济委员会关于叙永县 2017 年年初预算预留资金细化方案（草案）的初审报告》《叙永县人民政府副县长古涛报告的关于城区农贸市场建设和管理相关情况》。2. 审议《叙永县人大常委会组成人员守则》。3. 审查通过人事任免案	1. 作出《叙永县人民政府关于提请审议泸州浦发投资发展基金第二期支持项目政府购买服务相关事宜的议案决议》《叙永县人民政府关于对农贸市场建设管理情况报告的审县人大常委会议意见》。2. 批准《叙永县 2017 年县级预算调整方案的决议》。3. 通过《叙永县人大常委会组成人员守则》。4. 任命吴永贵为叙永县安全生产监督管理局局长，免去赵熔的叙永县安全生产监督管理局局长职务

续表 2

时间	届次	议题	决定
5 月 26 日	十七届第三次	1. 学习《四川省农村扶贫开发条例》。2. 听取和审议《叙永县人民政府关于贯彻实施〈四川省农村扶贫开发条例〉的情况》《叙永县人民政府关于全民预防保健工作情况》报告。2. 评议《叙永县人民政府关于办理县人大常委会对全县学前教育工作情况报告审议意见情况的报告》《叙永县人民法院关于办理县人大常委会"服务型、阳光型、效能型"三型法庭建设工作审议意见情况的报告》满意度。3. 审查通过人事任免案	1. 作出《四川省农村扶贫开发条例》《全县全民预防保健工作情况报告》的审议意见。2. 任命邱团书为叙永县农业局局长，兰杰为叙永县民族宗教事务局局长，万恩为叙永县人民检察院检察员、检察委员会委员、副检察长；免去汪小川的叙永县人民法院副院长、审判委员会委员、审判员职务，陈鹏、骆国琴的叙永县人民法院审判委员会委员、审判员职务，徐稚淮、陈科宇的叙永县人民检察院检察员职务
6 月 23 日	十七届第四次	1. 学习《中华人民共和国水污染防治法》。2. 听取和审议《叙永县人民政府关于城乡污水处理厂建设和运营情况》《叙永县人民检察院检察关于控告申诉检察工作情况》的报告。2. 评议叙永县人民检察院案件管理工作审议意见办理情况满意度。3. 提请和审议《叙永县人民政府关于提请审议大石乡、黄坭乡撤乡设镇和石坝彝族乡更名后有关事项的议案》《叙永县人大常委会主任会议关于提请审议黄坭乡、大石乡撤乡设镇和石坝彝族乡更名后有关事项的议案》报告	作出《叙永县人大常委会关于对县人民政府城乡污水处理厂建设和运营情况报告的审议意见》《关于对叙永县人民检察院控告申诉工作情况报告的审议意见》《叙永县人大常委会关于黄坭乡、大石乡撤乡设镇和石坝彝族乡更名后有关事项的决定》
7 月 28 日	十七届第五次	1. 学习《中华人民共和国统计法实施条例》。2. 听取和审议《叙永县人民政府 2017 年上半年国民经济和社会发展计划执行情况》《叙永县人民政府关于叙永县 2017 年预算调整方案（草案）和叙永县人大财政经济委员会关于叙永县 2017 年预算调整方案（草案）》的审查报告《叙永县人民政府关于公安派出所整合工作的情况》《叙永县第十七届人大常委会代表资格审查委员会关于县第十七届人大代表变动情况》的报告。3. 审查通过人事任免	1. 作出《关于对县政府 2017 年上半年国民经济和社会发展计划执行情况报告的审议意见》《关于批准叙永县 2017 年县级预算调整方案的决议》。2. 观兴镇二选区选举的县十七届人大代表古涛，因工作变动已调离叙永县，代表资格自行终止。叙永县第十七届人民代表大会代表实有 254 人。3. 任命冉安健为叙永县人民政府副县长，免去古涛的叙永县人民政府副县长职务
10 月 17 日	十七届第六次	1. 听取和审议《叙永县人民政府关于叙永县 2016 年县本级财政决算情况》《叙永县人民政府关于叙永县 2016 年度县级预算执行和其他财政收支的审计工作情况》《叙永县人大财政经济委员会关于叙永县 2016 年县本级财政决算审查报告》《叙永县人民政府关于叙永县 2017 年 1—8 月财政预算执行情况和叙永县人大财政经济委员会关于叙永县 2017 年 1—8 月财政预算执行情况的调研报告》《叙永县人民政府关于城市管理工作情况和县人大城环资委关于城市管理工作评议情况》《叙永县第十七届人大常委会代表资格审查委员会关于县第十七届人大代表变动情况》的报告。2. 审查通过人事任免案	1. 批准 2016 年县本级财政决算的决议、《关于对县政府 2017 年 1—8 月县本级财政预算执行情况的审议意见》《关于对县人民政府城市管理工作的审议意见》。2. 因工作变动已调离叙永县的陈学军、申波代表资格自行终止，叙永县第十七届人民代表大会代表实有 252 人。3. 任命李丽君为叙永县人大常委会预算审查工作委员会主任，杜旭东为叙永县扶贫和移民工作局局长；免去申波叙永县人民政府副县长职务、李丽君叙永县扶贫和移民工作局局长职务
10 月 31 日	十七届第七次	1. 听取和审议《叙永县人民法院关于立案工作的情况》《叙永县人民政府关于〈中华人民共和国动物防疫法〉执行情况》《叙永县人大常委会执法检查组关于〈中华人民共和国动物防疫法〉执法检查情况》的报告。3. 测评叙永县人民政府关于贯彻实施《中华人民共和国安全生产法》审议意见办理情况的报告满意度。4. 研究叙永县第十七届人民代表大会代表调整	1. 作出《关于对县人民法院立案工作情况报告的审议意见》《关于对县人民政府贯彻实施〈中华人民共和国动物防疫法〉执法检查情况报告的审议意见》。2. 叙永县第十七届人民代表大会代表调整为 251 人

续表 2

时间	届次	议题	决定
11 月 30 日	十七届第八次	1. 学习《中华人民共和国河道管理条例》。2. 听取和审议《叙永县人民政府关于〈中华人民共和国河道管理条例〉贯彻实施情况》《叙永县人大常委会人大代表履职监督管理办法（试行）》《叙永县人民政府办关于叙永县第十七届人民代表大会第一次会议及闭会期间代表所提建议、批评和意见办理情况》的报告。3. 测评叙永县人民政府关于农贸市场建设管理情况审议意见的整改报告、关于全民预防保健暨健康扶贫工作情况审议意见的整改报告满意度。4. 听取《叙永县第十七届人大常委会代表资格审查委员会关于县第十七届人大代表变动情况》的报告。5. 审查通过人事任免案	1. 作出《关于对县人民政府贯彻实施〈中华人民共和国河道管理条例〉情况报告的审议意见》。2. 通过《叙永县人大常委会人大代表履职监督管理办法（试行）》。3. 叙永镇第七选区选举的县十七届人大代表李伟平因车祸死亡，其代表资格自行终止。4. 任命申刚为叙永县人民政府副县长，彭羽为叙永县经济和商务局局长。免去王亦白叙永县人民政府副县长职务、申刚叙永县经济和商务局局长职务
12 月 26 日	十七届第九次	1. 听取和审议《叙永县人民政府关于〈公共文化服务保障法〉贯彻落实情况》报告。2. 测评叙永县人民政府办理 2017 年上半年国民经济和社会发展计划执行情况报告的审议意见情况的报告满意度。3. 叙永县人大常委会主任会议关于提请审议召开县第十七届人民代表大会第二次会议的议案	作出《关于对县人民政府贯彻〈公共文化服务保障法〉情况报告的审议意见》和叙永县人民代表大会常务委员会关于召开叙永县第十七届人民代表大会第二次会议的决定

【叙永县第十七届人大常委会主任会议】 全年，叙永县第十七届人大常委会召开主任会议 7 次，会议研究 2017 年度县人大常委会听取和审议“一府两院”专项工作报告计划、对县人民政府相关工作开展工作评议和执法检查计划、县人大常委会主任会议听取县人民政府有关工作汇报计划、举行各次人大常委会有关事宜和常委会机关日常工作安排、听取县级有关部门工作汇报等。

重要活动

【省委常委、省人大常委会副主任黄新初率队到叙永执法检查】 4 月 11 日，中共四川省委常委、省人大常委会副主任黄新初率队到叙永，执法检查《四川省农村扶贫开发条例》的贯彻实施情况。市委书记蒋辅义，市人大常委会主任曹建国，市委副书记谭红杰，市委常委、市委农工委主任张文军，市人大常委会副主任王波，副市长熊启权，县委书记陈景强，县委副书记、县长唐杰，县人大常委会主任张秋平等陪同检查或参加汇报会。黄新初在叙永县分别听取泸州市、古蔺县、叙永县和合江县相关工作情况汇报。黄新初指出，泸州对扶贫开发工作高度重视，脱贫攻坚工作体系正进一步完善、“四个一批”正加快实施、区域扶贫正深入推进。泸州扶贫开发工作存在台账信息需要完善、精准程度需提高、攻坚重点需聚焦、内生动力需激发、推进力度需强化等问题。

【市人大常委会组织到县调研脱贫攻坚工作】 3 月 14 日，市人大常委会副主任陈剑波率市委统战部相关人员，到落卜镇红星村调研指导脱贫攻坚工作，并在县人大常委会议室听取县人大常委会人事代表工作情况汇报，并就“脱贫攻坚——人大代表再行动”提工作要求。

3 月 16 日，市人大常委会副主任王波率领市人大农委、市扶贫、农业等有关部门负责人到向林镇、水尾镇、石坝彝族乡、赤水镇调研指导精准脱贫工作。王波强调，要全力推进项目建设和精准扶贫工作，易地扶贫搬迁工程建设要按标准、按规划、按要求加快推进建设；农林部门要加强对林下种植技术指导，给予必要的资金项目支持，帮助完善基础设施，改善生产条件，促进规范化发展；水果种植企业要发挥示范引领带动作用，农技部门要加强技术指导，带动农户规范化种植，创精品做特色；旅游扶贫开发要利用好民族特色和民族文化，完善基础设施，提升服务水平。

3月22日，泸州市人大常委会主任曹建国率队到江门镇调研县、乡（镇）贯彻落实市委加强人大工作和建设意见情况、代表履职监督工作情况、人大代表助推脱贫攻坚情况。开展“主任接待代表日”活动。

5月11日，市人大常委会副主任王波、市人大外侨民宗委主任委员黄图强等一行到分水镇、枧槽苗族乡调研易地扶贫搬迁工作。王波要求，分水镇政府要督促鱼洞村易地扶贫搬迁集中安置点施工方要精心组织施工，增强施工力量，在确保工程质量和施工安全的前提下，加快施工进度；尽快完善验收合格的易地搬迁对象户相关手续，争取补助资金早日到账；政府要积极指导贫困户搞好产业发展，对搬迁贫困户要制定一户一策，确保搬得出、稳得住、能致富。

5月23日，泸州市人大常委会副主任姚福康一行到叙永调研健康扶贫工作。调研组对叙永县健康扶贫工作所取得的成绩给予肯定，对下一步工作提出要求：一是要将客观实在的工作成效进行总结提炼，继续探讨思考动员体检方面存在的问题。二是健康扶贫工作在现有的基础上持续推进，提升基本公共卫生服务水平，加强人才队伍建设。三是要进一步梳理落实相关政策，加快项目建设。同日，姚福康以座谈会形式调研涉法涉诉信访工作开展情况。县人大常委会主任张秋平，县领导王亦白、韩燕出席座谈会。

6月16日，泸州市人大常委会副主任姚福康率调研组到摩尼镇新苗实验学校，专题调研学生心理健康及校园安全管理工作。姚福康强调，各有关部门要高度重视、尽职尽责、通力合作，全力抓好学生心理健康教育，及时发现，有效缓解学生面临的心理压力、心理烦恼和心理郁结。抓牢校园安全管理专项治理工作，全力确保校园平安和谐稳定。

7月20日，市人大常委会副主任王波到营山镇马湖村、金沙村调研高山蔬菜种植项目。王波强调要充分发挥“公司＋高山基地＋农户”经营模式的作用，通过区域示范激发贫困群众脱贫致富的动力，带动更多的农户致富增收。

8月1日，市人大常委会副主任王波率队到叙永调研《退耕还林条例》实施及竹资源开发利用情况。调研组深入叙永镇大安林场，听取叙永县人民政府有关情况汇报。

8月3日，泸州市人大常委会副主任姚福康带市人大、市脱贫攻坚办、市教育局等部门组成的督查组到叙永县龙凤镇凤林村开展精准脱贫督查调研。督查组通过走访贫困户，对贫困户的收入、支出、就业和医疗等情况进行全面细致地了解，抽选比较有代表性的脱贫户开展座谈，了解贫困户脱贫情况、收集脱贫攻坚中存在的问题、对群众进行扶贫政策宣传。

【市人大常委会主任曹建国到县督导脱贫攻坚工作】 5月24—25日，泸州市人大常委会主任曹建国到叙永县蹲点督导脱贫攻坚工作。曹建国强调，要做深、做细、做实各项扶贫工作，确保脱贫摘帽任务圆满完成。县人大常委会主任张秋平随同。

【资中县人大常委会副主任邓俊秀到县考察交流】 6月23日，资中县人大常委会副主任邓俊秀率学习组到叙永考察学习金融支持县域经济发展工作，县人民政府副县长吴立凡参加座谈会。

【在泸全国、省人大代表到叙永调研脱贫攻坚和经济社会发展情况】 9月7日，部分在泸全国、四川省人大代表到叙永县专题调研脱贫攻坚工作和经济社会发展情况。全国人大常委会委员、法律委员会副主任委员苏泽林，市委书记蒋辅义，四川省文联副主席、成都艺术职业学院院长余开源，泸州市人大常委会副主任蒲俐等以全国人大代表身份参加调研；四川省人大常委会委员、外事侨务委员会主任委员朱以庄，泸州市人大党组书记、主任曹建国，泸州市人大常委会原主任陈雁，四川省人大内司委原副主任委员王扬，市人大常委会副主任王波，泸州市人民政府副市长马宗慧，泸州市政协副主席何延政等以四川省人大代表身份参加调研。代表们先后调研叙永县桃花坞旅游扶贫项目、江门镇易地扶贫搬迁项目，市委书记蒋辅义就泸州经济社会发展总体情况、脱贫攻坚工作情况作汇报，请各位人大代表和领导多为泸州发展提出宝贵意见。叙永县委书记陈景强汇报叙永县有关工作情况。

【泸州市人大常委会人大代表助推脱贫攻坚现场会在叙永县召开】 10月12日，泸州市“脱贫攻坚——万名人大代表再行动”流动现场会在叙永县召开。泸州市人大常委会主任曹建国，副主任税光跃、陈剑波、姚福康出席会议，四川省人大常委会人代工委主任吕华莅临指导，泸州市人大常委会有关委室负责人、各县区人大常委会主任、分管副主任、人代工委负责人参加会议。泸州市人大常委会秘书长、叙永县委书记陈景强出席会议并致辞，叙永县人大常委会主任张秋平、副主任韩燕参加会议。会前，全体参会议人员考察江门桃花坞乡村旅游项目建设情况和江门古寨脱贫攻坚易地搬迁集中安置点建设情况。会上，各县区人大常委会交流人大代表帮助推脱贫攻坚工作开展情况，曹建国主任总结前一阶段工作情况，对下一步工作提出要求。

【市人大代表集中考察】 11月9日，县人大常委会组织叙永选举产生的出席泸州市第八届人民代表大会代表集中考察活动，代表们集中考察江门20万吨竹浆一体化项目和叙永县绕城路建设情况，听取县政府2017年经济社会发展情况汇报，对全市及叙永工作提出建议意见。

【县委书记陈景强率队调研县人大常委会工作】 11月28日，县委书记陈景强率队调研县人大常委会工作，专题听取工作汇报。陈景强对县人大常委会的工作给予充分肯定，认为县人大的调研工作指出全县经济社会发展存在问题，提出的建议非常有价值，提出的措施很切合实际，非常具有针对性。陈景强要求，县人大常委会要进一步发挥人大监督职能，深入开展调研，为政府工作提出意见和建议，为党委决策提供参考。张秋平重点围绕全县经济工作、园区发展、城市建设、脱贫攻坚、人大工作等方面，汇报人大有关情况、目前存在的困难和问题，提出2018年的工作建议。

主要工作

【调研指导】 2月22日，县人大副主任高崇明率县人大常委会农业组成员到兴隆、马岭、江门等镇，对2017年春耕备耕及种子市场监管工作进行调研指导，县农业局局长邱团书长及相关股站负责人随同一起参加调研。兴隆、马岭、江门三镇负责人介绍并汇报去冬今春以来春耕备耕及两杂种子市场监管工作情况。高崇明对相关乡镇围绕贯彻落实中央一号文件和省市县农村经济工作会议精神所做的工作给予充分肯定。

2月27日，县人大常委会主任张秋平率队到天池镇中心校调研，调研组一行察看天池镇中心校校园环境、文化建设，参观图书馆、陶艺制作室等多个功能室，听取关于近年来各级政府不断加大教育投入，改善办学条件，优化校园文化氛围，提升教育教学质量等方面情况汇报。调研组充分肯定天池镇中心校办学发展，对学校今后发展工作提出指导性意见。

3月2日，县人大常委副主任李官培率部分专门委员会主任到调研档案史志工作，考察档案馆爱国主义教育基地、脱贫攻坚县级综合档案室、档案馆档案查阅利用服务窗口，调研组对“十三五”以来，特别是2016年全县档案史志工作取得主要成绩给予充分肯定。

5月2日，县人大常委会主任张秋平率队到水尾镇官斗村调研脱贫攻坚等工作，了解官斗村脱贫攻坚和森林防火等工作情况，实地查看官斗村的公路建设项目，听取镇、村脱贫攻坚等相关工作开展情况和下一步工作打算汇报。

9月5日，县人大常委会副主任李官培带队专题调研国土资源土地管理工作，调研组对国土资源局助力精准脱贫工作和取得的成绩给予肯定，对国土资源土地管理工作提出指导性意见。

11月2日，县人大常委会副主任韩燕、县人大代工委主任罗俊丹、县人民政府目标办主任王学琼等一行6人调研马岭镇县乡人大代表建议意见办理工作情况，韩燕肯定马岭镇人大代表建议意见办理情况非常好，县乡人大代表满意率均为100%。

【执法监督】 2017年7月，县人大常委会将全体组成人员分成4个小组并抽调环保、食药监相关专业人员参与，深入到25个乡镇、6家养殖场、5个畜禽定点屠宰场、2个公路动物检查站、2个动物检疫申报点、1家宠物医院，通过听取汇报、现场调研、走访座谈、查阅资料、询问等方式，对《中华人民共和国动物防疫法》贯彻实施情况进行执法检查，形成执法检查报告。常委会经过审议，针对存在的问题，向县人民政府发出“加大学习宣传力度、加强基层防疫队伍建设、加大监管力度提高管理质量、加大经费投入保障工作开展”的整改意见。

【议题调研】 2017年，县人大常委会31名人员分成4个调研组，围绕县人大常委会会议、主任会议、工作评议、执法检查等议题开展调研活动。全年，开展城区农贸市场建设和管理、《四川省农村扶贫开发条例》贯彻执行、全民预防保健工作、城乡污水处理厂建设和运营情况、2017年上半年国民经济和社会发展计划执行情况、2016年度县级预算执行和其他财政收支的审计工作情况、2017年1—8月预算执行情况、城市管理工作情况、《中华人民共和国动物防疫法》贯彻实施情况、《中华人民共和国安全生产法》贯彻实施情况、《中华人民共和国公共文化服务保障法》贯彻落实情况、《中华人民共和国河道管理条例》贯彻实施情况、县十七届人民代表大会第一次会议及闭会期间代表所提建议批评和意见办理情况、种子管理、民办教育、招商引资、重大项目、法院立案工作情况、检察控告申诉工作情况等议题调研20次。通过调研，了解掌握全县相关工作落实情况、存在问题。经过认真思考和研究，提出建议意见，以常委会审议意见等方式交由“一府两院”办理。

【考察活动】 3月29日，县人大常委会组织全体组成人员，集中考察摩尼联盟新村建设、摩尼城镇建设和摩尼新苗学校发展情况，听取县政府新村建设推进工作情况和摩尼镇工作情况汇报。通过考察调研，对幸福美丽新村建设和当地经济社会发展情况，有了深入了解。考察组一致认为，在县委、县政府的坚强领导下，摩尼镇工作成效明显，新村建设非常具有特色，能够在起到引领示范带动作用。256名县人大代表分成25个代表小组，由乡镇人大主席团牵头，在上、下半年分两次组织代表围绕脱贫攻坚、交通建设、民生社会事业发展等方面开展考察活动，为推动今后工作出谋划策。

【评议活动】 从5月下旬开始，县人大常委会抽调部分组成人员、邀请部分人大代表和县人大城环资委组成人员，分成4个评议调研组，深入到县城所辖的9个社区以及住房和城乡建设、公安、城管、财政、环保、交通等12个县级相关部门，采取现场查看、走访座谈、问卷调查、征求意见等方式，对城市管理工作开展情况进行调研和评议，向县镇人大代表、村社区干部代表、城管服务对象代表发放问卷调查447份，对城市管理工作总体评议满意的占56%、基本满意的占36.2%、不满意的占7.8%。通过网上征求乡镇和县级部门意见，反馈存在问题和不足方面的20条，提出建议23条。县人大常委会经过审议，提出“健全统一执法的长效机制、科学规划合理布局城市基础设施、健全市政公共设施维修维护、加大车辆乱停乱放和违法占道经营治理、加强噪声污染和扬尘治理、加强环境卫生治理、尽快解决公共交通问题、切实落实整改措施消除安全隐患、妥善解决人财物保障问题”等方面的意见。县人大常委会会议对县政府、城管局、公安局、交通局、工商质监局、环保局、质监局、叙永镇8个单位和部门开展城市管理工作情况进行满意度测评。

叙永县人民政府

综　述

【产业发展】 全年将产业发展作为富民强县的重要支撑，三次产业结构调整优化为19.4∶46.2∶34.4。大力发展工业经济，安排预算工业发展资金5500万元，支持重点企业满负荷生产；加快园区工业平台建设，入驻企业27家，预计实现主营业务收入17.4亿元；江门竹浆正式投产，年销售收入10亿元，3万吨成品油库、后山石灰石深加工、沈酒1期、古泉洞酒业1期等项目竣工投产。加快特色生态农业发展，启动全国最大鸡枞菌生产基地建设，建成现代柑橘核心示范园5000亩，全县种植特色水果2万亩、高山蔬菜10万亩、油茶4万亩；引进巨星集团建设百万头生猪产业链项目，依托东牛牧场、川天食品等，全县猪牛羊出栏55万头，“四大片区产业带”走向规模化、产业化、市场化。大力发展现代服务业，鸡鸣三省石厢子会议旧址被列入《全国红色旅游经典景区名录》，江门桃花坞、赤水河赏花摘果成为乡村旅游新热点；全面推进国家级电子商务进农村综合示范项目建设，获“2017年四川县域电子商务十佳县”称号。

【城乡建设】 坚持南优北进、产城融合，开展交通城市建设大会战。城市化进程不断加快，县城建成区面积14.3平方公里，城区常住人口16万人。完成高速路连接线大桥扩宽工程，绕城公路全线贯通，宜叙高速互通、产城大道二标段建成通车，城市新环线逐步形成。协同推进城市公共设施配套，府前街、岩头上等棚改项目竣工；青杠湾湿地公园建成开放，永宁路完成升级改造；彻底清理城区渠道，改造完善排水管网等一批基础设施，探索推进环卫作业市场化，群众获得感进一步增强。重点集镇加快建设，江门镇被列入省级特色小镇，摩尼旅游集镇初步形成，建成正东普市、石厢子堰塘等美丽新村50个。

【民生事业】 抓好十大民生工程、20件民生实事，全县民生支出占财政一般预算支出的78%。县人医创建“三乙”，启动“三甲”创建，迎接全国基层中医药工作先进县评估验收；城西实验小学实现招生，叙永三中完成一期工程建设，叙永职高完成改扩建；完善公共文化服务体系，42个贫困村文化室通过达标验收，春秋祠完成全面抢修；就业促进、文化体育、社会保障等全面进步。

【迎接环保督察】 面对中央环保督察这个“摘帽子”工程，成立指挥部，抽调23人脱产办公，所有县领导对联系乡镇实行包保。先后投入1.4亿元，关闭小水电，保护饮用水源地，新建污水处理厂，实施乡镇垃圾集中处理，解决一批环境突出问题，全县主要污染物排放量明显减少，环境质量全面提升，天更蓝、水更清、山更绿。督察组入驻四川期间，交办泸州市信访件227件，叙永县16件，全泸州市最少。

【补齐基础设施短板】 完成所有贫困村农网改造；倒流河、纳坪水库竣工蓄水，高木顶、龙洞水库快速推进；叙镇铁路、叙威高速开工，S438线、江兴路等建设加快；投入10亿元，新改建农村公路1231公里，建设里程全泸州市第一，实现所有行政村、主要少数民族聚居点通硬化路。

【脱贫攻坚】 坚持精准施策，再次全覆盖摸排，明确帮扶责任人每月驻村至少8天，研发“智慧管理系统”，强化过程管理，贫困对象、帮扶措施更加精准。坚持精准发力，围绕“两不愁”，实施“产业、就业、兜底”三大工程。加大产业扶贫力度，依托海升集团等龙头企业，建立精准到户机制，同步发展短平快产业，实现1.6万个贫困户户均增收4000元以上；拓宽就业渠道，创建“全国建筑劳务输出示范基地县”，2万余名贫困劳动力通过就业增收；严格实施“两线合一”，1.5万名贫困群众实现兜底保障。围绕“三保障”，纵深推进健康扶贫“四百工程”，救助贫困人口21.9万人次；实施“栋梁工程”“雨露计划”，用好教育救助基金，无1名贫困学生因贫辍学；推进住房保障，完成危房改造、地灾搬迁3985户，实施易地扶贫搬迁6547户。

重要会议

【政府常务会议】 2017年，召开政府常务会议22次。

2017年叙永县人民政府常务会议一览表

表3

	届 次	议 题	决 定
1月13日	第十七届一次	1. 听取《关于传达学习〈中共中央国务院关于推进安全生产领域改革发展的意见〉的汇报》《关于国、省、市安全生产会议精神的汇报》《关于〈叙永县重大行政决策程序规定〉起草情况的汇报》《关于绕城公路附属配套工程的情况汇报》《关于西溪扶贫新村建设及相关附属工程项目投资建设框架协议的情况汇报》《关于向四川叙永农村商业银行股份有限公司贷款4900万元相关情况的汇报》《关于向四川汇鑫租赁有限公司融资租赁1亿元相关情况的汇报》《关于向中国农发重点建设基金有限公司申请第三批专项建设基金相关情况的汇报》《关于组建国资集团有关情况的汇报》《关于赤水河畔精品休闲体育度假景区项目有关情况的汇报》《关于叙永县第十届村（居）民委员会换届选举方案的情况汇报》《关于叙永县第三中学校项目建设情况的汇报》。2. 研究人事任免	1. 安委会成员单位主要负责人安全生产知识闭卷考试。以后新提名的行政机关主要负责人和排名第一分管安全生产的副职领导，任职前须进行安全生产和环境保护知识考试，合格后方可提请县政府常务会任命；县委党校要将安全生产和环境保护知识纳入主体培训班教学内容。2. 县政府办牵头，研究解决安监执法中队和食药监执法车辆问题，新增费用列入财政预算。3. 同意县交通运输局提出的建设方案。4. 同意西溪扶贫新村建设推进办建议意见。5. 同意倒流河公司申请担保贷款4900万元、兴叙水投公司向四川汇鑫租赁有限公司申请融资租赁1亿元。6. 同意县金融服务中心、县财政、县投资促进局等单位建议意见，并提交县委常委会审议。7. 同意3月21日、22日作为叙永县第十届（居）民委员会换届选举日
2月6日	第十七届二次	听取2016全县安全生产目标考核情况的汇报、实施产业园区大会战三年攻坚行动的工作意见汇报、重点项目意见和考核通报的情况汇报、将县城环卫清扫保洁工作推向市场化的情况汇报、向远东宏信（天津）融资租赁有限公司融资5300万元相关情况的汇报、成立泸州市兴叙管道工程有限公司并确定《公司章程》和签订《投资协议》相关情况的汇报	1. 同意县安办、园区管委会建议意见，并提交县委常委会审议。2. 原则同意审议的考核情况和《关于2017年重点项目建设工作的意见（征求意见稿）》，并提交县委常委会审议。3. 同意以县国资公司为承租人向远东宏信（天津）融资租赁有限公司申请融资租赁5300万元。4. 同意县水投公司提出的建议方案，并送县政府法制办审核把关后签订投资协议
2月17日	第十七届三次	1. 听取第三次全国农业普工作的汇报、促进工业经济加快发展实施意见相关情况的汇报、商贸酒业发展工作实施意见相关情况的汇报、现代物流产业发展实施意见相关情况的汇报、出资入股泸州市资产管理公司相关情况的汇报、新增公安局业务技术用房及国资商务写字楼项目建设经费的汇报。2. 研究人事任免。3. 研究干部违纪问题	1. 成立第三次全国农业普查工作领导小组，近期召开会议进行安排部署。2. 原则同意县经济商务局建议意见，并修改完善后提请县委常委会审议。3. 会议同意入股泸州市资产管理公司，由县财政局安排500万元给县国资集团，作为资本金注入市资产管理公司进行投资入股。4. 同意县公安局建议意见

续表 3

	届 次	议 题	决 定
3 月 13 日	第十七届五次	1. 听取《叙永县 2017 年度重大行政决策目录》编制情况、《叙永县法治政府建设实施方案（2017—2020 年）》、交通工作、公租房采购工作、危旧房和受自然灾害房屋救助性收购工作、全资收购四川泸华建筑工程有限公司的情况、县城沿河污水支管建设有关情况、申报泸州浦发扶贫投资发展基金第二批项目情况、融资工作、2017 年脱贫攻坚基本医疗保障工作有关情况的汇报。2. 研究人事任免	1.《叙永县法治政府建设实施方案》修改完善提交县委常委会审议。2. 同意和泸州市交通投资集团有限责任公司签订战略合作协议、县交通大会战方案和农村公路建设计划安排提交县委常委会审议。3. 同意危旧房和受自然灾害房屋救助性收购工作坚持群众自愿原则。4. 同意县城投公司全资收购四川泸华建筑工程有限公司，由县城投公司实施县城沿河污水支管建设。5. 同意县产业园区公司向远东国际租赁公司融资租赁 1 亿元、县水投公司向四川汇鑫融资租赁有限公司融资租赁 1 亿元。6. 实行扶贫专项资金管理
3 月 24 日	第十七届六次	听取 2017 年审计项目工作、江门镇场镇开发用地、画稿溪·丹山旅游策规划、支持中小微企业融资工作、金融机构 2016 年度目标考核、叙永县扩大对外开放工作、调整环境保护监测津贴执行方案、叙永县化工厂改制工作、建设精准脱贫智慧管理平台等汇报	1. 同意解除与明珠公司签订的土地出让合同，由县国资集团出资收储该宗建设用地。2. 同意由泸州画稿溪旅游开发有限公司与广州海森签订画稿溪·丹山旅游策划和规划合同，规划费用控制在 200 万元以内。3. 同意县金融服务中心、县投资促进局、县经济商务局建议意见。由县经济商务局负责处理叙永县化工厂改制后所有遗留问题；县国资集团收储叙永县化工厂资产所缴纳税费的地方留存部分，全部返还县国资集团。4. 原则同意通过购买软件开发精准脱贫智慧管理平台
4 月 6 日	第十七届七次	1. 听取叙永县 2017 年城市建设大会战工作、赤水河现代柑橘示范园第二期项目建设、投资 100 万头优质生猪产业化精准脱贫项目、2017 年贫困退出对标补短资金、叙永县“十三五”脱贫攻坚规划（2016—2020 年）编制情况等的汇报。2. 研究人事任免	1. 同意城市建设大会战方案，修改完善后提交县委常委会审议。2. 原则同意实施 100 万头优质生猪精准脱贫项目。3. 脱贫资金缺口由副县长袁维荣牵头专题研究，明确刚性退出机制。4. 同意县“十三五”脱贫攻坚规划完善后，提请县委常委会审议
4 月 21 日	第十七届八次	传达防汛减灾工作精神，部署汛期防汛减灾工作。2. 听取关于存量房评估系统上线工作、转让向林粮管所国有土地及资产工作、天池镇石英砂采矿权出让工作、推行行政执法公示制度、执法全过程记录制度、重大执法决定法制审核制度试点工作方案、叙永园区综合体建设项目 PPP 实施方案、泸州老窖产业扶贫项目合作框架协议、《叙永县法治宣传教育第七个五年规划（2016—2020 年）》、财政工作、加快推进河长制工作、义务教育均衡发展迎省检工作、乡村两级医疗机构能力提升工程资金需求等情况汇报	1. 加强实汛期防汛减灾督查；抓紧制定出台全县“河长制”实施意见。2. 同意存量房评估系统升级上线。3. 同意向林粮管所国有土地中划拨 936 平方米给向林镇、剩余 1394.65 平方米公开挂牌拍卖，土地出让后的县级留存部分，全额补助向林镇。4. 同意与老窖集团对接磋商，修改完善后提交县委常委会审议。5. 增设县河湖管理保护办、成立由唐杰县长为组长的义务教育均衡发展工作领导组。6. 同意融资贷款 5 亿元的额度，由谢华副县长牵头，发改、国土、住房和城乡建设等部门配合，抓紧完成义务教育均衡发展项目实施
5 月 12 日	第十七届九次	1. 传达省长尹力讲话和全市一季度党风廉政建设社会满意度评价工作会议有关精神。2. 听取叙永县村（社区）食品安全协管员配备管理的情况汇报。3. 研究人事任免	1. 贯彻落实好尹力省长的讲话精神，抓好党风廉政建设和反腐败工作；2. 原则同意县财政每年安排资金 95.04 万元，由各乡镇统筹用于村（社区）食品安全协管员的补助和考核奖励
6 月 2 日	第十七届十次	1. 听取《叙永县矿产品税费统一征收管理暂行办法（试行）》、建立打击整治偷逃矿产品税费及货车超限超载行为联合执法机制有关情况、烈士陵园公路大桥及匝道附属工程变更相关情况、2017 年城乡规划编制经费的情况、泸县富丽房地产开发有限公司叙永新区开发建设项目相关情况、《泸州浦发扶贫投资发展资金管理暂行办法》、《叙永县环境保护工作职责分工方案》、与泸州能源投资有限公司签订新能源产业合作协议、叙永县成立农业产业发展投资引导基金方案、与北京万创聚力科技有限公司开展委托招商的情况、2017 年平安建设相关重点工作、林业政策性贷款相关情况的汇报。2. 研究人事任免	1. 按程序印发《叙永县矿产品税费统一征收管理暂行办法（试行）》。2. 县住房和城乡规划建设局建议意见提交县委常委会审议。3. 县财政局建议意见提交县委常委会审议，按程序印发《泸州浦发扶贫投资发展资金管理暂行办法》4. 县金融服务中心建议意见提交县委常委会审议。5. 与北京万创聚力科技有限公司签订期限为一年的委托招商协议。6. 同意“雪亮”工程由县委政法委牵头，将教育系统的视频监控一并纳入“雪亮”工作，统一招标建设；“一村一辅警”由村“两委”干部或民兵连长兼任，经费县、乡两级各承担 50%。7. 同意将国家储备林项目和玉皇观森林公园项目纳入政府购买服务采购目录，授权县林业局为项目购买主体，采购指定县国资集团及县水投公司作为供应商，签订政府购买协议

续表 3

	届 次	议 题	决 定
6月19日	第十七届十一次	1. 听取县统计管理体制改革试点工、第一期定向限价商品房建设项目情况、叙永县国有企业改革情况、下达 2016 年综合目标考核奖励资金、向林镇工业产业园区项目投资协议、县突发环境事件应急预案、县人民政府与中国电子科技集团公司二十九研究所和中国联合网络通信有限公司四川省分公司新型智慧城市建设战略合作框架协议的情况、泸州永宁司法鉴定所转型升级情况、乱埋乱葬专项整治工作方案的情况、建设年产量 1400 万袋黑皮鸡枞菌生产工厂投资合作项目相关情况的汇报。2. 研究人事任免	1. 由县统计局牵头 6 月 30 日前完成统计管理体制改革试点有关工作。2. 县财政局建议意见提交县委常委会审议。3. 同意县国土资源局、县财政局、投资促进局、县环境保护局、县司法局建议意见。4. 同意县经济商务局建议意见提交县委常委会审议。5. 抓紧开展乱葬乱埋专项整治工作，经费由县财政统筹解决；将该项工作纳入目标考核管理。6. 叙兴集团作为建设年产量 1400 万袋黑皮鸡枞菌项目投资建设业主，县上投资总额上限为 5000 万元，含厂房、设备及其他基础设施投入
7月7日	第十七届十二次	1. 听取关于提请审议《叙永县重点项目管理办法（草案）》、在龙凤镇开展农村不动产确权登记试点工、全资收购四川凯义建筑工程有限公司股权、县人民政府举债融资行为清理情况、拟共用泸州市财政局协作机构库、安排环保督查整改经费、县水利发展“十三五”规划有关情况、叙永县生态文明体制改革方案的汇报。2. 研究人事任免	1. 同意《叙永县重点项目管理办法（草案）》。2. 在龙凤镇开展农村不动产确权登记试点工作。3. 全资收购四川凯义建筑工程有限公司股权。4. 将县人民政府第 16 届 83 次、86 次、92 次及县政府第 17 届 1 次、2 次、5 次常务会关于向企业或金融机构申请融资的有关意见内容作废。5. 县财政局按环保督查要求“对标补短”，完善经费方案。6. 同意县水利发展“十三五”规划
7月19日	第十七届十三次	研究干部违纪问题	略
7月21日	第十七届十四次	听取交通大会战重点扶贫公路（市级）建设、2017 年度农村公路建设相关情况、绕城公路西外车站对应段建设、天网一、二、三期改造、校园卫士和“雪亮”工程相关工作、叙永县兴叙水务投资有限公司代建 2016 年脱贫攻坚农村饮水安全（第二批）项目的情况汇报	1. 原则同意县交通建设征地费用县道按 3 万元 / 亩标准补偿，乡道补偿方案由县交通运输局牵头制定后，另行研究。2. 县交通运输局、环境保护局再次对农村公路进行审定，凡是涉及自然保护区核心区和缓冲区的一律停建，试验区按程序报批后再建设。3. 由县水投公司代建 2016 年脱贫攻坚农村饮水安全（第二批）项目
8月4日	第十七届十五次	1. 听取组建叙永县边城公共交通有限公司、富丽假日酒店 2016 年度运营扶持资金情况、制定《叙永县农村电子商务三年战略发展规划（2017—2019）》、叙永县产城大道建设项目 PPP 实施方案、物有所值评价论证及财政承受能力论证的情况、设立四川省农业信贷担保有限公司叙永办事处以及合作财金互动助推农业发展信贷担保事宜的情况、叙永县“扶贫保”工作有关情况、制定《叙永县 2017 年度金融机构（含准金融机构）目标考核办法》的情况、叙永县 2017 年预算调整方案（草案）、水洞子 A 片区招商补充协议的情况、水潦彝族乡中心校学生宿舍后侧边坡滑坡隐患治理有关事项、叙永县汇升燃气有限公司建设和运营等的情况、凤林村易地扶贫搬迁集中安置点规划设计费用的情况汇报。2. 研究人事任免	1. 组建叙永县边城公共交通有限公司，务必于 2017 年国庆节实现通车。2. 原则同意《叙永县农村电子商务三年战略发展规划（2017—2019）》、县产城大道建设项目 PPP 实施方案、《叙永县 2017 年度金融机构（含准金融机构）目标考核办法》。3. 由县金融服务中心抓紧会同川农担公司完善相关协议内容、《叙永县 2017 年度金融机构（含准金融机构）目标考核办法》。4. 叙永县 2017 年预算调整方案（草案）提请县委常委会审议。5. 县投资促进局的建议意见提请县委常委会审议。6. 按照应急工程实施水潦乡中心校宿舍后侧边坡滑坡隐患治理。7. 授予叙永县汇升燃气有限公司在叙永县南部 16 个乡镇民用管道天然气供气的特许经营权，期限为 20 年。8. 龙凤镇凤林村易地扶贫搬迁集中安置点，由县城投公司与中选设计单位签订规划设计合同并支付设计费用 37.37 万元
8月21日	第十七届十六次	研究干部违纪问题	略
8月25日	第十七届十七次	1. 听取调整叙永县环境保护工作职责分工方案、修订叙永县集中式饮用水源突发污染事件应急预案、安排 2017 年新增债券资金、泸州鑫精科房地产开发有限公司支付房屋征补偿款、编制叙永县医疗卫生服务体系规划（2015—2020）有关情况、2017 年下半年扶贫资金安排情况的汇报。2. 研究人事任免	1. 叙永县集中式饮用水源突发污染事件应急预案，立即印发实施。2. 同意县财政局的建议意见提请常委会审议。3. 同意房屋征补偿款。4. 叙永县医疗卫生服务体系规划（2015—2020）。5. 原则同意下半年扶贫资金安排建议意见，提请县委常委会审议

续表 3

	届 次	议 题	决 定
9 月 13 日	第十七届十八次	1. 听取推进综合治税工作、财政工作、县人民政府文件清理目录工作、基层法制建设、江门互通至兴文石海一级公路建设、《叙永县水土保持规划（2015—2030 年）》、2017—2018 学年教育“脱贫不脱政策”工作、确定叙永县人民医院升“三甲”改（扩）建项目代建单位的汇报。2. 研究干部违纪问题。3. 研究人事任免	1. 由县财政局结合部门修改意见进行完善，县法制办审核后，提交县目标考核领导小组审议。2. 由县法制办牵头，每年定期对县人民政府文件进行清理并提请县政府常务会议审定。3. 在 2017 年 9 月 30 日前完成校园卫士项目全部建设。4. 原则同意《叙永县水土保持规划（2015—2030 年）》。5. 将教育扶贫资金扩充至 1200 万元。6. 叙永县人民医院升“三甲”改（扩）建项目
10 月 13 日	第十七届十九次	听取江门古寨易地扶贫搬迁集中安置点沙盘制作、下半年扶贫资金安排、S438 线兴隆镇巴毛田至贵州界段升级改造工程委托代建、叙永县第三中学校项目建设、县人民医院创建“三甲”医院项目国有土地上房屋征收、叙永县国有土地上房屋征收调查办法（试行）相关问题的汇报	1. 同意追认县发展改革局按照应急采购程序制作沙盘和多媒体。2. 同意县下半年扶贫资金安排建议意见提请县委常委会审议。3. 原则同意 S438 线兴隆镇巴毛田至贵州界段升级改造工程、叙永县第三中学校项目建设建议意见提请县委常委会审议。4. 同意国有土地上房屋征收建议意见
10 月 27 日	第十七届二十次	1. 听取公布县政府第二批次（1982 年—2000 年）文件清理结果、新型试点镇行政权力与公共服务事项下放、叙永园区综合体建设 PPP 项目实施方案、招标文件及参考合同相关情况、S438 项目占用林地有关情况、叙永县解决乡村医生养老保险问题、鸡枞菌项目委托建设的情、江门镇成立古寨社区居民委员会的情况汇报。2. 研究人事任免。3. 研究干部违纪问题	1. 县人民政府法制办建议意见，下放部分事项试行一年。2. 叙永园区综合体建设 PPP 项目实施方案提交县委常委会审议。3. 同意按收费标准测算下浮 20% 的金额，编制《S438 线改建工程项目拟使用林地可行性研究报告》。4. 将乡村医生养老保险经费纳入财政预算。5. 由县水投公司作为项目业主，承担鸡枞菌项目建设。6. 同意组建江门镇古寨社区居民委员会
11 月 17 日	第十七届二十一次	听取脱贫攻坚全覆盖工作、安全生产工作、贯彻执行政法委机关工作津贴工作、将事业单位大集体退休人员待遇纳入机关事业养老保险发放、公路建设、古叙生活垃圾焚烧发电项目、集体土地征收工作、创建国家食品安全示范城市、叙永镇鱼凫小学和江门镇九江新区路口交通信号灯情况、乡镇和农村污水处理设施建设建设、城市改造、赤水镇部分规划用地性质调整、环境保护基础建设的情况汇报	1. 同意相关职能部门工作建议。2. 将集体土地征收工作纳入年度综合目标考核。3. 启动应急采购程序，涉及经费由县财政安排专项资金予以解决。4. 第二批次乡镇和农村污水处理设施建设采用应急工程由叙兴实业集团作为主体组织实施。5. 县财政先安排 30 万元经费启动环保相关建设工作，工程按应急工程实施，完工后按实结算
12 月 8 日	第十七届二十二次	听取县 2017 年消防工作、扶贫工作、园区建设、2018 年春节光亮工程、县人民医院创建“三甲”医院项目工作、调整 2017 年度农村公路车购税资金（第二批）、2017 年度农村公路建设项目（第二批）情况、天龙电力有限公司改制遗留问题、煤炭税费标准调整情况的汇报。2. 研究人事任免	1. 由常务副县长袁维荣牵头、申刚副县长配合，将经费方案优化后提请县委常委会审议。2. 由副县长申刚牵头，统筹安排湿地公园春节灯会工作。3. 追认《县人民医院创建“三甲”医院项目国有土地上房屋征收决定》，追认时间定于 2017 年 11 月 27 日。4. 原则同意县交通运输局、县经济商务局、县矿产品税费同征办的建议意见

【县人民政府第十七届第一次全体成员会议暨乡镇长会】 8 月 4 日召开，会议传达市委、泸州市人民政府关于环保整改工作的部署要求。县委副书记、县长唐杰强调，全县各级各部门要坚决克服侥幸心理和蒙混闯关思想，进一步加大工作力度，采取更加务实有效的举措，全力以赴抓好环保突出问题整改，确保取得实效。要对问题进行认真梳理，逐项研究落实，确保整改到位，处理好发展与环保关系，严格落实环境保护“党政同责、一岗双责”，强化保障措施、强化执法监管和强化风险防控，要加强沟通配合，严格对照问题清单，依法依规、综合施策，在规定时限内整改问题。要学会换位思考，切实站在老百姓角度看问题、想问题、做决策，设身处地为群众着想。要拓宽思路，要增强大局意识和全局意识，切实履行环境保护主体责任，推动环保突出问题整改到位。

【专题会议】“化解信访矛盾、规范信访秩序”专项治理活动工作会，1 月 13 日召开。会议由县长唐杰主持，县委、县人大、县政府、县政协 25

位在家县领导出席会议，全县25个乡镇、42个联席会议成员单位主要负责人参会。对信访专项治理工作再部署、再强化、再落实。张伟书记传达泸州市信访工作会议精神，通报近期专项治理工作推进情况，安排部署叙永县专项治理工作。

全县重点项目暨城建、交通、园区攻坚工作会，2月8日召开。总结2016年全县重点项目、城建、交通园区工作，安排部署2017年工作，下达城建、交通、园区大会战工作任务。县委书记陈景强强调，做好项目工作，实施城市、交通、园区攻坚，是在“十三五”实现新一轮大发展、大跨越的重中之重。一定要坚定信心、鼓足干劲、扎实工作，奋力开创项目工作新局面。

全县安全生产、环境保护、食品农产品“双安双创”工作会，2月8日召开。会议总结部署全县安全生产、环境保护、食品农产品“双安双创”（国家食品安全示范城市创建、农产品质量安全县创建）工作。县委副书记、县长唐杰强调，安全生产工作的主线是贯彻新《安全生产法》和《中共中央国务院关于推进安全生产领域改革发展的意见》，全县上下要树牢底线意识，保持高度警觉，务必做到警钟长鸣、常抓不懈；要突出工作重点，主动履职担当，全力推进科学发展、安全发展；要加大工作力度，强化关键举措，将安全生产内化于心、外化于行，确保全县上下安全稳定。

叙永县2017年住房保障工作会暨政策培训会，2月24日召开。贯彻落实中央、省、市住房保障工作相关会议精神，总结2016年住房保障工作，安排部署2016年住房保障扫尾工作和2017年工作。县委副书记、县长唐杰表扬通报2016年全县干部经受住易地扶贫搬迁突击战的严峻考验，超额完成易地扶贫搬迁任务，在省市考核验收中，获全省第一的成绩，两次被全省通报表扬，首战告捷。易地搬迁档案管理作为特色亮点全省交流学习。与乡镇党委政府代表、县级部门代表签订2017年住房保障目标责任书。

叙永县2017年交通攻坚工作会，3月10日召开，安排部署2017年交通大会战目标任务及今后的三年交通攻坚目标。县委副书记、县长唐杰强调，交通大会战是县委、县政府在精准脱贫战略中的一项重大举措，是叙永全面建成小康社会的重要支撑，是促进群众增收致富的有效举措，是夯实全县追赶跨越的客观需要，要以更坚定的信心、更昂扬的斗志、更踏实的作风，打赢这场交通大会战，力争通过交通的大建设、大发展，加快脱贫攻坚的步伐，促进县域经济快速发展。要统一思想、凝聚共识，要突出重点，快速推进，要强化责任，聚集合力，确保交通大会战有序推进。坚决打赢交通攻坚这场硬仗，为全县脱贫攻坚提供强有力的保障。

加快推进河长制暨防汛减灾工作会，4月14日召开。会议分析研判当前防汛工作形势，安排部署加快推进河长制工作和防汛减灾工作。县委副书记、县长唐杰强调，各级各部门和各地“河长”务必要清醒认识河长制重要意义，围绕“解决水环境问题、改善水生态环境质量、维护河湖健康生命、创建绿色生态”为中心；落实“属地管理、河长负责、部门共治”的工作责任；突出源头严控、过程严管、依法严治，确保河长制工作加快推进。各乡镇务必要坚守“零伤亡”的底线，坚持“安全第一、预防为主、提前撤离”的方针，严格落实防汛减灾责任和值班应急规定，切实抓好防汛备汛和监测预警预报，有力有序开展防汛工作，千方百计确保全县安全度汛，确保群众生命安全。

全县学校安全管理专项治理工作会，5月31日召开。会议部署安排学校安全管理工作。县委副书记、县长唐杰强调，各乡镇、各部门和学校务必高度重视安全隐患排查，坚持综合治理，预防为主，要把隐患当成事故来处理，彻底整改、消除隐患；要坚持权责一致，明确职责、细化任务、压实责任，完善学校的安全管理机制，形成切实可行的长效管理制度；要坚持标本兼治，重视教育、引导行为、改进方式，教育部门要指导学校改进教育的方式方法和内容，特别要重视对学生的安全教育、心理健康教育，理清学生家庭情况，分类处理，并总结推广行之有效的经验办法；要坚持靶向治疗，找准短板、把握关键、筑牢防线，全面防范“蓝鲸”死亡游戏，切实加强校园内建筑设施隐患整改及周边环境监管，强化突发事件处置应对能力；要对全县各乡镇学校进行全覆盖式督查，对牵头各部门工作完成情况每月开展一次督查，以更加坚决的态度、更加务实的作风、更加过硬的措施、更加扎实的工作，确保每一所学校平安，确保每一个学生安全，确保社会的和谐稳定。

叙永县争资争项、环境保护工作会，6月14日召开。县委副书记、县长唐杰要求，以更大的决心推进争资争项工作；要奋力攻坚，以更强的举措推进争资争项工作；围绕稳增长系列措施争资争项、围绕脱贫攻坚抓争资争项、围绕规划争资争项；要积极主动作为，解决好“怎么争”的问题。要注重两个结合，解决好“争与建”问题；把开展争资争项与加快项目建设、招商引资结合起来。要履职尽责，以更大的力度推进争资争项工作。分解下达到各乡镇、各部门的争资争项任务，是硬指标、是底线，主要负责人自己承担的任务，要挂出“作战图”、列出“时间表”、立下“军令状”，形成倒逼机制，切实把每一项工作落到实处。

防汛减灾和地质灾害防治工作调度视频会，8月15日召开。会议专题听取近期雨情趋势、地质灾害、防汛减灾隐患排查及相关工作开展情况汇报，通报8月11日以后部分乡镇存在的问题，并对当前各项工作提出要求。县委副书记、县长唐杰强调，各乡镇、部门要认识该项工作的重要性和特殊性，以对党和人民认真负责的态度，以扎实有效的工作，团结一致，确保全县人民的生命财产安全。唐杰要求，重点抓好山洪灾害危险区和地质灾害隐患点防治、安全隐患的排查与整治、提高干部、群众的防灾避险意识和加紧强化提升应急处置能力4项工作，同时要严明工作纪律，加强值班值守。各乡镇、部门务必要认真汲取近期全国全省一些地质灾害事故的教训，制定科学有效的防灾减灾预案，打有准备之仗。要进一步加强对各项工作的督察、暗访和检查，做到不留死角、不留盲区、不留隐患，推动工作落实再到位。要进一步强化责任落实和工作保障，确保全县安全度汛，确保全人民的生命财产安全。

重要活动

【国务院扶贫办领导到县调研】 1月10日，国务院扶贫办开发指导司副司长吴华，证监会办公厅副巡视员曾彤率调研组到石坝彝族乡，对易地扶贫搬迁及产业发展工作进行调研。县委副书记、县长唐杰，县委常委、县委办主任叶继东，省、市、县有关部门负责人陪同调研。调研组希望叙永进一步创新方法，总结经验，开创易地扶贫搬迁工作新局面。

【泸州市脱贫攻坚青年电商培训基地淘宝大学中爱电商学院揭牌仪式在叙永举行】 1月11日，泸州市脱贫攻坚青年电商培训基地淘宝大学中爱电商学院揭牌仪式在叙永县举行。市委常委、泸州市总工会主席刘云，县委书记陈景强共同为电商培训基地揭牌。四川省青年企业家协会副秘书长谢娟，团市委书记卢启刚，泸州市妇联主席刘瑶，县委副书记县长唐杰，县人大常委会副主任李官培，以及市人社局、市农工委、市人才办、市扶贫移民局、市就业局、市贸促会、市青年企业家协会、古蔺县、合江县有关负责人出席揭牌仪式。

【四川省易地搬迁交叉考核组到叙永检查考核】 2月28日，四川省易地扶贫搬迁达州考核组到叙永交叉考核易地扶贫搬迁工作。县委书记陈景强，县委常委、县委办主任叶继东，副县长古涛随同考核或参加工作汇报。考核组认为，叙永县易地扶贫搬迁工作相关经验和做法值得学习借鉴，希望叙永县进一步加强工作总结，提炼工作经验，让易地扶贫搬迁工作再上新台阶，为全省易地扶贫搬迁提供可供复制的“模式”。

【叙永万亩花海骑跑挑战赛】 3月11—12日，叙永万亩花海骑跑挑战赛在赤水、石坝、水潦3个乡镇的赤水河谷万亩桃李花海举行，来自丹麦、法国和国内各地选手参赛。县委副书记、县长唐杰，县领导王亦白、叶继东、李官培、古涛、陈一龙，泸州市文体广局、泸州市扶贫移民局、泸州市民宗局有关领导出席比赛活动。

【水利部水电规划设计总院副总工程师率队调研永宁水库工程】 3月13日，水利部水电规划设计总院副总工程师蒋肖率队到县调研叙永县永宁水库工程规划情况，四川省水利厅党组成员、总工梁军，泸州市人民政府副市长熊启权，县委副书记、县长唐杰，县委常委、副县长王亦白，以及省、市、县有关部门和专项设计单位等相关人员参加调研和座谈。

【第一季度重大项目集中开工仪式】 3月15日，叙永县2017年第一季度重大项目集中开工仪式在江门镇举行。县委副书记、县长唐杰主持开工仪式，县委书记陈景强致辞，市委常委、组织部部长徐斌出席会议，并宣布项目开工。县人大常委会主任张秋平，县政协主席马刚，县委副书记曹阳，王龙等县领导出席开工仪式。

【省委副书记、省长尹力到叙永调研农业农村工作】 3月18—19日，中共四川省委副书记、省长尹力到叙永县调研农业农村工作，尹力强调要贯彻落实习近平总书记重要讲话精神，抓好农业供给侧结构性改革，大力发展现代特色效益农业，带动农民持续增收、致富奔康，为城镇居民提供绿色、有机、无公害的“川字号”农产品。

【省卫生计生委、扶贫移民局到叙永调研健康扶贫工作】 3月21日，四川省卫生计生委脱贫办调研员梁志及省扶贫移民局审计稽查处副处长张潇元一行到叙永人民医院、水尾镇卫生院、水星村卫计站，江门镇卫生院、通过现场考察、查阅资料、听取汇报等方式，全面了解叙永县健康扶贫工作开展情况。调研组对叙永健康扶贫工作所取得的成绩给予充分肯定。

【重庆民营（私营）经济协会到叙永考察】 3月31日至4月2日，重庆民营（私营）经济协会副会长兼秘书长邱继烈一行25人到叙永县开展商务考察。考察组先后到雪山关护国军驻军遗址、鸡鸣三省会议旧址、春秋祠、鸡鸣三省大峡谷、乌蒙花海、双山苗寨、彝家新寨等地进行实地考察，并与叙永县工商联进行投资洽谈。

【中国电子科技集团到叙永调研脱贫攻坚工作】 4月10日，中国电子科技集团公司董事长、党组书记熊群力率集团总部及第10研究所、第29研究所和第30研究所部分领导干部到叙永调研脱贫攻坚工作，就进一步加大帮扶力度，提高帮扶成效提出指导意见。副市长马宗慧，县委书记陈景强，县委副书记、县长唐杰，县人大常委会主任张秋平及县领导曹阳、叶继东、胡维陪同调研或参加工作汇报。

【100万头优质生猪产业化精准脱贫项目签约仪式】 4月12日，举行叙永县100万头优质生猪产业化精准脱贫项目签约仪式。副县长苏丹主持签约仪式，县委书记陈景强出席仪式并讲话，县委副书记、县长唐杰，县人大常委会主任张秋平，县政协主席马刚，县委常委、组织部部长周之平，四川巨星集团总裁、巨星农牧股份公司董事长段利锋等出席签约仪式。叙永县100万头优质生猪产业化精准脱贫项目总投资15.2亿元，其中项目一期投资4.9亿元，项目二期投资10.3亿元。

【县委副书记、县长唐杰带队到乡镇督导检查安全生产工作】 4月24日，县委副书记、县长唐杰带领财政局、交通局、水务局、住房和城乡建设局等单位到黄坭镇督导检查安全生产工作，督查组一行到黄坭镇燕子岩实地察看，了解燕子岩隐患整改落实情况。唐杰要求，在当前脱贫攻坚的关键时期，一定要进一步提高安全生产认识，强化值班值守和痕迹管理，确保工作措施落实到人，责任落实到位。要加大对安全隐患的排查力度，及时消除隐患。坚持一手抓管理、检查，一手抓宣传教育，做到严格执法。加强对重点行业、重点企业的监督排查，并形成长效机制，对督查时发现的问题要尽快整改。

【市委书记蒋辅义研究叙永重点工作】 5月12日，市委书记蒋辅义率市经信、卫计、国土、交通、扶贫移民、环保等部门深入叙永，研究解决重点工作推进中的困难和问题。蒋辅义强调，要更加开明开放，以脱贫攻坚为统领，统筹推进各项重点工作。市领导杨晓、张文军、李锋、刘杰出席汇报会。县委书记陈景强汇报有关工作，县委副书记、县长唐杰，县领导曹阳、周之平、唐榕、申波、谢华出席汇报会。

【华西证券股份有限公司、叙永县人民政府结对帮扶签约仪式】 5月22日，华西证券股份有限公司和叙永县人民政府结对帮扶签约仪式在县假日酒店举行。县委书记陈景强出席仪式并讲话，华西证券股份有限公司党委书记、董事长蔡秋全，县领导叶继东，袁维荣出席签约仪式。

【地质灾害应急演练】 5月26日，在叙永县正东镇猪毛田滑坡地质灾害隐患点举行2017年地质灾害应急演练。县委常委、县政府副县长王亦白担任演练指挥长。县国土资源局、县人武部官兵、县消防大队、县矿山救护队、伏龙村5社群众等15支参演队伍共226人参与演练。县委维稳办、县政府应急办、县国土资源局等15个地质灾害应急指挥部成员单位及相关单位主要负责人和正东镇等25个乡镇主要领导、分管领导、国土资源所所长102人应邀观摩。

【市委常委、副市长王建翔率队督导脱贫攻坚工作】 6月8日，市委常委、副市长王建翔率队到合乐苗族乡方元村督导脱贫攻坚工作，泸州市水务局机关党委书记谢芳、泸州市水务局纪检组长欧月文、县政协副主席余显中随同督导。王建翔强调，坚定目标导向，围绕贫困户“一超、两不愁、三有、三保障”和“四个好”，加大帮扶力度，对标补短；开展脱贫攻坚回头看、回头帮和贫困户脱贫的巩固提升，发挥产业与就业在脱贫攻坚中的作用；团结一致，齐心协力，扎实推进各项脱贫攻坚工作。

【安全生产月启动仪式】 6月14日，全县安全生产月启动仪式举行，县委副书记、县长唐杰要求各相关部门、乡镇要深入分析安全生产面临的严峻形势，精心部署近期安全工作，下定决心，采取有力措施，确保全县安全生产“全域安全、全程安全、全年安全”。

【副省长刘捷到叙永调研督导脱贫攻坚工作】 6月21日，四川省人民政府副省长刘捷率队到叙永调研督导脱贫攻坚工作，宣讲省十一次党代会精神，并对抓实脱贫攻坚各项工作提出要求。市委书记蒋辅义，市委常委、市委农工委主任张文军，市政协副主席李锋，县委书记陈景强，县委副书记、县长唐杰及县领导曹阳、叶继东陪同调研或参加工作汇报。刘捷强调，脱贫攻坚是当前各级党委、政府的一号工程，抓好2017年的脱贫攻坚工作对打赢脱贫战具有重要意义，工作绝不能马虎，必须实实在在。刘捷要求要瞄准目标，始终聚焦达标要求。2017要完成42个贫困村退出、13483人脱贫的目标任务，一切工作都要围绕完成目标开展。要严守纪律，始终保持高压态势。要采取明察、暗访、督查等灵活多样的督导方式促进脱贫攻坚各项问题的整改落实，着重查处数字脱贫，弄虚作假，挤占、挪用、贪污扶贫资金等违法违规问题。要创新突破，始终做到引领示范。

【市委副书记、市长刘强到叙永指导环境保护工作】 6月26日，市委副书记、市长刘强率市环保、城管、林业、水务等部门负责人到叙永县调研指导环境保护工作。县委书记陈景强，县委副书记、县长唐杰随同调研。

【年产1400万袋鸡枞菌项目投资合作签约仪式】 6月27日，举行年产1400万袋鸡枞菌项目投资合作签约仪式，县委书记陈景强，县委副书记、县长唐杰，副县长苏丹，山东联盛菌业科技有限公司董事长周生稳出席签约仪式。项目位于麻城镇，项目采用“龙头企业+叙兴集团+村资公司+贫困户”的产业扶贫模式，建立食用菌扶贫产业园，项目投产后，将麻城镇659户贫困户全覆盖，预计每户贫困户每年收入2.73万元。

【市委常委、市委农工委主任张文军督导叙永脱贫攻坚工作】 7月5日，市委常委、市委农工委主任张文军到叙永督导脱贫攻坚工作，就进一步对标补短，做细做实各项工作提出明确要求。县委书记陈景强汇报工作，县委副书记曹阳、郑勇，县领导周之平、申波、叶继东、谢华出席汇报会。

【国务院督查组到叙督查巡查脱贫攻坚工作】 7月13—14日，国家发展改革委地区司副巡视员杨椠率队到叙永督查巡查脱贫攻坚工作，并就相关工作提出明确要求。省级相关部门负责人，市委副书记、市长刘强，市委常委、农工委主任张文军，市政协副主席、市发改委主任李锋，县委书记陈景强，县委副书记、县长唐杰等先后陪同督查。督查组强调，要高度重视易地扶贫搬迁工作，采取更加有效的措施办法，着力推进后续产业前置化，实现“先产后迁”或者“以产带迁”。要坚持稳中求进工作基调，确保2020年保质保量完成脱贫攻坚工作任务。

【省递进班学员到叙永考察调研】 7月19日，四川省递进班第八期企业高管班第三组学员到叙永考察调研，并对叙永脱贫攻坚、村集体经济发展等工作提出建议意见。县委副书记、县长唐杰汇报工作，县领导郑勇、周之平、胡维陪同调研或出席座谈会。

【国家卫生计生委专家组到叙永县督查预防艾滋病、梅毒和乙肝母婴传播工作】 7月27日，国家卫生计生委妇幼司妇女处处长裘洁率专家组一行5人到叙永县督查预防艾滋病、梅毒和乙肝母婴传播工作。四川省卫生计生委妇幼处副处长李阳、四川省妇幼保健院副院长刘伟信参与督查。泸州市人民政府副市长马宗慧、市卫生计生委主任涂曲平、叙永县人民政府相关领导、市县相关部门及卫生计生系统负责人参加汇报、座谈会并陪同督查。

【市委副书记、市长刘强到叙永督查】 7月28日，市委副书记、市长刘强到叙永县生活垃圾焚烧发电项目现场进行督查，中共叙永县委书记陈景强、县长唐杰陪同督查。刘强指出，项目建设单位要合理安排工期，进一步加快推进项目建设进程；各级有关单位要齐心协力，协调解决项目建设过程中遇到的困难难题，确保项目在2018年10月底前完工试运行。

【副市长熊启权到乡镇开展精准扶贫工作】 8月9日，泸州市人民政府副市长熊启权率队到白腊苗族乡天堂村，采取入户走访、现场了解、集中座谈等方式，了解天堂村精准扶贫工作开展情况。并参加市生态蜂业协会对白腊苗族乡天堂村养蜂捐赠仪式。泸州市民宗局副局长王浩、副县长王亦白参加捐赠仪式。

【市安办、市安全监管局（煤管局）组织暗访叙永煤矿】 8月9日，泸州市安办主任、市安全监管局（煤管局）局长李华桂带领局相关人员采取暗查暗访的方式对叙永县叙永煤矿、威鑫煤矿开展督促检查。县委副书记、县长唐杰，县安监局、环保局相关负责人随同检查；四川煤监局川南分局陈明祺监察专员一行参与检查。

【县人民政府与昊阳国际控股集团（香港）有限公司项目合作签约】 8月16日，叙永县人民政府与昊阳国际控股集团（香港）有限公司举行项目合作签约仪式。县委书记陈景强、昊阳国际控股集团董事长吴世其分别在签约仪式上致辞，县委副书记、县长唐杰，昊阳国际控股集团副董事长甄中山分别在协议书上签字。县人大常委会主任张秋平，县政协主席马刚，县领导袁维荣、谢华、吴立凡出席签约仪式。昊阳国际控股集团（香港）有限公司拟在叙永投资20亿元，与叙永开展多功能血浆制品生产制造项目，药品、医疗器械（仓储基地）、对外贸易及第三方物流项目，江门镇特色小镇打造及旅游产业发展项目，智同商贸合资项目公司IPO上市，人才教育培训，教育扶贫等6个方面的项目合作。

【省文化厅评估小组对县图书馆进行评估定级检查】 8月15日，四川省文化厅评估小组到叙永开展第六次全国公共图书馆评估定级实地复评工作。泸州市文体广局机关党委书记王丽莎、泸州市文体广局公共文化科科长刘莹、叙永县委常委、副县长王亦白参加检查。

【省防汛减灾和地灾防范第四督导组到叙永督导】 8月20日，四川省防汛减灾和地灾防范第四督导组到叙永督导防汛减灾和地灾防治工作。县委书记陈景强，县委副书记、县长唐杰，县领导袁维荣、苏丹参加工作汇报会。

【中国电科集团重庆声光电有限公司到叙永帮扶】 8月29日，中国电科集团重庆声光电有限公司董事长、党委书记欧黎率队到叙永调研，就进一步加强对接合作，助力叙永脱贫攻坚展开交流座谈，并为江门镇高家村送去第一书记。县委书记陈景强出席座谈会并汇报工作，县领导叶继东、胡维、苏丹陪同调研或出席座谈会。

【省扶贫移民局组织到叙永调研“中国贫困片区产业扶贫试点示范项目”】 8月31日，四川省扶贫移民局项目中心主任王思铁、泸州市扶贫移民局副局长何世强等领导到赤水镇调研“中国贫困片区产业扶贫试点示范项目”并召开工作汇报会。副县长苏丹出席会议，并作工作汇报。

【省督导组到叙永督查脱贫攻坚全覆盖工作】 9月13日，四川省督导组到叙永督查脱贫攻坚全覆盖工作并召开座谈会。四川省人民政府副秘书长、办公厅主任罗治平出席会议并讲话。市委常委、市委农工委主任张文军，县委书记陈景强，县委副书记、县长唐杰，县人大常委会主任张秋平，县政协主席马刚，以及省督导组成员、市级相关部门负责人、县四大家在家县领导出席。

【国家卫计委组织赴叙督导调研健康扶贫工作】 9月19日，国家卫计委人发中心办公室（科研处）处长陈佳鹏一行赴叙永督导调研健康扶贫工作，县委副书记、县长唐杰，县领导胡宁、叶继东、谢华参加座谈交流会。陈佳鹏指出，叙永县在健康扶贫工作方面的做法具有很高的代表性和前瞻性，工作方案规划科学，政策、体系完善，资金、人员保障到位，组织领导有力、措施精准有效、扶贫成效明显，值得学习和借鉴。希望叙永县进一步加强工作力度，提高健康扶贫的针对性和有效性，使健康扶贫充分发挥出惠民利民的作用。

【民政部组织到叙永督导调研殡葬改革工作】 9月23日，民政部社会事务司副巡视员杨宗涛率队到叙永督导调研殡葬改革工作。县委书记陈景强，副县长苏丹出席汇报会。调研组要求，各级党委、政府要坚持把殡葬改革工作作为民生工作，作为精神文明建设和生态环境建设的重要组成部分，进一步完善殡葬基础设施配套建设，积极推行绿色生态殡葬，树立文明、节俭、低碳的殡葬理念，继续巩固好殡葬改革成果；要进一步深化殡葬改革，创新殡葬管理服务方式，不断提升公益含量、文化含量、绿色生态含量，真正让殡葬改革工作惠及民生。

【叙永江门古寨模型参加北京“砥砺奋进的五年”大型成就展】 9月28日，叙永县江门易地扶贫搬迁古寨模型杯四川省推荐到北京参加“砥砺奋进的五年”大型成就展。江门古寨集中安置点位于江门镇青云村，规划占地约200亩，计划总投资约2亿元，建筑风格为仿古民居建筑，打造“一步一景”格局，有浓厚的川南古镇风格。7月中旬，国务院扶贫开发领导小组脱贫攻坚督查组赴四川省巡查脱贫攻坚工作，叙永县作为全省两县之一，代表四川省接受国务院督查组检查。通过为期2天的检查，国家检查组对叙永易地扶贫搬迁经验给予充分肯定和高度评价，尤其对江门古寨的搬迁模式与建设成就，解决搬迁群众就业等深表赞赏。

【烈士纪念日公祭活动】 9月30日，在烈士陵园举行“烈士纪念日”烈士公祭活动。县委书记陈景强宣读缅怀革命先烈祭文，要求学习先烈精神，树立群众观念，增强奉献意识，以此纪念和慰藉先烈。全县各级党员干部和广大人民群众，一定要继承和弘扬光荣革命传统，在各自的岗位上敬业奉献、勤勉工作，在脱贫攻坚的道路上奋力拼搏、勇往直前，为加快建成乌蒙山精准脱贫示范县、奋力推动叙永与全省全国同步全面小康而贡献力量。

【世行第六期扶贫项目检查组赴叙检查指导】 10月20日，中国国际扶贫中心副主任张广平率世行第六期扶贫项目检查组到叙永检查指导工作，就进一步加快项目建设，确保项目取得扶贫实效提出明确要求。县委书记陈景强，县委常委、县委办主任叶继东，副县长苏丹陪同调研或出席汇报会。

【副省长杨兴平到叙永调研产业发展和健康扶贫】 10月25日，四川省副省长杨兴平率队到叙永调研产业发展和健康扶贫等工作。市委副书记、市长刘强，市委常委、组织部长徐斌，副市长马宗慧，县委书记陈景强，县领导郑勇、周之平、王坤、谢华等陪同调研。杨兴平对叙永产业发展成效和健康扶贫工作给予充分肯定，他指出，叙永县在健康扶贫工作方面的做法具有代表性和前瞻性，工作方案规划科学、政策、体系完善，组织领导有力、措施精准有效、扶贫成效明显，值得学习和借鉴。要进一步加强工作力度，提升基本公共卫生服务水平，加强人才队伍建设，强化医疗卫生人才综合培养，持续推动健康扶贫政策落地见效，提高健康扶贫的针对性和有效性，使健康扶贫充分发挥惠民利民的作用。

【泸州市2017年第四季度重大交通项目集中开工仪式在叙永县举行】 10月31日，泸州市2017年第四季度重大交通项目集中开工仪式在叙永县举行，市委书记蒋辅义出席仪式并宣布项目开工，市委副书记、市长刘强，市委常委、组织部长、统战部长徐斌，市委常委、市委农工委主任张文军，副市长熊启权，市政协副主席梁中元，市政府秘书长何杰，建设单位市交投集团董事长李亮出席开工仪式。仪式由张文军主持。叙永县委书记陈景强，县委副书记、县长唐杰等有关领导出席开工仪式。

【叙永县产业扶贫融资合作签约暨产业融合扶贫示范园开工仪式】 11月3日，叙永县产业扶贫融资合作签约暨产业融合扶贫示范园开工仪式在麻城镇举行，县人民政府与四川省人保财险公司签订产业扶贫融资合作协议，与此同时，叙永县年产1400万袋黑皮鸡枞菌项目和100万头生猪产业链工程——1万头种猪场项目开工建设。县委书记陈景强在开工仪式上致辞并宣布示范园开工。县委副书记、县长唐杰主持开工仪式。县人大常委会主任张秋平、县政协主席马刚等县“四大家”领导出席开工仪式。

【水利部长江委检查组到叙永检查水土保持重点项目工程】 11月6日，水利部长江委检查组一行到叙永检查叙永镇百花村水土保持重点项目工程施工情况，并召开督查工作汇报会。

【省安监局监督检查组到叙永开展安全生产行政执法监督检查】 11月14日，四川省安监局监督检查组在成都市安监局总工程师廖颖率领下，到叙永县开展安全生产行政执法监督交叉检查。对叙永近年来安全生产行政复议、行政诉讼办理情况进行检查，并就安全生产行政执法重点、难点、疑点问题进行探讨和交流。泸州市安监局副局长安监局副局长张继林、执法支队支队长邓波陪同检查。

【省扶贫移民局组织专项督导叙永脱贫攻坚“一低三有”“一低五有”】 11月16日，四川省扶贫移民局党组成员、总会计师廖蔚率队对叙永县脱贫攻坚“一低三有”“一低五有”达标建设等情况进行专项督导，并召开叙永县2017年贫困退出验收工作专项督导座谈会，县委书记陈景强，县委副书记曹阳，县委常委、县委办主任叶继东汇报工作或陪同督导。

【县城市环境卫生市场化启动仪式】 11月16日，叙永县城市环境卫生市场化启动仪式在鱼凫广场启动。县委书记陈景强出席仪式并致辞，县人大常委会主任张秋平，县领导郑勇、袁维荣、冉安健，以及北控城市服务集团相关负责人出席仪式。县委副书记、县长唐杰主持仪式。陈景强强调，叙永启动的环卫市场化运作工作，是一种制度创新，是环卫事业的一项重大改革，是叙永县委、县人民政府加强社会管理创新的一个重大举措，对于全县下一步探索推进城市管理综合改革意义重大；对于提升城市管理水平，变“繁忙政府”为“效率政府”，将起到重要的推动作用；对于加快建成川滇黔结合部县级中心城市，将起到有力的促进作用。

【国家教育督导组到叙永督导贫困地区义务教育工作】 12月1日，国家督学、督导组组长张荣率国家教育督导组一行到叙永县对四川省全面改善贫困地区义务教育薄弱学校基本办学条件工作进行专项督导。四川省教育厅巡视员胡卫锋，市委常委、副市长许先春，县委副书记郑勇，副县长谢华陪同督导或参加汇报会。

【泸州首家民营石化成品油批发企业落户江门镇】 12月11日，叙永县江门镇成品油库项目——四川浩睿安洪投资有限公司江门油库举行开业庆典，泸州首家民营石化成品油仓储批发企业在叙永建成投运。县委书记陈景强出席并宣布企业开业，县委副书记、县长唐杰致辞，县人大常委会主任张秋平、县政协主席马刚，县领导袁维荣、申刚出席。

县人民政府办公室

【概　况】 2017年接收运转公文8000余件，发送5000余件；审核政府和政府办文件200余份，完成各项汇报材料100余篇，下发重要会议纪要24期、各类简报20余期。

【政务编研】 围绕脱贫攻坚、交通建设、城市建设、产业发展等工作，开展各类调研活动，撰写调研文章10余篇。采集编写叙政快讯43期，上报省、市政务信息分别为89条、177条，被省里采用2条、市里采用31条。

【政务信息公开】 2017年，在县政府信息公开办、政务中心、档案馆、图书馆等开辟专门区域设置政府信息查阅点7个，并配备查阅和打印、复印等设备；县人民政府县长通过泸州新闻网《新闻会客厅》和泸州人民广播电台与网友和听众进行“阳光政务”政风行风热线互动主动公开叙永县教育、卫生、国土、环保、民政和住房保障等方面政府信息；召开新闻发布会3次，从政务、行政审批、经济发展、保障性住房、养老低保、教育卫生、交通建设、城市建设、重大项目建设等方面主动公开政府信息民；开通政务微信公众账号，及时准确解读发布权威信息。2017年，通过各种途径公开各类信息12793条，其中概况类20条、计划总结类99条、法规公文类2221条、工作动态类5891条、人事类37条、财政类2034条、其他类2491条，务微信发布859条信息，人民政府网站公开政府信息6569条。

目标管理

【督查督办】 把重大决策、重大事项、重大项目作为督查工作的重心和关键，抓工作落实和督查问题解决。采取电话督办、现场督查与网上督查等方式，对目标任务进行全程跟踪问效。对县人民政府工作推进情况、县级领导安排部署任务、各乡镇及部门单位扶贫工作开展情况、各村脱贫攻坚驻村帮扶工作队到岗情况进行常态化督查，实行督查事项登记、销号、归档制度，并跟踪督办事项的办理动态。每月、每旬、每季度通报各项目标任务完成情况，以督查专报或手机督查短信方式呈送县领导，为其决策提供参考。2017年，开展各类督查督办事项共422件，其中县领导现场办公议定事项、签批件交办件等共52件，市县政府工作报告任务105件，市县人大建议和政协提案办理件共265件；形成督查通报64期，督查报告27期。

【市目标绩效督查组到县督查食品安全监管工作】 2月9日，市委目标绩效督查管理办公室督查组到叙永县督查食品安全监管工作，县人民政府副县长谢华，县公安局、县食品药品监管局、县安监局有关负责人参加督查。

机关事务管理

【制度建设】 制订印发《叙永县党政机关国内公务接待管理制度》《叙永县党政机关国内公务接待管理实施细则》《叙永县保留公务用车使用管理办法（试行）》《叙永县县级部门公务出行租车管理办法（试行）》《叙永县县级党政机关办公用房管理办法（试行）》。

【公务接待】 2017年，完成接待任务176批次5430余人次。其中，接待正部级领导4批次，副部级领导14批次，中央及省级检查、调研组67批次。

【公车改革】 全县80个单位（含25个乡镇）、2314人参加公务用车制度改革，车改后全县保留公务用车245辆，较车改前减少138辆，减少36%。

【取消公车处置】 按国有资产处置程序对取消公车进行处置，拍卖57辆、报废81辆，处置残值全部划入财政资金专户。

【公务用车使用监管】 对全县公务车不定期开展明察、暗访工作，特别在元旦、春节、中秋、国庆等重大节假日期间对乡镇和县级部门公务用车使用管理情况加大督查力度，部分单位车辆管理制度不完善、出车审批不规范等问题分别提出整改意见。

【办公用房管理】 组织开展办公用房基本数据自查工作，建立办公用房管理台账；做好办公用房调配工作，改善各单位办公环境；开展办公用房自查自纠工作，严格按标准使用办公用房；对“四大家”办公用房进行维修维护，规范县委、县人大、县政协及县委有关部门办公用房的租赁和管理维护工作。

【重要会议场所管护】 建立《会议室管理人员岗位职责》，确保县政府综合会议室、鱼凫学术报告厅等重要会议场能为各级各类会议提供优质高效的会务服务；落实专项资金对县政府综合会议室、鱼凫学术报告厅等重要会议场地进行维修改造，定期进行装修粉刷、防水维护、设备维护等工作为全县各级各类会议的召开做好基础保障。

应急管理

【应急管理机制建设】 2017年年初，调整和充实应急领导小组及指挥部人员，修订完善成员职责，对全县街镇、社区（村）的应急管理分管领导、应急管理工作人员、应急值守电话等信息资料进行摸底落实，建立健全县级各部门、各乡镇及社区（村）的应急管理机构，应急工作人员到位到岗，工作制度规范有序，区域三级应急体系进一步健全。规范应急值守制度，应急值班值守采取“专职+兼职”模式（即1名专职值班人员，1名办公室正式在编人员）实行全年双人双岗值班，保证24小时不间断值守。

【修订完善应急预案】 扩大应急预案覆盖面，修订、完善全县总体应急预案、23个专项应急预案和40个部门应急预案，建立完成“横向到边、纵向到底”涵盖自然灾害、事故灾难、公共卫生事件和社会安全事件等方面的应急预案体系。加强对煤矿、非煤矿山、危化企业的应急救援预案规范、完善。督促企业对安全生产预案组织专家评审，初步实行预案评审报备制，强化企业安全生产主体责任与突发事件的应对和处置能力。2017年，修订完善煤矿、非煤矿山、危化与烟花爆竹企业应急救援预案400余个，其他企业100余个。

【专业队伍建设】 调整补充民兵应急分队、森林应急分队、消防应急分队3支专业应急队伍、39支乡镇及部门应急救援队伍、1支矿山特种救援队伍。开展各种规模的应急处置日常演练400余次，进行防汛避险应急演练、地灾避险应急演练、高速交通事故演练、校园紧急疏散应急演练等科目演练。

【应急知识普及宣传】 组织应急宣传月活动，利用安全生产宣传咨询日、安全月宣传活动开展应急知识宣传，开展应急知识进社区、进乡村、进学校、进企业“四进”活动，全年累计出动宣传车120台次，宣传人员500余人次，张贴安全生产标语2000余张、悬挂横幅500条、挂图800张，举办“安全月”墙报、专栏200余期。

【地质灾害隐患排查】 开展对各类突发事件风险隐患的普查和监控，建立分级、分类管理制度，落实综合防范和处置措施。在旱前、讯前、冬灾前进行督查，查看预案准备和演练情况、值班情况，对重点地区、重点部位进行拉网式大检查，挂牌督办。对应急物资、装备和队伍情况认真清理成册，并根据情况添置有关设备和物资。截至2017年年末，全县共有地灾隐患163处，其中滑坡136处、地面塌陷5处、崩塌5处、泥石流6处、不稳定斜坡11处。列入四川省专职监测体系的地质灾害隐患点76处，其余87处为自主监测隐患点，对758户3246人的生命财产安全构成威胁。

【应急演练】 5月26日，在正东镇伏龙村5社猪毛田滑坡地质灾害隐患点举行2017年地质灾害应急演练。县委常委、副县长王亦白担任演练指挥长。县国土资源局、县人武部官兵、县消防大队、县矿山救护队、伏龙村5社群众等15支参演队伍共226人参与演练。现场有序展现预警预报、应急撤离、灾情速报、应急响应、应急救援、善后安置等6项内容。县委维稳办、县政府应急办、县国土资源局等15个地质灾害应急指挥部成员单位及相关单位主要负责人和正东镇等25个乡镇主要领导、分管领导、国土资源所所长102人观摩此次演练。

【处置自然灾害】 2017年，全县共遭受9次强降雨灾害性天气，其中遭受3次特大洪灾分别为“6·21”“6·24”“8·24”强降雨洪灾，全县24小时降雨量最大的乡镇为马岭镇，降雨量为231.8毫米。向全县25个乡镇发布强对流天气预警信息、暴雨黄色预警信息，并电话通知各乡镇主要领导，切实加强监测预警、应急值守、防灾避险和防汛抢险工作。全县因暴雨受灾5659人，倒塌房屋共计81间，冲毁塘坝12座，灌溉设施损坏148处，水利直接经济损失437.5万元，直接经济损失共计2360.48万元。县委副书记、县长唐杰及时赶赴摩尼镇一线指挥抗洪抢险，及时向受灾区派遣专业技术人员开展防疫，共派出专业技术人员197人次，进村入户1133户，宣传指导10844人，发放饮用水消毒泡腾片2795瓶、消毒剂96瓶及3件二氧化氯消毒粉，累计消毒面积16.74万平方米。6—8月，受持续高温的影响，出现2个月旱情灾害，因干旱受灾4500人，农作物受旱面积2.97公顷，其中受灾面积0.57公顷，粮食因旱损失0.29万吨，直接经济损失共计918万元。

【处置事故灾害】 2017年，发生交通事故142起，死亡63人，受伤182人，直接经济损失36.75万元。发生各类安全生产伤亡事故45起，死亡14人，受伤51人，直接经济损失43.2万元。煤矿、非煤矿山、危险化学品、烟花爆竹、水上交通、农业机械、森林火灾、学校、人员密集场所消防等众多行业领域保持安全生产“零”死亡，未发生较大以上生产安全事故。

【处置公共卫生事件】 全年发生食源性疾病突发事件19起。其中，食用野生菌中毒9起，食物中毒3起，皮蛋中毒2起，化儿草中毒2起，桐油果中毒1起，卤制品中毒1起，食用外用泡酒1起。发生中毒92人，无人员死亡，每例食物中毒人员治疗费为3000元左右，经济损失约为28万元。发生学校传染病疫情3起，其中摩尼镇黑尼完小和叙永镇玉龙小学发生聚集性流感样病例，摩尼半边山小学发生聚集性流行性腮腺炎病例。

【处置社会安全事件】 2017年处理群体性事件12件，其中规模较大的有盛世华都事件、氮肥厂事件、代课老师事件、国际大都会债权事件、叙永县“老放映员”信访群体。检查涉危涉爆单位700余家次，查处非法运输、储存危险物质案15件，办理民爆违规运输案件2件。

金融服务

【概　况】 截至2017年10月底，全县银行金融机构实现存款余额148亿元，同比增长16.56%。其中新增存款21.14亿元，实现贷款余额84.94亿元，同比增长15%。其中，新增贷款11.54亿元，不良贷款率控制在4%以内。新增网点1个，全县有农村金融服务网点77个（含保险机构13个），发展银行卡助农取款服务点411个，POS机2317台，ATM机具163台。实现保费收入1.56亿元，增长18%，其中政策性保费4578万元，理赔8958万元。

【制定金融目标考核办法】 制定《叙永县2017年度金融机构（含准金融机构）目标考核办法》。以金融目标考核为切入点，下达目标任务，支持县重点项目、扶贫攻坚、中小微企业、涉农企业、“去库存”等为考核指标，鼓励金融机构在风险可控的前提下，加大对县实体经济、重点项目、脱贫攻坚的信贷支持力度。

【建立联席机制】 每季度召开一次金融联席座谈会，交流工作开展情况和落实情况，分析研讨工作中存在的问题和应对措施。

【金融知识送基层活动】 抽调业务骨干组成“送金融知识下乡”活动小组，到乡镇开展反假人民币、银行卡安全、打击非法集资、金融投资理财等内容的宣传，提高广大农民群众对假币、存款等基本金融知识的认识，增强对金融消费权益保护意识，进一步提升“三农”金融的服务水平，提升农村金融服务的充分性与多样性。

【打击非法集资、互联网金融诈骗宣传活动】 制定《叙永县打击和处置非法集资领导小组办公室关于印发开展涉嫌非法集资风险专项排查工作实施方案的通知》，并于2017年1月18日、6月6日、8月7日、11月6日会同有关单位和各银行金融机构在扬武坊春秋祠广场组织开展打击非法集资、互联网金融犯罪宣传活动，悬挂横幅5条，发放宣传手册20000余份，接受咨询2000余人次，提升社会公众风险防范意识，维护县域金融稳定。

【制定“扶贫保”工作实施方案】 制定叙永县“扶贫保”工作实施方案，要求由中国人民财产保险股份有限公司叙永支公司承办全县25个乡镇的“扶贫保”业务，全县参保的建档立卡贫困户23644户，收取贫困户自缴保费28.37万元，县财政配套资金113.49万元。

【扶贫小额信贷】 截至2017年11月19日，全县向16467户建档立卡贫困户发放扶贫小额信用贷款总计3.20亿元。同时创新小额信贷资金的运用，在石厢子彝族乡堰塘村采取贫困户+村集体+公司的发展模式，与泸州东牛牧场科技有限公司合作，用足用好扶贫小额信贷资金，解决贫困户自行发展规模小、科技含量低、经济收益少的问题。

【引入精准扶贫保证保险】 2017年，引进2家保险机构（平安保险、锦泰保险）和2家融资性担保公司（四川宏鑫融资担保有限公司、四川省农业信贷担保有限公司），填补因担保公司停业整顿而导致没有融资担保金融服务的缺失。8月29日，叙永农商行与锦泰保险泸州中支公司签订贷款保证保险协议。三斗米村富邦专合社分别与叙永农商行、锦泰保险泸州中支公司签订借款协议、保险协议，引进保证保险作为增信手段，争取银行信贷支持。11月14日，锦泰财产保险股份有限公司为叙永县后山富邦生态养殖专业合作社提供一笔贷款履约保证保险，帮助富邦专合社成功从叙永县农商银行处申请到1年期150万元贷款，补充经营性流动资金，标志四川省首个精准扶贫保证保险发放。

【签订信贷担保合作协议】 9月29日，四川省农业信贷担保有限公司与叙永县人民政府签订财金互动助推农业发展信贷担保合作协议。农业银行叙永支行分别对叙永县鸿艺粉业有有限公司、叙永县丰圣农业有限公司完成授信，县邮政储蓄银行对东牛牧场科技有限公司完成授信。

【签订“政融保”合作协议】 叙永县人民政府与人保财险四川省分公司签订《农业产业扶贫“政融保”合作协议》，人保财险四川省分公司为叙永县人民政府农业产业扶贫“政融保”项目授信人民币1亿元，创新“融资+保险”机制，在叙永县开展支农融资业务试点，为麻城镇黑皮鸡枞菌项目融资3000万元。

【推进PPP项目】 与省PPP中心多次沟通协调，2017年将叙永园区综合体建设项目和叙永县产城大道建设项目2个PPP项目转入财政部PPP综合信息平台项目采购阶段，完成2个项目的社会资本资格预审工作。

【推进中小微企业直接融资】 成立上市工作领导小组，统筹指挥全县企业上市工作，建立上市重点企业培育后备库，对符合上市要求、具有上市意愿的企业进行重点辅导和挂牌融资培训。为企业多渠道融资搭建平台，通过邀请华西证券到叙永县考察接洽，介绍和推荐叙永县优质企业。2017年1月19日，9家县域企业在天府（联合）股权交易中心展示板挂牌展示。5月22日，针对挂牌企业自身优势，分别在天府（联合）股权交易中心一带一路板、科技金融板、双创板转板挂牌。9月28日，叙永县15家规模以上企业在泸州参加改制培训，沈酒集团与华西证券现场签订战略合作协议。

公共资源交易管理

【建设工程招投标】 2017年，建设工程固定价比选项目开标72个，预算造价9230万元，中标金额8537万元，节约资金692.25万元。随机抽取项目25个，预算造价420万元，中标金额316万元，节约84万元。招标代理机构比选46个。全年节约资金776.25万元。

【产权交易】 2017年，产权交易项目9个，其中土地使用权挂牌出让项目7个、国有资产处置项目2个。起始价2349.81万元，成交价2376.75万元，增溢26.94万元。

【政府采购】 2017年，人民政府采购项目61个，采购预算金额10565.06万元，实际采购金额10183.08万元，节约采购资金381.98万元；为13家人民政府采购社会代理机构开展131个采购项目提供场地服务161次。

【交易平台设施设备建设】 投入资金18万余元，完善监控设备，购买全彩色LED显示屏等硬件设施，改善开评标监控系统，建立统一的公共资源交易电子系统，在统一平台体系上实现信息和资源共享，促进交易服务过程公平、公正。

政务服务

【审批服务事项管理】 落实国务院关于第三批取消中央指定地方实施行政许可事项，对应取消叙永县11项行政许可事项。编制《叙永县投资项目报建审批事项清理规范汇总表》，清理规范报建审批事项26项。其中，保留20项，整合17项为6项；明确部门间征求意见的2项和涉及安全的强制性评估9项，不列入行政审批事项。按照行政许可标准化要求对县发展改革局、县地税局、县文体广局、县档案史志局、县粮食局等部门行政审批事项的子项及其服务指南予以细化和规范。

【清理证明事项】 2次组织全县各级行政机关（含归口管理单位）、事业单位、公用（国有）企业对群众办理事务时需要村（社区）开具各种证明、手续进行清理，共计清理出需村（社区）开具证明材料90项，拟取消76项，拟保留14项。

【一体化政务服务平台建设】 12月1日，一体化政务服务平台正式上线对外服务。根据入驻窗口的职能职责，组织各窗口在一体化政务服务平台上及时认领事项，按时限要求推进平台上线工作。根据各窗口认领事项的实际，与县信息公开办衔接，对窗口认领事项开展试运行。

【“审批不见面”“最多跑一次”】 对全县行政审批事项和公共服务事项进行摸排和梳理，实现行政审批事项中可以“审批不见面”项目4项、“最多跑一次”项目78项，公共服务事项“最多跑一次”项目177项。

【县、乡（镇）两级联动审批试点工作】 7月，举办县乡两级联动审批培训，邀请软件开发公司专业技术人员授课，全县25个乡镇便民中心骨干工作员参加培训。编制县、乡两级联动软件使用手册，指导县乡两级联动审批工作。

【省市县三级联动审批】 按照“一窗受理，内部流转；并行启动，同步审批；限时办理，快捷送达”的总体要求，开展省市县三级联动审批。督促各审批部门统一时限、统一要求，明确分管责任人，并及时与各级对口部门衔接，做到责任落实、人员落实、任务落实。全年办理省市县三级联动审批件249件。

人力资源管理

【公务员管理】 2017年，公开考试新录用公务员134人；开展新录用公务员初任培训7期180人次。配合组织部争取国家部委局等选派干部到叙永县挂职工作2人，选派干部到国家部委学习锻炼1人，到四川省级厅委局学习锻炼3人。按职务与职级并行制度晋升副科级职级11人次；2016年年度考核优秀229人，2014—2016年连续3年年度考核优秀的公务员记3等功一次，共48人；依法办理县人大常委会和县政府决定的任免事项189人次。

【事业单位管理】 2017年，公开考试和直接考核招聘事业单位工作人员766人，其中通过公招、考核聘用免费医学专科生等引进卫技人员160人，通过“三支一扶”招募“支医”卫生人才3人。评定初级职称754人、中级职称239人，推荐评定高级201人；机关事业单位技术工人103人通过专业技术职称考核，其中初级5人、中级19人、高级60人、技师19人。组织全县专业技术人员参加《大数据时代的互联网信息安全》公需科目继续教育在线培训，培训合格8042人。

【“一村一大”管理】 完成1名一村一名大学生（简称“一村一大”）招募工作，为服务期满的4名“一村一大”签订续约合同，办理7名“一村一大”的解聘手续。新招募3名“三支一扶”计划支医大学生，办理1名“三支一扶”计划支医大学生解聘手续。

【人才信息管理】 接收普通高校毕业生537人、成人教育毕业生113人。接收人事档案603卷，办理人事档案调出162卷、办理调档函702人次。

【退休审批】 办理干部退休87人，机关工人退休68人。审核办理企业职工退休1527人。

【军转干部管理】 调整自主择业“军转干”、企业“军转干”待遇；组织开展“军转干”慰问活动和体检工作，对特别困难的企业“军转干”提供困难救助。

【落实少数民族优惠政策】 2017年公务员公招中，通过加试少数民族语言、降低开考比例等措施，设置3个叙永县户籍的公招名额。落实少数民族地区增发养老金待遇，叙永县企业退休人员月基本养老金人均增加48元。

【就业与再就业】 2017年，城镇新增就业3912人，促进高校毕业生创业45人。城镇失业人员再就业1798人，就业困难人员再就业1078人。

【就业扶贫】 2017年，争取四川省上下达精准扶贫资金825万元。开展各类培训4428人，其中培训建卡贫困劳动力2283人，品牌培训300人、青年劳动者技能培训1032人。完成全县建档立卡贫困劳动力的就业状况和培训愿望再调查及登记入库工作。设立返乡创业风险贷款基金200万元，可放贷2000万元。为10名返乡创业者发放贷款154万元，为150名创业者和2个劳动密集型企业发放创业担保贷款1800万元。开发农村公益性岗位2652个，对贫困劳动力实行过渡性安置。9月，在叙永县麻城镇举办“泸州市智能终端+就业扶贫大型专场招聘会”，1600余名劳动者进场求职，达成意向协议431人。全年举办就业扶贫专场招聘会35场，登记用工单位95家，提供用工岗位6968个，进场人员4333人。

【劳动鉴定】 调查核实工伤事故217起，完成工伤性质认定217人。组织工伤职工伤残鉴定62人次。

【劳动监察】 加强对用人单位的监察力度，会同住建、银行召开农民工工资专用账户开设工作协调会，保证完成年底两个100%目标任务。主动监察用人单位205户，处理投诉案件75件，为1130名农民工追讨工资1163万元。

外事侨务

【市外事侨务旅游督察组到叙永检查】 7月6日，泸州市外事侨务旅游局督察组一行到叙永县检查旅游安全工作。督察组到春秋祠景区，对景区消防设施设备、基础设施维护、安全应急预案、室内外环境卫生等工作进行全面检查，要求：加强暑期消防安全工作，定期巡查消防设施设备，坚持每月巡查，落实安全责任；加强景区室内外环境卫生，在建项目环境卫生治理；加强文明旅游宣传工作及员工培训工作，通过员工向游客做好宣传；加强景区党风廉政社会评价及整治微腐败工作宣传，提高群众、员工对此项工作的知晓度和参与度。

【服务侨眷】 4月20—21日，组织侨联到合江县侨联考察学习侨联工作，参观考察合江侨联自2007年以后帮助侨眷曾宪强脱贫致富、经商办企、建甜橙基地和建设中的观光农业旅游产业基地。

对台事务管理

【概　况】 2017年，接待台商台胞12人，慰问走访台胞台属34户65人，发放慰问金1.8万余元。

【宣传对台方针政策】 组织举办对台形势报告会2场，宣传中共十九大报告精神和当前台海形势，参加的群众共计300余人；编写反映叙永对台工作宣传稿件12篇（件），被省、市、县媒体采用

12篇（件）。

【开展对台交流】 2017年3月，县委常委、统战部部长王坤率县台办、县经商局相关人员赴台北市参加台泥集团董事长追思会。在台湾期间，拜会在台湾有影响力的泸州籍台胞，考察、参观台资企业。

【服务台商台企】 落实泸州市台办联系台资企业“五项制度”，定期了解台资企业的生产经营情况，协调相关部门，单位及时处理解决企业遇到的困难、问题。

【台情信息调查】 完成叙永台情清理调查，2017年年末，叙永籍在台116人。其中，1949年随国民党迁台20余人，其余均是1978年后与台湾同胞通婚并定居的大陆新娘。

档　案

【学习宣传档案行业新规】 以网发或印发方式，组织机关、乡镇、村、企业、事业单位学习、培训、执行新修改《归档文件整理规则》《会计档案管理办法》《关于进一步加强国有企业档案工作的意见》《企业文件材料归档范围及档案保管期限规定》《金融企业业务档案管理规定》《四川省民营企业档案管理办法》《关于进一步加强精准扶贫档案工作的意见》《四川省扶贫开发项目档案管理细则》《农村土地承包经营权确权登记颁证档案管理办法》《关于进一步加强新形势下卫生计生档案工作的意见》《建设项目档案监督指导工作指南》《建设项目电子文件归档和电子档案管理暂行办法》《四川省产业园区档案管理办法（试行）》等13个档案行业新近出台的重要规范性文件，区别单位对象，以调研、培训、现场指导等方式督促档案工作，建立巩固各主要行业、主要系统、主要门类的档案工作规范化秩序。

【档案行政执法检查】 开展倒流河工程、西外客运站、川滇黔商贸城、产城大道一期工程等10多个建设项目单位和县农机局、县人口计生局、物价局等机构改革撤合并单位档案执法检查，重点对机构撤销前、搬迁前各类档案资料的清理、保全、移交提出具体、明确的执法指导意见，防范档案损毁、掉散。对大安、半边山、荞田3个林场合并组建县国有林场公司前的档案进馆工作进行全程督导。

【档案业务培训指导】 开展扶贫档案业务培训，举办培训30场次，全县23个扶贫专项涉及部门和单位、各乡镇、各村支部书记、村委会主任和第一书记2000人参加培训，培训讲解国家《关于进一步加强精准扶贫档案工作的意见》《四川省扶贫开发项目档案管理细则》。6—9月，派出专人指导收集整理国家环保督察迎检指挥部资料140余盒。

【建立脱贫攻坚档案室】 根据脱贫攻坚形成项目专项资料实际，建立脱贫攻坚档案室。完成23个扶贫专项档案资料、“五个一”帮扶档案资料、2016年度全县易地扶贫搬迁项目工程技术档案资料整理，形成档案500余盒，接待各级专项验收检查。

【档案鉴定接收入馆】 2017年，新鉴定接收县教育局文书档案1724卷，县人大机关文书档案303卷，照片档案900张，县生猪税费同征办文书档案143卷，会计档案120册，征集到罗、李、黄、曾氏《族谱》等资料7册。机构改革撤合并机构、办公地址规划搬迁单位，原县农机局、原县人口计生局、原物价局、叙永镇、县财政局档案提前移交进馆，经清理接收13000卷（盒）档案入县档案馆鉴定整理，集中保存利用。

【查找原“国立西南联大叙永分校”档案】 查找原“国立西南联大叙永分校”档案下落，派员到云南省档案馆征集到“国立西南联大叙永分校”学生名册和分校教务长樊际昌就分校选址筹建情况给联大常委梅贻琦（原清华大学校长）、蒋梦麟（原北京大学校长）的信函等珍贵档案复制件12件，并完成12件档案的整理利用工作。

【馆藏清代、民国国家重点档案整理发掘】加速整理发掘馆藏清代、民国国家重点档案，完成民国档案文件级目录5000条信息著录采集工作。

【档案资源服务】利用档案照片，制作解放大西南、美国档案馆珍藏的中国抗战时期照片、哈里森·福尔曼镜头前即将改编开赴抗日前线之陕甘宁边区红军、印象晚清、八十年代的青春、八十年代的童年等宣传展板7块，开展爱国主义宣传教育，弘扬社会主义核心价值观。采取来人、来函、电话、网络查询、异地查档等多种服务方式，2017年服务查阅利用民生问题各类档案2500多人次，提供利用档案5000余卷，复印档案凭证3800多页；其中数字化档案利用1000余人次。

地方志

【《泸州三线建设资料丛书·叙永卷》出版】印制出版《泸州三线建设资料丛书·叙永卷》。该丛书分上下两卷，上卷45万字、彩图近百幅，下卷50万字、彩图40余幅，分别载录叙永境内的四川省泸州市大树硫铁矿、四川省瓷土公司2家小三线建设企业的成立、发展、辉煌及破产的相关资料。

【《叙永年鉴》编纂】《叙永年鉴（2015）》出版发行，总纂及编排《叙永年鉴（2016）》，推进《叙永年鉴（2017）》编纂工作。

中国人民政治协商会议叙永县委员会

综　述

【协商议政】 2017 年，听取并协商讨论《叙永县人民政府工作报告》《叙永县人民法院工作报告》《叙永县人民检察院工作报告》《叙永县 2016 年国民经济和社会发展计划执行情况及 2017 年计划草案的报告》《叙永县 2016 年财政预算执行情况和 2017 年财政预算草案的报告》，就县域经济社会发展中的重要问题提出意见、建议 200 余条，制发《委员建议综述》，为县委、县政府科学决策提供参考意见。县政协常委会、主席会专题听取“现代农业发展”“半年经济社会发展”“县域旅游发展”“脱贫攻坚”“党风廉政建设”“法、检两院工作”等通报，与相关单位和部门协商，查找存在问题，探讨解决办法，促进绩效提升。

【履职培训】 聘请泸州市政协专家开展新委员培训，学习贯彻《中共中央关于加强人民政协工作的意见》《中国人民政治协商会议章程》和全国政协十二届五次会议、四川省政协十一届五次会议精神以及人民政协的相关知识。为委员订阅《人民政协报》《中国政协》《四川政协报》《四川政协》等理论报刊。

【勤政务实】 坚持勤政务实履职尽责的政协特色，建立健全领导定点挂钩联系乡镇制度，明确下乡镇调研指导的工作纪律和目标要求。主席会议成员深入联系乡镇开展调查研究，走访指导，掌握乡镇工作动态，协调争取项目资金助力乡镇发展，帮助乡镇查找存在问题，制定整改措施，推动乡镇工作落地落实。在脱贫攻坚、项目推进、作风建设等环节，县政协领导率领相关专委会、县级部门，深入一线、靠前指挥、督查督导，确保联系帮扶乡镇目标任务的完成和超额完成。2017 年，县政协领导到乡镇督查指导工作 315 次，解决信访维稳问题 48 个，协调发展项目 17 个，协调发展资金 1500 余万元。

【助力脱贫攻坚】 2017 年，组织 244 名委员创新开展“两帮双助一扶”活动。研究制定《关于做好 2017 年脱贫攻坚工作的实施意见》《在推进“我为扶贫攻坚做件事”活动中扎实开展“两帮双助一扶”活动的实施方案》等 9 个文件，落实挂帮工作责任制，实行“逐月考核、逐月通报”制度，围绕脱贫攻坚提交提案 64 件，开展考察调研活动 20 余次，提交考察调研报告 8 篇，反映社情民意 32 条，帮扶村 23 个，帮扶贫困户 334 户，帮扶重点项目 20 个；先后为帮扶村协调资金 2.85 亿元，建设和修缮公路 92.08 公里；新建校舍 3 所，新建村卫生室 9 个；先后为帮扶贫困户协调易地扶贫搬迁、危房改造、教育医疗保障、产业发展资金 2.68 亿元，改善贫困户家庭生产生活条件。挂钩帮扶的叙永镇第一、二季度考核获流动红旗，第三季度名列全县第九位；挂钩帮扶的金桂生态农业产业园、百花村被列入泸州市政协推进会现场参观点，泸州市政协“两帮一做”活动推进会在叙永召开。

【委员建功】 将委员履职与岗位建功结合，组织支持委员投身脱贫攻坚、项目建设、城市建设、美丽乡村建设等经济社会发展主战场建功立业。一大批委员及委员所在单位工作得到各级党委、政府及其主管部门的认同与表彰。罗宗泽委员分管的社科联工作获“全国社科组织先进单位”殊荣；罗明富委员带领叙永镇中心卫生院跨入“国家二级乙等综合医院”行业，开创古、叙乡镇卫生院之先河；陈言熔委员《左耳的声音》在2400部来自世界各地的微电影参展影片中脱颖而出，获美国第四届旧金山国际新概念电影节2017中国西部民族题材电影“杰出故事片奖”；侯建宇委员投资建设的双山苗王寨农业园和组建的双山苗王寨种植专业合作社，带领、带动赤水河流域乡镇3万名苗族、彝族、汉族群众致富增收。

【考察调研】 全年组织“纳坪及龙洞水库建设”“川滇黔物流港建设”“产业园区建设”“村集体经济发展”“少数民族法庭建设”“江门古寨易地扶贫搬迁”等专题考察调研12次，针对工作中所存在的问题和薄弱环节提出建设性意见和建议，提交考察调研报告24篇。其中，《践行“五大发展理念”推动叙永科学发展的思考》《泸州发展通道经济浅见》等6篇稿件被省市报刊采用。

【提案工作】 2017年，收到委员提案189件，经审查立案176件，提安内容涉及提高脱贫攻坚质量、加强城市管理、道路交通建设、医疗卫生事业发展等事关叙永经济社会发展和人民群众普遍关心的问题。通过完善“三见面”机制，密切“提、办”双方联系，强化提案办理实效，截止2017年12月底，立案的176件提案全部办理答复完毕，委员满意和基本满意率达99%。《关于鱼凫古街卫生问题整治的意见》《关于搬迁分水镇终南完小的建议》等10件重点提案，经主席、副主席领衔督办，提案反映问题得到较好解决，获得群众好评。

【社情民意】 2017年全年采集编报社情民意信息107篇，《关于鱼凫小学门前设置红绿灯的建议》被采纳。截至2017年年末，报送信息被全国政协采用1篇，四川省政协采用4篇，泸州市政协采用27篇，《西部欠发达地区推进供给侧结构性改革面临的突出问题》被全国政协采用后，发挥积极效应。

【协作联谊】 组织乡村旅游、物业小区管理、中药材发展考察组，前往贵州、云南和成都等地专题调研考察。接待四川省、泸州市政协和云南文山、宜宾长宁、内江东兴、遂宁船山及市内纳溪、古蔺等地政协到叙永考察指导、交流学习30余次。

【传承优秀传统文化】 开展传统元宵、端午、中秋诗会、送楹联书法下乡、第五届“永宁之春”诗歌朗诵会、“聚焦叙永脱贫攻坚、诗词楹联讴歌边城”采风等文化活动12次；编发《永宁潮》6期70余万字，《边城拾遗》1期15万字。组织诗联基地校学生参加泸州“屈原魂”诗词、新概念作文、楹联大赛；发展摩尼国学馆、鱼凫书院、马岭中学、马岭中心校为诗联教育基地。

重要会议

【县政协常委会议】 第十四届委员会第一次常委会议，于2月17日召开。听取并审议各专委会组成人员建议名单、县政协第十四届委员会委员管理办法、县政协2017年工作要点，通过县政协十四届委员会专委会组成人员名单、县政协十四届委员会委员管理办法、县政协2017年工作要点。

第十四届委员会第二次常委会议，7月26日召开。学习四川省第十一次党代会精神和中共叙永县委关于新形势下进一步加强和改进人民政协工作的实施意见，听取县人民政府《关于叙永县2017年上半年国民经济和社会发展计划执行情况的通报》《关于2017年上半年叙永县县国民经济和社会发展计划执行情况的调研报告》，审议通过《政协叙永县委员会制度汇编》。

第十四届委员会第三次常委会议，12月12日召开。传达贯彻全国政协十二届二十三次常委会议、四川省政协十一届二十次常委会议、泸州市政协八届四次常委会议精神，听取《关于叙永县2017年党风廉政建设和反腐败工作情况的通报》《关于2017年党风廉政建设和反腐败工作调研情况的调研报告》，审议县政协内设机构设置方案和人事任免事项，通过县政协内设机构设置方案、县政协人事任免事项。

【主席会议】 第十四届委员会第一次主席会议，2月10日召开。听取并审议县委组织部提出的县政协专委会人事安排事项说明和各专委会组成人员的建议名单、县政协第十四届委员会管理办法、县政协2017年工作要点县政协主席会议成员分工、县政协专委会职能职责、召开十四届一次常委会议相关事项的建议。通过县政协专委会人事安排和各专委会组成人员建议名单，并提交县政协十四届一次常委会议审议任命，通过县政协十四届委员管理办法，并提交县政协十四届一次常委会议审议，通过县政协2017年工作要点，并提交县政协十四届一次常委会议审议。通过县政协十四届委员会主席会议成员分工和县政协十四届委员会专委会职能职责。同意县政协十四届一次常委会议于2017年2月17日召开，会期半天。

第十四届委员会第二次主席会议，3月23日召开。要求主席会议成员和县政协系统干部职工认真学习会议资料文件，吃透会议精神，切实抓好贯彻落实，确保十四届县政协履职实现开门红，做好县政协十四届一次常委会议筹备工作，保障会议按时召开。

第十四届委员会第三次主席会议暨现代农业调研会议，4月27日召开。听取县委农工办《叙永县2016年现代农业发展情况的通报》和县政协民宗农业委《关于我县现代农业的调研通报》，听取相关事项建议。

第十四届委员会第四次主席会议，6月6日召开。听取副县长谢华《关于我县构建均衡教育体系的工作情况汇报》和县政协文教卫生委《关于我县构建均衡教育体系工作的调研情况》，听取并审议县政协提出的召开县政协十四届二次常委会的建议有关事宜建议，同意县政协十四届二次常委会议于2017年7月16日上午九点在县政协常委会议室召开，会期半天。

第十四届委员会第五次主席会议，7月28日召开。听取副县长冉安健《关于叙永县旅游产业发展的情况汇报》和县政协文史资料委主任熊峰《关于我县旅游产业发展的调研情况》，并听取相关事项的建议。

第十四届委员会第六次主席会议，9月29日召开。听取《叙永县人民政府关于全县2017年脱贫攻坚工作的情况汇报》和县政协民宗农业委《关于叙永县2017年脱贫攻坚工作的调研情况》，听取相关事项的建议。

第十四届委员会第七次主席会议，11月21日召开。听取县人民法院副院长潘树森《关于县人民法院2017年工作情况的汇报》和县政协提案法制委主任马玉泉《关于叙永县人民法院2017年工作的调研情况汇报》，与会人员围绕县人民法院工作开展深入讨论，对法院的工作给予肯定。

第十四届委员会第八次主席会议，12月7日召开。听取并审议县政协提出的县政协内设机构设置建议方案、县委组织部提出的县政协各专委会组成人员建议名单、县政协、提出的县政协各专委会兼职副主任和乡镇政协联络办公室主任建议名单、县政协提出的县政协十四届二次全会秘书处设置和分工建议方案、县政协提出的召开叙永县政协第十四届第三次常委会有关事宜建议。通过叙永县政协内设机构设置建议方案、叙永县政协各专委会兼职副主任和乡镇政协联络办公室主任建议名单、叙永县政协各专委会兼职副主任和乡镇政协联络办公室主任建议名单、叙永县政协十四届二次全会秘书处设置和分工建议方案，并提交县政协十四届三次常委会议审议。同意县政协十四届三次常委会议于2017年12月12日上午九点在县政协常委会议室召开，会期半天。

【县政协第十四届委员会新任委员集中培训会】 5月24日召开，会议邀请泸州市政协副主席周亚琼、市政协地方政协和委员联络委员会主任刘利、市政协提案委办公室主任施崇亮，分别就政协委员如何准确定位、尽职履职，政协委员的履职担当与委员管理，以及提升委员提案与社情民意信息水平工作开展业务辅导。

【重点提案督办会】 6月27日召开，对县政协确定的重点提案《建议每次招录公务员都划出比例招录少数民族考生》召集提案有关承办单位进行面对面协商，促进重点提案的办理落实。会上，县委组织部、编办、人社、卫计、农业、民宗、公安、教育、法院、统战等部门负责人分别就各系统少数民族人才需求和招收、少数民族人才和干部培养等进行发言，并提出合理化意见和建议。会议强调，各职能部门要深化思想认识、提升提案质量、不断完善机制、力求办理实效；要重视提案办理，认清提案办理工作对于职能部门和叙永经济社会发展的现实意义，切实推进提案成果转化和效率提升，促进提案办理程序化、规范化、制度化，增强提案办理的主动性、务实性，实现提案服务经济社会发展的价值。建议形成少数民族人才培养长效机制，并逐步完善，拓宽少数民族人才选取范围和选拔条件。

【市“企业帮村委员帮户、我为脱贫攻坚做件事”活动推进会在叙永召开】 10月31日，市“企业帮村委员帮户、我为脱贫攻坚做件事”活动推进会在叙永召开。会议总结全市政协助推脱贫攻坚工作情况，安排部署下阶段重点工作。泸州市政协主席田亚东出席会议并讲话，泸州市政协副主席梁中元、周亚琼、刘杰、罗素平出席会议。县委书记陈景强出席活动并致辞，县政协主席马刚、合江县政协、农工党市委、致公党市委、委员企业代表先后在会上作交流发言。

调研活动

【全国政协组织到叙永调研石漠化综合治理】 5月5日，全国政协常委、提案委员会主任孙淦一行到叙永调研石漠化综合治理和工矿废弃地、矿山地质环境恢复治理工程，了解工程治理情况及效益发挥情况。孙淦强调，石漠化治理工程既保护生态环境，还促进老百姓增收致富，是一项重大的民生工程，项目区党政部门要因地制宜，多元谋划，找准适宜当地发展的产业，加快产业结构调整步伐，大力发展现代农业、观光农业、科技农业，推进农业产业化，促进群众增收。四川省政协副主席翟占一，泸州市政协主席田亚东，市委常委、副市长许先春，泸州市政协副主席周亚琼，县委书记陈景强，县政协主席马刚及县领导申波、袁维荣随同调研。

【省政协组织到叙永调研特色小镇建设】 8月15日，四川省政协常委、人口资源环境委员会主任邵小龙率调研组到叙永调研特色小镇建设工作。邵小龙一行先后前往江门古寨易地扶贫搬迁项目、江门竹浆项目、桃花坞休闲度假景区建设现场等地察看各项目建设推进情况，详细了解项目在规划设计、产业带动、特色打造以及助农增收等方面情况。调研组对叙永县在开展特色小镇建设过程中，充分依托当地的实际和自身优势，将保护自然风貌与弘扬特色文化相结合，将特色小镇打造与脱贫攻坚相结合的做法给予充分肯定。11月8日，四川省政协副主席翟占一率队到叙永调研江门古寨易地扶贫搬迁项目。泸州市政协主席田亚东，县委书记陈景强，县政协主席马刚陪同调研。

【市政协组织到叙永调研脱贫攻坚】 2月15日，泸州市政协副主席罗素平率队到叙永镇百花村，听取工作汇报，实地察看、了解百花村脱贫攻坚规划、基础设施建设、贫困户住房安置及易地扶贫搬迁建设、脱贫产业发展等方面的情况，并就脱贫攻坚推进中存在的困难和难题进行调查讨论，探讨发展方向，研究解决办法。5月18日，罗素平率调研组实地调研督导村级活动阵地、温氏养猪场等脱贫攻坚在建项目，召开座谈会听取镇村工作情况介绍，就对标补短、项目建设、产业发展、脱贫退出等方面开展广泛协商讨论。调研组建议，要充分发挥政协联系广泛、人才荟萃的资源优势，综合施策、多方发力，将百花村打造成为全市乃至全省的扶贫示范亮点；要整合资金，加快村级道路、水利设施等建设进度，尤其在村级活动阵地建设上要本着便民实用的原则，突出苗族元素，打造苗家风貌，倒排工期、落实责任，确保如期建成投用；要坚持以市场为导向谋划产业发展，因地制宜发展无公害蔬菜、肉牛等特色种养业，重点要尽快通过协商谈判选择业主，确保温氏养猪场实现运营；要坚持农旅结合，依托当地苗族风情，发展特色旅游，打造乡村旅游休闲目的地。

2月，泸州市政协副主席、市财政局局长刘杰率市财政局预算科、国库科负责人到江门镇调研乡镇财政管理工作。刘杰肯定江门镇财政管理工作中的预决算公开、乡镇债务管理、资金支付流程、会计基础工作等方面，要求财政干部以高度的工作热情和责任心，把资金安全和廉政建设工作放在第一位，做好乡镇财政管理工作，促进乡镇级经济社会有序发展。3月7日，刘杰率市财政局到叙永县后山镇调研博媛年产100万吨石灰石精加工项目推进情况，听取相关工作汇报并实地查看生产线作业情况。

3月31日，泸州市政协党组副书记、常务副主席梁中元率市政协委室到叙永镇百花村调研督导精准扶贫工作，县政协主席马刚陪同调研。调研组听取县、镇、村工作开展情况汇报，现场察看公路建设、易地扶贫搬迁、饮水工程实施情况，村活动室、文化室、卫生室项目选址和脱贫产业的规划区域情况，召开脱贫攻坚推进会。

11月9日，泸州市政协副主席、民盟市委主委周亚琼率市台办及部分企业负责人，调研考察叙永县乡村旅游产业发展，县政协主席马刚陪同调研。周亚琼一行到正东镇普市村，实地考察、了解乡村旅游产业发展规划及生态保护、道路建设、景点设置等情况。调研组成员边走边看边提建议，为用足用好生态资源，打造特色乡村旅游出点子、谋思路。周亚琼指出，发展乡村旅游，交通要先行，要打通域内外交通制约；要强化规划，因地制宜，突出区域特色，充分挖掘和整合旅游资源，打造旅游精品线路；要通过多种途径，对外推介乡村旅游资源，吸引更多的县内外投资，促进叙永县乡村旅游产业发展。

【旅游扶贫“暖冬行动”调研】 1月7日，县政协组织侨台工商联委员小组到水尾镇广木村参加县外事侨务旅游局、水尾镇政府和广木村乡村旅游合作社联合举办的“情系画稿溪、自驾购年货暖冬行动”和广木村乡村旅游合作社授牌仪式；西溪自驾露营基地建设和乡村旅游民宿达标户创建情况。调研旅游扶贫“暖冬行动”，并就旅游扶贫建言献策。

【林权纠纷调处调研】 1月14日，县政协副主席余显中率县法制办、林业局和合乐苗族乡政府相关负责人，到合乐乡石梁村一社村民陈守芳与陈守开两户的林权争议地点进行实地调研，并就该纠纷调处提出指导性建议。

【县重点水利工程建设调研】 2月13日，县政协主席马刚到营山镇纳坪水库工程建设指挥部，调研督导水库工程建设进度，了解水库大坝上游防滑梁、取水隧洞和干渠施工建设工作进展情况，听取纳坪水库工程项目前期推进的情况汇报及2017年施工计划。马刚肯定纳坪水库工程前期工作，对存在问题与业主、施工单位、监理单位、指挥部充分交换意见，提出解决措施。3月15日，马刚率队到营山镇调研市重点项目纳坪水库建设情况，调研组听取汇报、察看现场、查阅资料，对施工场所的安全情况、施工进度等进行检查并就存在的问题提出整改意见。6月28日，县政协主席马刚率党政界别组部分委员到分水镇，对重点水利工程建设项目龙洞水库推进情况进行调研。马刚指出，水利工程的建设对人民群众生产、生活用水，夯实农业基础设施、建设社会主义新农村，加快贫困地区脱贫致富步伐和经济社会可持续发展具有重要意义。

【双山苗王寨项目建设调研】 2月22日，县政协主席马刚率县住房和城乡建设、发改、交通、林业、农业、旅游等相关部门负责人，到赤水镇双山村调研督查苗王寨项目建设情况。马刚一行先后实地察看索道规划站点、索道停车场、环线公路、苗王寨生态农业园等施工现场，了解项目推进情况、工作中存在的困难和问题，马刚要求，要高度重视此重点项目建设，明确责任，各司其职，做好各项工作，切实加强协调服务，形成工作合力，确保项目建设顺利、快速推进；要整合资源，积极协作，合理规划统筹利用好少数民族文化元素，结合乡村旅游和易地扶贫搬迁整体推进建设进度，力求重点环节实现新突破、取得新进展；要在总结踩山节经验基础上，以即将举办的赏花节、苗场节等节日为契机，紧扣时间节点、严把质量关、倒排工期、强化工作措施，强力推进项目建设，为帮助少数民族地区决胜脱贫攻坚硬仗奠定扎实的基础，力争让双山困难群众早日脱贫致富。4月1日，马刚率县政协民族宗教委员小组一行到赤水镇双山苗王寨进行调研，了解苗王寨建设情况。通过调研，马刚和调研组成员对苗王寨建设提出建议和意见。马刚指出苗王寨的建设给叙永县和赤水镇增添了亮点，也为当地的苗族同胞提供了一条就近就业、脱贫致富的路子，要高度重视项目建设，扎实做好各项工作，切实加强协调服务，确保项目建设顺利。

【筠连县政协到叙永考察少数民族乡镇脱贫攻坚工作】 4月11日，宜宾市筠连县政协主席黄静率筠连县市、县政协委员到叙永考察学习少数民族乡镇脱贫攻坚工作。县政协副主席邓娟陪同考察。黄静一行到水潦彝族乡岔河村鸡鸣三省大桥施工现场、水潦彝族乡海涯彝家新寨、石坝彝族乡堰塘彝家新寨、石坝彝族乡堰塘村甜橙基地等处，实地考察叙永县少数民族乡镇精准脱贫特色产业、第三产业发展情况和叙永在少数民族地区脱贫攻坚的扶持政策及执行落实情况。

【重点提案调研督办】 7月12日，县政协主席马刚率县公安、城管、住房和城乡建设、工商等部门就政协重点提案——鱼凫古街沿线卫生问题整治进行专题调研和督办，对提案的办理落实进行专题协商，就城区环境卫生整治提出意见，督促有关职能部门积极履职，提高城市环境卫生水平。马刚一行先后到和平社区、政务中心、鱼凫古街等地，就委员提案涉及的城市环境卫生情况进行实地查看和了解。督办会上，政协委员就提案进行说明，各职能部门进行相应答复。委员们建议，要加快政务中心停车乱和公共交通问题、政务中心路面硬化、城区垃圾处理中心、街道清洁、古街沟渠治理及永宁河清洁等。

【深化国资改革考察调研】 2月21—22日，县政协经济委员小组开展“深化国有资产管理改革、助推县域经济发展”专题调研活动。委员们实地考察红岩坝水库、兴叙水务投资有限公司、湿地公园、城市建设投资开发有限公司，并与国资公司主要负责人、相关工作人员座谈，深入了解叙永县国资监管体系建设情况、国资平台公司改革推进情况和存在的问题。在广泛征求和听取相关部门、企业对叙永县国有资产管理改革的意见和建议后，经济委员组建议：要完善公司法人治理结构，建设职业经理人队伍；要建立建全国有资本审计监督体制机制，做到应审尽审、有审必严；

要始终把安全生产作为工作的前提，加强国有企业安全生产监管，确保安全生产全覆盖。

【乡镇教育管理体制运行调研】 12月8日，县政协副主席余显中率县政协文教卫生委、教育组部分委员到马岭高中，就叙永县乡镇教育管理体制的运行情况进行调研，调研组建议：要向上级有关部门提出申请，在有条件的乡镇成立教管中心先行试点，承担原有教办的职能，再全面实施；要为搞好乡镇教育管理工作，组织教育系统内的政协委员前往教管中心比较成功的泸县考察学习；要形成委员提案，在两会召开时呈报相关领导，快速构建有效的乡镇教育管理机制，以满足山区乡镇教育发展的需要，促进基础教育均衡发展。

考察活动

【考察生态农业】 1月14日，县政协副主席邓娟率侨台工商联小组委员考察调研叙永县大红山农业开发有限公司，并就生态农业发展建言献策。邓娟一行听取该公司负责人的情况介绍，实地考察彝加宝生态黑猪养殖基地，深入了解该公司生产经营情况和今后的打算，并就公司发展方向、生产经营模式等建言献策。2月16日，县政协副主席陈一龙率领县政协办、农业局等相关部门负责人，深入叙永欢乐空间大农业科技示范园项目建设现场考察调研，并就项目建设建言献策。

3月31日，县政协副主席邓娟率领农业委员小组部分委员考察石坝彝族乡堰塘村海升柑橘示范果园项目建设基地和赤水河乌蒙花海旅游建设。调研组一行听取海升柑橘示范果园项目负责人就项目建设的情况介绍，了解到目前该项目已经建成1000亩柑橘示范果园建设，完成投资3060万元，群众获得土地租金收益75万元，务工收入96万元，土特产品就地销售收入28万元，带动贫困户户均增收3000元以上，得到农业部、四川省农业厅高度认可。

【考察重点项目建设】 6月21日，县政协科技科协组部分委员到摩尼镇考察调研摩尼镇新农村、场镇和县重点项目建设。调研组先后考察摩尼镇新农村和县重点项目（年采80万吨黏土综合性项目）建设、摩尼镇场镇建设现场，与镇村干部、项目业主和村民进行广泛交流，深入了解企业和群众所思、所想、所盼，就产业发展、农民增收、新农村建设、惠农政策落实、公共服务和社会管理、农村“一事一议”制度建立与实施等方面进行调研。

9月27日，县政协主席马刚率队考察全县重点园区项目建设情况。强调要合理设置园区功能布局，高标准抓好园区基础设施建设，加大招商引资力度，为叙永县做大做强园区经济打下基础。县领导吴立凡、邓娟、何水随同考察。

【考察教育均衡发展】 5月6日，县政协副主席陈一龙率县政协教育委员小组部分委员深入马岭镇、枧槽乡考察调研教育均衡发展，并现场建言献策。陈一龙一行深入马岭第二中学校、马岭中学和枧槽苗族乡中心校、枧槽中学，考察教育教学设备实施配套建设情况和教育管理、教育质量情况，听取乡镇党委、政府和学校情况介绍，详细了解教育均衡发展推进中所面临的困难和问题以及解决的措施办法。

8月10日，县政协主席马刚率考察组到龙凤镇中心校、中心幼儿园，叙永三中，合乐苗族乡中心校、兴复小学、中心幼儿园考察，了解校舍、食堂、教师周转房等建设情况。

【考察县人民法院工作】 10月25日，政协党组书记、主席马刚率领主席会议成员及县政协办公室、提案法制委、县司法局等单位负责人考察调研叙永县人民法院工作，并就相关工作建言献策。考察调研组深入摩尼人民法庭、诉讼服务中心、立案庭和少年审判庭等处，现场考察和听取有效化解少数民族地区矛盾纠纷的特色司法审判模式、少数民族法官办理少数民族民商类案件的基本情况，以及互联网审判庭、少年审判庭建设情况。考察调研组对叙永县人民法院在服务中心、司法为民、改革创新、队伍建设、少数民族民商案件审判、法院信息化建设、少年法庭建设、接受监督等方面取得的成绩给予肯定。

【考察中药材种植基地】 11 月 22—24 日，县政协经济委员小组开展“中药材种植基地建设”专题调研活动。委员们实地考察贵州省兴豪华电子科技有限公司、贵州省华健精密电子有限公司、中国中药控股有限公司的丹参、牡丹、粉葛标准化种植基地、岔河镇皂角药材种植基地、正东镇天麻种植基地、麻城镇、后山镇白节种植基地、叙永镇红岩坝药材无性繁殖育苗基地，听取各个基地负责人对基地建设的情况介绍。经济委员组建议，叙永县大量的多样性林地和较大的海拔落差提供得天独厚的种植多样性中药材的自然条件，可打造一个乌蒙山系药用植物园，把云、贵、川在海拔 0—2500 米高度范围内的所有中药材种植齐全，形成中药材种植基因库，打造 40—50 个规模化的种植基地和种苗场，建立一批当地种植示范基地，以乡镇为单位，至少每个乡镇建立 2 个以上当地品种的种植基地，在全县范围内建立 10 个以上种苗基地，重点种植当地品种，打造成集医药文化传承、中医药知识普及、中药材研究与发展、濒危药种保护与利用、中医药疗养与膳食、旅游观光为一体的现代中药材药用种植园，带动当地贫困户种植增收。要建立一批特色品种的种植基地，比如岩石附生药用植物种植基地，芳香药用植物种植基地，野菜类中药材种植基地，药食同源种植基地等。要强化组织保障，成立以县长为组长，分管副县长为副组长，相关部门负责人为成员的领导小组。要及时制定叙永县中药材种植基地建设中长期规划，创抓周边市县的建设先机，提前布局，分步实施。规划要与叙永县全域旅游规划、康养产业规划有机衔接相互补充，最大限度发挥叙永县立体地貌、气候、水利、资源、人文优势。要成立县级专家组，聘请全国及省内中医药学院的专家教授及其他地区的种植大户、专业技术骨干，负责对全县的中药材规范化种植进行指导。建立中药材市场预测机制，联合中医药企业，成立一家初加工厂，解决销售环节的问题。要设立政府专项建设资金，并逐年加大政府专项建设资金投入力度，同时整合林业、科技、民间等方面资金，抓出成效。

纪检监察

综　述

【概　况】 2017年，向党员干部发送廉洁提醒短信2.5万余条，开展监督检查2批次，检查单位59个次，发现并督促整改问题17个，查处通报违反中央八项规定精神问题9件9人。廉洁审查回复296人（次），暂缓提拔7人次，常态化监督、提醒“签字背书”留任村（社区）干部22人。

【纪检监察队伍建设】 规范纪检监察干部请示报备、分工备案审查、业务培训、提名考察、工作考评等相关制度规定，坚持以制度管理约束干部，以机制锻造塑造队伍，全方位、多渠道开展业务培训，提升干部队伍综合素质，提拔交流16名优秀纪检监察干部。派出5批次40余人参加中央、省、市纪委培训，邀请中共泸州市纪委领导对全县500余人（次）纪检监察干部开展专题业务培训2期，举办“机关大讲堂”8期，通过“以案代训”培训30余人。县纪委常委分片包干和纪检监察室联系乡镇对纪检监察干部监督管理和业务指导，推动乡镇纪委履职十项措施落地落实。对纪检监察干部开展谈心谈话6批次700余人，受理涉及纪检监察干部信访举报11件，立案查处1件1人。

【监察体制改革】 制定《监察体制改革工作实施方案》，建立倒排工期、挂图作战、任务派单、每周汇总等工作机制，严格转隶人员“四必”（干部档案“凡提必审”，个人有关事项报告“凡提必核”，纪检监察机关意见“凡提必听”，反映违规违纪问题线索具体、有可查性的信访举报“凡提必查”）审查、干部推荐考察，抓好机构编制、线索移交、资产划转等工作，会同县人大完成监委班子成员选举任命，10名转隶干部全部到岗履职，监委挂牌成立、高效运转。

【中共叙永县纪委第十三届二次全会会议】 2月23日召开，会议传达学习贯彻中央纪委十八届七次全会、中共四川省纪委十届六次全会、中共泸州市纪委八届二次全会精神，回顾总结2016年全县党风廉政建设和反腐败工作，安排部署2017年工作。县委书记陈景强出席会议并讲话，县委副书记、县长唐杰，县人大常委主任张秋平，县领导曹阳、王龙、陈学军、黄安华、周之平、张伟、王坤、叶继东等出席会议，县委常委、县纪委书记唐榕主持会议。唐榕代表中共叙永县第十三届纪委员常委会向第二次全体会议作工作报告，大会通过县纪委十三届二次全会《工作报告》和县纪委十三届二次全会《决议》，会议签订《2017年度党风廉政建设监督责任书》，部分乡镇党委书记和县级部门党组织负责人向县纪委全会述责述廉。

党风廉政建设

【建立党风廉政建设主体责任】 将党风廉政建设

责任制纳入县委县政府综合目标考核，实行一票否决，党风廉政建设社会评价纳入综合目标单项考核。对副县级以上领导干部、乡镇和部门主要负责人开展谈话提醒151人次。

【落实问责责任】 围绕县委“建成乌蒙山精准脱贫示范县”和“三大会战”，重点对脱贫攻坚、信访维稳、安全生产、中央环保督查、村（社区）换届选举等重大决策部署执行情况和部门履职情况开展监督检查。建立规范化、制度化的常态督查，针对关键节点、关键环节，开展明察暗访、督查督办。发现并督促整改问题66个，问责干部33人，制发通报5期。

【执纪审查】 坚持“零容忍”，聚焦六大纪律，重点查处中共十八大以来不收敛、不收手，问题线索集中、群众反映强烈问题。紧盯扶贫领域吃拿卡要、贪污侵占等问题，开展5个方面专项整治，打通监督执纪“最后一公里”，执纪审查立案183件，党政纪处分185人。

反腐工作

【廉政宣传教育】 创建“廉洁叙永”微信公众号，推出宣传动态49期，案例曝光2期，点击量累计15万余次。综合运用廉政谈话、案件通报、集中学习等方式，开展中共十九大精神宣传宣讲，深化党员干部廉洁教育。创新警示教育形式，开展现场退还群众款项坝坝会3场次。在中央、省、市媒体刊载党风廉政建设和反腐败宣传稿件1923件（次），其中中央主流媒体刊载67件，名列全市第二。

【规范权力公开运行】 推进科技防腐，规范行政权力运行，督促行权平台网上办件31.83万件，办件总量排名全泸州市第一位；对4个单位开展一级廉政风险岗位抽查审计，查找问题28个，整改28个，制定防控措施16条；制定《叙永县2017年系统防治和专项防治工作方案》，对2个单位开展立项治理，推动权力阳光运行。

【整治“微腐败”】 制定《整治群众身边“微腐败”十六条措施工作任务分工》，开展纪检干部“一对一”联系村（社区）、惠民政策受益对象公开评审等工作，建立“当家人”微信群，健全廉情监督、村务组务公开等机制，深入推进群众身边“微腐败”整治。推出“巡展+巡演+巡回接访+惠民宣传+廉礼”的套餐，举办“三巡”系列活动5场次，发放廉礼1000余份，接受群众咨询431人次，收集问题53个，覆盖群众1万余人。

【纪律审查】 完善“领导联片、单位联动、案件联查、双向承诺、带卷审查、提级办理”六项机制，开展“逐件跟踪、集中调度、领导包案、结案审核”四重督办，夯实人防物防技防基础，坚决守住办案安全底线。受理群众信访举报468件（次），处置问题线索448件，立案183件184人，结案184件185人。实践运用“四种形态”，轻处分和组织处理154人；重处分和重大职务调整23人；严重违纪涉嫌违法移送司法10人；为国家挽回经济损失250.86万元。

【约谈提醒】 分层分类开展约谈提醒，共约谈干部710余人次。对有问题反映和出现轻微违纪问题的干部，通过发放“三早三卡”、谈话函询、书面检查、批评教育等手段，督促相关党员干部廉洁履职，共制发提醒卡5880张，警示卡432张，纠错卡89张，强化源头治理。全年谈话函询310件，约谈提醒干部2985人（次）。

【巡察整改】 印发《中共十三届叙永县委五年巡察工作规划（2017年—2021年）》和《中共十三届叙永县委2017年巡察工作计划》。召开中国共产党叙永县十三届第一轮巡察工作动员会，启动巡察工作。采取“一对一”“一托三”等方式，对12个县级部门（单位）开展巡察，对80个村（社区）开展延伸巡察，发现问题83个，移交问题线索20个，反馈整改问题63个；强化震慑作用，对5名党员干部进行立案审查，建议对4名党员干部作出组织处理；狠抓巡察整改，探索建立“分管县领导 + 巡察组 + 督促整改责任单位 + 被巡察单位”的“四位一体”整改责任体系，以巡察整改的实际成效取信于民。

【扶贫领域腐败问题专项整治】 通过交叉检查、专项审计、精准巡访、划片包案、退赃退款、“三送三带”等方式，开展两轮为期 6 个月的专项整治，收集处置涉及扶贫领域腐败问题线索 182 个，信访了结 56 件 56 人，立案 126 件 126 人，结案 122 件，给予党政纪处分 122 人。为国家挽回经济损失 234.2 万元，现场返还群众 21.7 万元。

【不正之风和腐败问题专项整治】 制定工作方案，排查收集不正之风和腐败问题线索 49 个，立案 43 件，给予党政纪处分 43 人，清退违纪款物 11.013 万元。扎实开展“去疴行动”，20 名党员干部主动交代问题，涉及金额 32.4 万元。建立失职失责问题线索快速移送机制，排查线索 129 个，立案 80 件，给予党政纪处分 80 人，诫勉谈话 17 人，约谈提醒 46 人。

【信访举报问题专项治理】 按照“属地管理、分级负责”的原则，对 32 件重复信访举报件进行重点分析研判，实行领导包案、挂牌督办、协调督办、提级复查，在规定时间内全部办结。开展信访举报存量“清零”行动，对信访件进行集中交办、限期办结，建立各承办单位、联系县纪委常委向县纪委常委会层层交账工作机制，消化信访存量。

群众团体

工　会

【概　况】 2017年，以改革创新为动力，以服务职工为宗旨，以抓好工会改革、助推脱贫攻坚、“互联网+”普惠性服务等工作为重点，开展“中国梦·劳动美”等主题教育活动，开展和谐劳动关系创建和职工队伍稳定排查化解工作，激励职工群众团结奋进、建功立业。全年新建工会组织30个，其中组建乡镇总工会13个、镇机关建4个、企业6个、县级部门（事业单位）3个、社区4个。投入资金30余万元，打造叙永县职工文化活动中心。

【会员信息采集】 动员乡镇、村、社区、企事业单位工会干部，采集会员信息20600人，导入数据库12000余人。

【基层工会换届选举】 对任期届满的6个乡镇总工会、6个县级部门工会、4个系统工会、1个企业工会、7个事业单位工会、28个社区工会、231个村工会，共283个基层工会按《中华人民共和国工会法》等相关规定完成换届工作。督促、指导14个基层工会组织完成工会委员、主席的补选工作，为210个基层工会组织办理“工会法人资格书”。

【劳动竞赛】 组织开展“安康杯”竞赛活动，全县320个企业单位、8000名职工参加。组织和选拔业务精湛职工参加泸州市职工职业技能大赛，获得优异成绩。组织全县61家企业开展不同形式的岗位练兵和技能比武活动，占全县已建会企业的40%，在竞赛活动和岗位练兵、技能比武中开展职工合理化建议的企业达到90%，新增合理化建议97条。

【签订劳动合同】 督促、指导企业行政与企业工会分别续签、新签《企业集体合同》和《工资集体协商协议》245份，覆盖企业635家，覆盖职工23580人；续签、新签《女职工特殊权益保护专项合同》227份，覆盖企业617家，覆盖职工8725人。

【推进企业民主管理】 建立县级厂务公开民主管理协调机制，通过选树典型、示范引领，推进企业民主管理工作，为厂务公开民主管理工作创造良好的环境和条件。

【维权服务】 协调劳动关系构建，聘请律师为基层工会提供常年法律维权服务、法律援助工作。2017年，受理法律援助案件20件，涉及困难职工（农民工）160余人，维护职工合法收益涉及120余万元。配合职能部门开展安全事故调查处理工作，确保工亡职工家庭得到合理的赔付，2017年，参与安全事故调查3起，维护职工的合法权益。

【“送岗位”春风行动】 开展春季为下岗职工“送岗位”春风行动，协调相关部门组织招聘会，全县1000余人参与，提供咨询800人次，劳动维权服务100人次，完成198名下岗职工再就业民生工程任务；积极推进创业帮扶工作，帮扶困难农民工 20 余人，累计帮扶资金 7 万元。

【“送清凉”行动】 开展夏季为一线职工“送清凉”行动，深入养护一段和环卫所为 400 余名职工送上防暑降温用品，发放物资价值 4.83 万元；看望高温工作岗位上的一线职工，了解企事业单位防暑降温工作，指导做好职工劳动保护工作。

【“送助学”行动】 开展秋季为困难职工子女上大学的“送助学”行动，通过社会组织、上级工会筹集资金，向全县 114 名品学兼优、家境贫寒的学生发放助学金 22.84 万元，帮助困难职工（农民工）子女入学。

【“送温暖”行动】 元旦、春节期间，开展“送温暖”活动，为 20 个机关、企事业单位困难职工和 25 个乡镇的下岗职工、农民工发放慰问金 43.2 万元，为全县 800 余名职工送去党和政府的关怀和温暖；开展医疗救助和生活救助，为 750 名职工送去帮扶资金 77 万元。

【医疗互助保险】 组织 20 多个单位参加职工医疗互助保险，增强职工抵御大病风险的能力；维护女职工特殊权益，组织女职工大病互助保险参保 2336 份，金额 30.87 万元。

共青团

【服务大学生西部计划】 实施大学生志愿服务西部计划泸州精准扶贫专项计划，帮助贫困地区引入青年人才。2017 年，招募专项志愿者 10 人，全县有西部计划志愿者 29 人到枧槽苗族乡、黄坭镇、水尾镇、江门镇等团系统脱贫攻坚重点乡镇工作。加大“逐梦计划”岗位在基层宣传力度，指导乡镇、驻村工作组统一设置脱贫攻坚岗，招募逐梦计划实习生到基层锻炼，全年有 60 余名大学生到岗服务。根据脱贫攻坚项目需求与高校共同编制大学生暑期“三下乡”活动，2017 年暑期有全国 10 余所高校对接到叙永县实践。西华大学马克思主义学院实践团队到叙永，就黄坭镇兴安村川南游击众队爱国主义教育基地的开发展开研究讨论。成都中医药大学团队到叙永县推行全民预防保健、开展健康义诊。大连海事大学在叙永县 2 个项目乡镇开展童伴计划暑期关爱活动。2017 年，摩尼镇金榜村第一书记马小洪、水尾镇西溪村第一书记胡欣平获“泸州市青年五四奖章”；团县委派驻第一书记 1 人，获四川省“岗位学雷锋敬业标兵”；西部计划志愿者项目办被评为全国“2016—2017 年度西部计划优秀服务县项目办”。

【助推青年建功立业】 开展“农村十佳青年科技致富标兵”交流活动、青春创业交流会等活动，邀请优秀创业青年叶有全等典型创业人物进行经验分享，开展实用技术培训。利用 3000 万元泸州市青年创客小额贷款资金池和 SYE 政策，创建 LYL8 号基地，组建叙永的导师团队。LYL8 号基地为 10 余名有意愿创业并符合条件的贫困青年提供 LYL 政策咨询和“一对一”免费导师服务，申请青年创客小额贷款资金池贷款 45 万元帮助 3 名青年创业。配合共青团市委打造共青团脱贫攻坚基地——淘宝大学中爱电商培训学院，培训学院在叙永举行揭牌仪式。依托电商培训基地免费为贫困青年提供淘宝大学专业课程教学。2017 年，开展 3 期培训班，培训 141 名贫困青年。

【关爱行动】 完善项目村“童伴计划”关爱模式，对“童伴妈妈”进行技能培训。2017 年，“童伴计划”项目开展形式多样主题活动 120 余场，组织童伴妈妈参加 4 次增值赋能培训，协助中国扶贫基金会、腾讯网到叙永拍摄宣传片 2 次。通过联动机制帮助 30 余名儿童上户，协助 3 名儿童办理低保，协助服刑人员子女帮教数 29 人次，贫困儿童援助对接 5 个，为 100 户留守儿童家庭拍摄全家福。对接志愿团队、项目社会化运行、流动青少年宫等方式常态开展亲情陪伴、助残助困、自护教育等公益活动。西部计划志愿者自管会定期开展“法伴成长”“大手拉小手”等关爱留守项目；携手美琪教育开展养成好习惯，大手拉小手“汇青春、智扶贫”少年儿童系列广场展演活动；接洽暑期社会实践团队，在志愿服务组织建设上开展“暑期伴成长”等公益活动，利用现有公益资源盘活流动青少年宫，实现服务全覆盖。联合叙永义工、微公益等公益组织运行“99公益日”项目活动，为普市完小、西溪村小等15个山区学校学生募集1509套冲锋衣校服。动员社会力量、爱心力量、专业力量，实现社会帮扶资源和精准扶贫需求的有效对接，争取各类社会物资、资金190余万元，为枧槽采山小学、马岭红旗小学、分水海西小学等山区学校送去近10万元爱心大礼包。对接中国青少年发展基金会“希望工程安踏茁壮成长公益项目”，为8所学校申请安踏运动装备；为观兴沙田小学、落卜三家坝村小申请课桌资助项目。

【主题教育活动】 在“学习总书记讲话做合格共青团员”教育实践活动中，开展“不忘初心跟党走”五四主题团日活动52场次，通过“青年五四奖章”评选活动，发挥各个领域“最美青年”的典型引领作用，展示叙永青年自信、青春、活力的形象。组织召开共青团叙永县委学习贯彻中共十九大精神会议，结合《习近平关于青少年和共青团工作论述摘编》《习近平的七年知青岁月》学习内容，通过会议、微信平台等方式在全县团组织掀起学习热潮。

【团员发展和教育】 严把团员入口关，制发《关于做好2017年全县团员发展调控工作的通知》，对团员发展名额进行分配，召开专题培训会，统一下发入团通知书和入团志愿书，要求基层执行团员发展细则相关要求，对全县新入团团员进行筛查，确保真正优秀符合条件的青年加入共青团。增强新入团青年的团员意识，提升团员青年的荣誉感。启动团员评议工作，把团员评议纳入团员评优表彰的考核内容。

【构建“青年之友+青年之家+青年之声”工作体系】 依托25个乡镇街道群团工作中心，构建覆盖基层“青年之友+青年之家+青年之声”工作体系，落实“有人办事、有地办事、有钱办事”的基本要求。

【开展“五四红旗团委（团支部）”创建活动】 开展“五四红旗团委（团支部）”创建活动，培育“全国五四红旗团支部”——水尾镇西溪村团支部。

【召开叙永县第十六届团代会】 5月22日，共青团叙永县第十六届代表大会召开，大会执行主席朱鹏云代表共青团叙永县第十五届委员会向大会作工作报告。县委副书记、县长唐杰到会讲话，勉励叙永青年勇挑重担，不辱使命，埋头苦干，奋发有为，在服务叙永“135”发展思路，推动全县决胜全面小康中作出新的更大贡献。选举产生共青团叙永县第十六届委员会委员、候补委员，朱鹏云当选为团县委书记。

【团中央青年发展部副部长赵宝东率队到叙永县调研】 8月10日，共青团中央青年发展部副部长赵宝东率队到叙永县调研青年电商培训工作，就相关工作提出指导意见。县委副书记郑勇、副县长谢华陪同调研。赵宝东一行在叙永县淘宝大学中爱电商学院实地考察调研后指出，青年电商作为重要的新兴群体，对服务地方经济发展，助力脱贫攻坚具有重要作用，叙永县团委要依托电商培训学校，普及电子商务知识、引导青年创业就业、推动电子商务主力地方经济社会发展。

妇　联

【法律法规宣传】 参加叙永县2017年送文化、科技、卫生“三下乡”活动，到两河镇太平山村、正东镇普市村、落卜镇河西社区、摩尼镇联盟村、石坝彝族乡5个乡镇开展送法进农村活动，送发《中华人民共和国婚姻法》《反对家庭暴力法制教育宣传》《中华人民共和国未成年人保护法》《预防艾滋病》《准妈妈词典》《参与禁毒斗争、构建和谐社会》等相关法律法规宣传资料6000余份。

【“三八”妇女节系列活动】 3月8—9日，举办“彤管之光·巾帼风采”第三届女子硬笔书法作品展和庆“三八”职工趣味运动会，展出女子硬笔书法作品200余件，评出优秀作品100件。趣味运动会采取活动接力的形式，由“仙人指路”、“螃蟹背西瓜”“六人七足”“车轮滚滚”4个项目组成，36个参赛队600余人参加。

【表彰“最美家庭”】 组织县级部门、各乡镇、村、社区妇女开展寻找“最美家庭”宣传活动，利用“妇女之家”推荐和评议“最美家庭”。活动推选出县级“最美家庭”40户、市级“最美家庭”12户、省级“最美家庭”1户。5月5日，县妇联在摩尼镇新苗实验小学对40户县级“最美家庭”进行现场表彰，其中受表彰的3户家庭分别结合家风传承、创业之路、脱贫致富进行家庭故事分享，推动家风家教工作。

【“脱贫攻坚·巾帼在行动”系列活动】 1月14日，组织深入金榜村农户开展“洁美家庭”巾帼先行活动，在春节前开展一次环境卫生大检查，对不足的提出整改时间和要求，评比出20户“洁美家庭”示范户并张榜公示。1月24日，开展“洁美家庭”示范户授牌表扬活动。

5月5日，县妇联主办“脱贫攻坚·巾帼在行动”系列活动在新苗实验学校举行。金榜村驻村第一书记马小洪和马岭镇妇女致富带头人罗学讲述“如何带领村民开展众筹养牛，踏上脱贫致富之路”和“发展林下生态鸡，妇女也能创业致富奔小康”事迹，参观金榜村的众筹养牛基地，学习肉牛养殖的有关知识，了解肉牛产业发展的“产、供、销”之路。是月，在原野畜禽养殖专合社开展实用技术培训、健康知识、家庭美德、法制知识、禁毒和艾滋病预防等知识培训，提高贫困户的实用技术技能，帮助贫困母亲创业就业。

【关爱贫困留守儿童】 对帮扶村留守儿童从学习教育、物质生活和精神心理等方面予以帮助和开导，为贫困留守儿童赠送衣服、文具等40余套；联系2名“逐梦计划”志愿者到村开展为期1个月的“精准扶心”暑期实践活动，针对留守孩子的具体情况和现实需求，重点进行学业辅导和心理辅导。

【关爱贫困妇女】 2月10日，在香颂湾小区妇女儿童之家举行“贫困母亲两癌救助”中央专项彩票公益金发放仪式，9名农村两癌贫困母亲每人领到1万元救助金，共发放专项救助金9万元。开展“心脉相连，让爱住家”活动，征集到10户爱心家庭参与结对关爱留守儿童、困境儿童的公益活动。

【指导家庭教育】 组织全县25个乡镇的妇联主席开展家庭教育知识宣传活动、开展家庭健康知识竞赛、开展优秀家庭教育论文评选，评选表彰优秀论文一等奖6篇、二等奖12篇、三等奖18篇。

【维护妇女儿童权益】 维权女律师帮助摩尼社区8组低保户家庭妇女周某某，依法解决邻居建房占地纠纷。2017年，接待来访妇女儿童34人，其中家庭纠纷26件（家暴13件），寻求困难救助8件。

科　协

【召开第七次代表大会】 5月，召开叙永县科学技术协会第七次代表大会，经代表民主选举产生叙永县科学技术协会第七届委员会委员、常委、秘书长、副主席、主席，曾宇平当选为叙永县科学技术协会第七届委员会主席。

【科普阵地建设】 完成科技馆为主体的科普阵地第一期场馆建设并投入使用，场馆包括培训室、科技教育活动中心、科技创新实践室、创新驱动服务中心、科普e站功能室等，功能分区合理，设施基本齐备。科普阵地每日向公众开放，全年免费服务公众上万人次。建成和维护乡镇、村（社区）和学校科普画廊22个，专栏5个，科普e站3个。建成叙永县专家智库1个，指导支持产业化龙头企业建立技术研发中心4个。

【建成院士（专家）工作站】 11月，市委、泸州市人民政府正式行文，在叙永超越现代农业有限公司赤水河基地（石坝乡）建成首个院士（专家）工作站，是除三州外建立院士（专家）工作站的唯一贫困县。

【科技创新大赛】 组织开展叙永县第十一届青少年科技创新大赛，全县有5万多名在校中小学生和科技辅导员参加，择优推荐230件作品到县上参赛，其中创新项目67件，科技实践活动21件，少儿科幻画102幅，科学影像20件，科技教育方案20件。评出一等奖46项，二等奖71项，三等奖88项；十佳科技辅导员9人，集体一等奖3个，二等奖6个，三等奖19个。组织参加第33届泸州市青少年科技创新大赛，推荐参赛的76件作品获泸州市一等奖12项，二等奖25项，三等奖20项，团体排名第二，叙永一中和江门中心校获基层优秀组织奖，叙师附小获得网络展评最佳人气奖，叙永一中教师赵蒂和江门中心校教师范亮获得泸州市十佳优秀科技辅导员奖，营山中心校学生白航宇获得泸州市十佳小英才奖。

【科普惠农兴村】 争取中央和省、市专项扶贫资金210余万元，新发展甜脆柿3000亩、核桃1800亩、蔬菜400亩、生态茶叶170亩、猕猴桃100亩、有机水稻800亩、甜橙300亩，覆盖贫困户1800余户。新培育科技养殖示范贫困户360户，新发展专业技术协会5个，覆盖贫困户600余户。

【科普示范创建】 2017年，黄坭乡银方村、马岭镇马岭社区创建为市级科普示范村（社区）；观兴镇河坝村猕猴桃种植协会、叙永县真山野喂养殖专业技术协会创建为市级科普示范农技协；泸州市星火生态农业有限公司创建为市级科普示范企业；叙永县大自然红果专业技术协会、盟地甜脆柿种植科普示范基地、西溪种养殖业示范基地被四川省财政厅、四川省科协命名为科普示范协会（基地），并获奖补资金。

【科普宣传】 开展“普及新知识、推广新技术、倡导新生活”科普宣传教育，实施科技下乡、科普宣传月等科普活动。组织专家、科普志愿者等社会科普资源进农村、社区、校园、企业、机关开展形式多样的科普活动。举办科普宣传和讲座15场次，受益群众2万余人。

【科技培训】 组织专家学者到乡、村一线举办各类农村实用技术培训52场次，参训贫困群众9300余人。举办职业技能培训16期，参训贫困群众1400余人。将勤劳致富的典型事例和脱贫致富实用技术编印脱贫致富技术手册5.6万册，发放贫困群众。

工商联

【叙永县工商业联合会（总商会）第十三次会员代表大会】 1月18日，叙永县工商业联合会（总商会）第十三次会员代表大会在鱼凫学术报告厅召开。中共叙永县委书记陈景强出席大会并讲话。泸州市工商联纪检组长邓应兵，县委常委、统战部部长王坤，县人大副主任李小英，县政协副主席邓娟、何水，县政府党组成员王仕桂，各乡镇联系领导，县群团部门、知联会、相关部门负责人，会员代表200余人出席大会。大会选举产生叙永县工商业联合会（总商会）第十三届领导班子，余显中当选为工商联主席、总商会会长。

【非公人士培训学习】 对非公人士进行教育培训和能力提升，组织20名执委参加泸州市工商联4月18日举办的《精准制导引爆品牌》专题讲座；10名执委参加泸州市工商联4月25日举办的“互联网+创新”助推县域实体经济转型升级暨厂家网县域电商平台项目推介会；5名执委参加市工商联12月21日举办学习贯彻中共十九大精神报告会；2名副主席参加省市工商联举办的川南片区企业家法制培训讲座。

【建言献策】 2017年，县商会会员中13名县人大代表、2名市人大代表，提交建议3份。17名县政协委员、2名市政协委员，提交提案19件。

【助力精准扶贫】 4月6日，召开叙永县非公经济“双进双助”助力脱贫攻坚动员大会，部署活动实施。县工商联副会长单位川滇黔现代公路物流港股份公司举办“助力脱贫攻坚创业实践活动”，100名大学生在90个贫困村，以学习经营村级企业、“精准扶贫，脱贫攻坚”和“大众创业，万众创新”为主题，开展为期五周的创业实践活动；川滇黔驾校将企业发展与壮大村集体经济、解决贫困户就业相结合，贫困村村资公司每介绍一名学员给予300元的介绍费，同时为经过培训合格后的贫困户，提供每月2000—3000元的就业岗位；马岭粮油公司吸收158个建卡贫困户加入水稻种植，通过提供免费种子、肥料、技术和承诺以高于市场价收购等方式，使基地农户每亩增收500元；四川凯捷商超贸易有限公司与赤水镇斜口村开展结对帮扶，构建脱贫致富长效机制，并为该村送上10万元帮扶资金；叙永县现代农业旅游行业商会实施“造血”式扶贫，向结对帮扶的正东镇阳坪村5户贫困户赠送仔猪10只、过渡饲料5件，价值8000余元。昆仑农林公司、沈酒集团、新中璟公司、容大公司、原野畜禽专业合作社等常执委所在企业，把产业扎根农村，发展到贫困村。

邀请泸州市科技局农业情报所、叙永县鸿艺粉业有限公司、叙永县农业局专家对帮扶村新华村100多贫困户进行马铃薯高产栽培技术培训。慰问贫困户30户，慰问物资1万元。组织工商联执委10多人，投入2.2万元对贫困户进行种植、养殖业帮扶。解决贫困户住院报销补助1.2万多元，向新华村划拨产业发展资金1万元。建成商会水窖2口，解决200多人的饮水问题。组织会员企业捐赠资金6.95万元、物资16800元对口帮扶新华村，捐赠30000元对口帮扶大屯村，用于两村发展种养产业等。

牵线联系泸州市互生缘商会、泸州向阳集团、深圳市泸州商会、泸州风尚广告有限公司、江阳建工集团、泸州巴蜀液酒业公司、四川尚品道文化创意产业公司、泸州市传媒商会，为落卜镇新华、大屯、洞坪村，赤水镇南山村，水潦乡大洞村，合乐苗族乡方元、红店子村，正东镇阳坪村，两河镇关坝村进行帮扶，送扶贫资金和物资近百万元。

2017年，县工商联向白腊苗族乡中心校捐款60万元，用于修建该乡莜田完全小学教学楼；14家执委以上企业“10·17”国家扶贫日现场捐款捐物11.63万元。县工商联执委罗学、付延琼被表彰为“叙永县十佳扶贫帮困先锋”，县工商联会员企业川滇黔现代公路物流港股份公司、中国沈酒玖集团、马岭粮油食品公司、四川凯捷商超贸易有限公司被泸州市表彰为“百企联百村”先进单位，沈酒集团有限公司副总裁沈连、云南昆能实业有限公司总经理朱永岗获“酒城扶贫好人”称号。

【服务招商引资】 3月31日至4月2日，接待重庆民营（私营）经济协会副会长兼秘书长邱继烈一行25人到叙永开展商务考察。考察组一行先后到雪山关护国军驻军遗址、鸡鸣三省会议旧址、春秋祠、鸡鸣三省大峡谷、乌蒙花海、双山苗寨、彝家新寨等地进行实地考察，与叙永县工商联进行投资洽谈。会上，双方达成“定期交流走访、共享平台资源、相互宣传推介”的合作共识。11月21日，组织各行业商会、协会商家30多人，在江门古寨举行招商发布会，宣传招商政策，动员会员入驻发展。2017年，组织到贵州六盘水川渝商会、云南玉溪川渝商会等调研，拜会当地叙永籍实力企业家。接待深圳市泸州商会到水潦乡、成都叙永商会到合乐乡、江苏泸州商会筹备组到分水镇、重庆民营（私营）经济协会到赤水河流域等多批次人员开展商务投资考察。

文　联

【文化、卫生、科技“三下乡”活动】 组织县书法协会、摄影协会会员60多人参加文化、卫生、科技“三下乡”活动，到乡镇、村社和在城区为广大群众义务写春联、照“全家福”。

【举办“学习贯彻十九大·脱贫攻坚奔小康”书画摄影文学作品展】 组织县书协、美协、摄协、作协会员创作作品，举办“学习贯彻十九大·脱贫攻坚奔小康”书画摄影文学作品展示活动，编辑出版作品集。

【举办叙永县第二届“升庵吟·边城情”音乐会】 组织县音协举办叙永县第二届“升庵吟·边城情”音乐会。

【书法笔会活动】 举办叙永县第三届“巾帼风采·翰墨飘香”女子书法展，叙永县2017年“为爱汇聚、拥抱未来、无毒无悔”法治书法作品展暨书法笔会活动，“喜迎十九大·三省翰墨情”叙永县2017年川滇黔七县区书法作品展，“庆祝建军九十年、警营翰墨颂国威《孙子兵法》书法展”暨笔会活动。

【参赛参展】 组织县书协创作作品参加“上海崇明·四川叙永书法联展”，中共叙永县委宣传部部长陈学军带队参加在上海的开幕式。组织书协会员创作作品，参加2017年由贵州毕节七星关区牵头举办的川滇黔三省七县区书法联展。县书协会员李颜乾作品入展四川省第八届书法篆刻新人新作展。李颜乾、谷勇、张正全、龚书兵的硬笔书法在全国第三届硬笔书法家作品展览活动中入选展出。

残　联

【概　况】 2017年，征收残保金365万元；争取项目资金756.75万元，其中争取省残联、省财政扶贫资金20万元，投放泸州稻香村酒业有限公司作为原始股，将保底收益和股份利润分红放给落木河村建档立卡残疾人；市残联残疾人创业补助资金27.78万元，圆梦助学资金15.7万元；县财政资金36.65万元，解决2443名16岁以上、60岁以下一、二级和精神智力三、四级残疾人购买每人100元城乡居民养老保险，城乡居民患白内障在县内治疗全免费，享受最低生活保障的一、二级重度残疾人占一、二级重度残疾人的99%。

【扶持残疾人就业生产】 2017年，安排41.45万元，帮助3840人城乡残疾人居家灵活就业；安排20万元，持农村贫困残疾人发展生产。

【关爱贫困残疾人】 为1070名建档立卡残疾人，发放生活补贴157.34万元。安排8万元，为526名贫困残疾人适配亟需基本辅助器具；安排37万元，为35名贫困家庭脑瘫儿童提供康复救助；安排1万元，为8名贫困家庭听力残疾儿童提供救助。

【关爱重度残疾人】 发放8143名重度残疾人护理补贴536.66万元；安排14.4万元，完成81户残疾人家庭无障碍改造。

【关爱残疾儿童】 邀请八一康复中心专家到叙永开展残疾儿童免费筛查，筛查出符合脑瘫手术对象3人、脑瘫康复训练对象24人、脑瘫辅具适配对象23人，符合肢体矫形手术对象6人，符合智力康复对象23人。办理20名彩金智力残疾儿童送康复机构康复，其中0—6岁残疾儿童16人。

红十字会

【概　况】 2017年，3名志愿者网上登记遗体器官捐献，采集造血干细胞203份。

【无偿献血宣传月活动】 无偿献血巡讲进校园、进社区及国家工作人员无偿献血宣活动3次，发放宣传册6000余份，宣传简报3期，制作宣传栏1个。

【资助贫困儿童】 帮助0—14周岁贫困白血病、先心病、兔唇儿童申请红十字基金资助，为18名贫困患儿申请资助，获批救助患儿6人，救助资金12.5万元。

【失能老人养老服务】 争取中央专项彩票公益金支持失能老人养老服务项目，全年为社会福利中心配送价值19.78万元的护理床、床上专用护理用品等12种用品。

【博爱送万家暨“走基层送温暖”活动】 开展博爱送万家暨“走基层、送温暖”活动，为两河镇河营村、镇国村、太平山村50户贫困户发放价值1.44万元的家庭包50个（每个家庭包内含大衣一件、棉被一床的生活用品）。

法　治

政法委及综治

【政法队伍建设】 开展“四对照四提升、做忠诚卫士”专题教育，组织业务培训和岗位练兵580余人次；推进司法责任制改革，23名员额检察官、33名员额法官全部回归办案一线FF1B开展新任领导干部和新进干警培训5场次。邀请中国人民大学法学院教授朱岩作《民法总则与未来民法典在全面依法治国中的重要地位》专题讲座，县政府法制办、县政法系统各单位共150余人参加学习。发展法学会团体会员单位40个，个人会员210人，聘任政法系统作风监督员10人，推进政法队伍作风转变。

【平安叙永建设】 成立县综治中心，统筹负责网格化服务管理、矛盾纠纷多元化解、“雪亮”工程等综治重点工作。在乡镇、村一级分别成立综治中心，加强综治基层基础建设，形成社会治理合力。在公安局增加事业编制10人，安置退伍兵8人。建成实体化县、乡、村（社区）三级综治中心290个，实现综治中心和调解中心（室）全覆盖；遴选驻村警辅231人，网格员与驻村警辅城乡全覆盖；“雪亮”工程第一期10个乡镇640个点位全部建成并接入公安“天网”。研发“叙永·综治131”联动平台，群防群治队伍指挥调度、综治领导责任制实现“三级四覆盖”。县纪委、县委政法委、县委群工局、县统计局共同建立民意调查中心，每半年开展一次平安建设群众满意度测评，制定《叙永县干部职工知晓度测评方案》和《叙永县平安建设群众满意度测评方案》，对社情民意进行常态化收集，对问题整改情况开展回访，并加强对民意调查的宣传，鼓励群众通过民意调查反映问题和情况。平安建设群众满意度测评较2016年年末上升16位；公安政风行风测评全省排名54位。“雪亮”工程、驻村警辅建设入选四川省平安建设专题片；全县铁路区段被表彰为省级平安铁道线，17个村（社区）被评为省“九无”平安铁路示范村（社区）。

【集中整治行动】 开展对“两抢两盗一诈骗”（抢夺、抢劫、入室盗窃、盗窃机动车、诈骗）“黄赌毒”、食品药品、非法集资等违法犯罪和突出治安问题的专项整治；加强易制毒化学品管理，深化堵源截流工作机制，确保外流贩毒逐年下降10%、社戒社康执行率达80%以上；加强对刑满释放、社区矫正、安置帮教、易肇事肇祸精神病人员等特殊群体服务管理，严防漏管失控；开展铁路护路、寄递物流行业等安全管理，严防重特大安全事故发生。

【扫黑除恶专项整治】 与纪委（监察委）、组织部等部门协调配合，开展扫黑除恶专项整治。公安局全警动员、全警参与，检察院、法院优先办理涉黑涉恶案件，司法局强化律师代理涉黑涉恶案件的管理、监督措施。对所辖区域、行业、领域的黑、恶、乱情况进行全面排查分析，通过宣传造势，形成人人喊打的浓厚氛围；设立举报箱，公开举报方式、举报电话，发布通告等手段，以及入户调查、走访业主等方式，发动群众检举揭发；通过对近年信访、治安、违法犯罪等案件的核查梳理，挖幕后线索；对企图在党委政府培植政治“代言人”的黑恶势力；坚决打击在脱贫攻坚项目中以非法阻工、煽动闹事等方式谋取不当利益的黑恶势力；打击在建筑、交通、矿产、商贸等领域欺行霸市、强买强卖、非法垄断以及围标串标、恶意竞标、强揽工程等黑恶势力；打击以贿赂、暴力、欺骗、威胁等方式，干扰破坏基层换届选举、左右基层政权等黑恶势力，以及利用家族、宗族势力横行乡里的“村霸”“乡霸”。

【排查化解维稳问题】 开展矛盾纠纷大排查，化解信访积案20件，调解矛盾纠纷1088件，打击处理违法信访33人。开展基层治理，排查问题121件，化解和管控106件，处理突发事件4起。完成7个重点项目、264件重大事项风险评估，叙镇铁路、南门车站等9个重点项目保护性施工；保障叙永嘉年华公司破产案、金虹化工厂破产案顺利实施。确保中共十九大等重大敏感节点和李从军、尹力等领导到叙永期间安安全保障。

【综治中心建设】 在县、乡、村三级同步开展综治中心建设，截至2017年已建成实体化县、乡、村（社区）三级综治中心共290个，形成100%全覆盖，其中县级综治中心为财政拨款事业单位，落实人员编制12人。县级综治中心功能包括组织治安防控、治安情报信息收集、网格化服务管理、开展公共安全专项工作、矛盾纠纷多元化解组织协调、法制类服务和治安形势分析研判等。

【“雪亮”工程建设】 组建10支队伍，按照整体布局、分类建设的方式，开展“雪亮”工程建设。建立叙永综治131联动平台，实现群防群治队伍指挥调度、综治领导责任制“三级四覆盖”实绩档案。县综治办每周专题研究一次推进情况，督查通报8期，因建设工作不落实，问责村干部1人次，完成第一期10个乡镇共640个点位的建设工作，并全部接入公安“天网”。投资40万元，用于“行车卫士”防盗系统8000台的推广安装补贴，至年底安装“行车卫士”10129辆，被盗装有“行车卫士”车辆12辆，找回12辆。

【综治网格化管理】 投入300余万元，配设231个行政村驻村警辅室和驻村警辅人员，践行治安防范组织员、交通协管员、矛盾纠纷调解员、情报信息收集员、安全生产监督员、法律政策宣传员、警务下沉联络员、便民利民服务员。实行网格化管理，全县划分网格417个，接入县级部门36个，接入派出所、司法所和卫生院77个；专职网格员34人，兼职网格员383人，231名驻村警辅人员全部上岗，实现城乡全覆盖。

【完善矛盾纠纷化解机制】 充实和调整矛盾纠纷多元化解领导小组，以两办（县委办公室、县政府办公室）名义印发《叙永县完善矛盾纠纷多元化解机制的实施方案》。县法院以诉非对接为纽带推进矛盾纠纷多元化解机制，小额速裁调解室、婚姻家事调解室、金融保险调解室已入驻诉讼服务中心。县公安局、县司法局建立行政调解与人民调解联动机制，开展人民调解组织入驻中心派出所试点工作。全县已建立县、乡（镇）调解中心26个，配备专兼职调解人员178人，村（社区）调解室248个、调解员2219人；排查矛盾纠纷249件、化解240件、化解率96.4%。

【铁路护路专项治理】 建立叙永县铁路护路双向预警制度，全县5个涉路乡镇20名铁路护路队员和火车站调度室、司机全部配发专用对讲机35部，随时通报铁路沿线安全情况。在汛期、中共十九大等重要敏感时期，更进一步要求铁路沿线乡镇护路办要加强隐患排查整治力度，严格执行“双向”预警制度。共排查安全隐患10条，整治10条，发现和处理铁路周边地灾隐患1起。

【精神障碍患者管理】 制发《叙永县精神障碍患者服务管理实施方案》，每月由网格员、驻村警辅定期走访患者，并建立包括患者基础信息表、走访核查表、监护人责任书的“一患者一档案”。协助服务管理精神障碍患者1990余人。

【寄递物流专项整治】 明确由县交通运输局代行监管职能，成立工作专班每月开展例行检查。在中共十九大期间，集中开展寄递物流和危爆物品清理整顿工作，对寄递物流企业落实“3个100%”情况、危爆物品存储和销售等方面检查，检查寄递物流企业12家，危爆物品销售企业160家，发现处理隐患13条。

【综治宣传】 投入经费20余万元，拍摄《平安叙永》宣传片，以法、检、公、司四家和网格员、“红袖标”巡逻队、铁路护路队员等社会基层力量的视角，集中宣县平安建设成效，在全县LED广告屏和“平安叙永”微信公众号上全年投放。开展“叙永县第一届优秀网格员”线上评选活动，评选出6名优秀网格员，评选网站点击率超过10万次，《平安叙永》宣传片视频阅读量达8万余次。

法治政府建设

【建立法治政府保障机制】 成立以县长唐杰为组长的法治政府建设工作领导小组，转发泸州市《政府及部门主要负责人履行推进法治政府建设第一责任人职责清单》，制发《叙永县法治政府建设实施方案（2017—2020年）》《叙永县人民政府2017年度法治政府建设工作安排》。组织全县部分乡镇和县级重点执法部门召开法治政府建设工作研讨会，总结讨论工作中存在的实际问题并提出2018重点工作意见。

【完善政府常务会会前学法】 印发《关于进一步做好县人民政府常务会会前学法工作的通知》，再次明确会前学法必须以服务全县经济发展大局为主，围绕县中心工作和本部门实际工作，坚持做到学法有必要性，宣讲有针对性，结果有实效性，突出与工作的紧密联系性。上会的学法内容须先由该部门法制机构审核后送交县政府法制办复查备案。2017年，县人民政府常务会会前学法20次，学习内容有《中华人民共和国律师法》《政府采购法实施条例》《社会保险费申报缴纳管理规定》《不动产登记暂行条例》《四川省公路路政管理条例》《中华人民共和国防洪法》等。

【行政权力清理】 2017年2月，再次对全县行政权力进行清理。清理后县级共保留行政权力事项5685项，行政许可176项、行政处罚4644项、行政征收44项、行政强制178项、行政确认44项、行政裁决5项、行政给付32项、行政检查239项、行政奖励94项、其他行政权力229项。制发《关于公布叙永县行政权力清单的通知》，并通过县政府门户网站向社会公布。3月起，在江门镇开展乡镇综合执法试点工作，将县级部门35项行政权力通过设置窗口和委托执法的方式下放。

【行政决策审查】 按照《叙永县重大行政决策程序规定》，组织行政决策合法性审查。坚持将公众参与、专家论证、风险评估、合法性审查、和集体讨论决定作为重大行政决策必经程序，把重大行政决策情况如实记录并完整存档；制定2017年重大行政决策目录并进行公布，凡是列入目录的事项，按照《叙永县重大行政决策程序规定》程序进行办理；未经合法性审查或经审查不合法的，不得提交讨论。

【规范性文件备案审查】 2017年5月9日，印发《关于进一步加强行政规范性文件管理工作有关事项的通知》，明确规范性文件备案制度。截至10月11日，以县人民政府（办公室）名义制定的政府行政规范性文件8件，全部向社会公布并按时向县人大常委和市法制办备案。

【规范性文件备案清理】 开展县人民政府文件规

范性清理审核，完成第一批次清理 2001—2016 年文件，审核规范性文件 138 件，建议继续有效 53 件、废止 42 件、失效 40 件、修订 3 件。启动第二批次清理 1983—2000 年的文件，已审核规范性文件 8 件，备案审查重大行政处罚 1 件、行政强制 14 件，审查其他非规范性文件及相关法律文件 164 件并提出合法性审查意见建议；办理完结撤销林权证案件 3 件；审查县政府行政合同 54 件、政府及部门民事合同 70 件。

【行政执法证件管理】 组织 323 人参加 2017 年度行政执法通用法律知识考试，对未经考试合格，不授予执法资格，不办理行政执法证件，不得从事执法活动。为全县 30 个部门和 25 个乡镇人民政府办理行政执法证件（含委托行政执法证）。全年，完成行政执法证件年审申报 951 个，年审通过 947 个（其中委托行政执法证件 219 个），注销 4 个行政执法证件。

【行政执法监督】 2017 年 6 月，联合县审计和纪检监察部门到县城管局、县农业局、县工商质监局等部门开展行政执法督查，发现问题，责令相关执法部门限期整改落实。11 月 8 日，对 5 名特邀综合行政执法监督员进行专题业务培训。11 月 13 日，在农业局组织开展全县行政执法案卷评查活动。全年，对 28 个执法部门（含乡镇）开展行政执法监督。

【启动行政执法三项制度试点】 成立全县三项制度试点工作领导小组，并下设办公室在县人民政府法制办。制发《叙永县行政执法公示制度实施办法》《叙永县重大行政执法决定法制审核制度实施办法》《叙永县行政执法全过程记录制度实施办法》《叙永县行政处罚案件信息主动公开办法》等，开展行政执法三项制度试点工作。将 3 个乡镇和 25 个县级执法部门列入三项制度试点单位。组织召开全县三项制度试点工作推进暨业务培训会，按照“七个一”工作模式为参会人员进一步指明三项制度试点工作思路。对全县交通执法人员开展三项制度专题培训指导，就交通路政、运管、海事政执法公示制度、重大执法决定法制审核制度和行政执法全过程记录制度结合交通行政执法相关要求进行解析指导，培训部门行政执法人员 50 人。联合相关部门开展为期 3 天的行政执法三项制度中期督查活动，督查小组先后到县交通局、县国土局、县公安局等 9 个重点单位进行督查指导，对工作开展不力、落实不到位的单位（部门）限期整改。并结合法治政府建设工作进行第二轮督查活动，将督查结果作为年终目标考核依据。

【行政复议】 2017 年，办理行政复议案件 16 件，不予受理 3 件，受理 13 件，结案 11 件（维持 5 件，撤销 3 件，终止 3 件），2 件未结案。复议委员会参与办理案件 4 件，协助办理 6 件。

【行政诉讼】 2017 年，涉及县人民政府行政诉讼应诉案件 12 件，其中一审结案 10 件，包括 7 件判决驳回诉讼请求和 3 件裁定驳回起诉，2 件未结案。

【旁听行政诉讼案】 8 月 30 日，组织县卫计局等 5 个单位的分管领导、政策法规股股长、执法大队大队长、执法人员等共 20 余人参加旁听县人民法院公开开庭审理廖某某诉叙永县民政局行政诉讼案，县民政局副局长周朝端作为行政单位负责人出庭应诉。9 月 4 日，组织两河镇、水尾镇和麻城镇 3 个乡镇的分管领导、综治办主任、司法所所长和林业站站长等 20 余人参与旁听正东镇李勇桂行政复议案件听证活动。

公 安

公安工作

【概　况】 2017 年，立刑事案件 1045 件，破获各类刑事案件 733 起，刑事拘留 293 人、逮捕 206 人、移送起诉 397 人，破现发命案 3 起；抓获上网在逃犯罪嫌疑人 103 人；受理治安行政案件1070起，查处954起，查处违法人员815人；立经济案30件，破获23件，移送起诉25人，挽回经济损失200万余元；调解矛盾纠纷654起；接收信访事项176件次，办结150件次；打击非法上访人员9名，其中刑事拘留2人。

【惩治毒品犯罪】 集中清查整治涉毒违法犯罪，深化推进“无毒社区”创建工作，查处涉毒案件315件、破获毒品刑事案件67件、抓获犯罪嫌疑人91人，强制隔离戒毒158人，社区戒毒105人、行政拘留350人，缴获毒品5.12公斤；破获省目标案件2件。外流贩毒被惩治62人。

【惩治刑事犯罪】 开展集中惩治“盗抢骗毒”“缉毒破案攻坚”“三打击一整治”等专项行动。办理涉及食药品的刑事案件3件，移送起诉17人，破获1起由公安部督办的销售黑蚂蚁等假药案，涉案金额上百万元。

【网络安全监管】 开展网吧检查40次，处理违规网吧16家，完成网上备案网站27家，同步完成人民政府网站等级保护定级备案18家。实地检查网站25次。

【巡防管控】 全面启动一二三期天网改造建设，将校园卫士、雪亮工程和重点管控单位等社会视频资源介入天网平台。加大对街面、环川公安检查站的巡逻盘查力度，街面盘查录入8.77万人次，车辆3.38万台次，在环川公安检查站盘查录入9.05万人次，车辆2.17万台次。

【交通安全管理】 以“降事故，保平安”为目标，以“2017年春运交通安全管理”“查隐患、强管理、保安全”预防重特大道路交通事故、“道路交通安全百日攻坚”专项整治行动为抓手，开展对重点车辆及其驾驶人的整治、道路交通秩序整治以及“黑点”路段整治等工作，消除道路交通安全隐患。全年，查处各类交通违法行为12.53万起。

【消防安全管理】 以推动消防安全“网格化”“户籍化”为工作重点，强化监督执法力度，全面排查整治火灾隐患，深入部署开展夏季消防检查专项整治工作、汗蒸洗浴等公共娱乐场所消防安全专项治理、住宅消防安全专项整治等一系列专项工作，发现和整治火灾隐患和消防违法行为。全年，检查单位和场所2722家次，发现消防违法行为和火灾隐患5042余处，实施行政处罚127起，实施临时查封47家，行政拘留15人，罚款420900元。

【监所安全管理】 加强对在押人员的规范管理，收押犯罪嫌疑人373人，收治强制戒毒人员429人次，全年无安全责任事故，监所安全稳定。

【户政管理】 清理全省人口信息登记项目问题数据纠错12条，完成39587人次第二代居民身份证的审核、签发、发放，采集实有人口总数576368条，其中人户不一致、流入居住人员总数73322条，完成流动人口信息申报审核5340条，常规类实有人口维护103784条。

【民爆物品管理】 加强民爆物品运输、储存和使用的安全监管，检查涉危涉爆单位168余家次，寄递物流企业125家次，发现各类安全隐患16处。排查涉枪涉爆前科重点人员44人，单位17家。办理非法持有枪支刑事案件5起，刑事拘留5人，治安案件8件，治安处罚8人，办理烟花爆竹行政案件7件，治安处罚7人，办理违规燃放烟花爆竹10余起，治安处罚7人。

【重点行业管控】 整治群众反映强烈的黄赌问题，办理黄赌刑事案件11件、行政案件40件，整治32家按摩、洗浴场所，捣毁赌博窝点21处，治安处罚205人。召开行业场所管理会议8次，寄递物流及金融公司会议6次，下发整改通知10余家。检查旅馆1235家次，发现各类安全隐患85处，整改80处。开展内保单位清理、重新登记，登记105家，将全县重点内部治安保卫单位从原来的105个单位调整增加为56个，其中银行业8家计65个金融网点技防已完成100%。行政许可或备案的特种行业、公共娱乐场所共计190家。

【实战指挥体系建设】 投入53万余元，按照“机构重置、流程再造”的建设要求，配置成警用地理地图（PGIS）、警车北斗定位系统、85个车载北斗定位终端、四级音视频建设、2台4G单兵图传、2台车载图传、120台执法记录仪等设施设备，并投入通过试运行。

【“云墙工程”建设】 对涉及“云墙工程”建设的22个项目成立工作专班、任务逐项分解、责任落实到人，倒排工期、挂图作战、每周交账，制定下发“云墙”工程建设考核奖励办法，同时也将“云墙”建设工作推进情况作为当前督查督察重点内容，由县局纪委和目督办制定督查计划，每周开展督查督办通报，对在推进工作中，措施不力、工作迟缓、效果不佳的单位和具体责任人、经办人员予以问责。按期完成市局交办的各项建设任务。

【优化整合警力】 将刑警大队、禁毒大队、经侦大队合署办公，由一名分管局领导任中心主任，统一调配、综合使用警力，建立合成、合作、全力为基础的侦查实战运作机制，实现资源共享、多警种协调联动、多手段同步办案。将全县27个派出所整合为8个中心所、7个驻警警务区、20个一般警务区。整合后，派出所民警由原来的104人增加到132人，增加26.92%；辅警人员由155人增加到210人，增加35.48%，派出所民警数和辅警数分别占全局总数的45.2%和46.98%。并规范派出所外观标识，对办案区、办公区、接待区、生活区合理规划。为全县231个行政村配置驻村兼职辅警，实现“治安防范到村、信息采集到村、矛盾化解到村、法制宣传到村、服务群众到村”。

消防工作

【完善消防工作责任制】 叙永县人民政府印发《2017年全县冬春火灾防控工作实施方案》《全县高层建筑消防安全综合治理实施方案》《2017年“119”消防宣传月活动的通知》等部署消防工作，将消防工作纳入经济社会发展总体规划，纳入政府目标责任和社会管理综合治理内容，完善消防工作督导考评制度，将公共消防设施、消防力量、消防装备建设以及火灾防控成效纳入政府工作考评范围，落实消防安全工作责任制。县人民政府与25个乡镇、48个部门、152个消防安全重点单位分别签订《消防工作目标责任书》《今冬明春火灾防控工作责任书》，消防安全责任层级明确，体系清楚，落实有力。2017年，叙永县公安消防大队、消防中队被泸州市消防支队表彰为全市消防队伍“正规化建设先进单位”“宣传工作先进单位”；叙永县公安消防大队被泸州市人民政府表彰为“双拥工作”先进单位、被叙永县人民政府记“集体三等功”一次。

【公共消防基础设施建设】 2017年1月，叙永县标准消防站竣工。新营房占地面积1.53万平方米、建筑面积5566平方米，严格按照标准规范队站标识、库室分区、文化布局、内务设置。同时，投入225万元，购置移动照明灯组1套、起重气垫1套、压缩空气泡沫车1辆、消防宣传车1辆、消防车2辆、运兵车1辆及移动遥控消防炮和泡沫灭火剂8吨等消防设施设备。划拨专项资金17余万元，为叙永县城区路段安装消火栓20个。

【消防隐患整治】 联合县公安局、工商质监局、经商局、安监局等部门，开展“电气火灾综合治理”“高层建筑消防安全综合治理”“夏季消防安全专项行动”等消防隐患专项整治行动。保持对火灾隐患的持续高压整治，净化全县消防安全环境，确保叙永县火灾形势的总体平稳。

【消防执法检查】 以商场市场、宾馆饭店、歌舞娱乐场所、养老敬老院、易燃易爆场所等重点行业、重点领域开展消防监督检查，建立专人划片联席制度，定时对容易发生火灾的高危单位开展巡查，指导社会单位开展隐患排查和消防培训演练，保持火灾隐患整治的高压态势。2017年，公安消防机构检查单位2849余家/次、督促整改火灾隐患和违法行为5095余起、临时查封49家、三停41家、罚款40余万元、拘留15人。

【办理消防行政许可】 审核办理建审工程8个，验收工程项目12个，设计备案27起，竣工验收备案31起，开展公众剧集场所投入使用、营业前消防安全许可检查17次。

【完成接处警安保任务】 2017年，接处警190次，出动车辆394次，疏散解救被困人员670余人，挽救群众财产价值209余万元。完成元旦“零点夜查”，完成十八大、两会、十九大召开期间的消防安保。

【提升消防能力】 完善订灭火救援预案150个，组织消防官兵开展熟悉交通道路消防水源情况、消防安全重点单位数量分类和分布、消防安全重点单位建筑结构和使用情况、消防安全重点单位重点部位情况、主要灾害事故的类型和处置对策基本程序的“六熟悉”训练200余次。组织开展人员密集场所、易燃易爆场所、学校、幼儿园、物管单位、社区等消防培训10余次，培训人员2000余人；在人员密集场所、易燃易爆场所等重点单位，开展大型灭火疏散实战训练20余次，实战演练100次，高层建筑消防设施排查10余次。

【消防宣传】 2017年，以消防宣传“七进”“119对你说”典型示范创建活动为重点，组织各部门、学校、社区、重点单位观看“119对你说”宣传影片。在重大节假日、“安全生产月”、“119”消防周、“110”宣传日等期间开展系列消防宣传活动，通过设立消防宣传咨询点、报刊媒体宣传、电信通讯宣传、户外标语宣传等形式，增强群众消防法制观念和消防安全意识。全年，设立宣传资料点20余个，印制、发放宣传资料2万余份，悬挂消防宣传横幅、标语500余条，电视台、LED滚动播放消防宣传视频知识片500余次，公交车播放公益广告300余次，发送短信5万余条，签订《居民防火公约》500余份。

检 察

【审查逮捕】 受理提请批准逮捕刑事犯罪案件235件、329人，批准逮捕187件、241人。其中，故意杀人、故意伤害、强奸、抢劫等暴力型犯罪案件批准逮捕23件、26人，涉黄、涉赌、涉毒犯罪案件批准逮捕58件、74人，利用网络实施犯罪的案件批准逮捕4件、6人。

【审查公诉】 受理移送审查起诉刑事犯罪案件398件、544人，提起公诉332件、476人。其中，故意杀人、故意伤害、强奸、抢劫等暴力型犯罪案件提起公诉34件、39人，涉黄、涉赌、涉毒犯罪案件，提起公诉76件、134人，利用网络实施犯罪的案件提起公诉6件、13人。

【预防和查办职务犯罪】 开展脱贫攻坚、教育、医疗等领域专题预防教育法制讲座10余次，与中国邮政集团叙永分公司联合开展“预防职务犯罪邮路”活动，实现行贿犯罪档案查询188次。立案查办泸州市江阳区，泸县医保局局长、副局长等4人受贿案，叙永县后山镇原党委书记郑某某受贿案等。立案查办脱贫攻坚、惠农、医保、征地拆迁等惠民利民领域职务犯罪案件12件、12人，办理落卜镇三家坝村原村支部书记简某某等人受贿案被高检院评为全国扶贫领域职务犯罪精品案例。全年，立案侦查职务犯罪案件16件、16人。

【刑事案件检察】 加强立案监督，监督立案14件16人，督促撤案2件2人。加强侦查监督，书面纠正侦查活动违法24件次，纠正漏捕1件1人，纠正漏诉14人。加强审判监督，办理抗诉案件3件10人。受理提请批准逮捕未成年人刑事案件12件、15人，不批准逮捕3件、5人；受理移送审查起诉未成年人刑事案件18件、22人，其中不起诉3件、3人，附条件不起诉3件、3人。

【民事行政检察】 办理民事行政监督案件17件，办理涉及校园周边食品安全和破坏环境资源的公益诉讼案件2件。

【刑事执行监察】 强化驻所检察，发现并向看守所提出安全隐患整改意见11条，全程监督实现县看守所平安搬迁。纠正侦查机关指定居所监视居住违法案件1件1人；考察社区矫正人员264人次。办理羁押必要性审查案件33件33人，其中2起案件被最高检评为全国羁押必要性审查优秀案件。

【行政执法监察】 建议行政执法部门移送涉嫌犯罪案件9件10人，公安机关均立案侦查。通过“两法衔接”平台立案监督四川金某公司、人某某大药房等销售假药案，该案成为四川省检察机关唯一入选全国检察机关“两个专项立案监督活动”的十大优秀监督案件。

【外部监督】 坚持向同级人大报告工作，向同级政协通报工作；邀请人大代表、政协委员、人民监督员、记者参加“检察开放日”活动7次；班子成员主动走访省市人大代表、政协委员26人次；提请人民监督员监督案件17件20人。

【服务精准脱贫】 健全检察长带案下访、检察长定期约访、律师作为第三方参与矛盾化解等机制，律师作为第三方参与化解和代理信访案件4件4人，化解涉及农村信访案件10余件。推动出台《关于在叙永县精准扶贫重点项目建设领域开展职务犯罪预防工作的实施意见（试行）》，与县扶贫移民局会签《关于加强精准扶贫中刑事被害人与民事被侵权人国家司法救助实施办法（试行）》，为天池镇2名贫困群众发放司法救助金2万元。

【检务信息公开】 公开案件程序性信息668条，重要案件信息35条，法律文书255份；召开新闻发布会3次，集中报道4次，各级媒体采用宣传信息110余篇，“两微一端”发布信息300余条。

【推进司法改革】 完成人员分类管理，突出员额检察官办案主体地位，遴选出23名员额检察官全部回归办案一线。落实检察官办案责任制，全面改革原有的三级审批办案模式，制定检察官权力清单，实行独任检察官和检察官办案组两种办案组织形式，落实随机分案为主、指定分案为辅的案件承办机制。

法　院

【概　况】 2017年，受理各类案件6188件，结案6061件，结案率97.95%。

【刑事案件审判】 审结刑事案件347件、508人。其中，审结“两抢一盗”犯罪案69件9、6人；涉毒犯罪案61件、75人，判处重刑33人；涉赌犯罪案12件、57人；危害食品药品安全犯罪案2件、18人；审结贪污贿赂等职务犯罪案件5件、5人。

【民商事案件审判】 召开叙永嘉年华公司破产案第二次债权人会议、金虹化工厂破产案第一次债权人会议，助力续建投资人择定，激活僵尸企业资源。审结民事案件3660件，涉及劳动用工、医疗服务、生活消费、交通事故、工伤保险、生产经营、工程建设、融资投资等领域和行业。

【审结案件执行】 执行结案1984件，兑现金额23113.14万元，执结一年以上积案152件。为无条件可供执行的31件案43名生活困难的权利人争取司法救助77万余元。

【行政案审判】 审结行政诉讼案54件，审查行政非诉案16件。经严格审查后，和解、撤诉20件，驳回诉讼请求12件。

【涉贫困户案办理】 快立快审75件涉贫困户案，免收诉讼费15万元，快执38件涉贫困户权利人案，及时兑现24万多元。

【专业案件审判】 设立环境资源审判庭，审结环境资源案27件；组建民族团结进步法庭，审涉少数民族案149件；组建少年审判法庭，专审一方或双方当事人年龄在22周岁以下涉青少年案件，审结案件122件。

【“诉非”衔接】 诉内坚持调解优先，全院调解结案1718件；诉外指导调解，培训专业调解员和人民调解员共17次640人，将县矛盾纠纷多元化解协调中心、消调委、医调委、律师调解室、公证调解室等12个专业、行业调解机构请驻法院，整合全县矛盾化解力量，指导纠纷化解路径。

【普法宣传】 向全县272所中小学校派出一校一法官，由法官上法治辅导课。成立“北极星”普法宣讲团，进入100余所中小学校，向4万余名学生开展主题宣讲。巡回审判案2124件，网络直播66件，微博直播66件，实现审理一案，教育一片。

【探索涉少数民族案件审理长效机制】 5月4日，与县民宗局举行关于探索建立涉少数民族案件审理长效机制座谈会。会议围绕如何建设好法院少数民族法庭及开展好涉少数民族案件的审理进行。会议就如何开展好今后涉少数民族案件的审理工作，展开热烈讨论，双方领导交换工作思路，并对少数民族法庭建设的长效机制提出可行性方案。会上，叙永县法院相关通知首先介绍县法院少数民族法庭建设情况，叙永县地处川南，散居少数民族人口和族别均较多，为有效开展好辖区内涉少数民族案件的审理，县法院抽调少数民族干警组建办案团队，成为少数民族法庭骨干力量，承担办理叙永县范围内所有涉少数民族的民商类案件。

【市中级人民法院领导调研叙永诉非衔接、小额速裁、少审工作】 3月30日，市中级人民法院党组书记、院长吴洪汛到叙永法院调研诉非衔接、小额速裁、少审工作。吴洪汛实地查看法院的家事、侵权、合同纠纷调解工作室，详细了解工作室的运行机制，并认真计算工作室的调解成功比例，对未能调解成功的原因进行分析，对叙永法院已经适用小额速裁裁决87件案件，在少审综合庭建设给予充分肯定。

司法行政

【概　况】 2017年，与西南医科大学司法鉴定中心达成转型升级协议，将泸州永宁司法鉴定所整体移交给西南医科大学司法鉴定中心，新增公职律师3人。全县法律服务机构15家、从业人员95人。其中，律师事务所5家、专职律师39人，县法律援助中心援助律师5人、公职律师5人，司法鉴定机构1家、司法鉴定人员10人，县公证处有公证员2人，基层法律服务所有7家、有基层法律服务工作者34人。其中，1名律师当选党代表，1名律师当选人大代表，4名律师、1名法律工作者和1名司法鉴定人当选政协委员。截至2017年11月底，法律服务机构办理案件5874件。

【完善普法机制】 结合实际拟定《叙永县法治宣传教育第七个五年规划》，经县人大审议，县委、县政府审定后印发，首次明确普法经费每年不低于1元/人的标准，普法经费落实情况纳入依法治县年度目标考核；联合多部门制定印发《叙永县完善国家工作人员学法用法制度的实施意见》，制定《调整充实法制副校长的实施方案》，整合公安、检察、法院、司法行政力量，充实全县中、小学校法制副校长队伍，明确法制副校长工作机制，保障青少年法治教育，发挥学校法治教育的主渠道作用；建立《叙永县“法律八进”联席会议制度》，加强“法律八进”牵头部门沟通协调，细化职责任务分工，全年共计督查指导乡镇、机关（单位）、村（社区）30个，推进法律八进工作开展。

【法治宣传教育】 调整充实“七五”普法讲师团，继续开展“法治叙永·七五普法行”巡回宣讲活动。自行编制“七五普法读本”一套5册，合计500套，2500册，“三禁三防·以案说法读本”1000册，送到全县260个村（社区）。以“12·4”国家宪法日暨全国法治宣传日为统领，开展“1+10”法治宣传主题教育活动，开展各类法治宣传315场次，法治文艺进万家文艺会演4次，法治公益活动4次。省级专家开展全县村（社区）干部法治培训视频会1次，全县各村、社法律明白人培训、村委换届选举、村委干部法治培训1000余次。依托“文化三下乡”活动开展送法下乡20次，县司法局结合法治阵地建设，分别在法治公园开展法治文艺会演2次，各乡镇开展法治文艺表演19次。同时在全县开展“法治文艺进万家”送法下乡活动。建立“法治永宁”微信公众号，创新“互联网+普法”的普法宣传模式，每周按时编辑2期，截至年末共编辑122期，250条信息。结合“给您说法”拍摄法治情景剧5部，首创“三禁三防”法治宣传内容，即禁毒、禁赌、禁大操大办、防事故、防灾害、防诈骗法治宣传教育。

【法治示范点建设】 2017年，开展法治文化示范创建工作，发挥典型的示范引领作用，打造市、县级法治示范点18个。通过有计划、有步骤地推动每一个法制文化建设示范点，推动叙永法治文化建设工作。接受第四批“全国法治县创建先进单位”的考核检查。

【人民调解】 排查矛盾纠纷577件，预防矛盾纠纷167件，防止群体性上访3件300余人，防止民间纠纷转化为刑事案件2件7人，防止群体性械斗2件10人。调解矛盾纠纷1162件，调解成功1088件，调解成功率达93.6%，涉及金额1786.04万元。其中，消费者矛盾纠纷调解委员会调解纠纷79件，医疗纠纷调解委员会调解纠纷2件，道路交通事故损害赔偿委员会调解纠纷182件。

【完善人民调解机制】 推进人民调解与治安调解衔接，成立叙永镇治安纠纷人民调解委员会；与县教育局联合成立叙永县涉校纠纷人民调解委员会，制定《校园矛盾纠纷预防与处置实施办法》；与县环保局商议，拟成立叙永县环境保护纠纷人民调解委员会；与县住房和城乡建设局、叙永镇人民政府商议，拟成立叙永县物业管理纠纷人民调解委员会。实行人民调解组织和人民调解员备案登记，全县有人民调解组织295个，其中乡镇调委会25个，村（社区）调委会264个，专业性调委会6个，共有人民调解员1867人。建立调解工作奖励机制，开展第五届人民调解优秀案例评选活动，评选出10件优秀案例作为模板参考学习；获司法部表彰“全国模范人民调解员”1人，向市司法局推荐四星级人民调解委员会4个、市级调解能手8人。

【服刑人员亲情帮教】 组织服刑人员亲属通过网络与服刑人员面对面探视，截至11月底，共有服刑在教人员亲属130人与70名服刑人员进行面对面的网络探视进行亲情帮教。

【社区矫正】 截至11月底，收到委托调查评估函83件，其中法院56件、公安17件、监狱10件；新接收社区服刑人员181人，解除矫正133人，居住地变更6人，现列管社区服刑人员256人，其中管制1人、假释6人、缓刑240人、暂予监外执行9人，累计接收社区服刑人员1326人，累计解除矫正1070人。

【社区服刑人员管理】 在“一人一矫正小组”制度上，推进“4+X”矫正小组建设，按照严管、普管、宽管进行分类管理，严格执行请销假外出管理规定，定期到社区服刑人员的家庭、居住地走访，加强对社区服刑人员的抽查，及时了解社区服刑人员的思想动态和现实表现；建立社区服刑人员微信群。严格落实每月8小时教育学习和8小时社区服务制度，开展集中教育学习1384人次，个别教育630人次，心理辅导209人次，社区服务1130人次。联合县公安局开展对全县社区服刑人员进行集中尿检；对不遵守社区矫正规定的社区服刑人员提请撤销缓刑，2017年4人撤销缓刑，执行原判刑罚，在监狱服刑；对13名不服从管理社区服刑人员及时给予警告。与派出所、村（社区）衔接，通过县、乡（镇）两级服刑在教人员信息网络管理平台，核对服刑人员基本信息，做到服刑人员基本信息真实准确。

【刑释人员管理】 实行刑释回归人员“四个一”管理，即建立一份人头档案、成立一个帮教小组、签订一份帮教协议、每半年跟踪教育一次，落实每名刑释人员帮教责任单位和责任人。截至11月底，接收刑满释放人员304人，其中重点帮教人员30人；为刑释人员提供公益性岗位1人，指导刑释人员自主创业52人，落实低保6人，落实临时救助13人。

【法律援助】 县法律援助中心承担全县医疗纠纷的调解工作，化解医患纠纷；与叙永县财政局共同制定《叙永县法律援助经费使用管理办法》，加强经费保障；规范化法律援助大厅投入使用，改善法律援助中心工作人员的办公环境，同时安排全县专职律师轮流值班，免费为来访群众提供专业的法律建议；使用OA系统和法律援助系统，完成咨询案件的录入和法律援助案件的补录、受理、审查、指派等工作，统一使用系统自动生成的法律文书，提高法律援助工作效率。全年，受理法律咨询2791人次，法律援助案件309件。其中，驻昆明法律援助工作站解答法律咨询60人次，办理法律援助案件2件，挽回经济损失32万元。

仲 裁

【劳动监察仲裁】 2017年，会同住房和城乡建设局、银行召开农民工工资专用账户开设工作协调会。处理投诉案件75件，为1130名农民工追讨工资1163万元；主动监察用人单位205户。全年，受理劳动争议调解仲裁案件163件，涉案金额829余万元，劳动人事争议案件结案率达98%。

【工商维权仲裁】 与司法局、法律援助中心联合成立3·15公益法律服务站，聘请8名律师参与消费维权公益服务。聘请一批3·15消费维权志愿者，提供消费信息、咨询服务，参与消费纠纷调查、调解以及通过大众传播媒介对损害消费者权益行为予以揭露、批评。联合人民法院设立消费维权调解中心，将消费纠纷调处融入县矛盾纠纷多元化解大体系。申请法院确认调解纠纷7件，支持消费者向人民法院起诉2件，为消费者挽回经济损失2.5万元，追偿2.74万元。

军 事

人民武装部

【思想建设】 坚持“抓军队建设首先从政治上看”，坚决维护党中央权威、维护核心、维护和贯彻军委主席负责制，开展维护核心、听从指挥主题教育活动，推进“两学一做”学习教育常态化制度化，用习近平新时代中国特色社会主义思想和强军思想武装头脑、培育官兵、指导实践。武装部党委组织集体学习40余次、开展理论辅导4场，组织专题讨论3次，人手一册印发应知应会“口袋书”。组织参加中共十九大精神学习上级宣讲和军分区授课、理论要点解读，全部干部职工“寻根铸魂”参观四渡赤水纪念馆、再访红军渡，真正把信仰种子植入灵魂，把红色基因融入血脉。参加上级调整改革教育，组织改革专题教育2次。

【征兵工作】 7月27日，召开2017年叙永县征兵工作会议，部署征兵工作任务。坚持依法征兵、廉洁征兵，围绕征兵宣传、体检、政考和定兵等4个重要环节，做到征兵工作阳光、透明。2017年，完成年度征集和大学生指标任务。

【军事训练】 开展全县专武干部业务培训，组织开展《民兵训练大纲》矿难救援行动课目试训工作、民兵训练。2017年，举办民兵集训7期；接受省军区、军分区拉动式点验3次。

【应急演练】 在全县9个防火防汛重点乡镇开展森林防火、防汛抢险应急演练20余次。

【民兵组织整顿】 开展民兵组织整顿，组织专武干部及民兵骨干培训1期。对全县25个基层武装部“抓基层打基础，抓好两个经常性、三个一线建设”，开展规范化建设“回头看”。全面完成全县25个乡镇民兵组织整顿。

【非战争军事行动】 按照县委安排，组织民兵应急分队备勤值勤，抓好维稳、社情、民情、灾情四类情报信息搜集，执行抗洪抢险、森林灭火、维稳执勤等非战争军事行动任务，先后动用民兵400余人次参与森林灭火、维稳执勤等应急任务。每天出动10名民兵协助公安巡逻执勤。

【国防动员潜力调查】 开展国防动员潜力调查，做好兵役、预备役登记统计，完成潜力数据统计。

【扶贫帮困】 开展精准扶贫活动，扶贫帮困、助学兴教，落实“领导挂点，部门包村、专人帮扶”活动，建立20万元扶贫开发基金，为营山镇马湖村、金沙村、太康村制定对口扶贫帮困长远规划和年度计划。投入2万余元购买种猪、种兔以及饲料等物资发放给营山镇43户贫困户，向4名贫困大学生和4名贫困高中生捐资助学2.4万元；向营山镇太康完小捐赠1.5万元餐桌和3.96万元课桌；资助贫困户电视机20台。

武警中队

【军事训练】 坚持按纲施训，紧贴实战化任务，抓好基础体能、基本技能、处突基础、应急处置训练，加强人装结合和技战术融会训练。开展警棍盾牌操、防暴队形、防暴弹投掷、抓捕、驱散等临战专业训练和体能等基础训练，提高临战能力；利用“五小练兵”、周六休息时间加强反恐应急班和应急小组训练，保证部队快速反应能力。加强对自然灾害防范，营区、哨兵防袭击、应急班小组战术等临战科目训练。

【从严治警】 严格按照条令规范举止，开展警示教育活动，观看人生警戒线，请地方法律工作者“送法律进警营”，呼喊安全口号等活动，开展学习讨论、交流、读书演讲、知识竞赛、影视点评等。探索构建政治教育灌注、先进典型激励、警营文化熏陶、任务实践磨砺四项长效机制，开展“去娇气、激虎气、砺血性”活动。结合魔鬼周、遂行多样化任务要求，开展争当“爱军精武标兵”活动，营造“忠诚尚武”氛围。

【出警任务】 2017 年全年出动兵力 135 人次，完成 14 次武装押解、重要卡点设卡、“11·19”看守所搬迁武装警戒等任务。

综合经济管理

发展与改革

【县域经济平稳发展】 全年，叙永县生产总值（GDP）115.36亿元，同比增长7.7%；规模以上工业增加值10.41亿元，同比增长6.8%；服务业增加值46.75亿元，同比增长8.1%；全社会固定资产投资166.29亿元，同比增长21.7%；地方一般公共预算收入完成7.1亿元，同比下降3.4%；城镇居民人均可支配收入实现2.39万元，同比增长8.3%；农村居民人均可支配收入实现1.09万元，同比增长10.0%。全县58个省市重点项目，完成投资128.47亿元。

【项目建设稳妥推进】 基础设施项目快速推进。叙永至镇雄铁路动工建设，叙永至威信高速公路启动征地拆迁，绕城公路将建成通车；纳坪水库竣工蓄水；产城大道项目二标段建成通车，项目三标段基本具备通车能力；江门至兴文公路路基工程基本完成。产业项目建成。江门竹浆项目完成生产厂房及生产设备安装，厂区主干道、生活区、厂区绿化及装修工程全面完成，进行试生产；向林泸牌酒业厂区建成并启动生产；成品油储备库项目完工并开业；郎玻仓储配套设施项目完成建设进入运行；叙永资源综合利用经济园区综合体建设PPP项目完成孵化中心项目方案设计审查和场平方案编制；泸州复烤厂项目调整规案方案通过国家烟草总局审批，完成项目功能用房布局、总图布局，正在进行项目地勘和工艺方案调整；江门桃花坞一期工程初具规模，景观打造基本完成，并开园。民生项目有序推进。叙永县城西实验小学竣工，秋期实现招生；叙永县乡、村卫生阵地提档升级建设项目完成建设任务，摩尼、江门、向林3个卫生院主体工程全面完工，25个卫生计生室全部投入使用；叙永三中一期工程基本完工；县人民医院“升三甲”项目开始征地拆迁工作。

【易地扶贫搬迁项目获表彰】 完成四川省下达易地扶贫搬迁任务1185户、5045人。代表泸州市接受四川省易地扶贫搬迁专项考核，获四川省发改委高度肯定。建房“五书四表三个一体系”做法在全省易地扶贫搬迁工作会上作经验交流发言，档案管理模板在全省推广。代表四川省接受国务院督查组专项督导，江门易地扶贫搬迁集中安置点，作为全国唯一一个易地扶贫搬迁先进典型代表，制作成沙盘参加国家“砥砺奋进的五年”大型成就展向中共十九大献礼。

【争取国家项目投资】 “鸡鸣三省”石厢子会议遗址被列入全国红色旅游经典名录，进入全国红色旅游三年建设总体方案；叙永资源综合利用经济园区管理委员会通过国家开发区名录复核；叙永通用机场列入全省通用机场规划；江门镇、龙凤镇列入全省十三五特色小城镇发展规划；编制采煤沉陷区综合治理实施方案，争取采煤沉陷区综合治理项目及鸡鸣三省石厢子会议旧址旅游基础设施建设项目纳入四川省规划项目储备库；叙永县人民医院建设争取中央预算内资金5000万元；江门竹浆项目列入全省农村产业融合发展项目规划，获中央预算内资金连续三年滚动支持；实施以工代赈项目15个，申报2018年以工代赈工程项目12个。2017年，争取中央预算内资金16个批次21个项目18174.2万元。

【化解过剩产能】 2017年，化解煤炭过剩产能105万吨、制砖7000万匹。

【"放管服"改革】 开展"放开、管理、服务"改革；推进"互联网+政务服务"；深化行政审批制度改革，严格执行各类审批制度，不越位、不错位、不缺位，全年共完成办件243件，其中审批类149件，总投资5.3亿元，备案类94件，总投资50.2亿元。

【招投标管理】 2017年全年实施公开招标项目49件，比选项目74件，随机抽取19件，节约资金5838.18万元，资金节约率10.88%。

【关闭、整顿小水电】 完成画稿溪国家级自然保护区内7个小水电站进行清产核资，北辰电力公司机组设备拆除工作，天池电站和麻城东原电力有限公司遗留问题处理。实施画稿溪国家级自然保护区内的灵官梯一二级电站和吉星电站资产评估工作。

物价管理

【价格调查】 开展油茶苗成本调查和宣传推广活动，推进农产品供给侧改革。承担6个调查品种调查，并获省市领导好评，全市农产品调查现场会在叙永召开。

【价格监测】 公布《2017年经营服务性收费目录清单》，取消、停征和降低各类行政事业性收费33项。加强价格调控管理，稳控和监测易地扶贫搬迁建材价格。

【价格检查】 开展涉农价费、涉企价费、医疗服务价格和药品价格、商品房销售明码标价、重点项目涉及价费行为等价格专项检查，查处价格违法案件2件，退还缴费者多收价款10万元，没收价格违法所得1.1万元，罚款2万元，上缴县财政3.1万元。

【价格认证】 开展各类价格认定案件134件，标的总额约665万元。全县物价指数控制在省下的3.0%目标以内。

【荣　誉】 叙永县物价局被国家价格监测中心表彰为2017年全国价格工作先进单位，被四川省发改委表彰为先进工作单位，价格监测工作受到四川省价格监测局通报表扬。

统计　调查

【健全统计机制】 增设"乡镇统计管理办公室"，增设1名副局长和1名总经济师领导职数，增加1个行政编制和2个参公事业编制。乡镇统计站设站长1人，明确为股级。明确乡镇统计管理办公室、统计执法监督大队、乡镇统计站、乡镇统计站站长工作职责，完善统计管理制度。完成25个乡镇统计站站长任命、培训。

【第三次全国农业普查】 完成第三次全国农业普查现场入户登记工作和普查数据采集、传输、审核、汇总、上报工作。对上级反馈的数据问题线索进行核实修改，对上报数据开展事后质量抽查。

【统计规范化建设】 执行"有机构、有场所、有人员、有制度、有台账（原始记录）、有资格、有电脑、有档案"的八有标准，加强乡镇、部门、企业等基层单位统计基础规范化建设，完成对全县25个乡镇、46个部门、24个企业的县级规范化达标复验。

【行政区划代码管理】 按《四川省人民政府关于同意泸州市龙马潭区、叙永县调整部分乡镇行政区划的批复》《叙永县人民政府关于成立营山镇营盘山社区居民委员会合乐苗族乡三河社区居民委员会黄坭乡文昌社区居民委员会的批复》要求，在全国“两码”平台上对大石镇、黄坭镇、石厢子彝族乡、营盘山社区、三河社区、文昌社区等进行更新、维护。

【统计法治建设】 对统计行政权力进行清理，共清理出行政权力事项共18项，其中行政处罚17项，其他行政权力1项。组织实施统计调查，搜集整理统计资料，加工汇总统计资料，不伪造、篡改统计资料，不以任何方式要求任何单位和个人提供不真实的统计资料。在县人大常委会和县政府常务会议上开展会前学法，每月在职工会和党组会上分别学习相关法律法规。在法制集中宣传月和特殊时点，以街头设点宣传和入村宣传的形式，发放宣传年画、水杯、《统计法律法规宣传手册》等宣传资料。

【统计执法监督检查】 对46个企事业单位开展统计执法监督检查，对存在问题责令整改，对2个违反统计法的单位进行立案查处。按照《统计工作巡查制度》，对15家企业开展联网直报平台数据巡查，重点检查企业统计基础工作情况和联网直报平台异常情况，确保数据质量。坚持案件回访工作制度，对统计违法的基层报表单位，及时回访其整改工作情况，确保处罚实效。

【专项调查监测】 开展城乡住户一体化调查，消费价格调查（CPI），生猪监测调查，农民工监测调查，贫困监测调查，粮食大县监测调查，退耕还林大县监测调查，月度劳动力调查，工业生产者价格调查，规模以下工业、服务业调查，新进小微企业跟踪调查等，全面完成国家规定的统计调查任务。

【专项调查测评】 3月，开展全泸州市工会工作测评；5月，开展全四川省党风廉政建设满意度调查；10月，开展泸州市基层人民法院综合测评调查。

【粮食产量对地遥感调查】 联合叙永县发改、财政、农业等部门，开展粮食产量对地遥感抽样调查，组织2个调查小组，对全县20个调查点开展全覆盖指导，实割实测调查队专业人员100%到点实测。

审　计

【概　况】 完成投资审计项目181个，实施跟踪审计项目6个，送审总额6.96亿元，审定金额6.35亿元，审减金额6114.8万元，直接节约财政资金6114.8万元。提交审计报告11篇，编发审计信息69篇，被各级采用65篇。

【经济责任审计】 将领导干部离任自然资源资产的审计纳入审计的重点内容，完成3个县级部门3位领导干部任期经济责任审计。

【涉农项目审计】 完成2016年保障性安居工程跟踪审计，泸县2015—2016年扶贫政策落实和扶贫资金分配管理使用情况审计，叙永县天池镇、水尾镇、正东镇2014年度农村环境连片整治项目专项资金审计等涉农业项目审计。配合县级相关部门，完成全县3685户农村危房改造、叙永县易地扶贫搬迁全覆盖验收检查。

【全民预防保健体系建设审计】 开展江门镇全民预防保健服务阵地装修工程和麻城镇卫生院中央投资新建业务用房工程审计，龙凤镇卫生院扩建工程、叙永县白腊苗族乡灾后重建卫生院业务用房及职工周转房工程、后山镇卫生院综合业务用房建设工程审计。

【稳增长政策措施情况跟踪审计】 开展2017年贯彻落实稳增长政策措施情况跟踪审计，突出去产能、去库存、去杠杆、降成本、补短板五大重点任务，围绕扩大有效供给、促进改善民生和财政资金统筹使用、推动降低企业成本和实体经济发展、防范系统性和区域性风险等方面，分阶段聚焦一个重点跟踪审计内容，推动政策措施落地见效。

【财政税收资金审计】 开展2016年叙永县地

方税收征管审计、叙永县2016年度县本级财政预算执行及其他财政收支情况审计，监管财政资金的使用及税收的合法合规。对财政存量资金盘活、财政风险防范等方面，依托大数据拓展审计深度，强化形势研判，促进财政资金提质增效和运行安全。

【重点项目跟踪审计】 对绕城路、倒流河水库、产城大道等全县6个重点项目进行跟踪审计；在整体提升叙永资源综合利用经济园区承载集聚能力，推动产城大道建设，推进龙凤园区“一桥四路”及叙永三中工程建设方面跟踪审计监管，规范项目建设和提高投资效益。

【自然资源资产审计】 将领导干部离任自然资源资产审计纳入审计工作的重点内容，完成天池镇、水尾镇、正东镇2014年度农村环境连片整治项目专项资金审计等涉及自然环境的项目审计。

工商行政管理

【注册登记】 2017年，新发展个体工商户3285户、私营企业770户、农民专业合作社98户、其他内资企业63户，叙永县市场主体总数量为25045户。

【帮助企业解困】 利用股权出质、动产抵押登记等融资方式，帮助企业盘活资产，扩大抵押物登记范围。2017年为13家企业融资14.38亿元，融资金额同比增长879.10%；办理动产抵押登记15件，抵押物价值2.02亿元，被担保合同金额7.64亿元。办理个体工商质监户动产抵押登记1件，融资80万元。

【培养守合同重信用企业】 至2017年，全县有4家企业评为省级、9家企业评为市级、13家企业评为县级守合同重信用企业。

【成品油市场监管】 开展车用燃油专项整治工作，对5个加油站抽取10个批次成品油送检，92号车用汽油1个批次不合格，0号车用柴油1个批次不合格，0号普通柴油1个批次不合格。2017年，立案3件，结案3件，罚没款4.08万元。

【网络交易监管】 登录网络交易监管系统1783次，巡查辖区网站223个次、平台129个次、网店2461个次、微信公众号216个次，发放电子标识21个，监测网络商品30个批次，立案调查网络违法案件11件。

【企业直销监管】 建立直销监管工作档案，通过市场巡查、报备信息查阅、专项检查、召开直销企业培训指导会议等手段建立直销监管工作档案，掌握直销企业经营活动情况，加强对直销企业的政策指导，引导企业加强内部管理，规范直销行为。

【打击传销】 制定《叙永县工商行政管理局打击传销专项行动方案》，有目标、有重点、有步骤地开展打击传销专项行动，强化打击传销力度。对涉嫌进行网络传销的“福瑞益生”组织进行立案调查。

【广告监管】 查处家用电器、日用百货、建筑装修装饰材料、汽车配件、农业生产资料等重点商品领域中的仿冒知名商品特有名称包装装潢，以及利用广告或其他方法进行虚假宣传的行为。加强通信、教育、房地产开发等行业的集中整治，严厉查处限制竞争行为和商业贿赂行为。打击汽车销售维修行业中使用侵权仿冒产品进行汽车维修保养和对汽车配置与功能进行夸大，对产品价值进行夸大，虚假允诺“零利率零手续费”等进行虚假宣传的行为。查处医药领域广告违法等违法行为。2017年，立案查处“苗一手清肤老铺”违法发布药品广告违法行为。

【商标监管】 开展以酒类产品为重点的侵犯商标专用权集中整治，保护驰名商标、著名商标、涉外注册商标专用权；围绕与农村居民日常生活相关的调味品、茶叶、谷物制品等涉农产品，打击侵犯地理标志证明商标的违法行为；以汽配行业、教育培训行业等为重点领域，加强服务行业注册商标专用权保护力度，集中查处侵犯服务类注册商标专用权的违法行为；以印刷、制作带有商标的包装物、标签、封签、说明书、合格证等商标标识的商标印制企业为整治目标，规范商标印制企业经营活动，打击非法印制商标标识违法行为，保护注册商标专用权。2017 年，立案查处侵犯贵州茅台酒、古蔺干面、清凉洞磕粉知名商标专用权案件。

【合同监管】 以公用企业、房地产、物流、旅游行业为重点，清理经营者格式合同条款备案情况，对未按规定进行备案使用的，予以查处。以公用企业、房地产、中介、旅游、银行等行业为重点，严厉查处利用格式合同条款侵害消费者合法权益的违法行为。

【市场升级改造】 成立专项整治工作小组开展对叙永县城原漫岭水果批发市场与西外蔬菜批发市场升级改造及西外综合农贸市场过渡性改造工作，西外综合农贸市场一期工程已完工，西外果蔬批发市场现已完成地面相关建筑拆除，并开工建设。联合相关单位开展西外农贸市场秩序、环境卫生、集道路交通整治并建立长效机制。

【消费维权体系建设】 与叙永县司法局、叙永县法律援助中心成立“3 · 15”公益法律服务站，参与消费维权公益服务；聘请消费维权志愿者，参与消费纠纷调查、调解评；与县人民法院设立消费维权调解中心，将消费纠纷调处融入矛盾纠纷多元化解大体系中。依托当地自媒体“叙永衣食住行”网络平台，开通“叙永消费者协会”和“互联网 + 微信维权服务”网络平台，构建三方微信消费纠纷调解机制，全天候提供便捷消费纠纷投诉渠道，快速处理消费纠纷。2017 年，申请法院确认调解纠纷 7 件，支持消费者向人民法院起诉 2 件，为消费者挽回经济损失 2.5 万元，追偿 2.74 万元；互联网微信调解消费纠纷 75 件，为消费者挽回损失 2 万余元。

质量技术监督

【质量强县建设】 强化质量强县领导小组办公室牵头职能，完善质量强县协调议事机制，开展“酒城工匠”和“酒城质量奖”的推荐，推荐第二届酒城工匠 2 人，并通过初审。

【质量监管】 开展重点领域专项整治和重点产（商）品质量监督抽查。2017 年，抽检生产领域质量 87 批次、流通领域质量 114 批次，对抽检不合格产（商）品立案查处。

【计量监管】 开展计量认证法律法规宣传，发放宣传资料 900 余份，现场解答群众疑问 100 余次。推进集贸市场、加油站点、超市商店、医疗机构、眼镜制配等行业实行诚信计量自我承诺，与计量使用单位签订诚信计量承诺书 93 份。免费开展全县农贸市场在用计量器具、家用体重计等检测，检定集贸市场计量器具 400 余台次，家用体重计 100 余台次；联合经商部门完善农贸市场公平秤 6 台，公平秤配备率与受检率均达到 100%。接待核实群众举报 3 件次，依法处理并作回复。

【特种设备监管】 严厉打击起重机械、场（厂）内专用机动车辆、电梯等薄弱设备的“三非、两超”行为，排查治理事故隐患。2017 年，出动监察人员 300 人次，检查单位 150 余家，排查隐患 100 余处，下发整改指令书 50 份，隐患到期整改率为 100%。

【标准化示范区建设】 叙永县石漠化综合治理、水潦彝族乡新农村国家级综合标准化示范区建设，经第八批全国农业综合标准化示范项目目标考核合格，被国标委发文确定为国家级综合标准化示范区。

食品药品监督管理

【概　况】 2017 年，25 个乡镇建成食品药品监管基层 6 个高标准所、19 个一般所，264 个村（社区）配备1名村级食品安全协管员，县财政每月补助300元。全县有监管对象6515个，其中食品流通经营户3352户，办理食品生产许可证企业40家，小作坊552家，餐饮服务单位（含学校食堂）1701个，药品经营企业240家，医疗器械经营企业（专营）5家，化妆品经营单位145个，药品医疗器械使用单位480个（含村卫生站）。

【食品安全专项整治】 开展"白酒质量安全""农村食品市场监管""学校及校园周边食品安全""农村自办宴席专项治理"以及"节日市场"等专项整治行动，出动执法人员12180余人次，执法车辆2560台次，检查经营单位10984户次，发现问题162个，现场整改128个，发出责令改正通知书120余份。

【食品安全分级管理】 推行获证食品生产企业安全风险分级管理，餐饮服务单位食品安全量化分级评定。全年，完成食品生产企业分级分类40家；764家（其中7家为新办）餐饮服务单位100%完成食品安全量化分级评定，其中A级单位0家、B级单位194家、C级单位563家。

【建立食品安全快检室】 建成2家农贸市场、5家超市食品安全快检室，并投入使用。

【推行"明厨亮灶"】 在全县餐饮单位推行"名厨亮灶"建设工作，办理食品经营许可证的764家餐饮单位，有527家餐馆完成"明厨亮灶"建设工作。其中，大型21家，中型65家。

【农村群体性聚餐备案管理】 规范农村群体性聚餐备案管理工作，全年农村坝坝宴备案2592家次，双备案2105家次。

【药品流通领域市场监管】 开展"疫苗专项整治"、"药品化妆品流通领域"、"中药材中药饮片专项整治"、医疗器械使用质量专项检查，打击非法制售和使用注射用透明质酸钠行为等专项行动。出动执法检查人员900余人次，出动执法车辆225台次，检查药品药械经营企业918户次。

【药品、医疗器械监管】 2017年，上报药品不良反应317例，医疗器械不良事件115例，化妆品不良反应45例。

【行政许可与备案】 严格按"两集中、三到位"开展行政审批工作，规范使用四川省食品药品监督局的综合信息平台。全年，受理行政许可1151件，办结率达100%。根据《四川省食品小作坊小经营店及小摊贩管理条例》，完成食品小作坊小经营店及小摊贩（简称"三小"）备案764家。

【食药品安全抽检】 开展食药品安全检测，抽检食品1453个批次、药品58个批次。其中，白酒140个批次、食用农产品312个批次，涵盖食用农产品、食用油、肉制品、酒类、调味品等多个重点品种，不合格批次171个。

【稽查执法】 2017年，立案调查149件，结案264件（含当场处罚），货值金额88余万元，罚没金额184.16万元。通过行刑衔接机制，移送公安部门案件3件。符合行政处罚信息公开条件的案件总计135件，已全部公开。

【食品药品安全宣传】 印制发放食品药品安全宣传资料2万余册，组织、参与集中宣传10余次，接受群众咨询100余人次，推动30余户食品药品经营户在其LED屏上宣传食品药品法律法规，年发47万条云MAS宣传信息，举办食品药品安全知识讲座12场。新建饮食用药安全科普宣传站5个，并配齐相应的宣传设备设施。召开食品经营者培训会35期，培训食品经营户2300余人次；组织开展农村群体性宴席厨师培训，培训专业加工服务者600余人次。对外发布食药品安全警示4期。

【示范创建】 组织召开全县食品安全工作会3次，与各乡镇、县食安委各成员单位签订年度食品安全工作目标责任书，安排部署食品安全重点工作；制发食品安全工作评议考核办法及细则，组织开展食品安全年度评议考核工作；贯彻落实泸州市关于创建国家食品安全城市的决策部署，稳步推进叙永县2个示范乡镇，4个示范种植、养殖企业，

5个示范食品生产、销售、餐饮企业，1条示范街区，1个示范农贸市场的基层示范创建活动。

安全生产监督管理

【概　况】 2017年，发生伤亡事故45起，死亡14人、受伤51人，直接经济损失43.2万元。比2016年事故起件数、死亡人数、受伤人数分别下降25%、22.2%、7.3%，直接经济损失下降11.1%。安全生产相对指标均低于泸州市政府下达控制数，其中亿元GDP生产安全事故死亡率为0.127，工矿商贸10万人死亡率为2.01，道路交通万车死亡率为1.82，煤矿百万吨死亡率为0。未发生较大以上生产安全事故。

【安全生产宣传培训】 组织宣讲解读培训，学习国家安监总局《中共中央国务院关于推进安全生产领域改革发展的意见》(简称《意见》)。印制《意见》3000册，分发到25个乡镇和57个安委会成员单位供大家学习。邀请安全生产执法专家对乡镇安全生产干部和一线监管人员70余人开展安全生产执法培训。在全国“安全生产月”活动期间，举办安全生产文艺演出、开展集中宣传，共发放宣传资料2.8万份、宣传围裙3000余个，摆放展板40块，悬挂横幅30幅，出动宣传车4辆，接受群众咨询550人次，组织煤矿企业400余名职工开展煤矿安全知识竞赛。

【完善安全生产责任机制】 县委常委会听取安全生产工作汇报2次，县政府常务会听取汇报并研究安全生产工作10次，召开安全生产县长督办会6次。制发《叙永县安全生产目标管理考核办法》《叙永县安全生产党政同责工作目标绩效管理实施细则》《叙永县安全生产“十三五”发展规划》《集中开展2017年安全生产攻坚行动工作方案》等，明确各部门主要负责人、分管负责人、其他分管负责人的责任。县级领导带队组成8个综合督查组每季度开展安全生产综合督查，到乡镇、村(社区)、企业，现场检查督促各部门、各行业和生产经营单位的安全生产工作。建立安全生产诚信体系和安全生产不良记录“黑名单”制度。通过诫勉约谈、责任追究、警示约谈、挂牌督办、督促检查等手段，推动企业履行安全生产主体责任。

【安全标准化建设】 煤矿企业按照新的标准进行二级、三级标准化建设，48家非煤露天矿山企业、9家加油站、1家危化品经营企业、1家烟花爆竹经营企业达到三级标准。

【安全社区建设】 正东镇、水潦彝族乡、江门镇、叙永镇、水尾镇5个乡镇建设成为省级安全社区，其中3个乡镇通过安全社区复评。

【安全监管信息化建设】 非煤露天矿山企业全部安装监控视频。升级完善已建成的煤矿瓦斯监测监控系统和人员定位系统、客运车辆3G视频和GPS定位系统、渡口码头监控系统。建成安全生产预警体系暨综合信息化管理平台，使安全监测监控及安全预警、安全监管执法、安全生产应急救援、隐患排查治理等工作走进信息化监管时代。

【安全隐患治理】 挂牌督办整治10项市、县级重大安全隐患，1项市级挂牌隐患列为省级督办整治项目，441家重点工矿商贸企业纳入四川省隐患排查治理系统信息化管理，实现动态监督隐患排查。2017年全年，排查隐患10420条，整改10413条，整改率99.9%，投入治理资金2417.37万元。

【安全生产执法监察】 成立2个片区安监执法中队，开展安全生产执法监察工作。7—10月，集中开展安全生产检查整治行动，共组织检查组33个，排查出一般隐患5871条，已整改5750条，整改率97.94%；打击处理违法违规行为148起，停产整顿82家，暂扣吊销证照4个，关闭取缔企业2家，实施处罚93.47万元。

【应急救援建设】 县财政每年补助永安矿山救护公司100万元，完善应急救援配设。开展多部门协调配合的安全生产应急预案综合实战演练，提高科学施救和事故灾难应急救援能力。5月25日，泸州兴泸污水处理有限公司叙永分公司在厂区内进行防汛应急演练；6月3日，全县举行山洪灾害防汛应急抢险实战演练，包括群众转移安置、遇险人员搜救、医疗救援防疫、道路抢通等科目；8月17日，天池镇组织应急分队、村（社区）干部、预警转移责任人、监测员、危险区群众分别在凤江村、盐井村、大水井社区山洪灾害监测点举行山洪灾害应急避险演练；9月19日，叙永一中开展防汛避震应急疏散演练活动，增强防震避险意识，提高应急逃生自救能力。

【矿山安全监管】 2017年，四川煤矿安全监察局川南监察分局组织对叙永3对煤矿安全检查，查出各类安全隐患68条。泸州市安全监管局组织对叙永5对煤矿安全检查，查出隐患103条和问题59条。广西煤矿技术中心专家到叙永开展7对煤矿隐患排查会诊，查出各类安全隐患和问题319条。2017年，监管执法检查煤矿92矿次，下达《现场检查记录》92份、《责令限期改正指令书》92份、《现场处理措施决定书》28份，查出各类安全隐患和问题919项，责令暂时停止作业25矿次，全面停止生产作业7矿次。

【非煤矿山安全监管】 委托四川煤炭设计院6名专家，对河源矿业公司、新房子矿业公司、太康煤厂进行三级安全生产标准化建设的初评工作，完成56家非煤矿山企业安全标准化三级达标验收。2017年，非煤矿山安全检查350家次，制作检查文书500余份，发现隐患1400余条，隐患整改率96%；国家环保督查期间，对47座生产建设的非煤矿山实施停产整顿，督促整改环境问题160项，实施行政处罚25家次，处罚金额30余万元。

【煤矿关闭后续工作】 2017年，解决第二批7对关闭煤矿关闭后续工作问题。县煤管办加强对关闭资金监管，多次召集业主和相关债权人讨论分配方案，稳定债权人情绪，引导债权人协商解决或依法诉讼解决，确保该群体的稳定。

【危化品和烟花爆竹监管】 严厉打击非法运输烟花爆竹、危化品的行为，开展检查467次，查获非法经营烟花爆竹35处，查处非法生产、非法运输、非法储存烟花爆竹案件12件、行政拘留12人。

【职业健康防护】 委托泸州市职业安全技术培训中心对职业病危害企业主要负责人及职业健康管理人员培训2期，200余人参训，培训合格，持证上岗。督促23家企业开展职业病危害现状评价，22家企业完成作业场所职业病危害因素检测；5家新、改、扩建企业通过职业卫生“三同时”验收。指导29家非煤矿山企业安装抽尘设备、防尘管路和喷头，对产尘设备及加工车间进行密闭、隔离，钻孔及破碎加工实施湿式作业。全年，检查企业64家，发现问题288条，已整改隐患272条，整改完成94.4%。

【消防安全监管】 排查整治火灾隐患，发现和整治一批火灾隐患和消防违法行为。共检查单位和场所2706家次，发现消防违法行为和火灾隐患5034处，下发整改通知书2063份，实施临时查封46家，实施行政处罚127起，罚款42万元，责令“三停”40起。

【建筑施工安全监管】 开展起重机械设备、模版工程、知名体系、防高坠物体打击、施工临时用电等专项检查，对施工现场存在的质量安全问题下发检查通知205份，其中质量警示通知8份、质量安全限期整改通知20份、检查通报36份、停工或局部停工单6份、质量安全监督记录135份。立案查处施工现场26个，实施简易处罚31次、诫勉谈话21次、强制性学习24次。

【特种设备安全监管】 开展特种设备安全大检查和巡查，检查特种设备使用单位280家次，特种设备1150台次，发现特种设备安全隐患270处，督促当场整改隐患110处，下达特种设备安全监察指令书50份，责令限期整改160处，已整改完毕158处。

【水上交通安全监管】 出动执法车辆24车次、136人次，检查渔业船舶30船次，搜缴违规网具20张，对10家水产养殖户开展渔药专项整治44次。发放宣传资料3000余份，张贴通告30余张，播放禁渔通告1个月，悬挂宣传横幅10条。

【道路交通安全监管】 举办春运人员岗前培训，作业标准化，确保设备稳定可靠和行车安全。针对不同时段运输特点，落实安全生产岗位人员职责，做好防冰雪、防大雾、防自然灾害的行车安全准备工作，对事故多发路段、急弯、险路的安全警示标志和防护设施情况进行排查，及时清除妨碍行车安全的路面障碍物，完善危险路段、施工路段行车指引标志和安全防护设施。加强部门、乡镇协作和区域联动，共同做好雨雾冰雪恶劣天气交通应急管理和车辆分流绕行工作。共查处各类交通违法行为13.90万起，其中无证驾驶3775起、酒后驾驶375起（饮酒351起，醉酒24起）、超速行驶24897起、客车超员13起、货车超载312起、疲劳驾驶3起，货车非法改装451起、涉牌涉证164起、违法禁令交通信号29503起、高速公路占用应急车道26起。

国土资源管理

【概　况】 2017年，完成叙永县永久基本农田划定成果报国土资源部备案，全县土地利用总体规划调整完善数据库完成四川省国土资源厅组织的专家评审，按照专家提出的意见修改后，报四川省国土资源厅审查，并获得省政府和市政府的批复。梳理2017年项目拟用地情况，并上报叙永县人民政府审定用地项目及费用列资情况。完成上报5个批次666亩（其中新增建设用地613亩）和一个独立选址S438线叙合路改扩建工程1872亩（其中新增建设用地1568亩）。

【土地征收】 开展江门至兴文快速通道建设、叙毕铁路、叙威高速公路、S438线改道建设等重点工程建设、城镇化发展、道路交通事业征地工作，征收土地6110亩，房屋拆迁702户，办理农转非参保手续2365人，支付各类补偿费用5.2亿元。

【土地供应】 2017年，供应国有建设用地使用权25宗，面积2016.82亩，成交土地出让价款1.39亿元。其中，划拨用地12宗，面积1781.10亩（水域及水利设施用地327.07亩、公共管理与公共服务用地62.72亩、交通运输用地1391.31亩）；招拍挂出让国有建设用地使用权13宗，面积235.72亩，成交出让价款为1.39亿元（挂牌出让9宗，面积167.9459亩，成交出让价款4121.81万元；拍卖出让国有建设用地使用权3宗，面积66.789亩，成交出让价款为9700.5万元，协议出让1宗建设用地使用权，面积0.984亩，成交价款65万元）。

【用地巡查】 2017年，巡查总数237宗，已巡查217宗，巡查率91.56%。其中，交地应巡查74宗，已巡查69宗；开工应巡查87宗，已巡查80宗；竣工应巡查76宗，已巡查68宗。完成巡查率90%的要求，全年未产生闲置土地。

【土地二级市场建设】 成立二级市场领导小组，推进土地二级市场建设，二级市场交易办公室已选址，待县编办文件批复后马上落实人员。

【耕地保护】 将耕地保护工作纳入县政府目标考核，与乡镇签订目标责任书，将耕地保护目标责任书、明白卡及现场采集的永久基本农田标识牌和界桩录入数据库。2017年，耕地保有量保持73333公顷，基本农田巩固在基本农田面积55439公顷。

【高标准基本农田建设】 实施摩尼镇、赤水镇、向林乡、两河镇、后山镇、水尾镇、江门镇等17个高标准基本农田土地整理项目，其中地方投资项目11个，省投资项目10个，建设规模共计19.73万亩，预算总投资2.54亿元，预计可新增耕地1.67万亩。2017年有17个项目已竣工，完成自查整改，编制竣工资料。

【矿产资源管理】 2017年11月17日，第三轮矿产资源总体规划《叙永县矿产资源总体规划（2016—2020年）》经四川省国土资源厅批复。加强矿业权人勘查开采监管力度，组织矿业权人勘查开采信息公示实地核查；配合迎接中央环保督查，促进矿产资源绿色勘查开发。

【地质灾害防治宣传培训与应急演练】 编制完成《叙永县2017年度地质灾害防治方案》和《叙永县地质灾害应急响应机制》。4月18日，邀请专家在鱼凫小学学术报告厅开展防灾减灾知识宣传培训。5月11日，召开2017年地质灾害防治工作会，进行集中培训。同时采取院坝会、课堂教育、发传单等形式进行防灾宣传和培训。5月26日，在叙永县正东镇伏龙村5社猪毛田滑坡地质灾害隐患点举行应急演练，县国土资源局、县人武部官兵、县消防大队、县矿山救护队、伏龙村5社群众等15支参演队伍226人参与演练。发放地质灾害防灾避灾工作明白卡3000余份。利用“4·22”地球日、“5·12”防灾减灾日、“6·25”全国土地日，开展地质灾害防治知识宣传活动，发放地质灾害防治知识宣传单5000余份，防灾宣传画3000份、《地质灾害基本知识》2000余本。对山区乡镇的基层干部、监测员进行地质灾害防治知识培训，共计600人次。全年开展防灾知识宣传培训500余次，受益37280人，发放宣传培训资料22354册。

【地质灾害防治】 1月12日，在鱼凫小学教学楼内安装地震监测仪器1台。实行防灾措施落实情况每天督查，地灾点防灾措施落实情况“回头看”，规划实施避险搬迁和工程治理的隐患点整改进度督查，各乡镇和部门履职情况督查。8月10日开始，叙永县地灾应急指挥部派出5个工作组，20人开展工作督查32次，发现17个问题，督促乡镇整改到位。县人民政府主要领导每周二、周五组织乡镇、县级相关部门召开县级调度会，通报隐患整改工作中发现的问题，对下阶段工作部署提出具体要求。2017年，四川省国土资源厅下达叙永县300户避险搬迁安置任务，涉及隐患点123处。完成地质灾害治理项目2处。通过汛期地质灾害大排查，新增地质灾害避险搬迁户35户，向上级争取到避险搬迁补助资金234.5万元。

【地灾搬迁项目实施】 2017年，实施地灾搬迁项目355户，到位资金2010万元，其中四川省级资金1200万元、泸州市级资金810万元。完工建房228户，在建51户，未开工76户，完工率64%；其中153户民生工程任务已全部完成。

【来信来访】 2017年，收到人民群众来信来访39件，受理30件，不予受理9件，已办理30件，初信初访息访率100%，重信重访息访率95%以上。接待来访群众165批378人次，领导接访28件，已全部办结，干部带案下访9件，已全部办结，按时办结率100%。

【执法监察】 2017年，组织巡查1296人次，立案查处4起土地违法行为、1起非法采矿行为，发现违法行为制止、报告率100%。

【土地整理项目】 2017年，全县土地整理项目33个，其中四川省投资项目21个、地方投资土地整理12个项目。完工15个，正在施工项目6个，正在启动招标项目6个。正东镇普市村、阳坪村、永兴村土地整理项目正在推进，新增耕地665亩；水潦乡高坪村、雄光村、双山村、大坝村土地整理项目，新增耕地1400亩，正在对后续未完工程开展施工招标；摩尼镇、赤水镇10个社会投资土地整理项目，新增耕地8169亩，正在自查整改。

【工矿废弃地复垦利用】 叙永县规划工矿废弃地复垦利用总面积11922亩，实施后预计可获得10200亩的工矿废弃地指标。第一批工矿废弃地复垦利用试点项目3个，总投资2953万元。已于2014年终验，获取新增建设用地流转指标

3398.07亩，叙永县自用399.31亩，流转2259.61亩，尚余739.15亩，合计流转金额3.18亿元，已到位2.39亿元。第二批工矿废弃地复垦利用试点项目5个，总投资2980万元，于2016年7月10日全面完工，技术核查后核定指标面积3587.27亩。四川省土地整理中心于2017年10月9日出具最终成果报告，泸州市国土资源局已组织终验，待整改完善后向四川省国土资源厅备案，即可获得验收证书，进行指标流转。第三批工矿废弃地复垦利用试点项目4个，复垦规模3264.39亩，预计投资2480万元。已完成实施方案评审，将申报审核立项。

【推进城乡建设用地增减挂钩】 2017年，采用公开招商方式引进社会资本实施19个城乡建设用地增减挂钩项目，已获9个项目立项批复，分别在马岭镇、兴隆镇、两河镇、水尾镇、叙永镇、正东镇开展5个项目实施，建设面积3455亩。至年末，完成马岭镇、兴隆镇2个挂钩项目的场地平整和拆旧复垦工作，正在开展集中安置点建房工作；两河镇、水尾镇、叙永镇与正东镇等3个项目正在进行施工设计；新包装立项江门镇2个项目，已获四川省厅批复；包装立项中上报马岭镇2个项目。县人民政府投资的10个项目已完成落卜镇、后山镇等2个项目的立项申报工作，获四川省国土资源厅审核批复；其余8个项目于9月30日启动外业踏勘，已完成聚居点的核查工作。

【不动产登记工作】 不动产登记中心窗口在叙永县政务服务中心开展办理业务以来，截至2017年12月26日，累计受理不动产登记业务20585宗，共涉及40222个不动产单元，完成登簿39282个不动产单元，累计缮证32198个，累计发证28362个。林权登记业务30宗，发不动产权证书14个，其中抵押登记8宗。

【国土政务信息公开】 需要公开的行政权力事项均在政务信息网上公开，同时，工矿废弃地、脱贫攻坚、重点项目、民生工程等工作信息在国土资源部、四川省国土资源厅网站及刊物上发表20余篇。2017年4月，叙永县国土资源局被四川省国土资源厅评为"全省国土资源系统政务公开工作先进集体"。

【年度土地变更调查新机制试点在全国国土资源系统交流】 2017年，完成国土资源部地籍管理司安排的年度土地变更调查新机制、新技术试点，获国土资源部肯定，并在全国国土资源系统进行交流学习。该项目试点工作启动于2016年。

【农村不动产确权登记试点】 2017年，叙永县被确定为全国6家农村不动产确权登记试点单位之一，在龙凤镇开展农村不动产确权登记示范点工作，总结出试点经验得到国土资源部的肯定，并在全国国土资源系统推广应用。

投资促进

【概　况】 2017年，促成昊阳集团综合产业投资、巨星百万头生猪、山东联盛菌业鸡枞菌等一批惠民利民重大项目签约落地；江门20万吨竹浆、郎酒玻瓶3号窑炉、古泉洞酒业等一批重点项目建成投产或改扩建实施。完成市外国内到位资金69.67亿元，比2016年增长18.26%。

【招商引资项目签约】 2017年引进亿元及以上项目11个，协议投资额突破70亿元。其中，投资5亿元及以上项目4个：中六集团有限公司签订叙永县向林镇工业产业园区项目，签约金额10亿元；北京美景天成体育文化发展有限公司签订叙永县赤水河畔精品休闲体育度假景区项目，签约金额5.7亿元；四川巨星集团签订叙永县100万头优质生猪产业化精准脱贫项目，签约金额15.2亿元；昊阳国际控股集团（香港）有限公司签订叙永县特色小镇打造及旅游产业项目，签约金额20亿元；浙江三禾纳米有限公司签订纳米银扶贫产业园，签约金额20亿元。

【招商引资宣传】 2017年，投入专项经费30余万元，制作《华章·叙永》招商引资形象片、投资指南、招商手册，通过网络、微信、快递等方式向海内外企业投放，宣传叙永招商引资环境与招商项目。通过举办叙永籍在外成功人士茶话会，参加各地叙永籍在外成功人士同乡会，拜访各地泸州、叙永商会或企业联盟，举办“边城叙永精英论坛”等活动多线联动以商招商；组织参加省、市举办的“川商返乡大会”“知名企业四川行”“中国酒博会”“省农博会”“西博会”“市农博会”等重大招商活动，多面开展项目推介招商。

国有资产管理

【国资国企改革】 制定出台《关于深化国资国企改革促进发展的实施意见》；组建县国有资产管理局，作为全县国有企业的监管部门，负责对国有企业的制度执行、国有资产管理、财务活动和经营情况等进行监督管理；将叙永县国有资产经营有限公司作为国有资本运营公司试点，授权其对授权范围内的国有资本履行出资人职责，改组成集团有限公司。

【国有企业管理】 实行国有企业分类管理，将叙永县城市建设投资开发有限公司、叙永县金恒土地综合整治有限公司、叙永县兴叙水务投资有限公司、叙永县产业园区投资开发建设有限公司纳入集团公司管理，其余公司暂按现行管理模式进行管理，并按照“成熟一批、转型一批”的原则，逐步完成改革试点工作；公司高级管理人员实行定编定岗，企业职工薪酬实行总额控制；制定《叙永县国有企业负责人经营业绩考核暂行办法》《叙永县国有企业负责人薪酬管理暂行办法》。对企业负责人的经营业绩从财务指标、分类指标、风险控制指标、综合评议指标四个方面制定考核内容；制定出台《叙永县国有企业投资管理暂行办法》《叙永县政府投资建设项目委托代建管理暂行办法》《叙永县国有企业请示报告制度》《关于县属国有企业负责人履职待遇支出管理有关问题的通知》等配套管理办法。

【筹资融资】 通过资产抵押、信用担保、融资租赁等市场化方式融集资金17.66亿元，用于投资转型和还本付息，争取政策性融资21.01亿元，保障全县扶贫、教育、交通等民生重点项目的资金需求。2017年，完成融资38.67亿元。

【财务监管】 开展财务人员专业知识培训，并进行统筹调配并定岗定责。代理下属11个子公司会计，完成各子公司账清理调整，规范各子公司会计核算。购买U8+财务软件，提升财务核算水平。完成公司历年往来款项初步清理，并对逾期借款进行催收。

【政策性担保】 为14个企业担保政策性贷款续贷，续贷金额1.39亿元；担保小额贷款160户，担保金额1600万元，追偿小额担保贷款16万元。

【资产经营】 升级改造资产管理系统，由单一的房屋资产管理扩大到土地、林权、设备等综合管理。全年，签订公租房、廉租房、公产房承租户2013户，房屋收入3635.67万元；利用自有土地资源同自贡广艺公司合作，主办“2018叙永首届迎春灯会”，场地租赁收入20万元，广告招商等收入30万元；全权委托江门镇兴鑫公司经营管理江门古寨资产，举办首届文化节。

【项目建设】 年产1400万袋黑皮鸡枞菌菌袋及食用菌加工生产设施建设项目进厂公路已完成70%，水保项目完成90%，场平工作完成80%，供电工程全部完成，完成厂区堡坎和挡墙的修建。完成第三期工矿废弃地复垦利用项目招投标、施工建设工作，项目通过终验。完成赤水镇、摩尼镇10个土地整理项目工程，并实现对该项目新增的占补平衡指标的流转；完成水潦乡土地整理项目后期建设工作，实现指标流转收入1680万元。城投公司全资收购四川泸华建筑工程有限公司，承揽群工局和水投公司办公楼装修、叙永县农村饮水安全巩固提升工程、赤水镇、合乐苗族乡和石厢子彝族乡污水处理厂应急项目、县城污水处理厂二期及完善工程、龙凤园区污水处理技改项目、两河污水支管处理厂等工程；签约金额4537.03万元，公司年度毛利润达300万元以上。

【民生工程】 出资成立县交投公司、县公交公司，购置30辆新能源公交车；承建各乡镇污水处理厂及县城污水管网升级改造、县城内景观改造项目；牵头实施县人民医院“三甲”改扩建项目；建设日产2万吨的红岩坝水厂，实现日均向县城供水6000吨以上。

【公益性资产清理】 按照《国务院关于加强地方政府融资平台公司管理有关问题的通知》精神，集团公司对学校、医院等公益性资产进行清理，清退房屋18.41万平方米，土地30.53万平方米。

【完成中心任务】 与叙永镇实施县城南门河渠道改造工作，消除水体黑臭，渠道恢复供水；牵头实施西外菜市场贸口占道经营改造工作，拆除市场内500平方米的国有资产，新建1100平方米营业大棚和9个营业门市，将占道经营户迁至市场内。

农　业

综　述

【概　况】 2017年，围绕赤水河流域特色经果带、南部高寒山区生态果蔬产业带、中部种植养殖产业带、北部乡村旅游产业带四大产业片区发展规划，推进东牛牧场肉牛养殖、赤水河流域柑橘示范园建设、年产1400万袋黑皮鸡枞菌产业扶贫项目、年出栏100万头生猪产业扶贫项目等现代农业产业重点项目。2017年，建设现代特色效益农业标准化基地1.65万亩，粮食总产量24.6万吨，烤烟种植面积6万亩，优质稻种植面积22.5万亩，优质蔬菜面积16.5万亩；名优水果面积12.16万亩，建成赤水河流域高标准柑橘示范基地5000亩；茶场面积6.46万亩；新改扩建畜禽标准化养殖小区（场）8个，生猪出栏50.38万头，水产品总产量2572吨；实施营造林面积13.3万亩。农业招商引资到位农业项目15个，到位资金158亿元。投入21亿元实施脱贫攻坚。其中，投入2.3亿元，开展对标补短（不含交通建设和易地扶贫搬迁），42个预脱贫村每村投入560万元。设立扶贫小额信贷分险补偿基金3499万元，拟设立5亿元农业产业发展投资引导基金。231个行政村由市县乡机关全覆盖选派第一书记，引进产业扶贫重点项目，覆盖贫困户1.06万户、4.61万人，实现预防保健覆盖面、贫困人口参保率、分类救治率、医疗救助面“四个100%”。全县评估退出预脱贫村42个“一低五有”全部达标，评估验收预脱贫户3299户13535人“两不愁三保障”“一超三有”“四个好”全部达标；10875户47057人已脱贫人口实现巩固提升。

【农村基础设施建设】 2017年，倒流河水库、纳坪水库、龙洞水库、高木顶水库等中小型水库枢纽工程全面完工，解决贫困人口安全饮水8419人，治理水土流失面积50平方公里，新建通乡公路30.8公里，新建通村公路150公里，建成高标准基本农田4.38万亩，新增耕地0.31万亩，主要农作物耕种收综合农机化水平达53.46%，农村电网改造1460公里。

【美丽新村建设】 2017年，建成幸福美丽新村50个、省级四好村33个、市级四好村41个、县级四好村44个。完成农村贫困户危房改造3685户，新农村聚居点污水处理示范点10个；完成5个传统村落保护。

【培育新型农业经营主体】 2017年，新增市级以上示范龙头企业7家，其中省级3家；新增市级以上示范专合组织17个，其中省级6个。新增市级以上示范性家庭农场9个，其中省级3个。年末，市级以上农业产业化重点龙头企业35家，市级规范化专合组织45个，市级以上示范性家庭农场15个。

【农村集体经济】 2017年，以股份合作制改革为基础，赋予村民对集体资产股份占有、收益、有偿退出和抵押、担保、继承的权利，健全县乡村三级农村产权交易平台，实现土地、林权等资源的规范流转。成立村级集体资产经营管理公司，取得市场主体地位公司化运营，推动“资源变资产”“资金变股金”“农民变股东”的股份化改造。全县村级集体经济收益累计1793.56万元，人均17.35元，实施重点项目的42个预脱贫村收益624.03万元、村均15.6万元、人均59.65元。

【创新产业模式】 以“政府+龙头企业+村资公司+农户”为核心，利用银行、保险两个平台，突出龙头企业、合作社等新型经营主体带动作用，搞活产业扶贫机制，实现产业扶贫全覆盖。建立海升公司，龙凤蔬菜基地等龙头企业与村资公司、贫困户的利益链接机制，即“龙头企业+村公司+贫困户”。实施“飞地扶贫”模式，利用麻城食用菌园区产业优势，由村资公司组织县内贫困户进行生产，与龙头企业、村资公司实行利益分配。创品牌、建电商促扶贫，重点在赤水河区域打造“赤水河”品牌柑橘、李子等优势产品，形成品牌优势。

【农业品牌建设】 实施农业标准化生产和农业品牌化建设，建成各类粮经作物标准化核心示范片和畜牧、水产健康养殖基地15个。完成1个绿色食品、7个无公害农产品的认证（已获证）和10个无公害农产品的复查换证工作。打造具有地方特色的农产品知名品牌，甜橙、茶叶、蔬菜等无公害农产品生产基地通过会议室，产品获得“三品一标”认证，清凉洞牌水磨磕粉获省名牌产品称号，赤水河品牌获评省著名商标。

【示范产业建设】 通过引进和培育鸿艺粉业、川天食品、温氏集团、巨星集团、民珠养殖、东牛牧场等农业龙头企业28家和641个合作社，建成万头黑山羊养殖基地、3万亩油茶基地、3600亩园区式家庭农场核心区。

【农业污染治理】 开展农业面源污染综合防治，通过发放宣传资料、宣传录音U盘、刷石灰标语等形式，进行秸秆农业循环利用宣传。开展秸秆禁烧巡查。推广测土配方施肥、秸秆还田、推广新型肥料、增施有机肥等技术措施，实现2017年化肥零增长。落实水污染防治、大气污染防治以及河长制等工作。针对省环境保护督察中提出的畜禽粪污及屠宰场环境污染严重的问题，制定整改方案，建立整改台账。推进畜禽粪污治理与综合利用，以乡镇为单位对年出栏生猪50头、出栏肉牛10头、出栏肉羊30头、出栏肉鸡500只、存栏蛋鸡500只等以上的养殖场进行摸排，建立全县593户适度规模畜禽养殖户台账。全县规模化养殖场畜禽粪污综合利用率达65%。

【农业产业扶贫】 对接省、市农业产业扶贫专项方案，形成叙永县2017年农业产业扶贫专项方案和42个贫困村2017年预脱贫村农业产业发展规划，并与全县整村脱贫规划保持相对一致，该县农业产业扶贫格局已基本形成。建立赤水河特色甜橙、麻城高山蔬菜、兴隆小麦试验3个科技示范基地，面积1100亩；培育科技示范户344户，开展新技术试验示范推广7项，新品种示范推广13个，示范面积3645亩，示范推广各类畜禽鱼类65000余头。全县依靠农业产业脱贫10331人。

【农业技术扶贫】 向90个贫困村每个村派驻1名驻村农业科技人员，调整农业专家服务团，确保每个专家服务团中熟悉种植业人员2人，养殖人员2人。在贫困村培育新型经营主体和科技示范户，确保每村有2名（户）以上会经营、懂技术、善管理的致富“明白人”。全年培训贫困户29095户，发放培训资料6.5万份。

【整合扶贫资源】 设立基金规模为5亿元的农业产业发展投资引导基金。争取省级农业发展专项资金支持农业产业转型升级，用好1000万元农业担保贷款基金，重点培育优势特色产业，促进农业产业做大做强做精。补充贫困村产业扶持基金714.3万元，贫困村产业扶持基金5008万元。在非贫困村设立贫困户产业扶持基金，基金规模为1257万元，用于向贫困户产业发展提供无息周转借款。补充扶贫小额信贷分险基金3499万元，扶贫小额信贷分险基金5948万元，用于引导与银行合作向有生产能力的贫困户发放“免担保、免抵押”扶贫小额信用贷款。通过政府引导，金融资本、社会资本参与县产业扶贫工作，实现融资2亿元以上。争取保险公司为支持带动贫困户的龙头企业或专合社提供不低于30万元的信用贷款。

【乡村旅游产业建设】 开发江门桃花坞、水尾西溪“云上花开”等乡村旅游项目，江门镇桃花坞农业主题公园目前已完成景区主体工程、餐饮等配套设施建设，景区开始正常营业。

种植业

【粮食生产】 2017年，粮食作物播种面积90.91万亩，同比（比2016年，下同）增加0.73万亩。其中，小春粮食作物面积25.53万亩，大春粮食作物面积65.38万亩（优质稻面积22.5万亩）。粮食产量24.6万吨，增加0.1万吨。粮食新增规模化经营面积0.53万亩，增加0.03万亩，粮食新增规模化经营面积5.66%。

【生态产业】 发展以高山蔬菜、天麻、茶叶为支撑的南部高寒山区生态产业区，在7个乡镇种植高山蔬菜示范片3万亩，在10个乡镇种植天麻1000亩、茶叶4万亩。2017年，蔬菜种植面积22.08万亩，产量23.54万吨，产值3.654亿元。其中高山蔬菜基地面积8万亩，产量17万吨，产值1.9亿元；引进山东省金乡县联盛菌业科技有限公司，在麻城镇启动建设年产1400万袋黑皮鸡枞菌生产工厂，食用菌基地面积0.05万亩，产量0.65万吨，产值0.42亿元。茶叶种植面积6.46万亩，投产面积3.28万亩，茶叶产量0.238万吨，产值1.168亿元（按市场价计），同比增长2.73%。依托泸州市森奥中药材发展有限公司、三生堂中药材专业合作社、叙永县鑫百合产业有限公司等龙头企业，新建和改造中药材基地0.56万亩。新建电子商务乡村示范点104个，为特色产品拓展销路。

【特色经果产业】 发展以引进海升公司规划建设的5000亩现代柑橘产业示范园为核心的赤水河流域特色经果区，开展桃李鲜果采摘、民族风情、乌蒙花海赤水河风光旅游等活动，打造产业融合示范园区。依托现代农业，利用省级财政专项、农业综合开发和县级支农资金整合以奖代补等涉农项目和企业自筹资金，继续在赤水河流域建设4000亩柑橘标准化示范园。累计完成投资11060万元，已完成4000亩柑橘标准化示范园土地流转、土地整理、土壤改良、护坡、起垄、排水系统、围栏、电力、水利设施、机械平台、堆肥场建设、道路及滴灌系统建设等工作；完成占地200亩，年出苗率200万株的国家省级良种苗木繁育场选址工作。建成1000立方米的蓄水池8口，机耕道164.6公里，道路14.15公里，排水渠3.2公里，土坎护坡4850立方米等基础设施建设。全年，水果种植面积20.66万亩，增加0.17万亩。水果总产量6.7万吨，产值3.73亿元（按市场价计），增加0.04亿元。

【家庭农场培育】 培育新型农业经营主体，全年新增家庭农场92家，其中贫困村新增54家（2017年预脱贫村新增24家）；新增农民专业合作社85家，其中贫困村新增52家（2017年预脱贫村中新增23家）。叙永县奉皇礼生态种植家庭农场等3家家庭农场被评为第三批省级示范场，叙永县七里店种植家庭农场等6家家庭农场被评为第二批市级示范家庭农场。启动农村集体资产股份合作制改革试点，试点村开展清产核资完成率100%。

【农业科技推广】 全县231个村农业技术巡回服务全覆盖，累计培训贫困户25548人次，发放各类技术资料54846份。培育科技示范户344户，开展新技术试验示范推广 7 项，新品种示范推广 13 个，示范面积 3345 亩；开发编制“农民夜校”培训教材 6 本。围绕粮油增产和果蔬增效，推广定量播种、机插秧、底肥一道清、稻鸭共栖、稻鱼共育等新技术。建水稻高产创建示范片 4 万亩。

【农资市场执法监管】 执行种子备案登记工作，备案登记“两杂”（杂交玉米、杂交水稻）品种 519 个；开展种子质量抽检，抽检合格率 100%；开展农资市场执法检查，检查种子经营户 297 户，农药经营户 324 家，肥料经营户 122 家，养殖场 58 家（次）、屠宰场 26 家（次）。查处违规经营 70 起，责令改正 70 起；立案 14 件，办结案件 29 件，其中一般程序 17 件；查获违规种子 150 公斤、农药 74 公斤。

【农产品质量监管】 健全、完善农产品追溯体系，新纳入 5 家农产品生产经营主体入驻追溯系统。至 2017 年年末，全县入驻农产品追溯系统的农产品生产经营主体和农业投入品经销主体 46 家，其中可实现过程追溯农产品生产经营主体 9 家。实施辖区内农产品生产、经营主体监管，全年检查各类农产品生产、经营主体 241 家次；开展农产品质量监督检测，完成省、市各类农产品（包括种植、畜牧、水产品）专项抽检和例行抽检，抽检农产品样品 391 个，合格率达 98% 以上。县级种植业产品抽样 508 个，未发现农药残留超标，乡镇快速检测样品 5100 个，合格率达 98% 以上。畜产品瘦肉精检测 8156 头次均为阴性。全年无重大农产品安全事故发生。

【重大病虫害监测预警和防治】 开展植检检疫性有害生物普查，实施植检检疫，以稻水象甲为重点，开展甜橙基地柑橘溃疡病、黄龙病普查，苗木产地检疫和“四纹豆象”市场检疫查验。实施农作物重大病虫灾害监测预警，预报准确率 92.6%。指导实施重大病虫害防治面积 24.5 万亩次，其中病虫绿色防控面积 9.2 万亩。

【农村土地承包经营权确权登记颁证】 推进农村土地承包经营权确权登记颁证，完成全县农村土地承包经营权确权登记问题整改，开展确权登记数据省级汇交工作，确权登记数据汇交率达 100%；确权登记颁证率达 90% 以上。

【农村土地纠纷调处】 开展农村土地纠纷仲裁调解，指导乡镇开展农村土地纠纷调处工作，接待群众来访及咨询 46 人（次）。

烤烟生产

【概　况】 2017 年，种植烤烟 6 万亩，种烟农户 2973 户，烟叶产量 11.31 万担，产值 1.27 亿元。

【烤烟基础设施建设】 2017 年，投资 927.4 万实施烤烟基础项目建设。投资 139.4 万元，实施赤水镇南山烟水烟路项目、摩尼育苗中心项目、赤水育苗中心项目。投资 126 万元，维修烤烟项目 114 个。投资 662 万元，进行分水烟叶工作站、合乐烟叶工作站、尾河烟叶收购点、兴隆烟叶收购点 4 个站点项目建设。

【科技种植】 在 9 个烤烟基地，开展实用生产技术在主栽烤烟品种上集成应用示范：少基质堆捂式育苗、合理密植、三角定植、“321”移栽、早施追肥、高培土、合理留叶，每个烟站设立 5 亩标准化科技示范园区并辐射 50 亩；各烟点设立 1 亩标准化科技示范园区并辐射 10 亩，园区面积共 89 亩，辐射面积 850 亩。县科技推广站落实专人指导在合乐乡兴复村试点试用水肥一体化滴灌，并进行全程记录，水施追肥，烟株早生快发，生长整齐度。全年，推广水施追肥 6.25 万亩。试行烤烟蔬菜轮作，烤烟育苗设施种植大棚果蔬，农闲烟田轮作蔬菜，推进促进烟农增收，麻城宝丰烟农合作社种植辣椒丰收，与郫县豆瓣厂实现订单销售。

养殖业

【概　况】 2017 年，全县生猪存栏 38 万头，出栏50万头；牛存栏12.5万头，出栏3.6万头；羊存栏4.5万只，出栏1.2万只；家禽（兔）存栏215万只，出栏200万只。实现畜牧业产值15亿元。渔业养殖面积468.7公顷，鱼种投放330吨，水产品总产量2570吨，渔业产值4626万元。

【珍稀鱼类保护】 开展增殖放流，至年末在赤水河流域保护区增殖放流珍稀鱼苗10.64万尾。加强巡查执法，在赤水河流域56公里保护区安装界桩56个，在水潦彝族乡、石厢子彝族乡、赤水镇3个乡镇沿河安装禁止电毒炸鱼标志牌19张，并开展常态化巡查执法。

【渔政管理】 制定叙永县养殖水域滩涂规划，开展“电、毒、炸”专项整治活动。坚持每月一次的渔船巡查。在叙永电视台连续播放春季禁渔公告1个月，对县辖区内永宁河渔业船舶安全、禁渔期休渔情况、违规网具清缴进行安全隐患大排查。完成渔业船舶登记、检验6艘，完成登记、检验率100%；渔政执法案件办结率100%。

【规模化养殖】 泸州东牛牧场科技有限公司采用“小群体大规模”的发展模式带动发展适度规模养牛场、大户和采取与石厢子乡堰塘村等贫困村飞地模式发展村集体经济，牧场饲养肉牛800余头，年出栏1000头，种植优质牧草5000多亩。合乐景盛公司采用“六统一分”合作发展模式带动全县200多户参与黑山羊产业，其中300只以上10个场，100只以上88个场。合乐乡川南黑山羊种羊基地饲养种羊3000多只，年销售种羊2000多只，新发展养羊户100余户。肉牛、肉羊产业带动全县发展30只以上适度规模母羊养殖户和年出栏100只以上肉羊场、养殖大户158个；发展10头以上适度规模母牛养殖户和年出栏50头以上育肥牛场136个。引进四川省农业产业化重点龙头企业四川巨星集团万头种猪场项目选址测绘、项目投资备案等前期工作，及观兴镇河坝村、落卜镇硐坪村、江门镇向坝村、兴隆镇卷子城村、马岭龙盘村、正东镇普市村、赤水镇南山村10个寄养猪场选址和动工前期准备，办理林地审批、环保等前期相关手续，完成投资250万元。

【畜禽良种推广】 开展生猪常温精液人工授精配种3.6万窝，新发展优质母猪5200余头，优质生猪改良面达90%以上；实现牛人工授精改良配种3.5万头，肉牛良种及杂交改良面超过50%。

【动物疫病防空】 全县设立定点监测和流行病学调查点8个，对全县5头乳用牛、217个规模牛场（大户）868头牛、110个规模羊场（大户）3300只羊进行牛羊布病监测，未发现阳性牲畜；对5头乳用牛、65头其他牛进行结核病监测，未发现阳性牛。全年无区域性重大动物疫病和点状动物疫情发生。开展以高致病性禽流感、口蹄疫、高致病性猪蓝耳病、猪瘟、小反刍兽疫等重大动物疫病为基础的季节性免疫，并加强日常补免。全年，免疫生猪75.21万头、牛8.92万头、羊4.56万只、禽249.5万羽，免疫密度96.8%。

【动物检疫监管】 实行全县生猪定点屠宰场（点）、禽类屠宰厂、省际动物检查站官方兽医驻场、驻厂、驻站检疫责任制和包片监管制，采取定岗、定人、定责方式强化检疫工作，帮助企业和养殖户健全和执行病死畜禽无害化处理制度，常态化开展无害化处理等巡查监管。对所有年出栏50头以上的规模化养殖场及50头以下散养户，分乡镇指定基层畜牧兽医站执法人员对辖区内病死动物及处理情况实施监管。全县12个生猪定点屠宰场（点）和1个禽类屠宰厂派驻官方兽医29人，2个省际动物检查站（动物及动物产品指定通道）派驻官方兽医7人。

农业机械

【概　况】 2017年，国家投入5972万元，农民自筹2983万元，改善农机化生产条件，建成高标准农田面积6.28万亩、机电提灌保灌面积12万亩，新建农机化生产道路340公里、村组道路

190公里、田间机耕道建设25公里、入户便民路建设125公里。全县230个村（社区）基本实现村村通公路。

【提灌站建设】 2017年，新建和改造提灌站7座，新增提水控灌设备125台套920千瓦。其中，石坝彝族乡堰塘村建设太阳能提灌站工程建设项目投资80万元，两河镇太平山村新建机电提灌站工程建设项目投资20万元，解决当地400亩甜橙灌溉和785户2616人的人饮、250头大牲畜的用水困难。

【农机安全监管】 规范拖拉机、联合收割机及其操作人员牌证的登记和核发和年度检验，实行人、机、证检验。开展农机安全生产打非治违和变型拖拉机专项整治。检查农业机械210余台，检验拖拉机27台，补换驾驶证79人、期满换证32人、注销驾驶证34人、注销拖拉机233台，通过全省机动车及驾驶人安全共享信息平台处理违章驾驶员27人，督促缴纳罚款2.1万余元。

【农机具购置补贴】 执行购置农机具补贴政策，调动农民购买使用农机的积极性。全年，对310台（件）农机具实行购置补贴。

林　业

【概　况】 2017年，争取林业项目资金11228.33万元，上缴森林植被恢复费812.6万元，完成固定资产投资4180万元。新建现代林业产业基地5.5万亩，其中竹产业基地6万亩（新建2万亩、改造4万亩），木质原料林基地1.8万亩，木本油料林基地3.5万亩（其中核桃1.5万亩、油茶2万亩）。新建林下菌基地0.05万亩，重点打造水尾万亩竹产业示范园，配套新建竹区公路82公里。新增森林面积1.92万亩，新增森林蓄积15.17万立方米，新增森林覆盖率0.43%。全县林业用地260.6万亩，林地面积254.86万亩，活立木总蓄积821万立方米，森林覆盖率56.22%。实现林业总产值39.685亿元，其中森林旅游和休闲服务产业8亿元，农民从林业上获人均纯收入2363.5元。

【营造林建设】 2017年，营造林13.3万亩，其中人工造林7.3万亩（竹林新造2万亩、木质原料林新造1.8万亩、木本油料林新造3.5万亩）；森林抚育2万亩；低产低效竹林改造4万亩。义务植树310万株。

【天然林保护】 管护国有林10.23万亩，集中分布在国有林场。完成重点公益林生态效益补偿105.85万亩，分布在25个乡镇和1个国有林场，天保工程公益林建设人工造林0.2万亩，完成森林抚育2万亩。

【退耕还林工程】 退耕还林成果巩固12.745万亩，完成新一轮退耕还林成果巩固7.07万亩。

【石漠化综合治理工程】 人工造林0.23万亩，封山育林1.29万亩。

【林业产业基地建设】 探索建立“专合社+集体经济+贫困户”林业产业模式，发展林下食用菌种植基地400亩。江门20万吨竹浆纸项目主体工程已完工，实现点火生产，收购原料15万吨。泸州野植珍食品有限公司、四川乌蒙山雨阳生态农业发展有限公司、泸州市恒达农业科技发展有限公司被命名为省级林业产业化龙头企业，叙永县水尾西溪村获“四川省森林康养体验基地”称号。

【森林防火】 在重点林区、路口设立永久森林防火宣传碑246块，书写森林防火宣传标语3049条，开展防火宣传650次，森林防火宣传进校园621次，出动宣传车1264车次开展流动宣传，发放宣传资料24.8万份，受教育30余万人。与移动、电信合作，在高火险时段，发送“温馨提示”短信1万余条。在春节、清明、五一等重点时段和高温高火险时期开展野外用火巡查和森林防火督查8次，排查各类安全隐患88起，立即整改58起，限期整改30起，已全部实行闭环整改，建立涉林安全隐患登记台账。开展应急演练40余次，参加6500余人。全县没有发生较大以上森林火灾，没有涉林安全事故发生。

【**林政管理**】 出台《叙永县林地保护管理实施办法（试行）》，开展“加强林地保护管理，践行生态文明”为主题的林地保护管理宣传月活动，开展林地变更调查。2017年，征占用林地7起，占用林地47.7公顷，其中永久占用林地37.9公顷、临时占用林地9.8公顷，收缴森林植被恢复费812.6万元。新办竹材经营加工许可19家，其中木材类9家、竹材类10家；办理林木采伐许可证1066份，采伐蓄积8.36万立方米；办理木材运输6.5万立方米，活立木运输876株。

【**林业行政执法**】 开展“林地行动”、森林火灾案件查处等专项行动，依法打击非法占用林地、森林火案、破坏国家重点保护珍稀植物等违法犯罪行为。2017年，查处森林案件55起，其中立案侦查森林刑事案件9起，移送审查起诉7起11人，采取刑事强制措施11人次，查处林业行政案件46起，林业行政处罚46人次，收缴涉案木材50立方米。

【**林业有害生物防治**】 开展林业有害生物春秋季预测预报和枯死松树普查处置。办理产地检疫30余份，1300万株。实施大安林场人脚板、玉皇观工区突发樟蚕幼虫、赤水镇黄坪村核桃虫害人工防治。2017年，森林病虫害测报准确率98.46%，防治率100%，无公害防治100%，产地检疫率100%，调运检疫率100%。无野生动物疫源疫病和松材线虫病疫情发生。

【**林业改革**】 完成国有林场主体改革，原有3个林场合并为叙永县国有林场，单位性质定为公益一类事业单位，203名国有林场职工全部纳入县级财政全额拨款。办理林权变更登记10余起，办理林权抵押登记6件，抵押面积0.25万亩，贷款金额248.7万元。

【**林权纠纷化解**】 2017年，排查林权纠纷、涉林信访20件，调解处理20起，调处率达100%。

【**林业扶贫**】 2017年，实现林业生态项目贫困村全覆盖，从贫困人口中选聘生态护林员416人。完成公益林人工造林0.2万亩，管护森林105.85万亩，巩固退耕还林成果12.745万亩；兑现天保工程资金1882.35万元，兑现退耕还林补助资金万元2671.48万元。打造西溪森林科普园，实施竹林丰产0.2万亩，林下种植100亩，培育森林人家5户。

【**省林业厅专家到县检查古树名木普查工作**】 3月15日，由省林业厅专家组成的检查组到县，对叙永县的古树名木普查工作进行实地检查。检查组首先听取叙永县古树名木普查工作汇报，随后到叙永镇中城社区、南城社区和东外社区等地，现场对银杏、桢楠等古树名木普查情况进行复查复核。

水 务

【**概　况**】 2017年，争取小农水、安全饮水提质增效、水土保持、纳坪水库水利工程，争取上级水利项目资金2.6亿元。

【**河长制推行**】 制定《叙永县全面推行河长制的实施方案》，明确县委书记、县长担任总河长，分解目标任务、明确各级河长责任，建立健全相关制度，形成县乡村三级河长制体系。修订完善“一河一策”管理保护方案及“四张清单”，启动河长制前期工作。开展日常河道巡查和监管，公示监督举报电话，接受广大群众社会监督。完成小（2）型及以上水库的基础调查工作，县域内主要河流重点河段防洪水位线的划定和河长制管理信息系统基础数据的填报，开展河道清理，入河排污口调查，建立入河排污口台账，设立生态流量下泄口下泄流量公示牌“四项行动”。设立河长公示牌59块，在河流醒目位置悬挂横幅标语37条，发放宣传手册240余份，发放宣传画180张，发放宣传单1000份。

【重点项目建设】启动倒流河水库支渠建设工程；纳坪水库建成蓄水，高木顶水库、龙洞水库完成主体工程建设；高效节水工程、安基屯中型灌区配套改造试点项目、水土流失治理工程、抗旱应急水源工程、安全饮水提质增效工程等项目全面完工，解决13483人饮水困难问题，新增有效灌面1.78万亩，新建渠道39.86公里，整治渠道37.52公里，整治塘坝3口，石河堰2处，新建蓄水池19口，治理水土流失面积20平方公里。

【饮用水源保护】将原水质很好的红岩水厂的龙凤镇四坪村阳尘河取水点和三岔河取水点饮用水源调整为县城饮用水源；将百花山水厂的南门河土地坳取水点饮用水源从原申报的县城饮用水源调整为县城备用水源；关闭未进行饮用水源保护区划定的肖家河取水点，并拆除其取水设施。

【防汛抗旱减灾】修订《叙永县防汛应急预案》，开展山洪地质灾害防汛演练26次。严格执行24小时值班制度，实现汛期雨情水情24小时实时监控。加强隐患排查，加强防汛物资储备。全年，开展汛前安全检查、汛期安全检查等隐患排查300余人次，排查并整改一般安全隐患187项。储备编织袋1.5万条、无纺布1600平方米、铁丝14.85吨、冲锋舟3艘、救生衣1033件、发电车3台。新增堤防建设1公里，整治病险水库10座。

【水政执法】利用中国“水周”、世界“水日”等，组织街头宣传活动，印发各类宣传资料4000余份，现场解答群众咨询100余次。联合环保、住房和城乡建设、国土、海事、经商、公安、矿办等部门联合开展执法检查13次，彻底整治赤水河2个砂石堆场，惩治河道非法采砂行为。开展河道采砂、水资源、水土保持专项执法检查50余次，打击非法取水和侵占河道、非法采砂、破坏水利设施、乱丢乱倒污染水环境的违法行为10起，发出停止水事违法行为通知书7份、整改通知书10份。受理行政审批事项55件，办理55件，办结率100%。公开行政审批事项及办事程序18项，录入行政征收案件65件，行政处罚案件2件，每月录入行政检查信息2000条。

【水务扶贫】2017年，投入3204.52万元用于安全饮水提质增效，带动项目区贫困村经济发展，解决42个预脱贫村13483预脱贫人口的饮水不安全问题，覆盖率100%。

气　象

【概　况】2017年，县气温偏高，降水偏多，日照偏多，年内高温、干旱、风雹、雷暴较常年偏轻；暴雨、洪涝发生次数多，灾害损失较常年偏少；初夏阴雨寡照天气明显，秋季阴雨天气危害偏轻，属农业气象年景正常偏好年。叙永县气象局获2017年度泸州市森林防火工作先进单位，2017年度全国气象工作先进集体、2017年度人工影响天气工作先进集体。

【防灾减灾】2017年，气象工作围绕气象灾害监测预警与分析服务，提高突发公共事件的气象保障服务能力，加强对重大天气过程和重大灾害性天气会商，及时发布预警信息。密切关注天气变化对地方政府工作的影响，开展气象服务，完成两会、春运、节假日、高中考等重要时期及全县地质灾害应急演练等县重大活动的专项气象保障服务，及时发布气象信息，提前进行滚动服务。全年，制作发布决策服务和专题服务材料43期，发布气象灾害预警9期、预警信号65期，气象决策短信1509批次，共计152万余条，进行“6·21”“7·14”“8·24”等重大气象灾害保障服务。

【气象要素】2017年，平均气温18.8℃，较历年气温的平均值偏高0.8℃；极端最高气温42.2℃，出现在8月7日，极端最低气温1.9℃，出现在12月21日。年总降雨量1134.2毫米，较历年降水总量的平均值多10.0毫米，距平百分率1%；日最大降雨量58.9毫米，出现在6月24日。年日照总数 1182.9 小时，较历年日照总数的平均值偏多 25.9 小时，距平百分率 2%。

【灾害气候】 寒潮。年内有 5 次强降温（寒潮）天气过程，分别发生在 2 月 18 日、3 月 19 日、4 月 19 日、10 月 11 日、11 月 4 日，降温幅度最大的是 3 月 18—19 日，过程累计降温幅度达 11.2℃。2 月 5—13 日，出现的低温阴雨雪天气，造成该县高海拔地区部分路段道路结冰。

低温阴雨寡照。5—6 月平均气温偏低 1℃左右，雨日多达 39 天，降雨量同比偏多 2 成，日照显著偏少 5 成，持续长时间的低温、阴雨、寡照使正值关键敏感期大小春作物所需光、热资源明显不足，发育不良，生长季节推迟，光合有机物积累少，病虫害发生和危害加剧，粮经作物发育和产量构成受到不同程度影响。

风雹强对流天气。7 月 10 日、7 月 30 日、7 月 31 日南部个别地方出现小范围大风冰雹天气，风雹灾面积小，南面个别地方遭受一定损失。入汛后，发生“5·30”“6·18”“7·2”“8·31”多次雷暴、大风、局地强降雨等强对流天气。

暴雨。年内出现 5 次区域性暴雨天气过程，分别发生在 6 月 4 日、7 月 12 日、8 月 11 日、8 月 17 日、9 月 17 日。其中，6 月 4 日凌晨开始到 18 时，出现 2017 年范围最大、强度最强的一次区域性暴雨天气过程，全县普降大到暴雨，部分地方大暴雨。最大降雨量为 139.9 毫米，出现在落卜镇。

高温。高温主要发生在 7 月 19 日至 8 月 6 日，极端最高气温≥ 35℃为 16 天，其中≥ 38℃的高温天气 7 天。8 月 6 日最高气温升至 40.9℃，创下 2017 年盛夏泸州的高温值，但高温强度总体偏弱。

夏旱。5 月 12 日至 6 月 2 日，叙永县西南面部分乡镇出现一般性夏旱，但由于夏旱之前降水充沛，水利工程蓄水和大田保水总体较好，旱地作物土壤墒情适宜。夏旱虽有发生，旱区无缺水、脱水现象，对农业生产影响不明显。相反该期间晴好少雨，有利于小春收晒并缓解前期阴雨寡照带来的影响。

秋季连阴雨。9 月 12—19 日、10 月 12—20 日、11 月 7—18 日出现三段秋季连阴雨天气。一方面对晚秋作物的抽穗、开花、结实、收割有一定的影响；另一面连阴雨天气带来的降水，有利于秋蓄。秋绵雨利弊相间，相比常年影响偏轻。

【启动“三农”气象服务专项建设】 实施中央“三农”气象服务项目，确定 2017 年为“三农”气象服务专项建设工作开启年。完成可行性报告及实施方案编制，邀请专家开展相关服务软件、《“三农服务”专项建设指南》培训。

工　业

综　述

【概　况】 2017年，规模以上工业企业53家。其中，煤炭开采和洗选业9家，建材及玻璃业12家，农副食品加工业13家，硫铁矿开采业4家，酒制造3家，化工2家，造纸3家，电力及燃气的生产和供应业4家，其他3家。市属重点工业企业4家（赛德水泥、郎酒玻瓶、叙永煤矿、鑫福煤业）。全县规模以上工业总产值49.85亿元，增长6.8%；实现规模以上工业增加值10.41亿元，比2016年增长6.8%。完成工业性投资33.25亿元，同比下降18.9%；完成工业技术改造投资26.43亿元，下降31.6%。新增规模以上工业企业4户。重点工业行业建材业、农副产品加工业保持较快增长，分别增长12%、9.8%；而作为支柱产业的煤炭开采业受价格指数居高不下影响，同比下降5.2%，对经济增长的制约作用明显。

【服务企业】 出台工业经济发展实施意见，实行责任制，将全县所有规上工业企业和重点工业项目分解落实到各个县领导、县级部门及乡镇。通过领导现场办公会，解决企业生产经营过程中的困难和问题，促进企业满负荷生产，保证工业经济平稳运行。每周定期召开经济运行分析会，认真分析问题，查找不足，密切跟踪监测重点行业、重点项目、重点企业的发展变化。加强部门间的信息资源共享力度，发现问题，抓紧解决，确保部门数据支撑全县经济指标向好的方向发展。2017年，安排资金6000万元，支持工业发展。划拨资金300万元，兑现一季度满负荷生产的企业用电补贴、运输补贴、产量按增长比例奖励等。划拨300余万元，兑现2016年工业稳增长奖励补助金。

【培育规模企业】 启动建设30万吨石英砂深加工项目、郎酒玻瓶3、4期项目和5万吨魔芋精粉精深加工项目建设。泸州复烤厂异地技改项目完成主体工程。完成江门竹浆、向林老窖、兴池酒业等重点工业项目建设，年末进入试生产。叙永郎酒东方玻璃有限公司郎酒玻瓶生产线3—4号窑炉建设、后山石灰石深加工三四期工程项目正在加快推进。野植珍食品异地技改项目、泸州复烤厂异地技改项目正在加快前期工作。整合经商、统计、工商、税务等部门力量，帮助银洪源矿业、鸿源电力2家企业申报规模企业，众聚源建材、鸿恒钙业2家企业通过国家统计局初审。

园区工业

【概　况】 2017年，园区建成区面积2.57平方公里，投产企业25家，其中规模以上工业企业16家。园区规模以上工业企业实现产值17.14亿元，同比增长为2.4%，占全县规模以上工业企业产值的34.39%；规模以上工业企业实现主营业务收入

18.35 亿元，同比增长 25.7%，占全县规模以上工业企业主营业务收入的 36.47%；工业增加值同比增长 11.76%，占全县规模以上工业企业工业增加值的 36.5%。完成固定资产投资 10.11 亿元，增长 37.36%；园区企业上缴税金 6091.14 万元。

【基础设施建设】 园区产城大道二、三标段建设项目全线贯通，二标段验收通车，三标段已具备通车能力。园区干道项目完工投用。

【重点项目建设】 2017 年年末，江门 20 万吨 / 年漂白竹浆纸一体化项目完成主体工程建设和设备的安装与调试，提前竣工投产。该项目总投资 12 亿元，历时 15 个月。

电力工业

【电网改造】 2017 年，投资 1.88 亿元，实施 30 个项目，完成新建及改造 10 千伏线路 403 公里、配电变压器 420 台、低压线路 1700 公里。其中，城网改造工程新建及更换配变电压器 14 台、电缆分支箱 5 台、JP 柜 17 台，新建 10 千伏线路及绝缘化改造 1.41 公里。投资 1197 万元，完成大修工程 3 个、技改工程 7 个。争取 35 千伏天池变电站项目落地，35 千伏水潦输变电工程建成投运。投资 2.0096 亿元，实施叙永县 2016 年第二批、第三批中心村改造工程、2016 年追加贫困村改造工程、2017 年村村通动力电等项目，覆盖叙永县 50 个行政村（其中包括 46 个贫困村）。叙永紫阳村等 3 项农网工程获省公司“农网五十佳”称号。

【电力安全生产管理】 制发《关于做好夏季高温天气和汛期电力安全生产工作的通知》，要求各行业各系统做好电力安全生产工作。定期开展基层班组安全隐患排查、事件快报、安全文件学习，限期整改存在问题。成立 8 个专项安全检查工作小组，开展全行业的安全生产大排查工作。排查出安全隐患 116 项，限期落实整改隐患 102 项，后山镇无法即时整改的 14 项隐患列入农村电网改造升级工程，并向用户送达安全告知书。

煤炭工业

【概　况】 全县有地方煤矿 8 对，均为高瓦斯矿井，其中 2 对Ⅱ类水患矿井、6 对Ⅲ类水患矿井，设计产能 126 万吨 / 年。其中，灯盏坪煤矿、后山煤矿、刁林沟煤矿、河源矿业公司、太康煤厂、新房子矿业公司和佳源矿业公司 7 对生产矿井，核定生产能力 111 万吨 / 年，金沙煤业公司 1 对建设矿井，设计生产能力 15 万吨 / 年。2017 年，7 对正常生产矿井共生产原煤约 45 万吨。

【矿井标准化建设】 7 对生产矿井通过专家初评，其中有 4 对二级安全生产标准化矿井，3 对三级安全生产标准化煤矿，已通过公示或正在公示。

【安全教育培训】 将煤矿职工教育培训作为春节后复产复工的必备条件，派员督促煤矿对职工全员安全教育培训执行情况，未经培训不得复产复工，培训不合格不得上岗作业。5 月 11 日，开展煤矿全员安全警示教育培训，集中播放“5・11”桃子沟、老林头煤矿“4・27”事故等事故安全警示教育片，并对全体职工进行业务、技能培训。组织全县 8 对煤矿组成 8 个参赛队在灯盏坪煤矿开展煤矿安全知识竞赛活动，参与人 400 余人。9 月 21—23 日，聘请省煤炭设计院 3 名专家在对叙永煤矿实地调研后分两期开展煤矿重大灾害防治专题培训，由五长（矿长、安全矿长、生产矿长、机电矿长、经营矿长）、五科（生产科、通风科、机电科、安全科、劳资科）及分管通风的副总工和全体煤矿监管人员参加，共约培训人员 206 人次。全年，开展煤矿全员教育培训 2858 人次。

【煤矿安全监管】 严格煤矿密闭编号定人管理、巡查，实行台账、图纸、现场、编号“四对口”

管理，启封密闭必须上报总工程师审批后由专业救护队现场启封和瓦斯排放。聘请省技术中心专家开展隐患排查，审查7对生产矿井，并出具专家审查报告或意见。由煤矿制定整改方案，经审核同意后落实整改，并按程序申请专家验收。

【瓦斯专项治理】 督促企业落实防止煤与瓦斯突出的各项技术措施，要求各矿山企业按规定建设监测监控系统，配齐设备，所有矿井监控系统必须与省、市、县监控平台进行联网，实现瓦斯超限三级报警和比照事故处理要求处理瓦斯超限。全年，调查三级瓦斯超限报警16次，处理相关责任人9人次，处罚0.65万元。

【矿井水患防治】 坚持现场指导企业开展防治水工作，有水患威胁的矿井，要求必须配备齐全探放水设施，坚持“预测预报、有疑必探、先探后掘、先治后采”的原则，采取防、堵、疏、排、截的综合治理措施。出资采购一台先进物探设备，供煤矿进行掘进前期物探。5月，组织各煤矿开展井下联合排水演练，检验煤矿排水能力和应急能力。

【安全执法检查】 四川煤矿安全监察局川南监察分局组织实地检查3对煤矿，查出安全隐患68条；市安全监管局组织到县实地检查5对煤矿，查出隐患103条和问题59条。市安全监管局聘请广西煤矿技术中心专家到县排查会诊7对煤矿隐患，查出安全隐患193条、问题126条，提出安全对策措施及建议65条。至2017年年底，对查出的隐患已整改334条，整改率95%。5月，联合救护公司、安平达公司技术人员开展6对正常生产煤矿安全生产执法专项检查，查出安全隐患95项，下达现场检查记录6份、责令隐患整改指令书6份、现场处理措施决定书2份；责令局部停止生产采煤工作面1矿次（1个采煤工作面），停止1台绞车使用和1名证件到期副矿长带班作业。9月，联合县执法大队，开展8对正常生产、建设煤矿执法检查，出动检查人员62人次，查出安全隐患76条，下达现场检查记录8份，责令隐患整改指令书8份，现场处理措施决定书4份，责令局部停止采掘作业4矿次5个采煤工作面作业和停止2名证件到期瓦斯检查工作业及2名未经入井培训职工的入井作业。全年，检查煤矿92矿次，下达现场检查记录92份、责令限期改正指令书92份、现场处理措施决定书28份，查出各类安全隐患和问题919项，责令暂时停止作业25矿次，全面停止生产作业7矿次。

非煤矿业

【惩治不法开采】 实施47座生产建设的非煤矿山停产整顿，督促整改环境问题160项，实施行政处罚25家次，处罚金额30余万元。

【非煤矿业安全监管】 开展非煤矿山安全检查350家次，制作检查文书500余份，发现隐患1400余条，隐患整改率96%。完成56家非煤矿山企业安全标准化三级达标验收。

酿酒工业

【概　况】 截至2017年年末，全县有泸州长窖酒业有限公司、泸州稻香村酒业有限公司、泸州市凤凰曲酒厂、叙永县春秋酒业有限公司、沈酒集团有限公司、泸州古泉洞酒业股份有限公司6家白酒生产企业，其中白酒小巨人企业1家。白酒产量1万千升。

【白酒生产能力建设】 2017年9月，兴池酒业古泉洞项目通过省经信委产业确认。该项目由泸州古泉洞酒业有限公司投资建设，集生产、洞藏、灌装于一体。于2015年启动，截至2017年已投入资金5000万元，建成酱香型白酒窖池42口，完成洞内道路、照明及5000个陶坛购置，配套完善消防、环保等设施设备。在建白酒产业项目2

个，沈酒集团年中转3000吨白酒窖藏基地项目、泸州古泉洞酒业股份有限公司白酒洞藏项目。截至年末，全县有白酒生产窖池716口，其中酱香型窖池167口、浓香型窖池533口、凤香型窖池16口。有长窖酒业酱香型窖池93口和浓香型窖池120口，稻香村酒业浓香型窖池158口，春秋酒业浓香型窖池78口，凤凰曲酒厂酱香型窖池48口和浓香型窖池68口，向林老窖浓香型窖池109口，兴池酒业酱香型窖池26口和凤香型窖池16口。

建材工业

【概　况】 2017年，生产水泥118.6万吨，水泥预制件14.8万立方米，砖6.8亿块，瓦2822万片，日用陶瓷351万件。

【建材企业较快增长】 启动30万吨石英砂深加工项目建设，加快推进后山石灰石深加工三四期工程项目。众聚源建材、鸿恒钙业2家企业通过国家统计局初审。市属重点工业企业赛德水泥保持12%较快增长。

商 贸

商务工作

【概　述】 2017年，全县各型集贸市场40余个，其中城区市场11个；城区规划商圈5个，省级特色商业街1个，省级服务业集聚区1个；电子商务企业8家，物流企业71家，重点物流配送企业13家。实现社消费品零售总额70.77亿元，服务业增加值41.11亿元。白酒产量1万千升，销售收入2.6亿元，入库税金1000万元。进出口总额2000万美元，利用外资人民币3000万元。

【企业培育】 2017年，新培育限额以上社会消费品零企业12家，退出7家，净增5家；新培育规模以上服务业企业6家，退出4家，净增2家。川滇黔商贸城、桃花坞景区、向林老窖、电商进农村等在建重点服务业及白酒项目8个，涵盖物流配送、康养旅游、专业市场等项目，总投资约23亿元。川滇黔商贸城一期家居建材市场于2017年9月正式运营，市场面积3.6万平方米，入驻商家120户，年末商家营业额6000余万元。启动二期项目建设，设计面积5.9万平方米，规划为汽摩贸易与维修专业市场，可容纳200余户商家。

【商品展销】 组织参加中国（泸州）酒博会、西南（泸州）商博会、西博会进出口商品展、中国（贵阳）酒博会、绵阳电商峰会、赤水河流域生态研讨会、川货全国行（广州站、长春站）等活动，累计组织30余家次企业200余种产品进行集中展示销售，累计销售金额60余万元，签订销售合同2000余万元。

【服务业安全管理】 贯彻落实党中央、国务院，省、市、县各级安全生产工作法规、规章、会议、文件精神，落实党政同责、一岗双责要求，执行商务安全监督检查、联席会议、整改督促等制度，强化联合检查、宣传动员及培训教育工作，2017年商务领域未发生较大以上安全生产事故。

【环保整治】 组织开展再生资源综合利用行业、白酒生产行业环保整治活动，召开专题会议20余次，印发《关于切实开展白酒小作坊环保问题整治工作的通知》《叙永县废旧品回收站专项治理行动实施方案》等文件5个，组织相关职能部门组成联合工作组分别对全县再生资源综合利用行业和白酒生产行业环保问题进行集中摸排整治，查出问题700余个，针对查出问题，明确措施，明确责任人限期整改。

电力经营管理

【概　况】 2017年，售电5.36亿千瓦时。叙永电网最大网供负荷13万千瓦，径全口负荷13.33万千瓦；最大网供电量246.2万千瓦时，全口径电量248.8万千瓦时。

【保障民生用电】 成立配网抢修指挥运营中心，

提高故障研判及抢修效率；安装24小时自助交费终端16台，发展第三方便民代收点208家；定期开展园区用户、高危重要客户上门服务活动，提出科学用电意见230余条。主动服务江门竹浆项目，业扩新增容量9.55万千伏安，完成替代电量550万千瓦时，保障竹浆厂按期点火试生产。主动服务烟农，新增8个台区（650千伏安），全力满足烤烟用电需求。完成35千伏水潦变电站的投运及其配套线路的切改，10千伏车两线与分观线、10千伏西凉线与兴乌线新建联络线，35千伏白两线降压运行、42个超载台区增容，有效提升农村配网供电质量及供电可靠性。完成全县106个安置点的临时施工用电，5225户搬迁、贫困户危房改造的正式用电报装任务，整治1328户预脱贫户用电不达标问题。

【营销监管】 成立同期线损管控工作组，通过集中办公，加强线损指标的日常监测分析和改进。开展营销稽查和“量价费损”专项监测，挽回经济损失9.83万元。坚持“项目预算管理”，加大工程项目从业务到财务的全过程管控。落实税收优惠政策，完成变电站土地使用税、农维费等税收优惠备案工作。推进智能电表换装进度，累计完成21.73万只智能电表换装工作，完成覆盖率96.68%。

【用电安全】 印发用电安全宣传资料2000余份，在人员密集地方开展安全用电宣传活动，发放《农村安全用电宣传挂图》《电力设施保护宣传》《农村家庭用电故障处理》等宣传资料。指导国网公司增强安全意识，恒安电力公司每月进行一次安全例会，半年进行一次安全培训考试。设立专项工作经费，对主动举报电力安全隐患的群众给予现金奖励，2017年发放举报奖励20余万元。完成城市发展、道路建设、易地搬迁聚居点建设等电力杆管线迁改和供电安装供电100余次，县级以上大型活动的保电任务20余次。

【农网升级改造】 成立农网工程管控中心，统筹负责全县农网工程的设计储备组、施工建设监管、物资管控、安全质量管控以及竣工验收等工作，编制印发农网工程安全质量监督检查卡、现场建管员工作手册、标准化巡视卡等规范化管理资料，开展农网工程劳务分包工作负责人资格培训。2017年，投资2亿元，完成46个贫困村电网改造升级。至此，全县231行政村中150个行政村已完成电网改造，其中90个贫困村全部完成改造。占地6000平方米的农网工程物资仓库建成投入使用。

【电网隐患排查治理】 开展对全县248所中、小学校安全用电及全县“三线搭挂”梳理排查，排查治理隐患2056项；组织砍伐竹树42万余棵，畅通电力线路通道。2017年，累计开展作业现场巡查2160处，2432人次，查处违章720起，其中一般违章396起，严重违章240起，红线禁令72起，十大禁令12起；接到群众断线报告784起，发放奖金22.93万元。组织农网工程地质灾害应急演练，主动应对35千伏摩观线2号—5号山体滑坡隐患处置等工作，闭环管控各级电网风险28项。加大安全生产投入，完成安全措施计划101万元，反事故措施计划1228.92万元。

成品油经营管理

【加油站安全督查】 组织消防、安监、工商、经商等部门开展对加油站的联合专项监督检查工作，连续4年无事故发生。

【加油站环保建设】 对全县51座加油站（点）油气回收装置改造和运行进行全覆盖排查，完成51座加油站（点）油气回收装置改造，并按照要求登记运行记录。启动加油站地下油罐改造工作。

供销合作经济管理

【概　况】 2017年，实现经营服务总额9.29亿元，利润261万元；完成增资增项200万元，新发展专业合作社2个，组建农民专业合作社联合社1个，申报市级示范社1个，组建基层供销合作社5个，规范改造庄稼医院10个，改造和规范再生资源网点10个，新建乡镇、村农村电子商务服务网点117个，完成叙永县电子商务运营服务中心改造升级。

【供销合作社综合改革】 2017年，制发《叙永县关于深化供销合作社综合改革的实施意见》，叙永县供销社机关新增设经济发展股和监事会办公室，有办公室、经济发展股、社会指导股、企业管理股、财务审计统计股和监事会办公室等5个职能股室。清理全系统改制后剩余资产和股权资产，推进永发公司、益鑫土产公司的股东股权收购工作，回收社有资产8500余平方米。进行水尾社、永益社、汇益再生资源公司剩余资产剥离工作及部分股权的回收工作，解决清除一批2001年改制以后的历史遗留问题。清产核资合并叙永县兴农商贸、汇益再生、益鑫土产3家有限责任公司，组建叙永县供销企业有限公司。

【经营服务体系建设】 规划筹建投资1亿元以上，占地150亩的川滇黔边城供销园区，整合所有县内供销系统服务网点，建成县有中心、乡镇有站、村有便民店的一体化体系。建成农资集团配送中心、再生资源回收分拣、农产品展示展销、土地托管服务及会计服务为一体的综合服务平台，创建农村农民生产生活的综合平台。

【乡镇供销合作社恢复重建】 按照新型基层供销合作社建设标准，组织实施25个乡镇供销合作社的恢复、重建。截至2017年年末，完成江门、叙永、龙凤、兴隆等18个乡镇供销合作社的恢复、重建工作，覆盖率72%。开展各类培训、土地托管、乡村旅游、农村资金互助、养老幼教、帮村理财、帮社记账、帮民办事等新业务，建设综合性的新型基层供销合作社。筹备建立会计服务中心，与村集体经济公司联合合作，帮助村集体公司、农民专业合作社记账理财。

【电子商务建设】 投资4425万元，启动电商公共服务体系、物流配送体系、电商培训教育、农产品电商配套、电商精准扶贫5大类22个小类项目，完成电商公共服务中心建和130余个农村服务站点及物流配送体系建设运营。建成全县25个乡镇电商服务站、208个村级电商服务站，覆盖率达80%。实施电商培训7000人次，开设京东商城叙永特产馆、自建“赶场小站”电商平台，培育采集3类以上重点品牌和20余种特色产品全网络营销。注册天赐供合、天赐e游、泸小二3个商标，依托衣食住行媒体平台，推进电商商标与涉农企业合作，建成农特产品电商品牌和乡村旅游产品商标。开展助农取款、办理快递业务、代收水电费、代收宽带和手机费、代收交通违章缴费、代购飞机票、汽车票等便民服务。电子商务运营中心与重庆新悦购合作，拓展叙永县域网超、外卖配送业务；与河南郑州UU跑腿公司和泸州鉴定溢农公司合作，拓展泸州市区的网超、外卖、UU跑腿配送业务。年末，全县电子商务交易额1.8亿元，农产品上行0.2亿元，电商从业人员460余人。

粮油经营管理

【概　况】 2017年，分散设置收购点30个，收购粮食21067吨、油菜籽300吨，销售粮食45503吨。马岭粮油食品有限公司、鸿艺粉业有限公司获评四川省级粮食龙头企业。

【川滇黔粮油物流中心项目建设】 2017年，完成投资6660余万元，完成1、2号仓房和综合办公楼、消防池、水泵房、地磅房、器材库、边坡绿化施工、排洪管安装、土石方回填等一期工程和新增低温库项目建设工程。

【放心粮油工程建设】 投资1000万元，培育龙头企业（国家级或省级）2家，建成社区放心粮油示范店2个、乡村放心粮油示范店2个，建立产后服务中心1个、发展规范粮食专合组织1个。采取“公司+专合社+基地+农户”的组织形式，发展优质、专用优质粮油订单面积17万亩，重点粮油基地3万亩。

【粮食市场监管】 开展《粮食流通管理条例》《四川省〈粮食流通管理条例〉实施办法》等宣传，发放资料5000余份。通过粮食经营证照审核、办理、年检等，向粮食经营者发放涉粮法规、规章，宣传依法诚信守法经营。依法核定全县粮食企业和个体粮食经营业主最低、最高库存量；设立监测网点8个，报送动态监测价格周报40期；粮油库存量充足，确保县域粮食安全和市场粮油有效供给；全年未发生粮油供应断档、脱销现象。

【粮食供需监测】 2017年1月20日至3月20日，在6个乡镇抽取58户农户、20户城镇居民、4个国有粮食企业和5个转化用粮企业及部分个体粮食加工经营户、餐馆和学校食堂进行调查。调查表明，叙永县小麦面粉100%由县（省）外进入，食用植物油自给率不到30%，小包装大米60%由县（省）外进入。总体评价是县域粮油自求平衡的格局已被打破，必须高度重视粮（油）作物生产，稳定粮食和油料产量，确保供需平衡。

【粮食仓储管理】 组织粮食仓储管理“两守则一规定”培训学习，联合县发改局、农发行等部门开展川滇黔边城物流中心粮食清仓查库。储备粮“一符四无三专四落实”（账实相符，无鼠雀、无霉变、无事故、无虫害，专人、专仓、专账，品种、数量、质量、地点落实），账、卡、簿齐全规范，各级储备粮机械通风率达100%。

【粮油安全管理】 2017年年初，与各粮食企业签订《安全生产目标责任书》，建立完善隐患排查治理、打非治违、宣传教育、挂牌整治重大隐患等长效机制，实行全过程动态监管和管理。采取定期检查和不定期抽查的方式督促企业按操作规程作业。2017年，开展安全生产检查24次，出动检查人员96人（次），检查企业和粮点18个（次），排查整改安全隐患6处，投入整改资金6万余元。

烟草经营管理

【概　况】 2017年，收购烟叶11.31万担，产值1.27亿元。销售卷烟1.82万箱，完成年计划的103.4%，居全市第一。

【烟草市场监管】 新办许可证86户，办理歇业零售户52户，依照程序注销18户，取消烟草专卖零售业务经营资格1户，全县持证零售户1386户，暂停零售户1户，正常经营率99.9%。查获案件196起，查扣卷烟8543.4条，案值89.5万元，罚没款9.12万元，破获制售假烟网络案件1起，涉案金52万元，查处烟叶违法案件1起。

财税　金融

财政工作

【财政收入】 2017年，地方公共预算收入7.11亿元，其中税收收入4.86亿元，占地方一般公共预算收入的68.35%；非税收入2.25亿元。县本级一般公共预算收入4.23亿元。

【财政支出】 2017年，地方公共预算支出4.28亿元，比2016年（下同）增长4.28%。其中，县本级一般公共预算支出2.68亿元，民生支出3.34亿元，占地方一般公共预算支出78%。

【争取项目资金】 2017年，争取各类财政资金36.63亿元。其中，争取新增债券资金5.23亿元，达到资金分配上限，用于重点支持义务教育均衡发展、脱贫攻坚、人医创三甲、绕城路建设、园区建设等县上确定的重点项目和民生事项；争取置换债券资金1.72亿元，有效缓解当期还本压力；上级补助收入27.24亿元；市级补助2.06亿元。

【抓收控支】 开展综合治税增收，制发《叙永县重点项目税收征收管理办法》《叙永县涉税信息交换与共享保障暂行办法》《2017年综合治税工作考核办法》。按照“一保运转、二保民生、三要转变财政支持产业发展方式”的财政工作方针和支出安排序列，保证政府机构的正常运转和脱贫攻坚、民生改善等重点支出；严控“三公”经费等一般性支出；严控新增预算。

【预算管理】 全县政府性基金预算收入7.15亿元，比2016年增长53.09%，上级补助收入2048万元、债务转贷收入8500万元、上年结余333万元，可供安排的收入8.24亿元。全县政府性基金预算支出3.51亿元，下降17.62%，加上调出资金4.50亿元、债务还本支出1400万元，支出合计8.15亿元，全县结余889万元。全县国有资本经营预算收入2767万元，完成预算的94.4%，国有资本经营预算支出2420万元，完成预算的82.6%，其中调入一般公共预算2420万元。结转资金347万元。全县社会保险基金预算收入9729万元，完成预算的98.34%，加上上年结余5942万元，收入15671万元。全县社会保险基金预算支出实现8392万元，完成预算的96.52%；当年收支结余1337万元，年末滚存结余7279万元。

【国库集中支付管理】 2017年，办理直接支付51811笔，金额580190.11万元；办理单位代管资金支付314笔，金额3153.72万元；办理单位专户再支出434笔，金额7630.44万元。在巨额资金支付同时，加强财政国库预算执行动态监控管理工作，2017年发生动态监控预警信息1.3万笔，预警金额94651.26万元。

【存量资金管理】 2017年，收回存量资金39980万元，其中一般公共预算收回38795万元，政府性基金收回1185万元。除按照原用途安排的9222万元，其余统筹用于急需事项，重点用于保障脱贫攻坚和民生事项。

【扶贫资金投入】 2017年，通过本级财政预算追加、整合财政涉农资金、调整住房贷款分险基金的形式，筹集资金1800万元，补充教育扶贫救助基金、卫生扶贫救助基金、扶贫小额信贷分险基金和贫困村产业扶持基金四项扶贫基金；筹措资金1257万元，在全县非贫困村设立贫困户产业扶持基金。2017年投入县级扶贫资金2306万元，农林水支出9.12亿元，发放易地扶贫搬迁、农村危房改造、地质灾害搬迁等到户专项资金1.10亿元。2016—2017年，共整合涉农项目资金7.9亿元，投入脱贫攻坚。其中，整合资金5948万元，作为风险基金存入合作银行，按1∶10比例撬动金融资金投入脱贫攻坚。

【国资企业改革】 叙永县国有资产经营有限公司改组成立集团有限公司，注册变更为四川叙兴实业集团有限公司。加强财政对国有资产的管理，制定《深化国资国企改革促进发展的实施意见》《叙永县国有企业负责人经营业绩考核暂行办法》《叙永县国有企业负责人薪酬管理暂行办法》《叙永县国有企业投资管理暂行办法》《叙永县政府投资建设项目委托代建管理暂行办法》《叙永县国有企业请示报告制度》《县属国有企业负责人履职待遇、业务支出管理有关问题的通知》等管理制度。

【转变财政支持发展方式】 发挥财政资金和政策的撬动作用，引入融资担保公司，为中小微企业发展搭建融资平台，为涉农企业提供信贷支持。2个项目成功纳入财政部PPP综合信息平台，园区综合体建设项目已落地。在棚户区改造和县城区环境卫生领域开展政府购买服务，缓减社会矛盾和财政压力。

【优化支出结构】 2017年，投入清扫保洁资金656.66万元，旧城改造资金969.59万元，环保整改基础设施资金2200万元，13个乡镇污水处理厂建设资金4613万元。投入医疗和社会保障资金8.93亿元。投入教育事业发展资金9.84亿元，同比增长2.35%。投入保障性住房资金1.37亿元，改造县城棚户区和农村危房。

【政府债务管理】 成立地方政府性债务管理领导小组，完善政府性债务风险应急处置机制，严格执行政府性债务风险化解规划，确保全县政府债务风险可控。通过“置换、转化、清理、偿还”四个一批，化解存量政府债务，置换存量债务1.72亿元。2017年，新增地方政府债券5.23亿元，年末地方政府债务余额26.1亿元，在限额27.43亿元内。

【财政监督】 开展为期3个月的乡镇财政检查，采取乡镇自查、财政内部检查、区县财政交叉检查、市财政重点抽查等方式，对会计基础工作、预决算公开、专项资金管理等16个大项99个小项进行检查。开展重点项目、专项资金抽查巡查，强化项目绩效评价，将绩效评价结果运用于下一年度预算安排。开展项目评审工程408个，送审额26.02亿元，审定额22.95亿元，审减额3.07亿元，审减率11.79%，节约财政资金3.07亿元。

【政府采购监管】 2017年，全县完成一般采购项目166个，采购预算34472万元，实际完成采购金额33335万元，节约财政资金1137万元。

【财政票据监管】 定期不定期开展财政票据稽查和检查，发售财政票据874箱，缴销票据80.63万份；重点稽查票据使用单位21个，对检查出的票据使用管理中的违规等问题作出相应处理。

国税征管

【概　　述】 2017年，开展“税收执法规范年”“干部素质提升年”“绩效管理突破年”“团结和谐进步年”四大专项活动，开展经济税源调查，强化税源管理、严格执法，加大对重点行业企业的监控力度，严厉查处和打击各类税收违法活动。全年，全口径税收收入5.21亿元，增加

1.92亿元，增长57.8%。其中，地方一般预算收入2.32亿元，增加9183万元，增长65.6%。

【汇算清缴】 开展2016年企业所得税应汇算清缴1018户，其中查账征收独立核算企业1016户、核定征收企业2户，已汇算1018户，汇算面达100%，汇算清缴审核通过率为100%。

【税收减免】 落实税收优惠政策，重点国务院6项减税政策及股权激励和技术入股优惠政策的落实，做到应享尽享，充分释放政策红利。截至11月30日，减免税金6017万元，其中增值税减免5598万元，企业所得税减免419万元。

【税务稽查】 组织实施“税收执法规范年”专题活动，举办两期模拟税务行政复议听证会，在市局的法规工作会上接受各区县局同行的观摩。截至12月10日，实现稽查查补入库总额870.15万元，其中税款850.5万元，滞纳金13万元，罚款6.65万元，入库率100%。

【优化纳税服务】 启动“一窗一人一机双系统”，推广非接触式办税服务，逐步实现网上办税为主、自助办税为辅、实体办税厅兜底的办税模式，加大网上办税宣传，向信用等级C级以上纳税人推广网上认证；加大掌上APP推广，辅导纳税人“手机在手，办税不愁”；建设自主办税服务区，推进六项减税政策落地。开展纳税人学堂、六项减税政策绿色通道等积极向纳税人进行政策宣传，通过前台及QQ群及时向纳税人宣传减税二维码及各项税收优惠，帮助纳税人正确填写申报表，辅助纳税人进行开票软件升级。

地税征管

【概　况】 2017年，开展执法行为评议考核活动构建综合治税体系，通过创建市级法律“八进”示范点验收。实现各项收入3.21亿元，同比增加218万元，增长0.68%。实现地方公共预算收入2.60亿元。

【优化纳税服务】 开展简化行政审批事项及流程，清理非行政许可工作，取消下放行政审批事项，截至2017年年末，仅保留税务行政许可3项。实现网上办税、一窗通办、全县通办、全市通办、国地税联合办税；借助税企QQ群、微信群等平台，向纳税人推送税收政策、办税流程、税收优惠办理等信息，及时回复纳税人的涉税咨询，为纳税人提供更加便捷高效的涉税服务。

【税收征管】 2017年年初，抽调精干力量，开展税源基本情况调查，进行税收分析，制定税收征管措施，实时进行税源监控。针对“营改增”后税收征管的新特点，全面强化纳税人的静态管理与动态监控，做到固定企业税收有人管，个体户税收无死角，季节税收专人管。每月对税收完成情况进行全面分析，重点对增减幅度在30%以上的行业进行专门调查研究，找出征管中存在的问题，增添措施，强化征管，确保骨干税种税收增长。通过与国税共建办税大厅、互设征收窗口以及联合开展税收征管等，减少多头执法和重复检查；与国税局、公安机关深度合作，在涉税案件侦查、办理、涉案信息传递等方面达成一致，形成管理合力。

【税收减免】 落实小微企业、存量房交易税收优惠政策及国务院六项减税政策，开展点对点、面对面的涉税辅导，指导纳税人全面享受税收优惠、规范优惠备案，建立小型微利企业税收优惠台账，释放小型微利企业税收优惠政策红利，政策受惠面达100%。全年32家小型微利企享受到税收优惠政策，减免税额15.13万元。

【水资源税和环境保护税改革】 制定水资源税和环境保护税的改革实施方案，对税务干部和纳税人进行业务培训，做好水资源税和环境保护税改革的调研和征管资料的接收和审核工作，建立有效的征管协作机制。

【个人所得税征收】 2017年，应申报1864户，覆盖率达100%，申报率月平均达95%以上。实施两处以上所得、年收入12万元自行申报和医疗机构“两高”自然人个人所得税征管试点工作。全年，对50户医疗机构进行风险管理，查补税款249.57万元，其中个人所得税236.11万元。

【企业所得税清缴】 完成2017年市局下达的16家企业所得税纳税风险评估任务，查补税款220.84万元，其中所得税171.95万元，占所得税评估查补税款的77.86%，入库所得税2522.55万元的6.81%。

中国人民银行叙永县支行

【概　况】 截至2017年12月31日，全县金融机构人民币存款余额144.86亿元，比年初新增17.17亿元，同比增长13.45%；全县金融机构人民币各项贷款余额85.77亿元，比年初新增12.36亿元，同比增长16.84%；扶贫再贷款余额3.8亿元。

【货币政策传导】 加强对地方政府及有关部门的宣传解释，及时传达上级行工作会议精神、工作部署、金融宏观调控政策；为地方经济发展当好参谋，代县政府起草《关于推进扶贫小额信贷月度考核的通知》《2017年叙永县金融扶贫专项实施方案》；加强存款准备金管理，对金融机构做好政策解读和引导工作，引导各方正确理解差别准备金动态调整工作；组织辖内金融机构贯彻落实各项利率政策指导并督促金融机构严格执行有关利率政策及管理规定。

【服务供给侧结构性改革】 推动小额担保贷款、扶贫贴息贷款、国家助学贷款等向县倾斜；引导金融机构做好就业、助学等经济社会薄弱环节信贷支持。截至12月末，全县金融机构小额担保贷款余额3390万元，创业贷款余额2790万元，生源地助学贷款余额1233万元。全县涉农各类贷款余额为53.29亿元，其中农林牧渔业贷款7.65亿元、农户贷款34.45亿元、农村企业贷款17.45亿元。推动扶贫社会效应债券（SIB）在叙永发行，降低叙永县扶贫资金使用成本。

【助推脱贫攻坚示范建设】 2017年，着力打造可持续、可复制的金融扶贫典型。叙永县农商行利用支农再贷款发放1747万元支持野植珍公司采取公司+农户的形式发展竹产业，惠及叙永3个乡镇近千户农户增收；发放2308万元支持叙永县蜀山生态食用、金山林木、四川三牧金田农业有限公司、泸州森奥中药材有限公司等涉农龙头企业，带动周边1505户农户致富，农户户平均年增收2000元。至年末，已有落卜草坝村石漠化综合治理工程示范基地、麻城现榜村山地生态农业基地、营山金沙村无公害蔬菜种植基地等3个扶贫（支农）再贷款惠农创业示范基地挂牌。

【推广“央行扶贫再贷款+个人精准扶贫贷款”】 完成全县金融扶贫专项方案编制和精准扶贫工期倒排工作。组织金融志愿者到精准扶贫挂钩村开展“萤火虫工程·农民金融夜校”宣传精准扶贫金融政策，在全县231个贫困村开展“央行扶贫再贷款+个人精准扶贫贷款”金融精准扶贫宣传。向叙永农商行发放扶贫再贷款2笔，展期2笔，共3.8亿元。截至12月末，扶贫小额信贷已发放16525户，金额32337万元，扶贫小额信贷覆盖率为106.46%。

【地方经济发展奖补审核】 配合政府部门开展2016年度金融机构政府考核和财政金融互动奖补申请，审核涉农贷款增量奖励资金276万元、支农支小贷款奖励资金254万元、精准扶贫贷款奖励158万元、创业担保贷款奖励26.7万元、支持农村支付环境建设奖励15.87万元、新增客户首贷奖补10.39万元等共计740.96万元的相关奖补核对工作。

【金融生态建设】 深化“金融生态环境示范区县”创建活动，以“萤火虫工程·农民金融夜校”“金惠工程”为载体，在全县，特别是贫困村普及金融知识。建立健全贫困户信用档案，将有贷款的贫困户信息纳入征信系统。加强信用与信贷联动。推动开展“信用村”“信用户”创建活动，构建信用激励约束机制，推动金融机构对诚信主体在授信和贷款额度、期限、利率、手续等方面实施优惠。

【审批与督查】 开展辖内涉农金融机构的农村支付结算环境奖补的申报和核实，完成叙永农商行的2016年财政补贴资金的申报和核实工作，获财政补贴15.87万元，其中ATM机补贴15万元，助农取款服务点补贴8740元。2017年，审批新设助农取款服务点10个，撤销11个，清理认定非备案类助农取款服务点60个。截至2017年年末，全县有助农取款服务点410个，其中行政村356个，乡镇54个；有ATM机具163台，实现乡镇全覆盖；特约商户2013户，POS机2327台；市级刷卡无障碍示范区1个。

【助农取款优质服务示范创建】 开展涉农金融机构创建助农取款优质服务示范点、站的创建活动，将支行对口帮扶的赤水镇松林村助农取款服务点升级为农村金融综合服务示范站，改善帮扶贫困村的支付结算环境。申报并通过2个助农取款优质服务点、1个农村金融综合服务站。

【国库资金管理】 开展“国库会计标准化管理落实年”活动，以“央行国库、为民服务”“投资国债、安全理财”国库主题宣传活动，推进国库会计标准化管理，规范国库业务运行。组织对叙永农商行、叙永邮政银行2017年度国库代理业务专项检查。2017年，办理预算收入123540笔，入库194865万元；办理预算支出29998笔，金额538855万元，退库153笔，金额11280万元；更正104笔，金额11926万元。实现国库业务“零差错”。

【货币发行】 建立常态化检查管理机制，组织现金投放与回笼，保证流通需求。加强对商业银行缴存款质量管理，分解落实2017年小面额现金投放回笼任务，如期完成全年小面额人民币的投放回笼任务。2017年，投放现金13.75亿元，回笼14.83亿元，净回笼1.07亿元。

【反假货币】 开展“情系游子、情暖巴蜀”人民币反假宣传活动，督促银行机构按照《银行业金融机构反假货币工作指引》，加强人员培训和柜台堵截，进一步强化外币反假的培训工作，规范收缴行为。全年，收缴假币573张，金额48650元。

中国农业银行叙永县支行

【概　况】 截至2017年12月31日，各项存款时点余额14.48亿元（不含同业），比年初增加2608万元。各项贷款余额12.39亿元，比年初增加2.53亿元。

【风险防控】 采取多样清收处置措施，加大不良资产清收力度，在贷款风险快速显现时候，将不良贷款压降在可控范围内；截至12月31日，全行不良贷款余额256万元（不含信用卡透支不良），均为个人不良贷款，不良率0.18%。其中，农户贷款不良余额107万元，住房按揭不良贷款149万元。完成上级行下达的风险管理指标，内控评价继续保持“一类行”。同时加强对信用风险、操作风险和信息技术风险的防控；强化员工行为排查、开展安全保卫专项治理系列活动；抓案件防控各项措施的落实，对内外部检查发现的问题进行督促整改，加强案件风险排查力度；连续17年无案件事故发生。

【储蓄存款运营】 提高对公存款的营销深度，改变银行对公存款单一的财政存款状态，拓展财政资金下游机构类存款来源。实现立体化营销，以贷“引”存，发展个人按揭贷款，楼盘资金监管账户。完善《叙永县支行优质文明服务管理办法》，采取符合实际情况的现场培训等方式，提高员工服务意识和服务能力，通过提升服务能力和客户基础建设，推动个人储蓄存款的增长。全年楼盘保证金账户保持1200万元以上。

【资产运营管理】 巩固传统中间业务，强化中间业务收入来源，以新兴中间业务产品营销为增长点，拓宽中间业务收入来源。发展信用卡业务，加快新兴收单商户拓展，优选客户，提升信用卡发卡质量和效益；继续做好信用卡分期和收单业务，重点拓展汽车分期和车位分期的营销；以“E农管家”和“E商管家”为介入，加强商户的强化营销。加大贵金属、基金等短板业务的营销力度，促销自营及代理贵金属产品，针对贵宾客户不同群体消费需求，量身策划促销活动。

【提高三农服务能力】 在未设立网点的乡镇和农村地区，发展银讯通、智付通等特色产品，使“惠农通”贯通城乡、成为普惠金融的主渠道；以服务三农为宗旨，加强农村生产经营贷款、惠农卡等产品的营销，在银行能力范围内开展异地贫困户搬迁贷款业务；完成县委政府安排的精准扶贫工作。

中国农业发展银行叙永支行

【概　况】 2017年年底，存款余额4.95亿元，比年初减少1.84亿元，降幅27.08%；贷款余额3.67亿元，较年初减少2688万元，降幅7%。实现账面利润2153万元，同比增加755万元，增幅54.1%。县财政拨付储备贷款利息、农业保护补贴51笔6564万元。

【中间业务】 2017年年底，实现中间业务收入7.57万元，同比增加3.22万元，增幅74.71%。

【贷款业务】 2017年，支付6392万元易地扶贫信贷资金，支持农民集中居住区配套设施以及居住区联网公路、学校建设；支付省级易地扶贫资金26181万元；支付基金7191万元，支持地方水利工程和棚户区改造项目；支付储备贷款562万元；支付粮食收购贷款1700万元，确保粮食收购市场无“打白条”事件发生。全年，应计贷款利息（不含税）1644.70万元，本年实际收回利息1644.70万元，贷款利息收回率为100%。

【基金业务】 2017年年底，基金10个项目，基金投资3.31亿元。

【粮油信贷业务】 2017年，办理展期13笔，金额5275万元，发放粮油储备贷款1笔562万元，完成四川省级储备粮轮换3000吨，叙永县级储备粮轮换4000吨。全额收回马岭粮油食品有限公司2000万元龙头加工企业粮食购销贷款，实现“双结零”，同时向该公司发放龙头加工企业粮食购销贷款1700万元。

【贷款定向债券置换】 变更易地扶贫搬迁项目贷款3亿元建设内容，支付贷款资金6392万元。按照基金项目工程进度支付基金资金7191万元，加快基金项目的启动和建设。配合省级政府地方债务定向债券置换工作，减轻地方政府还贷压力，完成2700万元贷款定向债券置换。

【新项目培育储备】 开展与叙永县交通农村公路过桥贷款和PSL贷款营销，与住房和城乡建设部门合作培育棚户区改造贷款2.2亿元、洽谈林业项目2个贷款金额4亿元、与教育部门意向合作扶贫过桥贷款3亿元。

【风险防控】 开展辖内贷款客户，基金投资客户的风险排查，处置化解贷后评价和风险预警。按时开展粮食清仓查库及开户企业现场检查，掌握其生产经营情况。按期收回叙永县马岭粮油食品有限公司贷款2000万元；收取贷款利息1596.80万元；收回基金投资收益575万元；按照债券置换的要求做好地方政府存量债务2700万元的债券置换工作。

中国工商银行股份有限公司叙永支行

【概　况】 2017年，存款8.05亿元，贷款16.12亿元，新增贷款4亿元，其中营销人民医院项目贷款3.1亿元。实现拨备前利润4125.74万元，同比增加698.76万元；实现拨备后利润5104.53万元，同比增加2214.16万元。

【存款业务】 2017年，存款8.03亿元，比年初增加3671.11万元。其中，公司存款1.39亿元，比年初增加3627.35万元；机构存款1.22亿元，比年初增加1906.92万元；储蓄存款5.29亿元，比年初下降1483.23万元；保证金存款1277.42万元，比年初下降379.94万元。

【贷款业务】 2017年，贷款16.12亿元，比年初增加3.37亿元，其中公司贷款12.77亿元，比年初增加3.67亿元；个人贷款335亿元，比年初下降3028.66万元。

【风险防控】 2017年，采取法律诉讼方式进行不良贷款清收，清收两笔不良贷款，本息3085万元，实现利润1368万元；对严把客户的准入关，严格贷后强化管理；将剪刀差压降作为常态化的工作，督促逾期贷款的催收。剪刀差额297万元，其中法人剪刀差0万元，个人剪刀差297万元；不良资产额49万元，其中法人不良额0万元，个人不良额49万元。

中国建设银行叙永县支行

【概　况】 截至2017年12月31日，全口径存款11.86亿元，比年初增加3454万元；发放贷款1.24亿元，贷款净新增9388万元，贷款余额8.54亿元。

【贷款业务】 压缩不良贷款，截至2017年12月31日，不良贷款余额99万元，较年初下降7.28万元。完成3笔个人呆账贷款责任认定工作，向省分行申请贷款核销。优化账户结构，清理无效和低效账户，全年对公结算账户新增开户123户（开户165户，销户42户）。

【代理业务】 全年，代理保险寿险销售4806.4万元，其中趸交（一次性交清）3728万元，期缴1078.4万元。理财产品销售2.19亿元。

【业务拓展】 致力发展电子银行，办理个人网上银行签约3058户，短信银行签约8096户；个人手机银行签约7554户。专项分期申请29户，申请金额432万元。发展POS商户168户，已安装并使用147户。各类金银钞388套、黄金3340克。代发工资单位新增4户。

四川叙永农村商业银行股份有限公司

【存款业务】 截至12月末，存款余额58.42亿元，比年初净增8.51亿元，其中个人存款余额48.35亿元，比年初增加4.67亿元，增长10.8%；对公存款余额10.07亿元，比年初增加3.84亿元，增长61.63%。

【贷款业务】 截至12月末，贷款余额34.31亿元，比年初净增4.00亿元，累计发放贷款35.45亿元，比2016年同期多发放2.28亿元，增长6.78%。不良贷款余额1.56亿元，占比4.56%，比年初下降0.23个百分点，实际不良贷款余额1.56亿元。

【资金业务】 截至12月末，资金业务资产余额28.19亿元，较年初增加5.63亿元；资金业务负债余额0万元，较年初减少7000万元；资金业务资产日均余额25.98亿元，负债日均余额833万元；杠杆水平为1倍；实现资金业务收入1.13亿元，同比增加923万元，增长77.65%，其中存（拆）放同业收入1.10亿元，投资收益75万元；资金业务年化收益率4.34%，较2016年同期3.37%上升0.97个百分点；自营资金年化收益4.33%，较2016年同期3.37%上升0.96个百分点。

【代理业务】 截至12月末，办理代理保险业务6883笔，同比减少1976笔，实现代理保费收入224万元，同比减少23万元。其中，寿险业务6853笔，寿险保费收入205万元；财险业务30笔，保费收入19万元。应收代理保险业务手续费75万元，其中代理寿险手续费收入71万元，代理财险手续费收入4万元；账面实收代理保险业务手续费收入72万元，其中代理寿险手续费收入69.5万元，代理财险手续费收入2.5万元。全年受理理赔案件14件，完成赔付案件14件，赔付金额44万元。

【银行卡业务】 截至12月末，发卡6.95万张，其中发行金融IC卡1.15万张；发行社保IC卡2.82万张。银行卡存款余额22.52亿元，较上年净增2.8亿元，银行卡业务收入512万元，同比增加118万元，增幅29.95%。

【电子银行业务】 截至12月末，发展新一代电子银行签约用户7.30万户。其中，有效用户4.27万户、活跃客户1.83万户，电子银行交易占比85.00%，发展短信银行客户9.09万户。累计布放ATM机101台，布放POS机具59台，布放EPOS机具272台。电子银行业务收入570万元，同比增加193万元，增幅33.86%。

【不良资产清收】 截至12月末，诉前调解案件48起，标的金额1789万元。现金收回贷款541万元，占调解案件金额的30.24%；起诉案件108起，标的金额6367万元，已审结85起，标的金额4721万元，分别占起诉案件和标的78.70%和74.14%；申请强制执行案件61起，执行标的4613万元，执结8起，执行收回标的1872万元。

【网点转型】 全面进行网点转型固化优化及深化工作，实施完成中后台转型。14个网点（包括1个全功能网点、1个精品网点、基础网点12个）通过省联社验收；15个基础网点（含1个2+N网点），通过办事处验收。

【支持中小微企业发展】 制定小微条线相关制度及管理办法，简化贷款审批流程，对涉农企业、新型农村经营主体、个体工商户累计发放中小微贷款12.80亿元，比2016年同期多放2.86亿元；利用人民银行再贷款，置换部分小微企业存量贷款或向部分小微企业发放支农再贷款，执行利率4.35%，降低企业融资成本。对经营困难的企业不惜贷、不抽贷，2017年1—11月办理续贷业务59笔，金额1.08亿元，为企业节省过桥资金100多万元。

【支持居民购屋贷款】 截至12月末，5个乡镇网点开展“安居贷”业务，发放“安居贷”157户，金额3488万元。县城区永宁、南环、西外等网点首开房屋按揭贷款，截至12月末，房屋按揭合作楼盘8个，发放房屋按揭贷款316户，金额9183万元。

【办理授信业务】 与四川锦泰保险泸州中支和叙永县后山富邦生态养殖专业合作社签署三方贷款保证保险协议，向富邦养殖合作社授信240万元。截至12月末，卡贷通授信1.58万户，金额7.28亿元，用信1.32万户，用信金额5.81亿元，放心贷授信1461户，金额1.66亿元，用信1036户，金额1.03万元。

【精准扶贫贷款】 截至12月末，完成全县2.36万户建档立卡贫困农户评级，授信2.36万户，授信金额6.43亿元。向中国人民银行叙永县支行申请扶贫再贷款，获扶贫再贷款资金3.3亿元。发放扶贫小额信用贷款1.65万户，金额3.23亿元，其中发放产业扶贫贷款6260万元，发放扶贫项目贷款2192万元；向建档立卡贫困户脱贫具有带动作用的企业9户、发放贷款7502万元。

【风险防控】 开展案件排查43项，业务4.44万笔，金额68.75亿元。其中，信贷类专项排查8个、票据类专项排查1个、柜台会计结算业务排查7个，员工异常行为排查4次，其他排查23个。审计立结项9项，其中专项审计3项、后续审计1项、经济责任审计1项、序时审计4项。推送核查非现场风险监测数据1131条，其中省联社944条、办事处107条、本行社80条，序时审计数据4.06万条。检查3.91万笔，未检查1536笔，查处违规问题124个，违规金额7352万元，已整改86个，涉及金额6788万元，无法整改33个，整改中5个，涉及金额100万元；化解风险资金额6865万元，督促收回贷款12笔、411万元，发出风险提示12份，审计告知书1份；问责处理违规责任人 129 人（次）。

中国邮政储蓄银行叙永县支行

【概　况】 截至 2017 年 12 月 31 日，时点余额 3.54 亿元，年净增 3185 万元。收入 2698.79 万元，同比增幅 4.57%；累计实现利润 1825.39 万元，同比增幅 56.44%。

【代理金融业务】 储蓄利差收入 3719.30 万元，同比增长 11.22%；代理保险收入 385.68 万元，同比增长 50.34%；代理汇兑收入 1.2 万元，同比下降 71.66%。截至 12 月 31 日，储蓄余额 22.37 亿元。5 万元以上客户数 15371 户，资产总额 17.31 亿元，在年初的基础上户数增加 1771 户，资产总额增加 2.44 亿元。手机银行全年加办 18090 户（激活 15857 户）。截至 12 月 31 日，揽储 3240 万元。

【个人业务】 截至 12 月末，个人存款余额 4.30 亿元，年负增长 397.11 万元，同比负增长 397.11 万元。发放信用卡 1777 张。

【信贷业务】 截至 12 月 31 日，资产业务总规为 3.17 亿元，比年初增长 9991.22 万元。其中，小企业贷款余额 4553 万元，消费类贷款余额 1.34 亿元，净增 4586.06 万元；个人商务贷款余额 1.01 亿元，净增 1487.39 万元；小额贷款余额 3608.55 万元，其中 2017 年发放惠农易贷扶贫小额贷款 19 笔、金额 80 万元。

【不良贷款】 总体不良余额为 83.72 万元，较年初增加 22.18 万元，总体不良率为 0.26%，较年初上升 0.03%。其中，小额贷款 23.45 万元，不良率为 0.65%，金额较年初下降 5.57 万元；个人商务贷款 60.27 万元，不良率为 0.6%，金额较年初增加 27.75 万元。

中国人保财险叙永支公司

【概　况】 2017 年，实现保费收入 8664 万元，上缴税金 543.71 万元，赔款支出 3399.02 万元。其中，涉农保险实现保费收入 3142.94 万元，支付农业保险赔款 1723.89 万元；车险实现保费收入 2521.95 万元，理赔 1374.41 万元；学生险约 2.5 万人，保费收入 148.16 万元。

【涉农保险】 2017 年，成立涉农保险营销部 7 个，农险协保员 308 人；业务涵盖水稻、玉米、油菜、小麦、马铃薯、育肥猪、能繁母猪、商品林、公益林 9 个中央政策性农业保险品种和高粱、蔬菜、烤烟、肉牛、肉羊、种羊、农房险、蓄水池保险和沼气池保险 9 个地方特色农业保险品种，实现保费收入 3142.94 万元，支付农业保险赔款 1723.89 万元。创新开展扶贫保业务，截至年末，承保扶贫保 23644 户，96619 人，支付赔款 18.98 万元，有 32 户贫困户受益；小额险全年承保 26636 人，其中扶贫户 4125 人，保费收入 1372.55 万元，已支付赔款 37.2 万元，58 户贫困户受益。

【助力脱贫攻坚】 与叙永县政府签订《“政融保”合作协议》，授信叙永县扶贫产业融资额度 1 亿元人民币，同时达成另外 1 亿元的意向计划。融资 3000 万元人民币，投入麻城鸡枞菌生产项目；通过向全县农业产业、种植、养殖开展支农支小的融资开办权，向养殖大户融资支持 30 万元、种植大户融资支持 50 万元。

中国人寿保险股份有限公司叙永支公司

【概　况】 2017 年，实现长险、短险、趸交保费收入 6986 万元。

【理赔支付】 2017 年，理赔 1537 件，金额 3340 万元。其中，支付长险赔款 2901 万元，短险赔款金额 252 万元；精准扶贫保险赔款 6.17 万人次，187 万元。

中华联合财产保险股份有限公司叙永支公司

【概　况】2017年，实现车辆保险、企业财产险、责任保险、农业保险、学生平安保险及意外伤害保险保费收入2889.40万元，同比持平，净利润600万元。

【理赔支付】2017年，处理各类赔案4052件，赔款1554.34万元。其中，支付车险赔款848.85万元，农险赔款52.21万元，意外伤害保险赔款181.37万元，责任险赔款2.04万元。

交通　邮政　通信

交通运输管理

【启动交通大会战】启动为期3年的交通大会战，会战规划：以高速公路、国省干线、农村公路、旅游公路和渡改桥为重点，完成投资约127亿元。到2019年，实现所有自然村通水泥路，所有行政村开通客运班车。2017年，全面完成全县42个预脱贫村硬化道路面窄、路面破损整改，全面推进渡改桥项目建设，进度全市领先。

【渡改桥建设】2017年，全县9座渡改桥项目纳入省级规划项目库，总长1584延米，估算总投资约2亿元。截至年末，争取上级补助资金4743万元。完成马岭洗菜溪、叙永镇南门河和石坝水潦铺渡改桥建设，水潦茴香坝，兴隆五岔、庙沱和大石两河口渡改桥主体工程进展顺利，鸡鸣三省大桥开展基础施工。

【叙威高速公路建设】启动叙威高速路建设项目，该线路起于县正东镇普站附近，经长秧、枧槽、长坝、分水至下河进入云南省威信县境内。全长36.15公里，连接线长2.73公里，设计速度80公里/小时、双向4车道、路基宽25.5米，估算总投资51.64亿元。截至2017年年末，完成征地拆迁工作。

【客运站建设】加速四川省泸州市川泸永宁运业汽车站项目建设，项目位于叙永镇二道桥（环城大道和绕城路平交路口结合部）占地34557平方米，估算总投资1.5亿元，设计一级汽车客运站，旅客日发量在1万人（次）以上。截至2017年年末，项目主体工程已完工，进入内部装修。

【绕城公路建设】国道321叙永绕城公路采用一级公路技术标准，全长7.71公里，设计速度60公里/小时，路基宽度30.0米。叙威公路连接线采用二级公路技术标准，设计速度40公里/小时，路基宽度12.0米（与叙威公路相连接的起点南门河大桥因与老叙威公路同宽相接，桥宽8.5米）。老国道321接线段按城市主干路II级标准进行改造建设，设计速度40公里/小时，路基宽度34.0米。至2017年年末，完成投资6.25亿元。

【农村公路建设】2017年，下达农村公路建设计划375个项目、1242.1公里，累计补助资金6.75亿元。年末，叙永县农村公路硬化2244公里。

【公路巡查】2017年，出动巡查5100余人（次），巡查公路里程14万余公里，对损坏路产、占用公路、违章建筑等案件的查处率达100%。检测车辆5.7万余台（次），查处超限车辆122辆，卸载122辆，卸载吨位866.6吨。对超限行为的结案率和处罚正确率100%。

【运输能力】全县客运企业2家，客运车辆628辆，客位9838个，完成客运量657.38万人次，客运周转量4.19亿人公里。其中，开通农村客运班线116条，投入客运车辆368辆，100%的乡镇通客车，91% 的行政村开通客运班线。全县货运企业 29 家，货车 1235 辆，1.53 万吨位，完成货运量 459.079 万吨，货运周转量 6.67 亿吨公里。

【交通稽查】 全年，出动稽查人员 2862 人次，实施稽查 463 次，查获涉嫌未经许可擅自从事道路旅客运输经营的车辆 73 辆，超长客运、旅游包车稽查车辆 60 辆次，查处长线客运、旅游包车客运违法违规行为 13 起，查处情况及时抄告乡镇人民政府、涉事车辆单位，非法营运学生的抄告县教育局。

【水上交通安全】 2017 年，开展客渡船舶安全专项检查、脱管船舶清理整治、乡镇自用船专项检查。出动水上安全检查组 266 个，检查船舶 327 艘次，巡查渡口、码头 228 个次，出动安全监督车 266 余次，发现问题及时整改。

邮政工作

【邮政业务】 2017 年，开展"开门红天天乐""三八妇女节""五一劳动节""凤凰李换购""客户节""端午粽情""思乡月""重阳节""营销、外拓、客户联谊会""金融知识进社区""麻将友谊赛""搬迁和优惠购常态化"等活动。完成业务总收入 5535.57 万元，同比增长 11.88%。其中，邮务类业务收入 1189.81 万元，同比增长 10.25%；代理金融收入 4312.45 万元，同比增长 12.51%。

【快递业务】 实现收入 180.86 万元，同比增长 60.62%。其中，标快和快包收入 179.89 万元，同比增长 62.96%；普通包裹收入 0.97 万元，同比下降 56.15%。

【农村电商项目】 建成农村电商站点 133 个，完成计划目标的 100%。邮助手绑定率 100%，邮掌柜巡店频次达到 100%。新增"创维电器内购会"，进一步推进农村电商发展。

【报刊业务】 抓热点，借热播剧销售反腐题材小说《人民的名义》《追问》；抓住校园教材辅导书市场的发展，确定《经典作文》为重点销售产品；抓住"六一"节，设点销售儿童刊物。与县教育局和县委宣传部开展"5+6"精品报刊、校园报刊及党报党刊发行工作。

【集邮业务】 举办《丁酉年》鸡年特种邮票首发暨四川省第十一届生肖集邮展览活动，开展《中国恐龙》《国际禁毒日》《中国共产党第十九次全国代表大会》纪念邮票首发活动，推进集邮产品进驻代理金融网点。定制年册 300 册，金额 13.12 万元。

中国移动通信集团四川有限公司叙永分公司

【概　况】 2017 年，设立 5 个中心和 7 个营业部，核心渠道 140 家，末梢渠道 200 家，用户 33 万，市场份额 74%，渠道队伍人数 600 人，收入 2.5 亿元。

【通信网络业务】 截至 2017 年年末，小区宽带覆盖全县城区及 25 个乡镇，达到全覆盖。覆盖 191 个行政村，覆盖率达 83%。

【移动信息化服务】 以其更大带宽、更加安全、更强数据传输能力为叙永县公安、交通、气象、国土、金融、教育等多个领域提供信息化服务需求。完成云视泸州、叙永县公安局天网、叙永县公安局交警卡口、叙永校园安全卫士等重大项目建设。

城建　环保

城乡建设

【县城规划】 叙永县春秋祠周边片区城市设计方案通过评审，并按专家意见进行完善；城片区城市设计及公共服务设施专项规划编制经费、编制模式通过审定，鉴于采购备案时间超期，编制经费需提交县政府进行重新落实；历史文化名城保护专项规划及丹山省级风景名胜区总体规划编制完成前期工作，正在进行招标；绕城公路线内侧控制性详细规划编制比选文件初稿完成，正在进行综合性完善。

【县城建设】 2017 年，启动县城南北干道延伸线及县人民医院三甲扩建项目征收程序，完成西外综合市场、两河交汇口、水洞子片区地下停车场建设项目初步选址，完善春秋祠片区棚户区改造方案并向国家发改委申报发行城投债，建成县城湿地公园，向市民开放，完成绕城线 8 公里路面工程并进入配套附属设施建设，完成永宁路、十字路段改造和西外街、西大街、西外新街、环城大道、南环路渗水人行道改造、偏街小巷道路灯升级改造及红星场垃圾中转站建设。城西实验小学竣工、叙永县第三中学主体工程基本完成。汇锦峰项目竣工交付，阳光国城、鱼凫公园城、中广壹品城、御景东城、西城花园、川滇黔商贸城等项目进展顺利，国际大都会、盛世华都、凡尔赛国际等项目加快建设。

【镇村规划】 合乐苗族乡场镇和麻城镇场镇总体规划通过县城乡规划专委员会评审，完成江门镇省级特色镇规划初稿编制，实施分水镇场镇总体规划修编。完成泸州市下达叙永县 22 个贫困村新村规划编制任务，其中白腊苗族乡天堂村传统村落规划编制通过省市评审，报国家备案。

【场镇建设】 千年摩尼第一城、兴隆新城、向林帝景豪庭、江门古寨、水尾绿城首座、江门竹浆项目等开发项目按计划有序推进；启动大石御景华府、落卜兴池酒业、江门青云加油站、乡镇烟站等开发和产业发展项目建设；继续推进省级示范镇基础设施和公共服务设施建设，指导江门镇场镇供水项目、江门古寨、“坝上 · 桃花坞” 等有序推进，启动江门滨河路二段项目建设；完成水尾镇画稿溪路街道路灯安装项目；指导江门、水尾、摩尼等 12 个乡镇场镇道路、供水等设施建设；深化拓展“百镇建设行动”，麻城镇、石厢子彝族乡、摩尼镇列入市级备选名单，培育创建特色镇。

【新村建设】 制定《叙永县新村建设扶贫实施方案》；协助有关方面实施扶贫新村建设 42 个，完成并通过省级验收考核；指导完成石厢子彝家新寨扫尾工作、易地扶贫搬迁、城乡用地增减挂钩街项目的实施；继续推进海涯村、孙家河村、木格倒灯盏坪、堰塘村等传统村落建设。

【规划审批】 2017 年，叙永县政务服务中心住房建设窗口办理建设项目选址意见书5件；建设用地规划许可证11件；建设工程规划许可证68件，面积1155690.1平方米；补办建设工程规划许可证43件，面积45558.97平方米；乡村建设规划许可证76件，面积32548.94平方米。

【房地产企业管理】 截至2017年年末，有房地产开发企业29家，具有二级资质的1家，三级资质的26家，四级资质的2家。有建筑企业54家，新增34家。其中，新增施工总承包企业20家，劳务公司13家，商品混凝土企业1家。办理中七建工集团华贸有限公司建筑工程、市政公用工程晋升为施工总承包特级企业，成为全国第三、四川省第一家同时具备双特级双行甲级资质的企业；四川成鸿建业投资有限公司和泸州向林老窖股份有限公司晋升为一级施工总承包企业。

【建筑工程监管】 2017年，办理建设工程施工许可证54件，面积75.12万平方米；施工图审查备案41件，面积38.84万平方米；办理竣工验收备案50件，面积89.59万平方米。监督检查在建工程项目37个，其中新开工工程7个、竣工验收工程20个（含往年工程2017年竣工）。下发通报47份，施工安全监督记录37份，责令限期改正通知书16份，停工整改通知书6份，工程质量限期整改通知书4份。实现工程受监率100%，工程一次验收合格率91%，用户质量投诉处理率100%，工程实体质量监督检测抽查率100%，市政工程监督检查率100%。

【房地产市场管理】 2017年，续建开发项目有10个，新开工项目3个，办理商品房预售许可证23件。完成商品房销售面积约42.95万平方米，其中住房销售面积34.18万平方米；商品房库存101.59万平方米、同比增长33.04%，其中住房库存面积45.94万平方米、同比增长约44.69%，商品住房套数4355套，同比增长34.54%。配合司法机关开展查封、扣押业务50余项，协助相关部门、企业办理抵押、查封、解封、初始登记30余项，办理商品房买卖合同备案、变更、撤销等相关业务2000多项。协助开发企业办理商品房网签系统业务200多项。

【推行建筑节能与绿色材料】 贯彻落实《四川省散装水泥条例》，推进预拌砂浆使用工作。全年全县生产水泥123.60万吨；散装水泥推广45.75万吨，县城规划区预拌混凝土使用率100%；办量施工图绿色建筑审查备案面积25.98万平方米。

【建筑专业技术人员管理】 叙永县住房城乡规划建设局与县人社部门共同组织全县建筑工程专业第一次职称评审，评出24名中、初级专业技术人员，评审中级工程师职称在该县属首次。组织建筑工程专业技术培训，培训专业技术人员200多人。

【民生保障性住房建设】 2017年，泸州市下达叙永县棚户区改造任务2000户，当年即开工，开工率100%（其中集中化安置1664户，货币化安置率83.2%）；按照租赁补贴相关政策，向300户低保住房困难家庭和低收入住房困难家庭发入租赁补贴；分配公共租赁房206套，至2017年年末全县共分配廉租住房、公共租赁住房2400套。完成农村危房改造3685户。脱贫攻坚易地扶贫搬迁保障住房建设4500户，涉及贫困群众18330人。

【农民工工资监管】 探索对在建工程项目建立农民工专用账户，逐步推进银行实名制代发制度；对涉及叙永县住房城乡规划建设局职能的30起投诉化解23起，协调解决2起，到现场监督发放8起。

【房屋安全鉴定】 全年接受申请进行房屋安全鉴定337户，面积5.3万平方米。经鉴定，确定52户，面积约1.37万平方米；D级危房242户，面积3.3万平方米；C级危房34户，面积0.5万平方米；A、B级9户，0.13万平方米。

【督导乡镇危房排查治理】 督促指导乡镇危房排查，全县乡镇危房319户，其中C级116户、D级203户，除48户D级。除叙永镇江西街天主堂外，其余均实施整改或搬迁。

【白蚁防治】 2017年，签订白蚁防治合同43件，防治面积11.49万平方米；县城规划区白蚁防治率达100%，实际防治面积44.75万平方米；回访19户，建筑面积4.47万平方米。

【光亮工程】 完成新龙学府金街大楼、中广壹品城、汇锦峰、惠泽锦城、新区农贸市场、连城公寓等竣工楼盘的光亮工程建设。

【物业管理】 至2017年年末，全县有物管小区35个，加强专项住宅维修资金的收缴、利用管理工作，现有专项住宅维修资金余额逾亿元，2017年动用维修资金300余万元。加强装饰装修管理，全年查处违规装修400余户。

【房屋征收与补偿】 东城旧城改造项目一、二、三批安置还房涉及返迁户1252户，完成返迁1209户；县人民医院创建“三甲”项目征收范围被征收户217户，已签约170户，已选户187户；府前街旧城改造项目涉及被征收户183户，协议签约182户，司法强拆1户，完成还房178户；水洞子A片区旧城改造项目第一期被征收户410户，全部完成签约，拟建还房已建成7栋；水洞子B片区旧城改造项目一期被征收户48户，全部完成签约，安置还房建成已进行返迁；岩头上片区棚户区改造项目还房完成96%；西外车站项目被征收户79户全部签约，拟建还房444套3栋楼已主体完工；其余一些零星项目涉及被征收户（居民、企业）计8户，已完成安置返迁或货币补偿。

【公用事业建设管理】 坚持每月组织常态化安全专项检查，对燃气、供排水重要站、点进行经常性督查，查出隐患372项，完成整改350项，未整改完毕的正在加紧整改。对违法法规经营燃气行为保持高压态势，全年查处5起“黑气贩”和2起越界经营行为。完成沿河截污干管与管网建设工程，解决县城区沿河污水直排散排问题，提升县城污水处理率；指导和督促乡镇加强污水处理设施建设、维护，确保已建成污水处理厂正常运行；升级改造龙凤镇污水处理厂，作为园区污水处理厂；启动新建12座乡镇污水处理厂以及10个农村聚居点污水处理站。2017年7月31日关停镇南桥水厂（1.0万吨/日），8月1日起由叙永县兴叙水务有限公司红岩水厂（0.7万吨/日）向县城区供水。投入25万元资金，完成百花山水厂原取水点至新取水点备用电源10千伏高压输电线路的安装；投资17万元，购买2台取水泵作为百花山水厂取水点的备用取水泵；投资5万元，在百花山水厂厂区高位水池分别安装防入侵电子围栏；投资40余万元，在镇南桥水厂安装1套净水设施，镇南桥水厂制水能力从0.6万吨/日提高到1.0万吨/日；投入1280万元，建设燃气管网。截至年末，县城自来水用户3.94万户，生产自来水830.26万吨，年销售511.91万吨；县天然气用户5.38万户，年销售天然气2061.7万立方米；县城污水处理厂累计处理污水660.56万立方米，日均处理1.81万吨，安全运行363天，均达到一级A标排放。

【城市园林绿化】 开展创建省级园林县城活动，正在完善申报资料、视频宣传片等相关材料。阳光国际城一期、水尾西溪村成功创建市级园林式单位、村庄。建成棚户区改造项目东门河湿地公园建设工程，向市民开放。编制完成叙永县城市绿地系统专项规划并通过规委会审查，经修改完善提交县政府常务会审核；红洞桥及天河瀑布市级风景名胜区规划编制初稿已完成。完成正东普市村风貌样板工程建设。开展城区日常绿化维护，对城区公园、广场、道路、街道进行修剪维护。重大节日鲜花布置，苗木花卉补植更换，完成江门古寨项目绿化提升打造工作。

【城建监察执法】 2017年，巡查在建工程300余次，依法下达停工通知51份，限期整改通知103份，查封施工现场2个，下达限期拆除通知15份，受理违法举报30余次，遏制施工过程中的违法行为。查处违法案件85件，结案53件，处罚金额97.18万元，其中涉及城乡规划违法案件20件，涉及建筑市场违法案件27件，涉及燃气违法案件1件，其他违法案件5件。在2次安全巡查中，查扣液化气瓶150余只。整治物业小区违章装修行为，对物业小区巡查200余次，下达整改通知34份，立案调查7件，下达停业通知8份，协调解决信访件53起。全年拆除违法建筑（及时监督自行拆除）5483平方米，县城规划区基本保持违法建设“零新增”。

城乡环境卫生管理

【环境卫生宣传】 2017年，悬挂治理标语280余幅，发放宣传手册2.6万份，在县电视台播放治理广告1500次；拍摄《因为有你》城管工作纪录片，在全县LED大屏滚动播放；印制环卫服装提示标语200余条。

【农村生活垃圾治理】 2017年，投入1500余万元新建乡镇生活垃圾压缩中转站，投入500万元（其中25个乡镇每个乡镇20万元）用于完善各乡镇垃圾收运设施。实施农村生活垃圾治理民生工程项目村20个，各村庄完成村规民约制定，完成垃圾收集库点建设选址和用地协调，建设垃圾库点160个，新购买勾臂式垃圾运输车1辆，臂式垃圾箱8个，购买垃圾桶500个，新增保洁人员20人。

【治理占道经营】 开展流动摊点、门市冒口经营、校园周边占道、水果车辆占道等多项整治。全年，取缔占道摊点220余户，规范摊点350个，纠正门市坐商冒口占道经营185户，发放限期整改通知40余份。拆除不规范、破旧广告50余处。

【环境卫生市场化管理】 自2017年7月中旬起，环卫作业实行市场化运行，确定北控水务（中国）投资有限公司为公开招投标中标单位，负责环卫清扫保洁、垃圾清运、公厕清洁维护等。

【市政设施管理】 实施“黑巷子”改造工程，更换背街小巷损坏路灯、破旧线路，改善城市背街小巷路不平、灯不亮、排水不畅、设施不全的状况。实施县城旧城区环城大道人行道、灯杆，南环路人行道市政设施改造。造册登记规划区内的市政公用设施，维护管理公园广场市政公用设施，城市道路、桥涵、堡坎以及防护栏。新、改建一批垃圾收集点和公厕，开展城区化粪池清掏，消除潜在安全隐患。2017年开展市貌督导检查指导85次，发出整改通知27份。市政设施完好率、道路完好率90%以上，路灯完好率、燃灯率95%以上。

【城市“牛皮癣”清理】 成立专门队伍巡查清理城市“牛皮癣”，清除牛皮癣1.2万余张。

【垃圾处理环保问题专项整改】 2017年，叙永县环境卫生管理局牵头整改中央环保督察组住川督查提出的垃圾处理环保问题，组织完成城市生活垃圾处理厂各项升级改造、整改和全县16个非正规垃圾堆放点治理，为各乡镇添置垃圾清运车辆及配套设施。接收处理古蔺县存量垃圾18万吨，开展烧烤油烟扰民集中整治。办结涉环保督察交办件、信访件19件，办理中央环保督察组交办件1件，协助办理2件。

环境保护

【概　况】 2017年，争取到各类无偿专项资金5882万元，实施环境治理与保护。全年空气质量优良天数301天，达标率84.1%。颗粒物（PM10）年均浓度61微克每立方米，颗粒物（PM2.5）年均浓度44微克每立方米，未出现严重污染天气。县城集中式饮用水水源地水质达标率100%。永宁河出境断面水质保持稳定（Ⅱ类），倒流河、水尾河水质保持稳定。全县化学需氧量、氨氮、氮氧化物分别削减345.34吨、7.74吨、947.09吨。叙永县环境保护局被四川省人力资源社会保障厅、省环境保护厅表彰为省“十二五”主要污染物总量减排工作先进集体，吴昭贵、陈丰、李夯、穆儒获环境保护部颁发长期从事环保工作纪念章。

【完善环境保护机制】 成立以县政府主要领导为主任、组长的环境保护委员会和大气、水、土壤污染防治“三大战役”领导小组，并建立“三大战役”联席会议制度。出台《叙永县党政领导干部生态环境损害责任追究实施细则（试行）》《叙永县生态文明体制改革方案》《叙永县环境保护工作职责分工方案》等。完善领导干部生态文明建设责任制，将新《中华人民共和国环境保护法》《中华人民共和国大气污染防治法》《中华人民共和国环境影响评价法》等纳入常委会、常务会会前学法内容，切实增强领导干部坚守“生态红线”意识；将环境保护法律法规知识纳入干部主体培训班教学内容，培训132人次，对拟提拔任用的30名科级领导干部任前进行环境保护知识考试；对拟提拔科级领导干部征求生态文明建设意见。全年，完成10名拟提拔科级领导干部遵守环境保护等方面情况审查。

【环评审批】 2017年6月30日前，按期完成321个违法违规建设项目整改。实行建设项目环境影响登记表备案制度，指导泸州市兴泸污水处理有限公司叙永分公司完成环境信用评价试点工作。全年，完成环评审批项目36个，备案637个。

【大气污染防治】 制定实施《叙永县2017年农作物秸秆（含杂草、生活垃圾等废弃物）禁烧工作方案》《秸秆禁烧网格化监管方案》，印发《农作物秸秆禁烧告知书》《致广大农民朋友的一封信》等宣传资料25万份。完成砖瓦行业大气污染物排放情况摸底排查，要求全县17家砖厂安装脱硫设施。开展造纸、印刷、化工、木材加工等行业77家企业的挥发性有机物污染源详细调查，建立全县挥发性有机物排放源清单。联合经商、住建、城管、食药监、工商、公安、卫生等部门，开展县城区扬尘污染、非煤矿山粉尘专项治理及秸秆禁烧督查，督查“散乱污”企业869家，对存在问题的企业要求限期整改。

【水污染防治】 编制《水污染防治行动计划叙永2017年年度实施计划》《叙永县城集中式饮用水水源地保护区划分技术方案》，修编《叙永县饮用水源地突发环境事件应急预案》，制定《畜禽养殖及屠宰场环保问题专项整改方案》。开展县城饮用水源地突发环境事件应急演练，加强环境监察及环境监测频次，设置全县34个饮用水水源地保护区标识、界标、道路警示牌，建设安全隔离设施，确保饮用水安全。清查核实全县25个乡镇的养殖户、适度规模养殖场及屠宰场基本情况，关闭4家存在环保问题的养殖场。2017年，永宁河出境断面水质保持稳定（Ⅱ类）。

【土壤污染防治】 制定《叙永县贯彻〈土壤污染防治行动计划泸州市工作方案〉实施意见》，启动两河镇工矿场地土壤污染治理与修复工程，开展农用地土壤污染状况点位详查，推进危险废物规范化管理。完成29个土壤重点污染源企业核查，71家危险废物产生单位危险废物申报。

【环境应急管理】 2017年5月，成立叙永县环境应急综合服务中心，定编2人。组织100余人参加叙永县突发环境事件（氨泄漏）应急演练，50人参加叙永县南门河饮用水源地突发环境事件应急演练。完成全县煤矿、县城生活垃圾填埋场等120家企事业单位突发环境应急预案、环境风险评估、环境应急资源调查报告，编制县级13个部门、25个乡镇突发环境应急预案，修订完善《叙永县突发环境应急预案》《叙永县饮用水水源地突发环境应急预案》并报市环保局备案。结合日常随机执法、环保督查、环境安全大检查等，开展安全隐患排查，建立环境风险隐患排查治理管理台账。

【环境监管执法】 挂牌成立各乡镇环境保护办公室，落实1人以上负责环保工作；成立5个片区环境监察执法中队，并增加事业编制10人。开展“利剑斩污”、地下水环境保护、集中式饮用水源保护、放射源安全、砖瓦行业环境保护等专项行动。实行错时执法和突击检查，强化夜查、暗查、节假日查、交叉检查，每月至少组织3次夜查和暗查。全年出动执法人员3000余人次，检查排污单位1000余家次，查处环境问题800余个，责令整改，对涉及违法环保法律法规的47个环境问题立案查处，处罚金额428.82万元，对叙永煤矿等8家企业实施司法移送。

【环境监测】 开展地表水永宁河、古宋河、赤水河、水尾河、倒流河等8个市控和县控断面水质监测，4个县城和32个乡镇集中式饮用水源进行水质监测，叙永县中医医院空气自动点实时上传监测数据至省环境监控平台及泸州市空气质量数据管理平台，SO_2、NO_2、PM10、PM2.5、臭氧、CO各项目监测，各类噪声、降水质量、企业辐射水平监察。在相关网站上公布每日环境空气质量日报、县城区集中饮用水源地水质状况。

【核与辐射安全监管】 办理5家卫生院辐射安全许可证，组织核技术利用单位参加四川省环保厅培训，工作人员持证上岗。

【排污费征收】 严格《叙永县排污费征收管理使用条例》《叙永县排污费征收标准管理办法》，现场核查系统出单征收排污费。全年，申报核定排污企业44家，涉及煤矿、化工、造纸、水泥、砖瓦制造等多行业，征收排污费490.22万元。

【画稿溪国家级自然保护区管理】 增加画稿溪管理处人员编制至15人，聘用21名熟悉保护区情况的村社干部为野外巡护志愿者。设置保护站点8个，森林防火监控点6个，配备工作设备设施。开发保护区APP管理系统。实施玉皇观森林公园内生态恢复，将景区宾馆改建为玉皇观保护站、森林公安业务用房，拆除景区茶楼、停车场，实施推进7个小水电站关停。

【迎接中央环境保护督察】 成立环保督查指挥部，指挥部下设综合协调组、专项环境问题整改组，案件调查组、文稿起草组、信访维稳组、案件督办组，县委办、县人民政府办抽调12人，组织34个县级部门开展迎检资料归档工作，全县组卷资料136盒3935份。整改四川省环保督察反馈问题10个，整改泸州市反馈问题及自查自纠问题27个。办结泸州市下达环境保护类信访案件22项，办结中央环保督察交办案件12批16件。

科技　教育

科学技术与知识产权

【科技项目申报】 2017年，组织申报科技项目17项，立项11项，获得省、市科技项目资金910万元。

【科技项目实施】 2017年，实施市级以上科技项目11项，其中省级项目9项、市级项目2项，结题验收省级项目14项，实施中2016年度县级科技项目5项，财政资金170万元。组织项目实施和资金使用监督检查9次，发现和整改项目实施问题120多个。

【科技扶贫专项项目】 制定《叙永县科技扶贫专项2017年实施方案》和《叙永县科技扶贫专项保障工作方案》，实施省级科技扶贫专项8项，累计获省级科技扶贫专项资金430万元。“四川科技扶贫在线”平台解答全县贫困户各类技术咨询信息1200条，举办信息员业务培训会3次，专家培训会1次，召集专家代表召开座谈会1次，外出调研考察学习2次。继续探索“科技项目+企业+贫困村+产业基地”科技扶贫新模式，采取通过支持农业龙头企业在建档立卡贫困户所在村实施科技扶贫专项，以村集体经济公司参与其中，实现龙头企业加快发展和村集体经济不断壮大的“双轮驱动”，实现产业发展模式下的精准扶贫。引入四川省景盛边城生态农业有限责任公司等农业龙头企业9家，支持科技扶贫专项项目资金500万元，在水尾镇西溪村、广木村、麻城镇寨和村、柏香村4个省级科技扶贫示范村及观兴镇山关村等4个县级科技扶贫示范村，实施《叙永县生态有机水稻优化推广应用示范》等9个省级科技扶贫专项，扶持引导示范村发展高山蔬菜、马铃薯、有机水稻种植、黑山羊、肉牛养殖等产业，示范带动建档立卡贫困户60户，带动贫困户人均增收1500元以上。

【国家专利申请与保护】 组织开展“4·26”世界知识产权宣传周集中宣传活动1次，配合市科知局查处专利侵权案件1起，召开全县科技型企业知识产权培训会4次，邀请省内著名知识产权代理机构到县开展专利申请与保护辅导活动8次，辅导企事业单位负责人及基层专利申请人200余人次，达成专利申请意向120件。全年，完成专利申请总量181件，其中发明专利54件。

【助推科技合作】 组织县内企业到四川大学、四川农业大学、省农科院等大专院校和科研院所洽谈产学研合作事宜。2017年，有27家企业与四川大学、西南民族大学、四川农业大学、西华大学、省农科院、省林科院、省畜科院、省食研院等高校院所建立产学研合作关系，累计合作申报各级科技项目17项，实施“肉用山羊高效养殖技术推广及示范”“国审饲草新品种阿鲁巴鸭茅中试与示范”“杂交油茶新品种标准化栽培技术示范与应用推广”3个项目科技成果转化。

教育行政管理

【概　况】 2017年，全县有学校359所，其中幼儿园110所、小学212所（完全小学30所、村级小学和教学点182所）、初中30所（单设初级中学25所、九年制义务教育学校5所）、普通高（完）中学校5所、特殊教育学校1所、职业高中学校1所。民办学校84所，其中幼儿园79所、小学2所、初中3所。在校学生11.94万人，其中女生5.69万人、寄宿生3.20万人、留守儿童2.51万人。民办学校在校生1.13万人，其中幼儿9309人、小学生1085人、初中生872人。教职工5598人，其中专任教师5512人、职员及教辅人员23人、工人63人，“特岗计划”教师242人，民办中小学、幼儿园教职工738人。

【学前教育】 公民办幼儿园110所，教学班453个；附属幼儿学前教育校点129个，教学班157个。全县在园幼儿1.92万人，学前一年入园率99.6%。

【小学教育】 212所小学校（教学点），教学班1508个，在校学生5.77万人，毕业学生1.14万人，招生7514人，适龄儿童入学率100%，在校生毕业率100%。

【初中教育】 单设初级中学25所、九年制义务教育学校5所，初中教学班572个，在校学生3.05万人，毕业学生8667人，招生1.11万人，适龄人口入学率100%，在校生毕业率100%。

【特殊教育】 特殊教育学校1所，教学班9个，在校特殊儿童110人。义务教育阶段学校在校生巩固率达100%。

【高中教育】 高级中学2所，高完中学校3所，教学班146个，在校学生8763人，毕业学生2911人，招生3092人；职业高中学校1所，教学班52个，在校全日制学生3139人，毕业学生1051人，招生1224人。

【职业教育】 市下达中职民生工程任务4500人，实际完成4973人，完成110.5%；市下达中职招生必保任务叙永职高1200人，实际完成1235人，完成102.9%。2017年，完成应届初中生职前培训7729人，培训面达100%；农村实用技术、农村劳动力转移、就业再就业等各类社会培训10万人次以上。

【招考工作】 组织各类考试5次，其中普通高校招生考试4040人，本科上线2135人；自考2次1280人，3083科次；成高考试2181人，本专科录取1955人；7729人参加高中阶段学校招生考试。

【先进创建】 评选县级先进班集体106个，三好学生530人，优秀学生干部252人；评选市级先进班集体21个，三好学生123人，优秀学生干部63人；评选省级先进班集体1个，三好学生3人，优秀学生干部1人。

【体育工作】 举办叙永县第24届中小学生田径运动会和叙永县第二届中小学生足球赛；正东中心校创建“国家级足球建设学校”。叙永镇中心校、江门镇中心校、向林镇中心校、大石镇初级中学校创建市级“健康学校”。

【教育民生工程】 2017年，建成边远贫困地区和民族地区农村教师建设周转房355套；减免民族待遇县（市、区）在园幼儿保教费2.11万人；对义务教育阶段学生全部免除学杂费、免费提供教科书和作业本8.92万人；中职学校招生4964人；免除除艺术类相关表演专业外的中职学生学费3000人；补助家庭经济困难寄宿学生1.41万人，中职学校家庭经济困难学生0.21万人；资助2016年及以后新入学建档立卡贫困家庭本专科学生206人，资助建档立卡贫困家庭中职学生353人；农村义务教育学生营养改善计划8.43万人。全年，发放资助补助资金6480万元，受益学生约23.9万人次。

【校舍建设】 全年新建、维修、改造校舍项目97个，工程实施面积16万平方米，改造C级危房1.46万平方米，投资项目资金3.24亿元。实施项目中列入省市重点民生工程项目14个、省市考核项目36个、县重点项目2个、扶贫项目18个。其中，重点项目叙永县中小学校舍建设项目，完成投资5500万元；叙永县职业高级中学校扩建项目，完成投资4400万元；城西实验学校项目建设，完成投资2100万元；叙永县三中一期工程、二期工程开工建设，完成投资10500万元；叙永县中心小学校扶贫搬迁及幼儿园建设项目，完成投资5000万元。

【教师队伍建设】 2017年，新招聘教师573人，其中公开招考教师362人，直接考核聘用四川省免费师范生33人、直接考核聘用3年服务期满特岗教师60人，招聘“特岗计划”教师118人。构建县级研训机构、区域联盟总校、乡镇学校、片区完全小学、村级学校或校点五级联动的乡村教师培训体系。建成15个乡村教师“影子”培训基地学校，组建160名乡村教师培训团队，选拔培训1000名乡村骨干教师。实施新教师培训培养计划，保证新入职的中小学（幼儿园）教师，在第一年试用期内接受不少于120学时的培训学习，并参加学科技能竞赛、教学基本功和课堂教学测试合格。全年完成干部、教师培训5500人次。推荐评选表彰泸州市级优秀教师、优秀班主任和优秀教育工作者48人，叙永县级优秀教师、优秀班主任和优秀教育工作者99人。

【教学科研】 打造区域研修联盟15个并开展工区域研修活动，建立县级教育研修工作坊60个，创建和巩固省级校本研修示范校1所、市级校本研修示范校7所、县级校本研修示范校25所；完成“国培计划”项目县的全部培训任务，通过终审评估并获优秀等次。全年教育科研课题获省级成果三等奖2项，市级一等奖10项、二等奖14项、三等奖15项；现有科研课题省级3项、市级立项57项，县级立项119项；开展教师优秀论文评选活动，评出优秀论文市级一等奖12篇、二等奖27篇、三等奖34篇；县级一等奖88篇、二等奖184篇、三等奖272篇。

【教育技术装备】 2017年，购置设备设施6800台（件、套），新增学生电脑3119台、教师电脑884台、图书3.8万册，累计投入资金1092.6万元。中学拥有计算机室的学校33所，计算机教室54间，计算机3250台，“班班通”教室612间，图书阅览室36间，藏书54.86万册，所有校点均能开展理科实验操作考试，教育装备资产3930万元。小学拥有计算机网络教室的学校81所，计算机室96间，计算机4840台。拥有教育资源全覆盖设备的学校175所，班班通教室661间，标准化科学实验室117间，图书阅览室79间，藏书98.6万册，教育装备资产5892万元。

【学校安全管理】 学校安全管理“五个一”升级“八个一”。增加“每周向全县学校校长发送1条安全工作温馨提示短信”“每年举办1次教职工安全知识技能竞赛”“局主要领导每年集中审查全县学校法人校长安全工作日志1次”等内容。全县学校安全工作“零事故”，连续5年获市县安全生产目标考核“先进单位”。

【教育均衡发展】 将教育均衡发展工作列入目标考核内容，明确乡镇长、相关部门主要负责人为教育均衡发展的第一责任人，常态开展对乡镇教育均衡发展工作的随机督查和专项督查。召开全县义务教育均衡发展迎接省政府督导评估工作动员会。按既定规划倒排工期，分阶段、分乡镇有序推进教育均衡发展，优先保障均衡发展乡镇的教育用地、经费保障、队伍建设、设备设施等。截至2017年，16个乡镇通过市政府“教育均衡发展合格乡镇”评估验收，9个乡镇正积极准备年末迎接市人民政府评估验收。

【“法治进校园”巡讲活动】 2月23日，联合县政法委、县人民检察院，举行“法治进校园”巡讲活动启动仪式。县委常委、政法委书记张伟，县人民检察院党组书记、检察长戴勇，县教育局党委书记、局长赵燕友出席启动仪式。张伟要求各相关单位要加强组织领导，形成工作合力，保证活动取得实效；要完善教育网络，健全长效机制，促进青少年法制教育实现常态化；要强化综合治理，有力打击各类侵害青少年权益的犯罪活动，营造良好外部环境。

【承办四川省“全面改薄”工作现场会】 8月17日，四川省“全面改薄”（指全面改善贫困地区义务教育薄弱学校基本办学条件）工作现场会在叙永召开。县委书记陈景强在会上作“全面改薄”工作经验交流，省教育厅党组成员、机关党委书记张澜涛出席会议并讲话。副市长马宗慧，县委副书记郑勇，县领导陈学军、李官培、谢华、陈一龙等参加会议或陪同参观项目现场。

【国家教育督导组到叙永专项督导】 12月1日，国家督学、督导组组长张荣率国家教育督导组一行到叙永对四川省全面改善贫困地区义务教育薄弱学校基本办学条件工作进行专项督导。四川省教育厅巡视员胡卫锋，市委常委、副市长许先春，县委副书记郑勇，副县长谢华陪同督导或参加汇报会。叙永县将“全面改薄”纳入民生工程，积极筹措资金，扎实推进各项工作，全力推进义务教育学校标准化建设。2014年以后，投入全面改薄资金4.76亿元，实施改薄项目222个，保障学校用地1218亩，仪器设备投入5507万元，全面补齐短板，推动教育均衡发展，使全县校舍建设、师资配备、教育装备、校园优化等得到巨大改善。

四川省叙永一中

【概　况】 2017年，高一年级招收新生1512人。高考本科上线1134人，囊括全县文理科状元，重点本科上线302人，获泸州市普通高中教育质量综合评价A类学校一等奖，已连续6年获一等奖。获第三十三届泸州市青少年科技创新大赛科技创新作品一等奖1个、二等奖4个、三等奖4个，教师赵蒂获评“十佳科技辅导员”，学校获泸州市科技创新“基层优秀组织奖”。学生肖喻梅、郭秋丽获泸州市第十三届中小学生楹联创作大赛高中组二等奖、三等奖，教师陈梅获优秀指导教师奖。

【教学科研】 承担全县5所高中学校60余名新教师培训，培训内容包括班主任管理工作以及课堂教学工作。县联盟研修组织全县5所高中学校相关教师交流迎战新高考的思考、困惑以及措施、办法，依托叙永一中研修平台，加强经验交流，分享教育智慧，取长补短，共建共助，共同提高，为推进叙永县高中新课程改革贡献力量。

【高考励志演讲团专家到校演讲】 4月1日，邀请中国学生心理成长网·高考励志演讲团专家王亮到校作题为《挑战高考极限梦想成就未来》的励志演讲，鼓励全校4500余名考生全力以赴，勤奋学习，积极备战高考，实现心中梦想。

【火灾逃生演练】 4月20日，举行火灾应急疏散演练，全校4000余名师生参加火灾应急疏散演练活动，检验学校应对火灾突发事件的防范措施，通过活动进一步增强师生安全意识，提高全校师生处置火灾等突发事件的能力。

【“向国旗敬礼”系列活动】 9月下旬，学校德育处、团委等相关部门组织4000余名学生以“向国旗敬礼我爱祖国”为主题开展国旗下的演讲、主题班会、登录中国文明网站、手抄报、日记感言等一系列的活动，引领学生向国旗敬礼，树立远大理想，报效伟大的祖国。

【安全知识培训】 10月20日，邀请泸州政安消防宣传中心教官为全校教职工作消防安全知识培训，并对所有参培教职工进行书面调查，提升教职工消防安全意识和自防自救能力。

【“法律进学校”专题讲座】 11月13日，联合县人民法院北极星法制宣讲团组织开展《法律进学校暨依法治校》专题讲座，县人民法院刑庭副庭长张勇和法官潘芳结合中学生特点，以预防未成年人犯罪为切入点，用具体的案例，针对青少年犯罪特性进行分析，引导学生运用法律知识认清日常学习生活中的不法行为和现象，自觉抵制社会不良风气。

【第八届青年教师技能大赛活动】 11 月 20 日至 12 月 10 日，举办第八届青年教师教学技能大赛，从书法“三笔字”、说课、课堂教学、班会课比赛 4 个方面进行综合评比，全面展示青年教师的教育教学基本功、德育教学成果和高效创新的课堂教学风格。13 位青年教师参与角逐，全县各高中学校 60 余名新教师前往观摩学习。

【参加第二届川南武术套路邀请赛】 5 月 19—21 日，在“万晟城”杯第二届川南武术套路邀请赛中，叙永一中学生刘涛获男子 B 组拳术冠军和短器械亚军，魏叙获男子 B 组长器械冠军、华拳第三名。

【首届成人礼仪式】 12 月 10 日，学校举办“感恩 · 责任”成人礼仪式。学校领导、老师、家委会成员以及 4000 多名学生共同见证 831 名学生郑重走过成年大门，跨入 18 岁年华。校长郑敏致辞，希望全体同学加强道德修养，坚定理想信念，珍惜优良的学习环境和学习氛围，自立自强，担当家庭和社会责任。

叙永县二中

【概　况】 2017 年，有教职工 230 人，其中专任教师 213 人（高级教师 62 人、一级教师 78 人），省市级骨干教师、学科带头人 24 人。教学班 61 个（初中 18 个班，高中 43 个班），在校学生 3500 余人。叙永二中被四川省住房和城乡建设厅命名为“2016 年度四川省园林式单位”，获“小手绘文明、大美绘泸州”泸州市青少年书画大赛“优秀组织奖”；教师张林获“语文报杯”全国教师三笔字书法大赛金奖、泸州市“书写酒城、墨动泸州”硬笔书法大赛一等奖，彭帤桀获四川省教育教学优秀论文评选三等奖、崔岩被评为“泸州市优秀教师”，余旭获四川省实验教学说课评选活动提名奖，王越获泸州市第六届群众文化展示活动原创歌曲大赛三等奖，曾容、刘琴、傅紫微获泸州市高三科学备考优质课二等奖，申玉婷获泸州市高中班主任风采展示二等奖（单项一等奖），赵霞、郑奕群获泸州市教师教学技能比赛优秀奖；课题《墨香校园——硬笔书法特色教育研究》获泸州市教育科研阶段性成果评选三等奖。

【教学设备设施】 学校有微机教室 3 间，电脑 200 多台、阶梯教室 2 间、多媒体教室 3 间、网络教室 61 间、心理健康实验室 1 间；有理化生实验室和实验大楼；有图书阅览室 4 间，藏书 10 万余册；有音乐室、美术室、舞蹈室、练功房等专用教室 6 间，钢琴 10 多台，有 200 米和 250 米跑道各 1 条，8 个篮球场，1 个多功能大礼堂。

【德育团队建设】 坚持预防为主、防治结合、一岗双责、群防群治原则，通过安全教育，增强学生安全意识和自我防护能力。利用主题班会活动、团队活动以及各学科渗透等途径，通过讲解、演示和训练，对学生开展安全预防教育，使学生接受比较系统的防暴自救、反迷信、防溺水、防交通事故、防触电、防食物中毒、防传染病、防体育运动伤害、防火、防盗、防震、防骗、防煤气中毒等安全知识和技能教育。利用学校黑板报、展板、悬挂横幅、张贴标语等宣传方式及举行主题班会、讲座、安全征文与知识竞赛等形式开展丰富多彩的安全教育。建立警校共育联防机制，在叙永县公安局西城、东城派出所聘请法制副校长 2 人和法制辅导员 2 人，坚持开展校园治安工作、法制教育日常化。开展“最美寝室”评比活动，学生就地取材，用绿色环保的方式打造温馨家园。通过齐抓共管，学校教育教学秩序和谐稳定。

【“我的中国梦”主题教育活动】 开展以“为祖国点赞”为主题的黑板报评比活动，庆祝新中国成立 68 周年，喜迎中共十九大胜利召开。开展

“向国旗敬礼”全校师生网上签名寄语活动、国旗下的演讲、“我为祖国点赞”手抄报评比等活动，突出爱国主义、家国情怀，引导广大中学生强化爱国意识，激发报国志向，抒发爱国情怀，培育和践行社会主义核心价值观。

【艺术教育活动】 开展早操、课间操、大课间活动和室内课间活动，开展一年一度的篮球运动会和大课间展评活动。初中部举办“青春志·中国梦”诗朗诵，纪念“五四”运动98周年。高中部举办“不忘初心跟党走·情系祖国诵辉煌”诗歌朗诵比赛，纪念“一二·九”运动82周年。开展潜渊文学社讲座、交流、笔会活动，按时编辑《潜渊》社刊，师生在市县级文学刊物发表文章40余篇。加强“书香校园”建设，抓好图书回溯建库工作。进一步抓好“墨香校园”建设，书法进课堂，学生每天坚持练字，定期开展书法兴趣小组活动，举办第五届规范汉字书写大赛、优秀师生书法作品展和笔会活动。在2017年泸州市青少年书画大赛中，30余名学生获等级奖。组织师生代表县教育部门参加叙永县“喜庆十九大、脱贫奔小康”大型文艺演出、“升庵吟、永宁情”音乐会等活动。开展首届“文明寝室”评选活动，学生动手动脑、就地取材，寝室美化节能环保。

【教学教研活动】 承办泸州市“古叙送教”活动、泸州市初中政治、化学、生物等学科毕业复习研讨会，叙永县初、高中各年级各学科研究课、研讨会。在各科教学中，大力推行课堂教学改革，坚持走“科研兴教、科研兴校”之路。开展多层次多形式公开课、研究课，加强教学科研工作，围绕“课堂教学与信息技术的整合”“教学理念与教学行为的整合”等主题，开展各级各类教研活动。

【法制宣传】 利用各种宣传工具和宣传阵地宣传法律法规，增强师生的法制意识。组织叙永县“法治文化进校园”书法展览活动，邀请学校法制辅导员、叙永县公安局东城派出所警官谭超到校开展法制知识讲座。参与依法治县宣传教育月街头集中宣传活动。年度综治工作和“平安校园”创建活动，接受市、县综治委检查，获好评。

【“墨香校园”建设】 潜渊文学社举办首届原创诗词大赛，收到原创古典诗词和现代诗歌作品70件。成立墨云轩书法工作室，组建年级书法兴趣小组，定期开展活动。在高一年级开展书法入格教学，楷书基本笔画和结构训练；高二年级开展行楷训练，适当加入各种字体训练。邀请书法名家到校专题讲座，每学年举办一次规范汉字书写大赛及获奖作品展览。联合“心心之火”志愿服务队开展“我为叙永代言”活动。

叙永县职业高级中学

【概　述】 2017年，学校有教职工174人，其中在编115人、临聘59人，教学班级50个，在校生2855人。学校开设有机电应用技术、汽车电子技术应用、计算机应用技术、旅游服务与酒店管理、学前教育等5个专业。2017年，招收新生1224人，其中对口升学高考班396人；高考实现历史性突破，学校共180人参考，其中本科上线12人（不含艺体），167人升入本、专科院校，上线率93%。

【师资培训】 实施教师分层训培，开展“以课例为载体，理论引领与行为跟进相统整”的培训模式培训教师。开展10名青年教师再培训、15名新教师入职培训，对12名新参加工作的老师进行上课考评。试点培训认定机电组校级“双师型”教师12人。全年，派出35名教师到高校学习。

【教学科研与督导】 成立7个工作室，其中1个县级、6个校级，开展市级教研课题6个、县级课题1个、校级课题1个，参与课题研究50人。成立专门考评组、质管办、教学督查组，围绕“教（教学）、研（科研）、改（诊改）”三字方针，有序开展教师培训、教学科研、评价诊改、工作室研修和继续教育等各项工作。开展每课巡查、教学“六认真”进行定期和不定期抽查，及时发现问题、解决问题。进行教师教学常规综合评价考核，并将其纳入年终评优晋级的重要条件。

【参加泸州市第十三届中职师生技能大赛】 以专业为切入点，组织师生参加泸州市第十三届中职师生技能大赛，其中信息技术获得团体三等奖，旅游服务一类获得团体三等奖，职业英语获得团体三等奖，6人获单项二等奖，7人获得单项三等奖；教师组陈应璋获计算机检测维修与数据恢复项三等奖。

【实习就业拓展】 学校制定出台《叙永职高学生顶岗实习管理办法（试行）》，组织2015级学生参加顶岗实习，就业稳定率较往年明显提高。

【学校安全管理】 建立以安全办为轴心，以各部门为主线，横向到边，纵向到底的安全工作网络，对学校安全工作实行全员、全方位、全过程的动态安全管理。举行消防、防震演习，主学生从“演习实战”中学会使用消防器材、自救逃生、互救等技能。多次在校园举办交通安全宣传展，请警官到校为学生举行安全教育讲座。让学生接受比较系统的防溺水、防交通事故、防触电、防食物中毒、防病、防体育运动伤害、防火、防盗、防震、防骗、防煤气中毒等安全知识和技能教育。叙永职高被泸州市禁毒办、泸州市教育局确定为泸州市毒品预防教育示范学校、叙永县禁毒教育基地校。

【扶贫助学】 全校有建档立卡贫困家庭学生551人，免除书本费、校讯通费、商业保险费、校服费、住校费35.973万元，其中自行在网上申请建档立卡学生特别生活补助496人，24.8万元；全面指导建档立卡贫困家庭学生完成雨露计划申请，每生每期750.00元。2017年，免学费619.6万元，发放高三学生生活补助76.35万元，助学金443.24万元。新龙公司“励志奖学金”资助该校升入大学贫困学生10人，3万元；栋梁工程资助该校升入大学贫困学生52人，14.5万元；朝阳工程资助该校升入大学贫困学生10人，1万元。

【学校名片】 叙永职高是泸州市阳光体育示范校、泸州市标准化食堂学校、标准化宿舍学校、泸州市毒品预防教育示范学校，泸州市中小学教育质量综合评价改革基地学校优秀单位。

文化　体育　广播　电视

文化管理

【“两馆一中心”建设】 “两馆一中心”（图书馆、文化馆、群众文化演艺中心）项目完成选址永宁新区青杠湾湿地公园，总用地面积1.39万平米（约20.85亩），建筑面积1.9万平方米；红线图、地形测绘图等基础资料提交设计单位；通过“文化叙永”公众平台完成“两馆一中心”《概念性规划设计方案》大众评审和专家评审工作，确定概念性设计效果图。

【贫困村文化室建设】 按均等、统一的标准，每村配置电脑4台、音箱2只、功放1台、电子琴1部、相机1部、投影仪1台、幕布1张、图书100册、铜鼓1套，结合室外活动场地需求配置篮球架、乒乓球台、健身路径等体育设施。实施10个村综合文化服务中心示范点、23个幸福美丽新村（社区）文化院坝建设，营造文化氛围，扶贫扶智（志）。2017年，完成42个贫困村文化室达标，通过贫困退出验收。

【“两馆一站”免费开放】 文化馆免费服务项目包括演出、视听、展览、阅览、培训、讲座、游艺、体育，以及免费为群众业余文艺团队提供活动场所等服务项目。图书馆成年阅览室、少儿阅览室、多媒体阅览室（电子阅览室）、报告厅（培训室、综合活动室）、自修室等公共空间；文献资源借阅、检索与咨询、公益性讲座和展览、基层辅导、流动服务、阅读推广活动等基本文化服务项目；全年节假日不休对群众免费开放服务。乡镇综合文化站免费开放设有图书借阅、电子阅览、科技培训、文化活动、非物质文化遗产保护传承等服务内容。

【公共文化服务体系建设】 面向231个行政村招募有文艺专长、热心社会公益、乐于组织基层群众文化活动的文化志愿者或文化能人231人，“三区”计划和“阳光工程”文化志愿者40人。建成25个乡镇建成综合文化站，全县231个村建成农家书屋，补充更新231个农家书屋、30个社区书屋出版物。马岭镇综合文化站、兴隆镇综合文化站、麻城镇综合文化站被表彰为四川省优秀文化站。

【特色文化建设】 整合地方特色文化资源和自然资源，保护传承濒危优秀传统文化，形成新的旅游文化产业。打造以石坝堰塘彝族文化为主义的民俗文化，以向林绵竹移风易俗为主的民风文化，以水尾西溪民歌文化为主的民歌文化，以合乐苗族兴复村苗族文化为主的民舞文化，以水潦彝族乡非遗项目彝族草把龙、彝族咪苏唢呐、彝族月琴为基础的传统民族文化。

【群众文化活动】 2017年，举行“喜迎十九大 脱贫奔小康”大型群众文化活动、美景里程大型文艺活动和四川·叙永乌蒙花海骑跑挑战赛活动，省曲艺院、四川省群星奖到叙永大型演出，少数民族乡镇举办苗族踩山节、彝族火把节、祭风节、年猪节、苗场节等活动。

【非物质文化遗产保护传承】 公布43项非物质文化遗产名录保护项目，其中川南苗族踩山节、蜀南彝族咪苏唢呐、构树皮造纸工艺、木格岛苗族祭祀鼓乐4项非物质文化遗产保护项目入选省级保护名录，23项非物质文化遗产保护项目入选市级保护名录，完善传承谱系。

文化艺术

【展演活动】 组织开展舞蹈新作比赛，以“挖掘本土文化，传承民俗精神”为主题的创作采风活动，“喜迎十九大脱贫奔小康”大型文艺演出活动。“文化叙永百姓舞台”演出33场次，观众9万余人次。《边城恋歌》获泸州市农民新春大联欢活动二等奖、《花提灯》获泸州市第七届群众文化旅游艺术活动原创歌曲二等奖。全年，开展各类群众展演文化72场次，参加人数9.2万人次。

【非遗文化筛查】 非遗普查工作组深入全县进行非遗产筛查工作，通过筛查，进一步完善数据资料档案，为制定和完善县非物质文化遗产保护传承的政策措施，提供翔实可靠的依据。12月，县文化馆被命名为四川省曲艺传承基地。截至2017年年底，全县有省级非物质文化遗产4项、市级25项、县级16项。

【艺术普及】 组织文艺骨干，深入乡镇、社区、特殊教育学校等开展艺术教育培训辅导，开办舞蹈、声乐、摄影、书法美术等公益培训班，参与免费培训1000余人次。

文物保护

【文物修复】 2017年，完成国家级文物保护单位春秋祠防雷和消防工程，钟鼓二楼、乐楼维修保护工程，并向游人开放。完成省级文物保护单位刘氏宗祠抢救维修工程和木格倒红军文物恢复工程。

【省级文物保护单位申报】 开展文物保护相关项目申报工作，完成第九批省级文物保护单位申报资料上报。经专家评定，“永宁石桥”“红军过石厢子遗迹”升级为省级文物保护单位。

【启动上下桥保护维修】 组织县住房和城乡建设、文体广、国土、交通、水务、公安、安监、城管、叙永镇相关部门负责人和经办人员，讨论县城市级文物保护单位上下桥保护维修项目前期准备工作。邀请市文物局专家到会指导。各部门就上下桥保护维修工作提出建设性意见和建议，市文物局领导、专家就文物保护的重要现实意义和实施步骤给出专业性指导意见。

社科联

【完善组织建设】 在“六个一”标准上，增加自选动作，做到“七个有”，即有牌子、有班子、有场地、有设备、有专兼职人员、有工作计划、有社科课题。引进社科理事会团体成员，将社会机构、机关单位、企事业、学校、民营企业以及专业站所等团体作为社科理事会团体成员，其一把手作为代表，负责沟通社科联和本单位，团结一切可以团结的力量，调动一切可以调动的资源。乡镇社科联以合署办公的方式将办公室设置在组宣委员或宣传办公室，由分管宣传工作的干部具体负责社科工作，同时在团体成员的办公地点设立社科联办事处，形成以乡镇社科联办公室为主，各成员单位办公室为辅的“主辅结构”模式。将乡镇文化中心、村农家书屋、农民活动中心、幸福美丽新村文化院坝、两坛一堂、农民夜校、科普长廊场所整合为普及宣传社会科学的阵地。

【社科宣传】 按照“通俗化、娱乐化、实用化”原则，以“点位、人员、制度”为着力点，推动叙永县春秋讲堂、丹山讲堂、鱼凫讲堂“民间讲堂”品牌提升，将社科知识与文艺活动相结合，与人民群众的生产生活相结合，用通俗易懂、群众喜闻乐见的文艺形式宣传社科知识。2017年，在两河镇双狮村文化广场组织文娱活动，叙永镇“安居之梦”坝坝讲坛宣传动员城市拆迁，麻城镇双语普及传承保护民族文化等。让社会科学走出象牙塔，走进乡村融入民众。利用农村坝坝讲坛、科普阵地、农民夜校等就空巢老人问题、留守儿童问题、生态保护问题开展探讨。

【社科成果转化应用】 合乐乡社科联组织申报苗族文化研究课题获得四川省社科联立项和结项，成果传化并服务于当地建设；摩尼镇社科联干部申报的《高校在乌蒙山区精准扶贫中的探索》获泸州市社科联立项，并服务于精准扶贫。在摩尼镇金榜村组织致富带头人开展“道德讲堂经验讲堂”传递养牛和种植经验，助农增收；三斗米村农业合作社培育新型农民创业增收等。

【开展“大社科”活动】 在送文化卫生科技“三下乡”“科普之春”宣传月等重要节点，由乡镇社科联承办，开展全县性社科普及活动，开设专家讲座83场、发放资料2万余份、设台服务49场。为当地群众送去农村科技使用技术；以泸州市“酒城讲坛”为龙头，开展“六进”活动宣讲31场；乡镇社科联牵头组织开展重走长征路——纪念石厢子会议红色旅游活动、彝族火把节民俗活动。

公共图书管理

【概　况】 2017年，叙永县图书馆获四川省全民阅读优秀组织奖、2016年度四川省最美图书馆、泸州市第三届经典诵读比赛优秀奖、泸州市先进会员单位、泸州市服务创新先进单位、泸州市全民阅读优秀组织奖、泸州市2017年全国少年儿童阅读年系列活动——“童声读经典”活动优秀组织奖、泸州市第二十三届读好书故事演讲比赛获优秀组织单位。黄英撰写的《县级图书馆总分馆制建设》获中国西部公共图书馆联合会第四届年会暨学术研讨会优秀奖。

【公共图书馆资源共建共享】 建设以县级图书馆为总馆，乡镇图书室为分馆，村、社区为服务点的三级服务体系，完成叙永县图书馆总分馆平台管理建设，实现县域公共图书馆资源共建共享。完成25个乡镇、231个行政村、30个社区图书室“一卡通”和共享工程基层服务站（点）建设，231个农家书屋、30个社区书屋出版物补充更新。

【古籍文献收集整理】 2017年，收集古籍《铜板四书集注》等5册、地方文献1011册。完成古籍书影拍摄13021册，著录馆藏民国时期文献1911册。

【图书阅览服务】 聘用专职文化志愿者2人，兼职文化志愿者10余人，节假日不休服务窗口，全年免费开放。开展全民阅读七进活动，流动借阅服务常态化，流动图书车每周三定时、定点在扬武坊和新区开展流动借阅，每月到不同乡镇开展2次流动借阅工作，现场开展赠书、办卡、“一卡通”服务宣传，现场为学生赠送图书、学习用具，组织观看国学经典小故事。定期开展“永宁之声——我读给您听”专题活动。新增自助借还机，普通卡升级为与自助借还机相匹配的芯片卡，实现读者能自助借还，年末办理普通卡换芯片卡500余张。

【创建国家一级图书馆】 成立评估定级工作领导小组，领导国家一级图书馆创建工作。按照评估定级细则，分类、分项、逐条对照自查打分，查漏补缺，在保证国家二级图书馆的同时争创国家一级图书馆。完成评估定级资料归档。接受四川省文化厅组织到叙永县图书馆开展第六次全国公共图书馆评估定级实地复评，评估小组对叙永县图书馆总藏量、地方文献年入藏量、多种报刊年入藏量和图书分类、目录设置、分馆建设、免费开放以及组织管理、保障条件等相关工作进行评估验收，获评估小组一致肯定。

【主题读书活动】 举行叙永县2017年“书香叙永”全民阅读活动启动仪式暨第五届“永宁之春”诗咏会，组织“诵读经典·美丽我的叙永”朗诵比赛并参加泸州市决赛，获优秀奖。开办2017年少年儿童书画大赛、2017年好书伴我成长少年儿童阅读征文比赛、2017年“童声读经典”少儿绘本音频大赛、2017年“读好书故事”演讲比赛。开展“农民读书月”活动，将实用书籍送到农民手里，指导种养殖业生产。“妇女节”女读者办证、借阅有礼活动。“学习雷锋精神·践行社会主义核心价值观”主题读书活动，现场设立弘扬雷锋精神展板，免费办证、图书借阅和赠阅。世界读书日“你读书·我买单”主题活动，设立“中国阅读——阅读推荐榜”展播，为读者推荐优秀读本。举办2016年征文比赛获奖作品展、中国传统佳节与爱国主义教育图片展、“书香中国”图片展、“知识的力量”的图片展、撸起袖子加油干凝心聚力奔小康图片展、砥砺奋进的5年图片展、暑期安全知识图片展、举国同庆·喜迎十九大图片展、“不忘初心·继续前进——认真学习贯彻党的十九大精神”专题图片展。

【丹山讲堂】 开展“丹山讲堂”《读书的乐趣》《匠人精神与传承》《非暴力沟通》《桃花仙姑的传说》《抗战老兵的故事》系列专题讲座。

体　育

【概　况】 建立全民健身领导组，完善县、乡全民健身指导委员会，组建25个乡镇、12个城区社区建成各种类型的体育健身组织。新增群众体育组织15个，新增青少年体育俱乐部会员单位5个。截至年底，全县累计各类体育协会及健身组织90余个。2017年8月，叙永县被国家体育总局评为全国群众体育先进单位，连续4年被评为四川省群众体育先进单位，县业余体校连续2次被授予四川省30家重点业余训练单位，青少年体育俱乐部被评为四川省优秀俱乐部。

【培训社会体育指导员】 组织举办各级社会体育指导员、教练员、裁判员培训，累计参训400余人。2017年，新增一级社会体育指导员2人，二级社会体育指导员9人，三级社会体育指导员60人，基本达到社会体育指导员每1000人2—3人。

【群众体育活动】 2017年组织开展“迎春”系列活动，全县中小学生田径运动会、中小学生足球赛、中学生篮球赛、全县中青年篮球赛、全民健身日系列活动40余项次，参加竞赛活动人数达万人以上。协助县人民政府举办“四川·叙永乌蒙花海骑跑挑战赛”。举办川南6个市县中老年篮球比赛、全县老年门球比赛、老年篮球赛。组织代表团参加泸州市第六届老年人运动会。

【俱乐部篮球联赛】 开展一年一度的俱乐部篮球联赛，该年度实行允许请外援按照四节五人制的参赛办法，重庆、成都、宜宾、泸州等地篮球高手前往参加，历时13天，开展比赛73场。

【业余运动训练】 少年儿童体校和青少年体育俱乐部为业余运动训练主要阵地，常年开展篮球、武术、田径、跆拳道、足球、乒乓球等各项目训练工作。截至2017年年末，有国家级足球特色学校5所，市级足球布点学校5所。

【体育场馆建设】 投资70余万元，配置农民体育健身工程器材并新曾运动场地1.1万平方米，全县人均体育活动面积1.45平方米。

广播电影电视

【概　况】 2017年播出《叙永新闻》239期、1805条，《边城印记》专题节目8期，《脱贫攻坚专题报道》46期。制作《叙永三中建设有序推进》《绕城路即将完工建设》《江门竹浆项目进展顺利》《湿地公园》《向林镇易地扶贫搬迁集中安置点》《向林老窖基地》《江门三万吨成品油储配库项目》等重点工程专题片30个。编发微信公众号《文化叙永》235期。外宣用稿234条，其中市电视台用稿168条、省级媒体58条、央视8条。严格广告管理，广播电视播出实现安全播出零插播、零事故。

【获奖专题片】 完成《边城印记》系列《石厢子1935》后期制作工作，总片长20分钟。纪录片《扶贫攻坚》入选2017年年度“美丽四川”优秀广播电视节目，获扶持资金15万元。入选国家新闻出版广电总局2016年第三批优秀国产纪录片的《木灵》、2016年四川省广播电视新闻政府奖优秀纪录片奖《石魂》，分别在凤凰卫视的欧洲台和美洲台播出。自9月下旬开始，《叙永形象片》在央视微信平台1号线上推出，在中央1台《鸟瞰中国》中播出。

【大型活动现场录制】 3月12—13日，派遣13名记者现场录制和采访报道“四川·叙永乌蒙花海骑跑挑战赛”骑行活动，并上送上级电视台。微信平台“文化叙永”在现场进行分享，当晚粉丝达1万多人。9月27日，全程录制“喜迎十九大 脱贫奔小康”大型群众文化活动，并赶在国庆节播出。现场省网络公司叙永赛区广场舞大赛，全县送文化三下乡文艺会演。全年，录制大型演练和大型文艺活动4场。

【“户户通”“村村响”建设】 建成标准化广播电视站3个，安装“户户通”设备2000套个自然村，补点安装调试“村村响”工程30个乡镇589个行政村，“村村响”广播覆盖589个行政村所有自然村。

【设备设施建设】 投入资金12万元，建设龙凤镇、合乐乡、白腊乡3个标准化广播电视站。完成玉皇观高山台站的改扩建工程，新建一楼一底办公楼250平方米。建成水尾、江门2个镇级室内固定电影放映点；增加2套广播电视信号设备，完成中央广播电视信号无线覆盖工程。处理地面数字电视基站各类故障76台次；处理玉皇观“2+1”广播电视“村村通”发射设备故障29台次；维修中央直播卫星接收设备254台次；送厂更换卫星接收设备128台次，广电股技术人员自行维修117台次，送厂更换高频头18只，无线地面数字电视机顶盒136台次，其中自行维修各类机顶盒77台次。

【公益电影放映】 落实农村公益性电影每个自然村每月一场电影放映任务。全年，公益电影放映场次3057场次，观看25.94万人次。

旅游管理

【概　况】 2017年，接待游客356.4万人次，实现旅游综合收入29.45亿元。

【旅游规划】 编制《青凉洞旅游区总体规划》，协助后山富邦生态养殖专业合作社编制《叙永县后山镇三斗米村“芸薹谷”修建性详细规划》，协助泸州画稿溪旅游开发公司完成《画稿溪旅游产业策划及概念性规划》初稿，配合泸州市外事侨务旅游局完成《叙永县鸡鸣三省石厢子红色旅游区修建性详细规划》初稿、《泸州市全域旅游实施方案》。

【旅游宣传】 与成都龙腾广告公司合作，完成叙永旅游宣传片的素材采集工作和宣传片的前期制作。

【旅游项目打造】 赤水河风光旅游区项目，年初与北京美景天成体育文化发展有限公司签订赤水河畔精品休闲体育度假景区项目战略合作协议，在叙永注册分公司，已完成项目策划方案。喀斯特地貌生态旅游综合开发项目，完成云山坝区域项目策划方案，与山东龙冈旅游集团就龙泉洞旅游开发进行洽谈，外出调研考察。

【旅游活动】 2017年，与同程旅游、重庆老兵自驾俱乐部、四川川南网、泸州电视台、泸州自由旅行联盟等建立战略合作关系。3月，策划举办“乌蒙花海赤水河，鸡鸣三省大峡谷”自驾赏花之旅活动，石坝、水潦、赤水3个乡镇接待来自泸州、宜宾、自贡、内江、贵州等地游客30万余人，旅游住宿、餐饮直接收入690.5万元，农副产品销售等旅游带动收入409.5万元，旅游总收入1100万元，带动赤水河流域3个乡镇1000余贫困人口增收。6月下旬，启动“2017画稿溪清凉狂欢节”活动，举办彝族火把节和赤水河摘果节。

【旅游市场整治】 2017年，以发放传单、横幅标语、LED显示屏等方式在旅行社服务网点、景区和重点农家乐，开展文明旅游宣传、党风廉政宣传、环保宣传和法制宣传。开展春季旅游市场专项整治和夏季“四大专项行动”，出动执法人员17人次，检查旅行社叙永门市部（服务网点）8家次、景区5家次，配合市级检查组检查2次。全年无旅游投诉案件发生。

【旅游安全管理】 全年，召开涉旅企事业单位安全生产工作会4次，组织消防应急演练1次，开展安全生产知识培训2次，地质灾害隐患大排查1次。组织夏季消防、汛期等专项安全生产检查行动，检查景区、农家乐、旅行社等企事业单位80余个次，出动检查人员50余人次，排查整治一般安全隐患24处，上报县安办协调解决2处。全年未发生任何旅游安全事故。

【创建堰塘旅游扶贫示范村】 投入资金40万元，在彝家新寨和异地扶贫搬迁集中安置点，建设旅游基础设施和配套服务设施，创建堰塘旅游扶贫示范村。10月中旬，通过泸州市级检查验收，11月通过四川省级检查验收。

【乡村旅游品牌建设】 2017年，派送叙永镇红岩村、赤水镇孙家村2个旅游扶贫重点村各1名村主任到北戴河学习乡村旅游发展经验，选送西溪村2名乡村旅游带头人到成都学习乡村旅游经营管理经验，派送6名乡村旅游带头人到台湾交流学习乡村旅游发展经验。邀请旅游专家到县培训乡村旅游经营管理服务，全县达标民宿、星级农家乐、特色业态等乡村旅游带头人150余人参训。投入80万元，申报水尾西溪村精品村寨，创建彝乡农家乐、云溪客栈等20家乡村民宿达标户，创建印象红山庄、麻线堡避暑农庄等6家3星级农家乐，创建西湖山庄等3家乡村旅游特色业态。成立山水画稿、三斗米自富邦旅游资源开发有限公司、海涯古彝人家3家乡村旅游专合社（公司），山水画稿乡村旅游专合社和三斗米2家已经开始运营并产生初步效益，其中山水画稿乡村旅游专合社收入10万元。

卫 生

卫生与健康管理

【概　况】 2017年，争取项目资金1.37亿元，其中争取到县人民医院内科大楼建设资金5000万元、县疾控中心项目资金600万元。至年末，全县有医疗卫生计生机构557个，其中县级综合医院2个、妇幼保健计划生育服务中心1个、疾病预防控制机构1、卫生监督机构1个、乡镇卫生院25个、社区卫生服务中心1个、社区卫生服务站9个、村卫计站420个、民营医院6个、民营门诊部2个、个体诊所59个、中医坐堂医诊所3个、企事业单位医务室5个。有编制床位2558张，实际开放床位2299张。其中，公办医疗卫生机构编制床位2285张，实际开放床位1989张；民营医疗机构编制床位273张，实际开放床位310张。卫生人员4081人、卫技人员2689人、在编在岗人员1090人，其中执业（助理）医师1035人，注册护士1400人。注册乡村医生1285人，其中村卫计站752人，乡镇卫生院184人。出生人口7034人，出生率为9.43‰；死亡3493人，死亡率4.68‰；出生人口性别比104.57；多孩率2.52‰。

【完善医疗服务体系】 2017年，投资7348.8万元，提档升级向林镇、摩尼镇、江门镇3个卫生院项目建设，单体建筑面积不低于5500平方米，全面完成主体工程建设。投资2037.6万元，提档升级村卫计站50个，建筑面积不低于150平方米，全面完成50个村卫计站建设，其中46个正式投入使用。投入60余万元，整改25个乡镇卫生院防雷工程。完成县级人口健康信息平台建设，县级医疗机构开通惠民手机APP系统，可通过该系统网上预约挂号及查询相关信息。完成县、乡、村三级远程诊疗项目建设，全面覆盖2个县级医疗机构、23个乡镇卫生院、106个行政村卫计站，基本实现市、县、乡、村互联互通，医疗资源共享。

【医疗卫生队伍建设】 2017年，通过公招、定向医学专科生引进、“三支一扶”招募、订单定向医学生本科生培养等招聘卫生专业技术人员152名。组织乡镇卫生院（社区卫生服务中心）医师50人、乡村医生87人、全民预防保健员46人共183人到市级培训。

【医疗卫生监管】 2017年，投入550多万元，开展医疗废物处置等环保问题专项整改，关闭整顿民营医疗机构4家，查处10家。开展非法行医专项治理，立非法行医案7件，取缔非法行医场所13家（次），没收药品器械6箱，收缴非法标牌15张，罚款11.18万元，没收违法所得0.72万元。办理行政处罚案件35件，行政许可152件，行政检查782件；执法记录仪固定现场执法录像20件；辅助医疗案件调查取证32起，公共场所案件3起，存储执法信息25条。

【全面放开二孩生育政策】 2017年始，对生育两个以内（含两个）孩子的，不实行审批，由夫妻自主安排生育。全面推行网上预约办理生育登记4007件，办证率占全县出生人口的51%，其中一孩登记1859件，二孩登记2148件；办理特殊情形再生育审批6件。

【计划生育奖励扶助】 2017年，落实计划生育奖励扶助和特扶享受9237人，资金1318万元。其中，生育奖励扶助8458人，补助资金811.97万元；计划生育家庭特别扶助779人，其中伤残232人、死亡425人、手术并发症122人，扶助资金476.27万元。

【生育秩序整治行动】 在枧槽苗族乡、合乐苗族乡等多孩率高的乡镇开展生育秩序整治行动。在7·11世界人口日宣传计划生育政策，通过对违法生育对象依法征收社会抚养费，引导群众按政策生育，减少因生育孩子过多给家庭带来的贫困。

【启动健康城市创建】 投入5.9亿元，启动健康城市创建工作。开展叙永县人民医院“三甲”医院创建，10月通过三甲医院评审；完成4个省级卫生乡镇创建基本工作，1个国家级卫生乡镇创建已通过市级初评；继续实施鱼凫小学健康学校、湿地健康公园等建设；开展公众健康咨询活动和健康知识讲座、“三大特色宣传活动”；继续实施农村改水改厕项目，累计改厕所13.14万户，卫生厕所普及率87.6%。

【健康扶贫示范县创建】 2017年，开展国家健康扶贫示范县创建工作。实施全县建档立卡贫困人口县内就诊“零自付”政策。2017年县内住院3.1万人次，县内门诊13.1万人次，住院医疗费7965万元，总费用1007万元，予以全部减免。实施建档立卡贫困人口“大病集中救治”。实施“慢病签约服务管理一批”“重病兜底保障一批”，启动全县食道癌、胃癌、结肠癌、直肠癌、终末期肾病、儿童白血病、儿童先天性心脏病等7种大病调查，全县大病建档立卡贫困患者249人，实行食道癌、胃癌、结肠癌、直肠癌、终末期肾病患者在叙永县人民医院实施定点救治，儿童白血病、儿童先天性心脏病患者经确诊后转至西南医科大学附属医院治疗；110例建档立卡贫困家庭白内障患者免费复明手术。截至年末，实施大病救治232例，救治比例93.2%。实施全民免费健康体检，进行全民预防保健全覆盖管理分类管理，100%解决救助保障，参加体检24.81万人，其中贫困人口免费体检率100%，电子健康档案建档率95.34%，建立电子档案55.2万份，建档率95.34%。年末，国家健康扶贫示范县申报工作通过省级评审。

【全民预防保健工作经验在全国推广】 2017年2月8日，国家卫计委基层卫生司基保处处长张并立到县调研全民预防保健工作。3月21日，北京协和医院公共卫生学院专家学者到县调研全民预防保健工作。3月27日，叙永县代表四川省接受国家健康扶贫第三方评估，国务院督查组国家发展改革委地区司副巡视员杨桀，中共中央委员、新华社原社长李从军等莅泸调研叙永调研全民预防保健。6月8日，国家卫生计生委主任李斌在全国卫生计生大会上对叙永县“落实到人，精准到病，健康扶贫攻坚战全面打响”作经验推广。9月14日，省委书记王东明在《泸州市全面预防保健工作情况》上批示，要求省卫计委调研叙永全面预防保健可推广经验。9月中旬，接受国家卫计委示范县创建中期评估。12月25日，全民预防保健改革“叙永经验”入围2017中国改革年度案例征集名单。

妇幼保健

【概　况】 2017年，全县孕产妇6478人，系统管理6269人，孕产妇系统管理率96.77%；3岁以下儿童2.53万人，系统管理2.45万人，系统管理率96.84%。县孕产妇住院分娩率99.98%，剖宫产率24.62%；3岁以下儿童死亡率5.35‰，婴儿死亡率2.91‰。全年，无孕产妇死亡及新生儿破伤风发生。9月，四川省卫生和计划生育委员会确定叙永县妇幼保健院为二级乙等妇幼保健院。

【儿童预防接种】 2017年，儿童预防接种信息系统建立儿童个案信息12.74万条，新建儿童档案7446人。产科新生儿卡介苗和乙肝疫苗接种网络报告系统报告新生儿4840人。1—10月，全县接种国家免疫规划疫苗12.02万针次，所有疫苗的报告接种率99%。查验小学、幼儿园380所1.14万人，小学339所1.12万人，查验率100%，补证率100%，各类疫苗报告补种率均达95%以上；查验幼托机构379所，覆盖率100%，小学338所，覆盖100%；查验幼托儿童3159人，小学人数2103人；查验无接种证人数75人，补证75人，补证率100%。

【孕产妇管理】 2017年，母婴安全纳入政府目标考核，开展妊娠风险筛查与评估，对重点人群，高危妊娠“2+1”严格落实，精准管理。实行有生育两孩意愿的高龄妇女（35周岁以上育龄妇女）登记造册，精准台账管理。全年，建卡管理孕产妇6478人，高危孕产妇2099人。1—7月，全县补助农村孕产妇住院分娩3135人，补助金额156.75万元。1—9月，向农村孕产妇4316人发放叶酸，叶酸服用率为97.56%，叶酸服用依从率为81.09%。全年，全县孕产妇“零死亡”。

【出生医学证明管理】 执行出生医学证明管理制度。2017年1—9月，办理出生医学证明5328份。废证率0.04%，出院时签发率90.9%。

【控制剖宫产率】 加大社会宣传力度，开展提倡自然分娩的宣传活动，执行《四川省产科质量控制标准》，规范产科服务行为，对剖宫产严格督导管理，制定有效措施，纳入目标考核，有效降低剖宫产率。

【托幼机构监管】 定期开展全县托幼机构卫生保健评估、托幼机构工作人员健康检查、城区托幼机构新入园儿童健康体检、在园儿童健康体检；乡镇卫生院开展辖区内托幼机构的新入园儿童及在园儿童健康检查，按照基本公共卫生服务0—6岁儿童健康管理要求，建立健康档案。

【免费优生检查】 2017年1—10月，全县结婚登记3431对，免费婚前医学检查3278对，婚检率95.53%。全县免费孕前优生健康检查1900对。

【新生儿疾病筛查】 2016年10月至2017年9月，医疗机构内出生活产数6294人，四病筛查6014人，新生儿四病筛查率95.55%，听筛4332人，听筛率68.83%。

【避孕药具使用管理】 2017年，避孕药具调拨总数款项4.74万元，上期结余5.43万元。药具发放率87%，免费药具管理无积压、无浪费、无销售。

【实施艾滋病、乙肝和梅毒母婴阻断项目】 设立预防艾滋病、乙肝、梅毒（简称“三病”，下同）母婴传播工作项目管理办公室，开展项目督查与培训、信息管理等工作；建立县、乡（镇）、村预防“三病”母婴传播服务网络，及时孕产妇艾滋病诊断和病毒载量等相关检测服务。坚持“首诊负责、逢孕必检、知情告知”等原则，为所有孕产妇（包括流动人口）主动提供“三病”咨询与检测；开展宣传教育，做好培训与督导结合。坚持每季度开展项目培训与督导，同时做好宣传教育工作，督导覆盖面100%；严格试剂采购程序，强化资金管理。严格按照专款专用的原则将项目专项资金使用在药品、试剂、防护用品的采购上，及时将项目物资（试剂、乙肝免疫球蛋白、防护用品等）采购到位，并将物资发放到各项目实施单位。2017年1—9月，完成HIV抗体检测5031人，孕早期检测率为69.5%；住院分娩产妇4403人，其中孕期接受艾滋病咨询产妇4379人，孕期接受艾滋病咨询率为99.5%，梅毒、乙肝孕期检测率均为99.5%；孕妇HIV阳性孕妇9人，HIV阳性产妇分娩活产数7人，HIV感染孕产妇抗病毒应用比例100%，HIV感染孕产妇所娩婴儿抗病毒药物应用比例100%，HIV感染孕产妇所娩婴儿人工喂养率100%，实施随访和管理11人；梅毒阳性孕妇23人，产妇12人，梅毒产妇治疗率83.3%，新生儿预防性用药率100%；乙肝表面抗原阳性产妇所娩活产数178人，其中注射乙肝免疫球蛋白的儿童数178人，乙肝免疫球蛋白的注射率为100%。艾滋病、乙肝和梅毒母婴阻断项目代表四川省迎接国家卫计委检查，获高度肯定。

【与省妇幼保健院签订医疗联合体】 2017年，与四川省妇幼保健院签订医疗联合体。实现将上级医院优秀医务人员下沉到基层医疗机构开展门诊、手术、查房、讲座以及学术交流，形成上下联动、分级诊疗、双向转诊、分工协作的医疗联合体运行模式。常见病、多发病在基层得到有效治疗；疑难病症及时转诊，得到专科医生诊治，实现小病不出乡，大病不出县的服务模式。

公共卫生管理

【概　况】 2017年，实施国家基本公共卫生服务项目14项，涉及人口57.96万，项目补助资金2898.4万元。无传染病暴发流行，无突发公共卫生事件发生，无孕产妇死亡；传染病防控态势平稳；全县甲乙丙类传染病报告发病率低于全市平均报告发病水平。

【疫情报告】 2017年编报疫情周报43期、月报10期、年度分析报告1期（2016年度），上传至中国疾病预防控制信息系统。完成夏秋季、冬春季传染病预测预报并上报；撰写乙脑、手足口病、霍乱、流感、狂犬病等专题分析。完成传染病突发公共卫生事件风险评估11期和《叙永县乙脑疫情风险评估报告》2期专题风险评估；完成舆情监测10期。

【传染病监管】 2017年，按发病日期+现住址统计，全县法定传染病报告13种985例，发病率164.83/10万，报告死亡病例12例，其中艾滋病11例、乙肝1例。无甲类传染病报告，乙类传染病报告7种563例，报告发病率94.21/10万，丙类传染病报告5种255例，报告发病率42.67/10万。全年，有效处置14起急性乙类传染病散发疫情，实时有效处理8起聚集疫情，无传染病暴发及突发公共卫生事件发生。

【接种单位门诊复评】 开展各免疫规划接种单位门诊复评工作，评审27个规范化接种门诊、4个产科接种门诊，达标26个。其中，申请AA规范化门诊12个，达标11个；申请A规范化门诊15个，达标11个，4个产科门诊全部达标；石坝卫生院，枧槽苗族乡卫生院未通过A级门诊验收，摩尼镇卫生院由AA级门诊降为A级门诊，保健院接种门诊、河东社区接种门诊均为A级。经过整改后，叙永镇卫生院通过泸州市AAA门诊验收。

【麻风病管理】 2017年2—3月，开展两轮麻疹疫苗查漏补种，查出应补种儿童674人，实际补种649人，补种率96.3%。开展麻风病防治知识培训70余人，管理现症麻风病人1例。开展疑似麻风病人门诊监测，截至10月底，报告13例疑似病例，经排查全部排除。

【地方病防治】 开展疟疾防治血检项目检测，至10月底全县完成发热病人血检3214人，无疟疾病例。碘检测，在5个乡镇开展8—10岁学生尿碘和家中食用盐检测200人，在5个乡镇开展孕妇尿碘和家中食用盐检测100人，在5个乡镇8—10岁学生甲状腺容积检测200人，发现碘大于5毫升11人，甲状腺肿大率5.5%；在25个乡镇开展水碘监测，集中供水17个，分散供水540个，集中供水行政村采集17个水样；分散供水行政村按东、西、南、北、中采集540个水样进行测定水碘含量，水碘最小值2μg/L，最大值41.9μg/L，中位数2μg/L。

【燃煤污染型地方性氟中毒复核评审】 2017年4

月12—13日，省地方病防治专家到县复核评审燃煤污染型地方性氟中毒考核验，燃煤污染型地方性氟中毒病区自评102个村，达到消除标准10个村，达到控制标准92个村。

【结核病防治】 2017年1—10月，全县传染病报告信息管理系统（按审核日期）累计报告现住址为叙永县的肺结核患者426例，报告发病率71.29/10万，报告肺结核患者死亡总数0例，其中累计报告学校肺结核发病数38例；登记活动性肺结核患者397例，较2016年同期下降12.75%。

【艾滋病防治】 2017年，设立艾滋病筛查点19个，艾滋病自愿咨询检测点2个。1—10月，全县累计艾滋病病毒抗体筛查2.93万人次，筛检率5.06%，正在接受免费抗病毒治疗服务446人，累计治疗486人。与全县8个社区卫生服务站、4个乡镇卫生院签署协议，对吸毒人员进行入户宣传及行为干预，并对相关干预人员进行培训，提供技术支持并定期或不定期开展督导检查。1—10月，累计干预DU人群7780人次，较2016年同期上升46.97%。

【慢性非传染性疾病管理】 建立慢性非传染性疾病人群健康档案，建档55.16万份（经费人口57.96万），建档率95.16%。其中，高血压4.84万份，糖尿病9295份，严重精神障碍2638份；老年人7.17万份，其中体检老年人42805人，老年人体检率59.7%；高血压管理率40.61%，规范管理率30.77%；Ⅱ型糖尿病管理率20.27%，规范管理率26.15%；血压、血糖控制率分别为44.83%、35.59%。

【水质卫生监测】 全年开展枯水期、丰水期城市和农村生活饮用水水质卫生监测，监测水样112份。受县水务部门、自来水公司、教育局等各单位（部门）委托，监测各类水样63个，另有扶贫检测农村生活饮用水水样57个。

【食品安全风险监测】 利用展板、宣传标语、村卫生站黑板报、农村夜校等形式开展健康教育，向各乡镇卫生院、叙永镇社区卫生服务中心发放《预防食源性疾病健康教育手册》5800余份。组织开展农村义务教育学生营养改善计划学生营养健康状况监测第二期培训，现场指导完成部分监测数据上报。完成食品污染物及有害因素监测任务19份样品共计审核食源性疾病病例142例。病例信息审核情况形成工作动态上报县卫生计生局，上报6期；参与调查核实食源性疾病暴发事件8起，进行网络报告和提交调查报告。

【食品从业人员健康检查】 开展食品生产经营人员健康检查，发放食品生产经营人员预防性健康检查合格证明7122份，发放公共场所从业人员健康检查合格证明446份，受理公共场所委托检测19家；接待87个职业危害企业，职业劳动者3442人。

【放射性本底调查】 开展放射性本底调查工作，采集田地土壤、数十年未动土的荒山土壤样品各1份；采集县自来水公司百花山水厂、两河镇场镇供水站水厂、黄坭乡场镇供水站水厂水源水各1份，送市疾病预防控制中心检测。2017年7月13日至8月24日，完成全县25个乡镇75个监测点地表γ剂量率测定工作。

【水库库区卫生监管】 2017年1月和10月，开展叙永县倒流河水库和高木顶水库库区卫生清理指导，以督导意见书的形式对卫生消毒工作进行指导，对库区鼠密度火前火后情况进行监测。每月定期开展蚊、蝇、蟑螂、鼠密度的监测，并于当月中旬监测完成后，30日前将当月监测数据上报市疾病预防控制中心。

【公共卫生防疫宣传】 2017年全年利用“4·25”预防接种宣传日、“3·24”结核病防治日、“6·26”禁毒日宣传、“12·1”预防艾滋病宣传日，通过街头设点，使用LED显示屏、开展家长课堂等多种宣传方式，进行高血压，糖尿病防治宣传、碘缺乏病宣传，野生菌宣传、饮用水宣传、职业病等宣传，发放健康格局5000余份、宣传资料30000余张、惠民手册2000份。

叙永县人民医院

【概　况】 2017年，门诊25.20万人次，住院2.79万人次，治愈好转率96.5%，病床使用率103.9%，诊断符合率91.2%。剖宫产率49.9%，新生儿听力筛查率80.25%，新生儿遗传性疾病筛查率98.96%。县人民医院获全国卫生系统先进集体称号，制作的微电影《传承光荣守护生命》获四川省第二届微电影最佳制作奖；急诊科获评泸州市"健康泸州·最美护士团队"，院团总支选送作品《尊老敬老、你行我行》获泸州市关爱未成年人公益广告评选音频类作品二等奖。

【新成立输血科】 2017年，新成立输血科，成分输血率100%，不良反应反馈率100%。

【医疗安全监管】 开展全院性医疗质量与安全培训12次，培养员工参与医疗质量与安全活动的意识，培训员工知晓质量与安全管理的相关要求。制定医疗质量管理和持续改进实施方案并积极组织实施。督促和指导科室医疗质量与安全管理小组履行科室医疗质量与安全管理职能，定期进行检查考核。

【重点药物监管】 对麻醉药品、精神药品、高危药品、易制毒、易混淆药品严格处方管理，加强与临床科室的沟通，督促临床主动填报不良反应报告，全年共上报不良反应52例。

【抗菌药物管理】 对抗菌药物DDD，制定专项考核指标，加大处罚力度，DDD由上年的55.20下降到49.24，通过对抗菌药物使用情况的严格管理，抗菌药物使用指标比2016年有明显好转，多数指标已达标准。

【药物采购】 挂网采购比例100%，基本药物采购比例为60.69%，基本药物品种数销售比例为54.49%，平均药品收入占全院总收入比例28.66%，总评分115.27。高值耗材上网采购平均积分99.7分。

【处方管理】 普通处方合格率99%，麻醉药品处方合格率100%。临床药师加强临床合理用药指导工作和处方合理用药点评，特别是抗菌药物、激素类药物、省重点监控药品、血液制品以及精准扶贫患者的处方的点评，对科室疑难病例参与讨论，合理分析，有效提高临床合理用药。

【科研与学术交流】 申报科研课题2项，发表学术论文30篇，其中A类期刊3篇。举办以"血管病变的CT诊断培训班"和"呼吸系统感染性疾病诊治进展"2个四川省省级继续医学教育项目，邀请西南医科大学附院、附属中医院等医院专家教授专题授课。

【西南医科大学附属口腔医院叙永门诊开诊】 8月，西南医科大学附属口腔医院叙永门诊正式开诊。

叙永县中医医院

【概　况】 2017年，投入500余万元、采购彩色B超、电子胃镜、肠镜、C型臂、麻醉机等诊疗设备一批；投入10万元，完成数字化医院创建。全年，门诊7.81万人次，住院1.23万人次，病床使用率112.46%，药收入增长率为15%，中医适宜技术收入增长率36%。

【课题研究】 在西南医科大学附属中医医院的支持下，向四川省科技厅申报《防栓合剂的开发研究及临床疗效观察》课题，并获批立项经费20万元。开展新技术、新项目2项。年末，完成课题药理、毒理实验阶段，进入临床观察阶段。

【中医药应用】 加强全县25个乡镇卫生院、1个社区卫生服务中心的中医药业务指导，通过集中培训、个别辅导、开展定期或不定期检查的形式，开展乡镇卫生院中医病历书写、中医适宜技术推广运用、中药管理、优势病种诊疗方案制订、中医人才培养等方面督导。2017年，派出中级以上职称医师80余次，现场操作培训1000余人，到乡镇卫生院推广中医适宜技术6类以上，村卫生站推广4类以上，组织义诊活动48次，义诊2000余人，组织中医药知识宣传活动18次，开展全县中医药人员知识培训讲座2次。注重中医适宜技术临床应用，截至11月，全院中药处方比例60.13%，中药饮片处方比例41.8%，中药饮片收入占药品收入的比例8.31%。中医适宜技术业务收入500余万元，增长幅度为34%。

【专科联盟】 2017年7月，与西南医科大学附属中医医院合作，率先在骨伤科开展专科联盟，通过上级医院医疗专家下沉、专业技术人员多点执业，医疗资源共享、管理模式互通等形式，提高骨伤科业务水平。至年末，收治病人数从原来的每月100余人次上升到160余人次，业务收入从原来的每月40余万元提升到140余万元。

【医联体建设试点】 与江门卫生院合作开展医联体建设试点，构建分级诊疗、双向转诊制度。2017年1—10月，下级医院转入1891人次，向上级医院转出162人次，向下级医院转出9人次。

【医师多点执业】 2017年，西南医科大学附属中医医院4名医师注册到该院放射科和骨伤科多点执业。派出22名医生注册到各乡镇卫生院多点执业。

【服务精准扶贫患者】 2017年1—10月，收治精准扶贫对象2694人次，减免医疗费用23.5万元。对所管辖的1806名贫困人口逐一进行家庭走访，查找致病原因，制定个性化治疗方案并实时跟踪随访。

【创建全国基层中医药先进单位】 开展全国基层中医药先进单位创建工作。成立中医创先工作领导小组，由一把手任组长，将“创先”工作作为医院中心工作来抓。多次召开专题研究会，对“创先”工作进行安排部署，落实专人负责资料收集、整理工作，并多次邀请省、市、县专家组到院进行督导，及时查漏补缺，确保完成“创先”工作任务。

社会保障·民政

社会保障

【概　况】城乡居民养老保险覆盖17.80万人，征缴1144.95万元，其中领取9.30万人、发放金额8391.87万元；城镇职工基本养老保险参保7.90万人，征缴5.54亿元，其中领取2.96万人、发放金额6.66亿元；机关事业养老保险参保1.67万人，征缴1.71亿元，其中领取5715人、发放2.58亿元，工伤保险2.14万人，征缴1310.88万元、待遇享受1397.63万元，生育保险2.14万人，征缴395.38万元、待遇享受479.58万元，失业保险1.36万人。

【启动年金征收】2017年开始，执行机构事业单位职业年金参保制度。完成223户参保单位，1.10万名职工的缴费工资申报工作，征收职业3309万元。全县开展机关事业单位退休“中人”（职业年金过渡期间退休人员）养老保险待遇计发准备工作，涉及退休“中人”743人。

【落实社会保障优惠政策】2017年，落实社会保障优惠政策，申报省人社厅批准3家企业缓缴养老保险费724.08万元，401家参保企业5090人减负819.09万元，养老保险降低费率政策511家参保企业7963人减负279万元，工伤保险降低费率政策511家参保企业8503人减负203.94万元，失业保险降低费率868家参保单位及2.012万名参保人员减负688.68万元，稳定岗位补贴43家企业4219名职工发放稳岗补贴146.09万元。

【社保基金监管】建立健全基金监督、稽核机构，健全完善社保基金内控制度，定期进行审计和现场监督，确保1400余万元就业专项资金、收支约17亿元的社保基金运行安全可靠。

医疗保障

【概　况】2017年，基本医疗保险参保64.66万人，征收基金5.29亿元。其中，职工医保参保3.90万人，征收基金1.45亿元，居民医保参保60.75万人，征收基金3.84亿元。

【完善基本医疗保险体系】2017年9月，完善统一职工医保、居民医保除个人账户、住院起付线、报销比例以外的其他政策口径和经办流程，形成以基本医疗保险为基础，补充医疗保险、大病医疗保险、医疗救助、商业健康保险和公务员医疗互助为补充的多层次医疗保障体系。10月15日，执行《泸州市城乡居民居民基本医疗保险试行办法》，城镇居民、农村居民基本医疗保险，实行医疗保险政策、参保范围、缴费标准、待遇水平、经办流程、信息系统“六统一”，打破城乡二元结构，城乡居民可自主选择参保缴费并享受相应医保待遇。

【医疗费报销】2017年，职工医保特殊病例门诊及住院2.48万人次，医疗费用1.02亿元，报销6781万元，政策范围内医疗费平均报销比例

82%；居民医保特殊病门诊及住院 11.48 万人次，医疗费用 4.81 亿元，报销 2.29 亿元，政策范围内医疗费平均报销比例 75.2%。

【补充医疗保险赔付】 2017 年，公务员医疗补助 4479 人次、296 万元，城镇职工补充医疗保险赔付 1.42 万人次、802 万元，城乡居民大病医疗保险赔付 1.23 万人次、1618 万元。

【建档立卡贫困人口基本医疗保障】 实施“参保保障、住院保障、门诊保障”三保障政策，贫困人口在县内住院全面实现“零自付”，县内门诊基本实现“零自付”。2017 年，农村建档立卡贫困人口 9.73 万人，全部由政府资助参加城乡居民基本医疗保险、大病医疗保险、医疗扶贫附加保险，投入资金 2416.93 万元；截至年末，县内门诊 1.50 万人次，费用 1103 万元，报销 1098 万元，报销比例 99.6%；县内住院 3.25 万人次，总费用 8750 万元，全部由政策报销和救助支付。

【特殊困难群体基本医疗保障】 为 388 名失业人员解决医保问题，为 167 名流动人员办理医保关系转移接续手续，为 567 名自愿参加职工医保的原改制改革企业退休人员落实优惠政策。

住房公积金管理

【公积金归集】 全县公积金缴存单位 300 个，缴存 15400 多人，年末归集总额为 13.3 亿元，提取 7 亿多元，归集余额 6 亿元。

【公积金贷款】 2017 年年末，累计发放 2528 笔，发放公积金贷款 5 亿元，贷款余额 3.8 亿元，无一笔不良贷款。

【利　润】 2017 年，实现利润 180 多万元，为地方财政争取到城市廉租住房补充建设资金近 100 万元。

扶贫和移民开发

【概　况】 2017 年，各级各类财政专项扶贫资金到位 18515.4 万元，项目覆盖预脱贫村 42 个，外资项目村 20 个，非贫困村 142 个和预脱贫人口 13483 人。

【精准编制脱贫方案】 坚持“不落下一户一人”的原则，精准锁定 2017 年退出 42 个贫困村和减贫 13483 人的目标任务。完成叙永扶贫“十三五”规划修订，制定 23 个扶贫专项方案，涉及项目资金 53.19 亿元。

【“回头看”“回头帮”】 制定“1+3”全覆盖核查方案，召开推进会部署精准识别暨“回头看”“回头帮”工作并进行业务培训，把工作责任和压力传导压实到全县各级干部。组织力量进行全覆盖核查。全县 36 名县级领导带队，由 90 个帮扶部门、25 个乡镇 5000 余名帮扶干部，深入 231 个行政村，通过召开群众代表会和社长座谈会，以“一对一”的方式摸清家底，逐户开展全覆盖核查，确保户户见面、一户不漏。通过全覆盖核查及时核查掌握贫困户人口动态变化以及“一超六有”达标情况，了解困难群众住房保障、经济收入、产业发展等方面存在问题。

【实施对标补短】 2017 年，安排资金 1.85 亿元，实施对标补短项目。年初，开展预脱贫户摸排，预脱贫户人均纯收入有 1682 户 6751 人未达标，通过落实公益岗位、劳务输出、产业发展、低保兜底等增收措施；42 个预脱贫村，实施“一低五有”标准。18 个已脱贫村 11490 户全覆盖对标摸排核查，18 个已脱贫村“一低五有”全面达标，11490 户已脱贫户“一超两不愁”“三有三保障”已全部开展达标认定。四川省财政专项扶贫资金 9691 万元，实施贫困村基础设施、精准贫困户支持产业发展、第六期外资扶贫项目国内配套资金、雨露计划补助和扶贫小额贷款贴息、产业到户、易地扶贫搬迁长期贷款贴息和 2 个资产收益项目；泸州市级财政资金 929 万元，实施天堂、硐坪 2 个村的财政资产收益项目、补充扶贫小额贷款分险金、白腊乡天堂村发展规划资金和麻城村、棉竹村资产收益项目；安排资金1787万元，实施贫困村集体经济发展的项目；调整2015年四川省级贷款分险基金3000万元，实施扶贫小额信贷分险金和1507万元用于补充扶贫产业金。

【贫困村基础道路建设】 投入财政专项扶贫资金750万元，用于分水镇分水村、大石乡旺龙村、白腊乡落木河村、观兴镇骑龙村、营山镇马湖村、两河镇鱼香坪村、水潦乡岔河村、赤水镇南山村等8个贫困村道路建设，带动贫困村产业发展。

【专项精准扶贫到户项目】 2017年年初，下达计划第一批专项精准扶贫到户项目财政补助资金总额为9086.728万元。覆盖全县25个乡镇，获益贫困户3105户，贫困人口12577人。9月，下达第二批专项精准扶贫到户项目，资金计划1127万元，覆盖全县157个村建档立卡贫困户4091户15117人。截至11月7日，2017年第一批财政扶贫资金到户项目补助计划3105户，9086.73万元。实际完成2391户，810.027万元。2017年第二批财政扶贫资金到户项目补助计划4091户，1127.0015万元。实际完成3888户，1071.704万元。

【实施第六期外资扶贫国内配套资金项目】 四川省项目中心批复叙永县2016—2017年度投资计划5476.68万元，其中国内配套资金2817万元，实施21个农民专业合作社建设、发展甜橙、肉牛产业及配套基础设施建设，按年度计划完成21个农民专业合作社建设、1800亩甜橙、50头能繁母牛、1775头育肥肉牛发展及39个肉牛养殖场、配套饲草仓储等建设；完成48.97公里（整治）村道、生产便道，51口灌溉蓄水池、1处滴灌、14.16公里PEΦ90管道17.72公里建设；按照计划实施公共服务能力建设，开展相关培训，新建产品市场信息发布平台1个，实施产品包装设计、绿色农产品认证等产业提升能力建设等相关项目工作。完成国内配套资金拨付2816.76万元，拨付进度99.99%，向世行申请提款报账2000万元。

【实施财政资产收益项目】 实施资产收益扶贫试点项目6个，投入财政扶贫资金450万元（中省资金250万元、市级资金200万元），目前项目实施完毕，完成资金拨付450万元，拨付率100%。

【支持贫困村集体经济发展】 投入市、县财政资金1650万元，支持29个预脱贫村村集体经济发展。预计项目建成后，各村集体经济增收每年不低于3万—5万元。

【产业扶持基金监管】 2017年，90个贫困村分别增加产业扶持基金20万元，为每村50万元。各村制定基金管理办法报乡镇备案后，由村集体研究即可动用基金。调整省级住房分险金补充贫困村基金250万元，设立非贫困基金1257.5万元，解决贫困户产业发展资金短缺。全县基金达6765.5万元，其中贫困村为5508万元。各村已使用基金3800万元。

【设立扶贫小额贷款】 全县基金规模为3799万元。由县财政直接划入合作银行叙永县农商行专户。合作行以此基金基数，以1∶10比例发放扶贫小额贷款，风险分担机制为7∶3，即财政基金承担70%，合作银行承担30%。年初，安排贴息资金950万元，按年利率5%对贫困户贷款进行贴息。该项目工作于12月20日（农商行结息日）完成。

【教育扶贫“雨露计划”】 2017年，实施教育扶贫“雨露计划”，批准“雨露计划”补助600人，补助45万元。

【栋梁工程捐资助学】 2017年，中共叙永县委、县人民政府将“栋梁工程”“朝阳工程”两项助学活动纳入脱贫攻坚，书记、县长听取“两项工程”的专题汇报和工作研究。召开全县栋梁工程捐资助学动员会，县财政划拨100万元资金支持栋梁工程，募集栋梁工程助学金328万元，资助贫困大学生630人，资助困境中小学生430人，位居全市区县首位。

【移民工作】 完成2016年大中型水库移民后期扶持政策实施情况监测评估工作；完成上半年大中型水库移民后期扶持费直发直补、人口核减和动态管理等移民后期扶持工作，发放移民后期扶持人口 90 人直发直补资金共计 5.4 万元；完成倒流河水库按移民安置方案调整报告（审定本），报省扶贫移民局审查批复。

惠民帮扶

【应急救助】 2017 年，开展困难群体临时应急救助，对白腊苗族乡高峰村杨福明父亲重病住院进行临时救助，救助 2000 元。

【文化惠民活动】 联合县书法家协会、县硬笔书法家协会，开展书法进学校、进军营、进机关等文化惠民活动 10 余次。协助《永宁儿女——抗美援朝叙永战友五十联书法集》《宇光墨痕——李宇光先生书法作品集》等本土文化读物编印出版。

民　政

【最低生活保障】 自 2017 年 1 月 1 日起，调整全县居民最低生活保障标准，城市低保由 450 元 / 人·月调整为 500 元 / 人·月、农村低保为 3400 元 / 人·年。截至 2017 年年末，全县有城市低保 3241 户 5130 人，发放城市低保 1937.05 万元；有农村低保 24647 户 38205 人，发放农村低保 7433.93 万元。

【医疗救助】 2017 年，资助城乡困难群众 2.81 万人，参加基本医疗保险，金额 560.45 万元；城乡困难群众住院救助 9077 人次，金额 594.6 万元。实施大病门诊救助 2466 人次，资金 207.6 万元；临时门诊救助 3157 人次，金额 120 万元。救助重特大疾病 32 人次，救助资金 7.15 万元。

【建档立卡贫困人口住院兜底救助】 农村建档立卡贫困人口，在县级及其以下医疗机构住院治疗，住院治疗费用经医保报销和医疗机构减免后，个人自付费用超过本人医疗总费用 10% 以上部分，由民政给予医疗救助，全年救助 2.05 万次，救助资金 266.4 万元；在县内定点医院住院治疗，个人不负担任何医疗费用，实现患者零自付，个人自付医疗总费用 10% 部分，由帮扶挂钩单位或政府统筹解决，全年在县内定点医院住院 2.05 万次，解决医疗“零自付”资金 537.6 万元，其中挂钩单位支付 226 万元、政府统筹资金 311.6 万元。

【抗灾救助】 2017 年，发生“6·22”“8·24”洪灾，25 个乡镇受灾，受灾 2.53 万人，因灾转移 358 人，176 间住房损毁；农作物受灾面积 3641 亩，成灾面积 1494 亩，绝收面积 369 亩，粮食减产 462 吨；直接经济损失 594.28 万元。发放帐篷 46 顶、粮食 0.615 万公斤、食用油 103 桶、棉被 214 床，确保因灾困难群众基本生活。

【五保供养】 2017 年，全县有特困人员 3271 人，全年发放五保供养金 1299.13 万元。特困人员集中供养 1649 人，集中供养率为 50.4%。

【养老服务建设】 投入 50 万元，改造维修马岭、正东、兴隆、大石等乡镇敬老院床位 100 张，全县乡镇敬老院 25 所，覆盖县 24 个乡镇，床位增至 1856 张；投入 180 万元，建成城镇日间照料中心 6 个。鼓励社会力量投入 70 万元，新增民办养老机构 1 个，床位 100 张。

【优抚优待】 2017 年，贯彻落实参战涉核人员、带病回乡退伍军人、60 岁以上农村籍退役士兵老年生活补助政策。新审批享受参战涉核、烈士子女、烈属、60 岁农村籍退役士兵、带病回乡退伍军人待遇 210 人。在车站、医院、邮政等设置优先优惠军人及重点优抚对象优先窗口。将重点优抚对象纳入“参保保障、住院保障、门诊保障”医疗保障体系，由人民政府缴纳医疗保险费和参合费 32 万元，参保率 100%。1—6 级伤残军人住院 45 人次，报销医疗费 11 万元；重点优抚对象住院 419 人次，优抚住院补助金额 62.94 万元，大病救助 100 人次，补助大病救助经费 19.6 万元。向军烈属、重点优抚对象和驻叙部队官兵发放慰问金 65 万元，棉被 2000 床，大米 0.65 万公斤，光荣牌

270块。全年发放抚恤及生活补助金2739.2万元，发放自然增长机制补助金31.2万元，发放三属优待金2.6万元，义务兵家属优待金632.7万元，三属人员优待金2.65万元，大学生入伍一次性奖励金18.57万元，现役军人立功奖励2万元。

【退役士兵接收安置】2017年，接收部队退役士兵（士官），开展技能培训和创业培训。发放退役士兵自主就业地方一次性经济补助720万元，待安置期间生活补助金0.98万元。将符合安排工作条件转业士官全部安置到乡镇事业单位。

【烈士纪念设施维修】投入资金20余万元，对县烈士陵园进行硬件设施采购和陵园内建筑加固维修。

【基层组织建设】2017年，新增江门镇古寨社区，开展全县261个村社区基层治理，进一步修改完善村规民约和居民公约，规范村（居）务、组务公开。叙永镇东外社区居民积分制管理得到市依法治市办的肯定，并在全市广泛推广。投资180万元，修建合乐苗族乡三河社区、营山镇营盘山社区、赤水镇赤水社区等3个社区办公阵地。全面完成全县261个村（社区）第十届村（居）民委员会换届选举。

【第二次全国地名普查】组织地名专家审核普查成果，编撰地名录、地名故事，挖掘重要历史地名含义、来历和文化故事。完成叙永县行政区划图和乡镇行政区划图编制。

【组织参加社工资质考试】2017年，组织开展专业社工知识业务培训，并参加全国社会工作者职称考试。有20名社会工作者取得专业资质证书，其中助理社工师11人，社会工作师9人。

【社会团体管理】严把审批、年检关，对不符合条件的民间组织不予登记，两年年检不合格的民间组织坚决取缔，年检合格率达98%。2017年，新登记注册社会组织13个，注销24个。截至年末，有登记社会组织232个。

【婚姻登记】2017年，办理结婚登记5260对，其中补办结婚登记175对；离婚登记1465对。补发结婚证1752对，补发离婚证127份。婚姻登记合格率达100%。

【殡葬管理】2017年火化遗体240具，火化率100%。减免低保、五保等困难群体火化遗体28具，减免费用3万余元。

【流浪乞讨救助】采用定期与临时救助相结合的办法，按“一站式”管理，建立社会救助工作电子档案，对救助对象实行信息化、实名制管理，利用网络技术实行救助工作网上管理，网上查询。2017年，救助流浪乞讨人员450人次，救助金额123.47万元，接收救助精神病流浪者31人。

【民政专项资金管理】组织深入25个乡镇，开展民政专项资金使用执法检查5次，民政专项资台账各项资料齐全、装订规范，台账和明细表册一致，明细表册登记数据与入户调查一致。经县审计局审计，民政专项资金管理、分配、使用均无违规违纪行为。

老龄工作

【概　况】2017年，老年大学招收学员298人，办理老年人优待证2156本。80—89周岁高龄补贴由200元/人·年调整为300元/人·年。全年，发放高龄补贴548.92万元，其中90—99岁1287人高龄补贴149.798万元，百岁老人29人高龄补贴16.2万元。

【老年人意外保险】召开全县各乡镇老龄办负责人工作会议，布置老年人意外保险工作，并以叙永县民政局、叙永县金融服务中心的名义联合下发《叙永县老年人意外伤害保险工作实施方案》要求各乡镇遵照执行。2017年完成老年人意外保险收缴任务150多万份。

【信息化建设】完成老龄信息基础数据的收集、录入、核对、完善和管理工作，截至2017年12月13日，已录入13556条。

民族 · 宗教

民族工作

【概　况】 2017年，争取省市项目资金316万元，其中省级项目资金241元，市级项目资金75万元。县级少数民族发展资金206万元，安排到全县25个乡镇主要用于民族事业和少数民族生产生活所。县级支援不发达地区少数民族发展资金174万元。设置少数民族困难学生教育扶持费40万元、少数民族困难救济金10万元。

【完善少数民族维权机制】 2017年，推动叙永县人民法院建立少数民族法庭，专门负责处理非诉少数民族纠纷和审理一方或多方当事人是少数民族的案件。组建少数民族纠纷专业调解组织，建立少数民族调解员、人民陪审员人才库。在乡镇、各少数民族协会、少数民族较多的村两委推荐德高望重、公道正派、热心参与协调处理少数民族纠纷的群众，经县人民法院、民宗局考察后，由县人民法院任命为调解员或通过法定程序任命为人民陪审员。截至年末，推荐少数民族人民陪审员26人。与云南威信县、四川兴文县、贵州毕节七星关区签署云、贵、川三省周边民族宗教矛盾纠纷调处联动机制协议。

【少数民族文化收集整理】 整理苗文、彝文文字，收集苗族口碑类古歌200余首，彝族民间小调135首、彝族古籍10部。在石厢子彝族乡和赤水镇筹备少数民族文化博物馆。

【少数民族人才培养】 举办彝语、苗语和蒙古语培训班各1期。参加培训人员1800余人次，邀请四川苗语文专家、珙县民宗局陶小平老师、贵州省毕节市彝文献翻译研究中心教授罗德显、内蒙古蒙古语专家呼呼来、图布格日勒、浩日勒、温都日汗等授课，在公务员少数民族语言测试中，25名彝族考生、45名苗族考生通过少数民族口语测试。按规定在少数民族乡镇领导班子中配备少数民族干部，在少数民族人口1000人以上的乡镇、县级重要经济部门配备少数民族干部；在机关事业单位招录中，放宽条件招录少数民族干部。民宗局还积极向组织部、统战部等推荐少数民族后备干部，建立少数民族后备干部人才库，建立132名少数民族后备干部的人才库。

【创建省民族团结进步示范点】 2017年，在合乐中心校、双山苗土寨、堰塘村、清真牛肉馆等5个单位开展创建省、市、县民族团结进步示范点创建工作，合乐中心校、双山苗王寨、堰塘村、清真牛肉馆等5个单位获省级民族团结进步教育基地。

【少数民族发展投入】 2017年，投资231万元，实施少数民族村寨公路建设项目8个，新建4个民族村寨碎石路6.8公里，硬化3个民族村寨公路4.26公里，解决357户、1859人的出行难、运输难问题；投资100万元，实施民族村寨人畜饮水建设项目5个，新建人畜饮水池7口、2830立方米，安装水管3.95万米，解决341户、1745人、1800余头牲畜饮水困难问题；投资20万元，实施2个民族乡少数民族危旧房改造，解决20户住房改造问题；投资25万元，实施2个民族村寨产业发展，扶持养猪产业1个、养蜂产业1个；投资68万元，实施民族文化基地建设场所7个，打造石厢子彝族乡堰塘村川南彝族土司博物馆1个，建成6个民族村寨、民族文化广场，面积2785平方米。投资8万元，发展双语教育；市级教育经费6万元，救助60个少数民族贫困生（每人1000元）；投资金30万元，扶持和奖励少数民族大学生、家庭困难学生。

【精准帮扶工作】 投入52万元，解决少数民族村寨的安全饮水问题。新建人畜低饮水工程蓄水池5口，500立方米，安装供引水管9000米，受益农户100余户400人。硬化社道4公里，受益1454人，为贫困户发放鸡苗800只。

宗教工作

【宗教场所安全管理】 严格执行每月及节假日前后宗教领域安全检查制度，组织开展宗教场所施工安全、用电、燃香、汛期地灾安全等检查，并对检查出的问题及时提出限期整改，确保宗教领域安全稳定。3月30日，联合消防中队组织全县各宗教活动场所管理人员、教职人员及有宗教活动场所的乡镇宗教工作负责人在消防中队开展宗教活动场所消防培训并举行消防应急演练。

【法律进寺观教堂】 制定《2017年度“法律进宗教场所”实施方案》，并编印法律宣传读本和宣传资料，印制《民族宗教法律法规选编》2000册，发放给各宗教场所学习，申报清真寺、净业寺等2个“法律进宗教”示范点。开展创建“五好宗教活动场所”“五好宗教教职人员活动”活动，评选出五好宗教活动场所8个、五好宗教教职人员5人。

乡镇概况

叙永镇

【概　况】叙永镇是叙永县城所在地，辖区面积117.4平方公里，其中耕地2.84万亩、林地6.66万亩。辖17个村、106个村民小组，9个社区、127个居民小组，总人口10.26万人。2017年，地区生产总值（GDP）32.17亿元，社会消费品零售总额32.30亿元，公共财政预算收入1.28亿元、预算支出4844万元，人均总收入2.41万元，农民人均可支配收入1.10万元。

【特色资源】叙永镇是四川省安全社区、泸州市第一人口大镇、市级科技示范镇。叙永县城是四川省首批历史文化名城、省级贸易开发区。境内建于清光绪年间的国家级重点文物保护单位——春秋祠，占地4000多平方米，建于清代末年，耗资35万两白银，集南北园林精华于一体，木雕百鸟梅花窗为清代一绝，被誉为“川南瑰宝木雕一绝”。有“川南小峨眉”之称的省级森林公园、省级风景名胜旅游区玉皇观，属丹霞地貌，有36峰，峰峰独具特色。自宋朝以来，为川南道教名山。常年云雾缭绕，产自山上的红岩茶叶，汤色清澈翠绿，清朝时曾为贡品。1988—1991年，获四川省优秀名茶奖，有茶园500多亩。新建竣工的红岩新村，基础设施完备，环境幽美，成为立体观光农业新景点。

江门镇

【概　况】江门镇位于叙永北端，镇人民政府驻地距县城37公里。与兴文、纳溪、江安县交界，属四川盆地南缘盆周山区浅丘地带，永宁河纵贯南北。境内最高海拔1084米、最低海拔247米，年平均气温18℃。辖区面积164.7平方公里，其中耕地2.81万亩、林地15.57万亩。辖11个村、85个村民小组，2个社区、10个居民小组。总人口3.62万人。2017年，地区生产总值（GDP）4.63亿元，社会消费品零售总额2.75亿元，公共财政预算收入1402万元、预算支出2961万元，人均总收入2.31万元，农民人均可支配收入1.34万元。

【特色资源】江门镇素有叙永“北大门”之称。是市、县两级水稻、生猪、林竹基地，是泸州市“211”环境优美工程示范乡镇，是四川省，第二批重点小城镇建设试点镇，是全国人口和计划生育依法行政示范乡镇。历史悠久，宋元丰五年（1082年）置江门寨，明初曹震凿通江门峡。交通便捷，川云东路、永宁河均纵贯南北，纳叙铁路、川黔高速公路在此设站开口。旅游资源丰富，江门峡延绵15公里，是川南有名的河谷自然风景区，峡谷两岸茂林修竹、流水潺潺，飞瀑、石壁石刻随处可见；峡口九鼎山寺庙，殿宇宽敞，雕塑精湛，为叙永清净禅房之冠；天堂坝万亩林竹赏心悦目，古生物活化石——桫椤树群在此生长。特产“江门荤豆花”酸菜、“九鼎山”茶叶名扬全川，畅销成渝，风味小吃“江门荤豆花”享誉大西南，被泸州市公布为第二批非物质文化遗产。

马岭镇

【概　况】 马岭镇位于县城北面，镇人民政府驻地距县城27公里。东连天池镇，南接兴隆镇，西邻兴文县，北依江门镇。境内为深丘区，西南面多为山区，最高海拔1072米，最低海拔316米，永宁河由南向北穿镇而过；气候温和，年平均气温18℃，年日照时数1200小时左右，全年无霜期约340天，年降水量在1200毫米左右。辖区面积102.7平方公里，其中耕地3.10万亩、林地6.39万亩、森林覆盖率30%。辖11个村、81个村民小组，1个社区、10个居民小组。总人口3.63万人。2017年，地区生产总值（GDP）3.82亿元，社会消费品零售总额2.73亿元，公共财政预算收入1020万元、预算支出1899万元，人均总收入2.16万元，农民人均可支配收入1.25万元。

【特色资源】 马岭镇是四川省第二批重点小城镇建设试点镇、泸州市社会治安综合治理模范镇，是四川省优质仔猪基地、叙永县商品粮基地，是叙永县优质水果、竹基地建设镇。历史悠久，明初建场，设永宁宣抚司行台于此。名人荟萃，是书法家赖大成、东方黑格尔张颐、蜀中诗人曾缄、夏橙之父张文湘的故乡。国家级重点文物保护单位清凉洞摩崖石刻造像，雕刻精美；国家一级保护植物成片桫椤群自然景观，令人神往。“马麦桥”牌龙眼清香、甜脆，获农业部“无公害农产品”认证，“清凉洞”牌磕粉获四川省农业厅“无公害农产品”认证，“原野”丰岩乌骨鸡远销省内外。

天池镇

【概　况】 天池镇位于县城北面，镇人民政府驻地距县城29公里。与马岭镇、兴隆乡、龙凤乡、水尾镇、向林乡相连。辖区面积66.7平方公里，其中耕地1.63万亩、林地4.71万亩。辖5个村、35个村民小组，1个社区、3个居民小组。总人口2.05万人。2017年，地区生产总值（GDP）2.56亿元，社会消费品零售总额2.18亿元，公共财政预算收入411万元、预算支出1301万元，人均总收入2.20万元，农民人均可支配收入1.28万元。

【特色资源】 天池镇是省级小城镇建设试点镇。历史悠久，文化底蕴深厚。明洪武年间（1368—1398），疏通永宁河建成码头小镇。昔日船翁渔火、商贾繁兴，嵌于街巷石阶。永宁河荡漾其间，孕育邻近6个乡镇动力之源天池水轮泵站。地处浅丘，平均海拔300米，日照充足，雨量充沛，土地肥沃，物产丰盛。盛产水稻、竹笋、玉米、红薯、花生等。矿产业、竹产业、种养殖业是天池三大支柱产业。天池大米、画稿溪苦笋远销省内外。石英砂储量10多亿吨，含二氧化硅99.7%以上；硅矿储量3亿多吨，含二氧化硅99. 8 %；天然气储量约10亿立方米，日产天然气4万立方米；优质无烟煤储量预计8000万吨。

水尾镇

【概　况】 水尾镇位于县城东北面，镇人民政府驻地距县城42公里。与贵州省赤水市、古蔺县黄荆乡、桂花乡，叙永县向林镇、大石镇、天池镇、龙凤镇、合乐乡接壤。辖区面积237.4平方公里，其中耕地2.18万亩、林地26.07万亩。辖11个村、54个村民小组，1个社区、5个居民小组。总人口2.82万人。2017年，地区生产总值（GDP）4.13亿元，社会消费品零售总额2.59亿元，公共财政预算收入744万元、预算支出2523万元，人均总收入 2.15 万元，农民人均可支配收入 1.25 万元。

【特色资源】 水尾镇有“竹木之乡”“绿色明珠”之称，是全国百佳绿化乡镇、四川省小城镇建设试点示范镇、省小城镇建设总体规划先进镇。境内多山，气候温和，雨量充沛，特别适宜竹木生长，竹笋肉质厚嫩、品质上乘。境内县级文物保护单位水尾古街、刘氏宗祠、流芳桥，刻录历史悠久；画稿溪国家级生态自然保护区，山清水秀，风光旖旎，金花茶、红豆杉、桫椤、樟、楠、银杏、杜仲、黄柏、黄连、天麻等珍稀植物，具有经济价值和观赏价值。

两河镇

【概　况】 两河镇位于县城西南面，镇人民政府驻地两河口，距县城 11 公里。东与落卜镇，南与后山镇、黄坭镇，西南与白腊苗族乡，北与叙永镇接壤。境内为典型的喀斯特地形地貌，最高海拔 1450 米，最低海拔 340 米，气候温和，雨量充沛，光照适宜，四季分明。辖区面积 139.9 平方公里，其中耕地 3.47 万亩、林地 8.54 万亩。辖 10 个村、111 个村民小组，1 个社区、8 个居民小组。总人口 3.57 万人。2017 年，地区生产总值（GDP）3.55 亿元，社会消费品零售总额 2.35 亿元，公共财政预算收入 323 万元、预算支出 2783 万元，人均总收入 2.00 万元，农民人均可支配收入 1.16 万元。

【特色资源】 两河镇誉称“文体之乡”，是全国亿万农民健身活动先进乡镇、市级卫生集镇，属省级小城镇建设试点镇。黄坭河、清水河在此交汇，是长江流域水源保护区、泸州市水源涵养区、叙永县城饮用水源保护区。是林、竹、甘蔗、茶叶、红粱的主要产区，已建成竹苗、甘蔗、红粱、生猪 4 个种养殖基地。矿产资源丰富，硫铁矿蕴藏量 1.65 亿吨、综合品位 25%、列全国第三位；铁矿储量 4140 万吨、含铁量 43%；烟煤储量 710 万吨、白煤储量 7500 万吨，高岭土储量 6800 万吨；石灰石储量 15.5 亿吨；方解石、白云岩石、钾岩石储量也丰。喀斯特地貌发育形成的天生桥溶洞群，蔚为奇观，川南少有。四川省第一个少数民族政权——界首山苗民政府旧址，见证川南苗民革命斗争史。地方名产“两河桃片”“吊洞砂锅”，历史悠久，远近闻名，已列入泸州市非物质文化遗产。

落卜镇

【概　况】 落卜镇位于县城南面，镇人民政府驻地距县城 15 公里。东邻震东乡，南接后山镇，西连两河镇，北接叙永镇，境内最高海拔 1024 米，最低海拔 380 米，年平均气温 17℃，无霜期 340 天，年均降水量 1250 毫米。辖区面积 101.6 平方公里，其中耕地 1.63 万亩、林地 6.07 万亩。辖 9 个村、55 个村民小组，2 个社区、6 个居民小组，总人口 3.62 万人。2017 年，地区生产总值（GDP）10.02 亿元，社会消费品零售总额 2.41 亿元，公共财政预算收入 939 万元，预算支出 2526 万元，人均总收入 2.04 万元，农民人均可支配收入 1.18 万元。

【特色资源】 落卜镇是市级水资源保护区和水源涵养区。境内矿产资源丰富，已探明硫铁矿储量 2.63 亿吨，无烟煤 3160 万吨，铁矿 580 万吨，白云石 2.88 亿吨，蕴藏菱铁矿、镍矿、石英砂岩和高岭土等矿产资源。粮食作物以水稻、米、小麦为主，经济作物主要有茶叶、竹木、柑橘，畜牧业以猪、牛和家禽为主。境内山川秀美，溶洞千姿百态，以龙泉洞为代表的旅游资源具有很高的开发价值。

后山镇

【概　况】 后山镇位于县城南面，镇人民政府驻三斗米，距县城27公里。东与正东镇接壤，南与营山镇、枧槽苗族乡相连，西与黄坭镇相邻，北与两河镇、落卜镇连接。辖区面积127.4平方公里，其中耕地1.97万亩、林地9.18万亩。辖9个村、56个村民小组，1个社区、4个居民小组。总人口2.62万人。2017年，地区生产总值（GDP）9.56亿元，社会消费品零售总额2.15亿元，公共财政预算收入476万元、预算支出2212万元，人均总收入1.81万元，农民人均可支配收入1.05万元。

【特色资源】 后山镇是全县工业大镇，矿产资源丰富，是古叙煤田主产区，矿产资源有煤、硫铁矿、碳酸钙、粉石英等，尤其是无烟煤，品位高、质量好，发热量在6500大卡以上，煤矿探明储量8330万吨，硫铁矿7500万吨。境内水资源丰富，现有小水电企业5家，装机容量近8000千瓦，是全县小水电量最丰富的乡镇之一。全镇森林覆盖率45%，气候宜人，雨量充沛，盛产烤烟、茶叶、林竹、药材等经济作物，常年种植烤烟3650亩以上，林竹8万余亩，后山高山生态茶被评为“四川十大名茶”。旅游资源丰富，有独具特色的河源苗寨踩山节、三斗米马家寨芦笙舞；县级文物保护单位天台山，四壁峻峭，有一夫当关、万夫莫开之险，山上草木葱郁，古树参天，有古彝文摩崖题刻、佛寺碑刻，一口葫芦井，永不枯竭、水满自溢，泉水清洌甘甜。曾为明代永宁宣抚土司屯兵储粮之地。

分水镇

【概　况】 分水镇位于县城南部，镇人民政府驻分水岭，距县城54公里，与云南省威信县接壤，距威信县城25公里。境内最高海拔罗汉林主峰1902米，是县最高峰，为泸州市最高海拔；最低海拔920米，年平均气温16.5℃，无霜期，280天左右。辖区面积148.7平方公里，其中耕地2.86万亩、林地10.62万亩。辖12个村、81个村民小组，1个社区、4个居民小组，总人口3.36万人。2017年，地区生产总值（GDP）2.05亿元，比上年增长6.3%，社会消费品零售总额1.79亿元，公共财政预算收入666万元、预算支出2304万元，人均总收入1.69万元，农民人均可支配收入9814元。

【特色资源】 分水镇是四川省科技扶贫项目实施肉牛产业基地、泸州市第一种烟大镇、市级小城镇建设试点镇、叙永县边贸集镇，是木、竹、茶的主产区。已建成烤烟、竹笋、肉牛3个生产基地，烤烟支柱产业在全县地位突出，特产优质罗汉竹笋为主的竹笋产品，享誉川、滇、黔，出口日本、韩国、东南亚等国家，并销往台湾地区。境内有苗族祭祀鼓乐、构树皮造纸两项省级非物质文化遗产；有毛泽东长征宿营旧址——鱼洞沟赵家大院，中国工农红军川南游击纵队、黔北游击纵队会师旧址——朱家山，木格倒红军标语革命遗址遗迹被列为党史教育基地、爱国主义教育基地，木格倒村入选中国首批传统村落。

摩尼镇

【概　况】 摩尼镇位于县城南面，镇人民政府驻地距县城62公里。东与古蔺县双沙镇相邻，南与赤水镇连接，西与观兴镇接壤，北与麻城镇、营山镇毗邻。境内地势北高南低，最高海拔1536.7米，最低海拔850米，年平均气温12.7℃，春秋多绵雨，夏季湿度高，冬季霜雪大，无霜期200天左右，年平均降水量950—1050毫米。辖区面积138.5平方公里，其中耕地3.26万亩、林地9.02万亩。辖12个村、71个村民小组，1个社区、8个居民小组，总人口3.53万人。2017年，地区生产总值（GDP）1.97亿元，比上年增长8.8%，社会消费品零售总额1.78亿元，公共财政预算收入777万元、预算支出1616万元，人均总收入1.53

万元，农民人均可支配收入 8887 元。

【特色资源】摩尼镇历史悠久，明代设摩尼千户所，是川滇黔边陲重镇，是通往毕节、大方、威信、镇雄等地古驿道必经之地。是县烤烟主产地，被列为叙永县烤烟生产 4 个万亩乡镇之一。粮食生产以水稻、玉米、小麦、薯类为主，畜牧产业初具规模，成为村民增收的主导产业。

赤水镇

【概　况】赤水镇位于县城南面，镇人民政府驻赤水河，距县城 97 公里。东与古蔺县马蹄乡接壤，南与贵州毕节市清水铺、生机镇、联关乡隔河相望，西与石厢子彝族乡相邻，北与摩尼镇、观兴镇相连。境内最高海拔雪山关 1885 米，最低海拔大文村，为 350 米，年平均温度 17.5℃，年均降水量 700 毫米，年均日照时间 1300 小时。辖区面积 164.2 平方公里，其中耕地 2.69 万亩，林地 13.11 万亩。辖 13 个村、95 个村民小组，1 个社区、9 个居民小组。总人口 3.33 万人。2017 年，地区生产总值（GDP）1.86 亿元，社会消费品零售总额 2.22 亿元，公共财政预算收入 542 万元、预算支出 2219 万元，人均总收入 1.56 万元，农民人均可支配收入 9024 元。

【特色资源】赤水镇是四川省、泸州市小城镇建设试点镇。历史悠久，场镇建于明洪武二十年（1387 年），是赤水卫驻地；清雍正时期，置赤水分县丞于此。是通往云贵的重要门户，盐马古道必经之路，历为川南边陲重镇，云、贵、川边境贸易集散地。境内最高海拔处于明洪武年间设置军事要隘——雪山关，护国运动时期，蔡锷将军护国讨袁经此，驻足题联，“是南来第一雄关，只有天在上头，许壮士生还，将军夜渡；作西蜀千年屏障，会当秋登绝顶，看滇池月小，黔岭云低”。红军“四渡赤水”曾转战赤水镇，播下革命火种。中共地下党在此组建武工队，被誉为“赤水雄鹰”，留下可歌可泣的故事。境内林木资源丰富，已建成泸州市最大的万亩天然林保护工程，立体气候明显，多属干热少雨河谷地区，盛产桃、李、杏、枇杷、柑橘、甜橙、西瓜等水果，尤以凤凰李品味上乘，“赤水河牌”甜橙获中国西部博览会金奖，已建成泸州市万亩优质甜橙基地。

龙凤镇

【概　况】龙凤镇位于县城北面，镇人民政府驻地距县城 5 公里。东与水尾镇、合乐苗族乡接壤，南与叙永镇相连，西与兴文县大河苗族乡、万寿镇毗邻，北与兴隆镇、天池镇连接。境内最高海拔四坪村木鸡公山 1782.8 米，最低海拔谊合村猫儿沟 290 米。辖区面积 123.2 平方公里，其中耕地 2.69 万亩、林地 9.35 万亩。辖 11 个村、64 个村民小组，1 个社区、3 个居民小组，总人口 3.55 万人。2017 年，地区生产总值（GDP）6.70 亿元，社会消费品零售总额 2.38 亿元；公共财政预算收入 1573 万元、预算支出 3085 万元，人均总收入 21293 元，农民人均可支配收入 1.24 万元。

【特色资源】龙凤镇是省级文明乡镇、市级小城镇建设试点镇、市规划的资源综合利用工业园区、泸州市 30 万亩甜橙基地乡镇、县粮食生产基地、县仔猪生产基地。境内有郎酒玻璃瓶厂、川滇黔边城粮油物流中心、川黔高速叙永服务区、泸州打叶复烤厂、烟叶仓储、产城大道、龙凤苑安置小区、宜叙高速龙凤互通、叙永三中、一亩草莓园等企事业单位，形成中心生活区，工业发展区和双桥混合组团式布局形态。粮食作物以水稻、玉米、小麦、红薯、马铃薯为主；畜牧业以生猪、家禽为主；经济作物以林竹、茶叶、生姜、梨、桃、李、柑橘、蔬菜、油茶、甜橙为主。

正东镇

【概　况】正东镇位于县城南面，镇人民政府驻地距县城17公里。东与古蔺县接壤，南与麻城镇、营山政相连，西与后山镇、落卜镇连接，北与叙永镇、合乐苗族乡毗邻。辖区面积128平方公里，其中耕地2.10万亩、林地9.19万亩。辖11个村、156个村民小组，1个社区、3个居民小组，总人口3.14万人。2017年，地区生产总值（GDP)12.71亿元，社会消费品零售总额1.53亿元，公共财政预算收入1202万元、预算支出2972万元，人均总收入1.97万元，农民人均可支配收入1.14万元。

【特色资源】正东镇地处古叙煤田中部，矿产资源丰富，蕴藏优质无烟煤5亿多吨、硫铁矿3亿多吨、方解石500多万吨和大量石灰石、高铝矿，是国家规划开发的重点矿区，是叙永县规划的建材集中区。交通便捷，国道321（大纳路）、叙蔺公路、川黔高速公路、叙古高速公路、叙大铁路纵横境内，并设互通立交和汽车、火车客货车站。境内典型的喀斯特岩溶地貌形成石庄温泉、万佛洞、西湖睡佛、银丰古天梯，融汇盐马古道遗址、生态农业和古朴的少数民族风情，别具一格，融绿化、观光、娱乐、休闲、购物为一体的花园式集镇初步形成，客运站、农商贸交易市场、活畜交易市场建成投入使用，民族风情街特色彰显。

观兴镇

【概　况】观兴镇位于县城南面，镇人民政府驻河坝场，距县城57公里。东连摩尼镇，南接石坝彝族乡、水潦彝族乡，西与分水镇隔河相望，北接营山乡、枧槽苗族乡。境内最高海拔1564米、最低海拔1055米，年平均气温13℃，年降水量，847.8毫米。辖区面积119.7平方公里，其中耕地1.91万亩、林地11万亩。辖10个村、66个村民小组，1社区、4个居民小组，总人口2.56万人。2017年，地区生产总值（GDP）2.76亿元,，社会消费品零售总额1.22亿元，公共财政预算收入587万元、预算支出1934万元，人均总收入1.53万元，农民人均可支配收入8855元。

【特色资源】观兴镇是市级生态乡（镇），有汉族、苗族、彝族、布依族、土家族、黎族、毛南族、壮族、侗族等多个民族。境内有木拉梨水果基地1个、林场3个，林地面积14万余公顷，其中竹林3.3万公顷，森林覆盖率45.2%，活立木总蓄积550余万立方米，年可产商品材5万立方米；以煤、硫为主的多种矿产资源丰富，其中无烟煤地质储量上亿吨，硫铁矿地质储量1亿吨，石灰矿地质储量数亿吨。水资源丰富、水质甘洌，有溪河12条，年均径流总量2.6亿立方米，水能理论蕴藏量1.3万千瓦、可开发量0.45万千瓦；酿制的观兴窖酒浓郁甘甜，品质优良，曾获农业部、林业部优质产品奖和第四届国际食品博览会金奖。

向林镇

【概　况】向林镇位于县城北面，镇人民政府驻地距县城52公里。东与叙永县大石乡相邻，南与水尾镇、天池镇接壤，西与马岭镇、江门镇连界，北与纳溪区打古镇、合江县五通镇毗邻。境内最高海拔1078米、最低海拔369米，年平均气温18℃，降水量1250毫米左右。辖区面积146平方公里，其中耕地2.09万亩、林地13.98万亩。辖8个村、62个村民小组，1个社区、2个居民小组，总人口2.32万人。2017年，地区生产总值（GDP）2.92亿元，社会消费品零售总额1.32亿元，公共财政预算收入1858万元、预算支出2410万元，人均总收入2.03万元，农民人均柯可支配收入1.18万元。

【特色资源】 境内竹木资源丰富，森林覆盖率75%，是市级生态乡镇，具天然竹林氧吧。市级旅游风景区天河瀑布，风景优美，厅房头入选市级传统村落。高楼坊、仁家洞两个小（一）型水库，水源丰沛。

兴隆镇

【概　况】 兴隆镇位于县城北面，镇人民政府驻地兴隆场黄家坝，距县城17公里。东与天池镇接壤，南与龙凤镇相接，西与兴文县相连，北与马岭镇相邻。辖区面积88平方公里，其中耕地1.76万亩、林地5.88万亩。辖7个村、47个村民小组，1个社区、4个居民小组。总人口2.50万人。2017年，地区生产总值（GDP）2.88亿元，社会消费品零售总额1.19亿元，公共财政预算收入218万元、预算支出1884万元，人均总收入1.97万元，农民人均可支配收入1.14万元。

【特色资源】 兴隆乡是典型的农业乡镇，是市级优质商品粮基地、优质蚕桑基地、优质仔猪基地、名优水果基地和红粱基地，市级社会治安综合治理模范乡、市级卫生单位、市级最佳文明单位。境内有青山林场万亩林海和跃进水库、“辛亥革命”先驱黄方故居、东汉岩墓群、陈氏夫妻墓等自然人文旅游资源，有可供开采的烟煤、铜矿石、石英砂、膨润土、页岩等矿产资源；是县粮食主产区，主要有水稻、玉米、红苕、洋芋、高粱等，已建成优质稻基地1.2万亩，优质玉米基地3000亩，优质红粱基地8000亩。有年产5000公斤的永正荔枝基地，乌江柚子基地，黄桷坪村鑫宏蔬菜专业合作社。

营山镇

【概　况】 营山镇位于县城南面，镇人民政府驻地距县城46公里。东与摩尼镇、麻城镇接壤，南与观兴乡相连，西与枧槽苗族乡相接，北与后山镇、正东镇连界。境内属喀斯特地貌，平均海拔1270米，年平均气温19℃，无霜期270天。辖区面积79.6平方公里，其中耕地1.42万亩、林地4.82万亩。辖6个村、34个村民小组，1个社区、4个居民小组，总人口1.48万人。2017年，地区生产总值（GDP）2.37亿元，比上年增长6.8%，社会消费品零售总额7814万元，公共财政预算收入500万元、预算支出1625万元，人均总收入1.48万元，农民人均可支配收入8605元。

【特色资源】 营山镇主产水稻、玉米、大豆、魔芋、土豆等，是全国100个马铃薯原种基地之一，是全县唯一魔芋生产示范镇。有原煤、硫铁矿、石灰石等矿物质，原煤储量0.2亿吨，地质储量10亿吨，已经开发有原煤2矿，位于金沙村，矿区面积0.5平方公里，地质储量0.2亿吨，可采量0.15亿吨，年产量30万吨。

麻城镇

【概　况】 麻城镇位于县城南面，镇人民政府驻地距县城54公里。东与古蔺县箭竹乡毗邻，南与古蔺县双沙镇相接，西与摩尼镇接壤，北与正东镇、营山镇相连。境内最高海拔1460米，最低海拔800米，年平均气温16℃，降水量789毫米，无霜期200天左右。辖区面积87平方公里，其中耕地2.53万亩、林地4.63万亩。辖8个村、42个村民小组，1个社区、3个居民小组，总人口2.02万人。2017年，地区生产总值（GDP）1.09亿元，社会消费品零售总额7673万元；公共财政预算收入396万元、预算支出1737万元，人均总收入1.5万元，农民人均可支配收入8705元。

【特色资源】 麻城镇是省、市两级新农村建设试点示范镇、泸州市科技进步示范镇、烤烟生产先进镇、现代烟草农业集中发展区和万亩烤烟示范镇。建有优质水果基地、无公害蔬菜基地、脱毒马铃薯良繁基地、食用菌生产基地。麻城村是省“一村一品”示范村、“麻城苗场”入选泸州市非物质文化遗产。

大石镇

【概　况】 大石镇位于县最北端，镇人民政府驻地距县城54公里、距贵州赤水四洞沟风景区15公里。东与贵州省赤水市接壤、南与合江县相邻。2017年5月31日，泸州市人民政府批复撤乡设镇，辖区面积120.4平方公里，其中耕地2.29万亩、林地11.62万亩。辖8个村、59个村民小组，1个社区、2个居民小组，总人口2.14万人。全年地区生产总值（GDP）2.03亿元，社会消费品零售总额1.20亿元，公共财政预算收入443万元、预算支出1740万元，人均总收入1.97万元，农民人均可支配收入1.14万元。

【特色资源】 大石镇誉称“竹木之乡”“川南石刻文物之乡”。境内竹木资源丰富，森林覆盖率70%，有竹林4.23万亩、人工杉木林5000亩、天然林2.49万亩，新增竹木面积8000亩，全镇林竹面积13万亩。境内旅游资源丰富，市级旅游风景区虹洞桥风景优美，桫椤树群连绵数里，市级文物管理点龙龟山石刻、唐氏贞节牌坊、雕刻精湛，已列入四川省100个招商引资项目。

黄坭镇

【概　况】 黄尼镇位于县城南面，镇人民政府驻地距县城30公里。东接后山镇，南连分水镇，西邻云南省镇雄县和本县白腊苗族乡，北接两河镇。境内属山区地形，喀斯特地貌，平均海拔800米，相对高度1150米，年平均气温，16℃，无霜期280天，年平均降水量1150毫米。2017年5月31日，泸州市人民政府批复撤乡设镇，辖区面积156.6平方公里，其中耕地2.81万亩、林地14.32万亩。辖11个村、81个村民小组，1个社区、3个居民小组，总人口2.47万人。全年地区生产总值（GDP）1.48亿元，社会消费品零售总额1.29亿元，公共财政预算收入204万元、预算支出2341万元，人均总收入1.51万元，农民人均可支配收入8743元。

【特色资源】 黄坭镇是县级小城镇建设试点镇，为典型农业乡镇，以林业、畜牧业为经济支柱，种植业以水稻、玉米、红苕、洋芋、烤烟为主；养殖业以生猪、肉牛、家禽为龙头。境内河流落差大，水能资源充沛，有水电站14座，装机容量7500千瓦，年发电量3800多万千瓦时。煤矿储量约5000万吨，钾矿储量约3000万吨。山高谷深，风光俊美，是中国工农红军川南游击纵队成立地、转战地，有市级文物保护单位清代古庙文昌宫。

合乐苗族乡

【概　况】 合乐苗族乡位于县城东南面，乡人民政府驻地距县城22公里。东与古蔺县桂花乡相邻，南与古蔺县大寨乡、乌龙乡毗邻，西与正东镇接壤，北与叙永镇、龙凤镇、水尾镇交界。境内平均海拔1200米，平均气温14℃。辖区面积90.9平方公里，其中耕地1.33万亩、林地7.74万亩。辖5个村，38个村民小组，1个社区、4个居民小组，总人口1.27万人。2017年，地区生产总值（GDP）7483万元，社会消费品零售总额5899万元，公共财政预算收入424万元、预算支出1134万元，人均总收入1.35万元，农民人均可支配收入7852元。

【特色资源】 合乐苗族乡自然环境优美，属画稿溪国家级自然保护区、丹山风景环线苗族文化旅游区。有来龙湖（友谊水库）小（一）型水库，支高岩、南坳子小（二）型水库；有森林近7万亩，森林覆盖率70%，有熊、猴、岩羊、松鼠、山楂鸟、白鹤、野鸭子、野猪等野生动物及猕猴桃、兰花、天麻等植物。境内民族风情浓郁，苗族艳丽的服饰、热辣的山歌和极富动感的芦笙舞、民族场和踩山节独具特色。合乐苗族乡是红军长征进入叙永第一站，有葫芦营、三岔河、火烧岩等革命遗址、遗迹。

白腊苗族乡

【概　况】 白腊苗族乡位于县城南面，乡人民政府驻新店村，距县城 21 公里。东与两河镇相连，南与黄坭乡相接，西与云南省威信县毗邻，北与宜宾兴文县相邻。境内地势西高东低，绝大部分属山区，最高海拔 1776 米、最低海拔 460 米，无霜期 270 余天．辖区面积 126.1 平方公里，其中耕地 2.08 万亩、林地 11.48 万亩。辖 7 个村，65 个村民小组。总人口 2.06 万人。2017 年，地区生产总值（GDP）11307 万元，社会消费品零售总额 5878 万元，公共财政预算收入 187 万元、预算支出 1584 万元，人均总收入 1.34 万元，农民人均可支配收入 7794 元。

【特色资源】 白腊苗族乡以农业为主，种植业、畜牧业、林业和劳务输出是该乡经济支撑。实施“万亩绿色长廊”工程已建成清水河绿色长廊示范竹林 5000 多亩。境内莜田大米品质优良，香味浓郁。清水河原生态黄鱼、清波鱼，味道鲜美。

枧槽苗族乡

【概　况】 枧槽苗族乡位于县城南面，乡人民政府驻地距县城 54 公里。东与营山乡接壤，南与观兴镇连接，西与分水镇相邻，北与后山镇、黄坭镇毗邻。辖区面积 81.4 平方公里，其中耕地 1.42 万亩、林地 5.97 万亩。辖 10 个村，35 个村民小组，1 个社区、3 个居民小组。总人口 1.28 万人。2017 年，地区生产总值（GDP）6798 万元，社会消费品零售总额 6767 万元，公共财政预算收入 330 万元、预算支出 1334 万元，人均总收入 1.44 万元，农民人均可支配收入 8379 元。

【特色资源】 枧槽苗族乡以烤烟、水稻、玉米、洋芋为主的种植业和以生猪、牛为主的养殖业为经济主体。境内苗族文化氛围浓厚，苗族世代相传酿造米酒（又名醪糟酒、浊酒）、白酒（又名烧酒、老白干），宴请敬酒有特色唱酒歌习俗。丰岩乌骨鸡，体重丰产，味道鲜美。

水潦彝族乡

【概　况】 水潦彝族乡位于叙永县南部，乡人民政府驻地距县城 86 公里。东与石厢子彝族乡接壤，南与贵州省毕节市团结乡隔河相望，西与云南省坡头乡相连，北与分水镇毗邻。最高海拔 1684 米、最低海拔 686 米，年平均气温 14.2℃，全年无霜期 276—300 天，平均降水量 896 毫米、主要集中在夏季。辖区面积 83.1 平方公里，其中耕地 1.70 万亩、林地 6.97 万亩。辖 5 个村、53 个村民小组，1 个社区、4 个居民小组，总人口 2.35 万人。2017 年，地区生产总值（GDP）9837 万元，比上年增长 8.9%，社会消费品零售总额 7980 万元，公共财政预算收入 541 万元、预算支出 2435 万元，人均总收入 1.50 万元，农民人均可支配收入 8697 元。

【特色资源】 水潦彝族乡地处川、滇、黔三省结合部，有“鸡鸣三省”“诗词彝乡”之称。是泸州市“四水”边贸经济发展战略小城镇，县级小城镇建设试点镇。是彝族诗人余昭、辛亥革命彝族志士余健光的故乡。境内倒流河水源丰沛，经贵阳设计院规划的 2 个 5.5 万千瓦的水电站，有待开发。有储量丰富的优质煤、硅、硫、铁、铜等矿产资源；有泸州市文物保护单位落堡《川南工农劳苦群众目前斗争纲领》红军标语，县级文物保护单位龙厚生烈士墓等。“脱毒马铃薯”原种良繁基地、“脱毒马铃薯”原种扩繁基地与泸州汇通百货签订战略协议，实现农超对接，高山糯米苞谷（玉米）、小辣椒、脆白萝卜等无公害高山食品供不应求。农业综合开发项目冰脆李标准化示范基地生产的“咪苏园”系列产品，深受消费者喜欢。

石厢子彝族乡

【概　况】 石厢子彝族乡位于叙永县南部，乡人民政府驻石厢子，距县城79公里。东与赤水镇相连，南与贵州省生机、团结两乡镇隔河相望，西与水潦彝族乡接壤，北与观兴镇连接。最高海拔1400米、最低海拔600米，平均气温15.2℃—16.3℃，无霜期320天，平均降水量900—1000毫米。2017年5月31日，泸州市人民政府批复石坝彝族乡更名为石厢子彝族乡。辖区面积37.7平方公里，其中耕地0.64万亩、林地2.56万亩。辖4个村、26个村民小组，1个社区、1个居民小组，总人口0.94万人。全年地区生产总值（GDP）5412万元，社会消费品零售总额5262万元，公共财政预算收入145万元、预算支出1118万元，人均总收入1.53万元，农民人均可支配收入8863元。

【特色资源】 石厢子彝族乡地处川、滇、黔三省交界的赤水河畔，有“鸡鸣三省”之称，是县肉牛产业化示范乡。着重培育肉牛为主的畜牧产业、优质烤烟产业、甜橙为主的优质水果产业。境内红色资源丰富，中央红军长征“四渡赤水”经此，红军中革军委、中共中央领导毛泽东、朱德、周恩来、张闻天、王稼祥等驻扎石厢子，并与当地老百姓共度长征途中的唯一一个春节，有中央红军长征石厢子会议旧址、中央红军没收委员会旧址、中华苏维埃共和国银行兑换处旧址等革命遗址遗迹。有省级文物保护单位水潦铺大堰、市级文物保护单位堰塘村林场杨氏彝族彝文（碑）祖坟等珍贵文物。有石达开营盘遗址、古洞留仙、风饮清泉、龙岗挂印、悬杉倒垂、天马带甲、厢里榆钱、大山积雪、海螺声喧、大型摩崖石刻“福”等旅游景点。

附　录

荣　誉

2017年度叙永县获省级部门以上表彰的先进集体一览表

表4

获奖单位	获奖名称	颁奖单位	获奖时间
叙永县气象局	全国气象工作先进集体	人力资源和社会保障部 中国气象局	2017.12
叙永县委组织部	2016年脱贫攻坚“五个一”驻村帮扶先进集体	中共四川省委	2017.4.21
叙永县人民法院	2016年度全省法院信息化工作先进集体	四川省高级人民法院	2017.1.4
叙永县人民法院	全省法院司法警察刑事庭审警务保障执法规范化活动先进单位	四川省高级人民法院	2017.12.12
叙永县群工局	全省信访系统“三查三促三争当”活动先进集体	省人力资源和社会保障厅、省信访局	2017.2
叙永县委宣传部	2017年度全国社科组织先进单位	全国大中城市社科联工作会议主席团	2017
叙永县委宣传部	2017年度省级社科联系统先进集体	省社科联	2017
叙永县委宣传部	争创“岗位学雷锋先进集体”	省委宣传部	2017
叙永县卫生计生局	四川省中医药工作先进集体	四川省人社厅、省中管厅	2017.4
叙永县妇幼保健院	预防艾滋病、梅毒和乙肝母婴传播工作优秀集体	中国性病艾滋病防治协会、中国疾病预防控制中心妇幼保健中心	2017.11
叙永县人民医院	全国卫生计生系统先进集体	人力资源和社会保障部、国家卫生计生委员会、国家中医药管理局	2017.8
叙永县发展和改革局	全国价格监测工作先进单位	国家发改委价格监测中心	2018.1.11
叙永县发展和改革局	价格监督检查与反垄断工作先进单位	四川省发改委	2017.12.28
叙永县安全监管局	全省安全生产政务信息工作先进单位	四川省人民政府安全生产委员会办公室	2017.3.16
叙永县安全监管局	《四川安全生产》杂志年度先进单位	四川省人民政府安全生产委员会办公室	2017.1.22
叙永县水务局	全省2016年度水利脱贫攻坚工作考核中被评为优秀	四川省水利厅	2017.3.31
叙永县水务局	全省2017年度全省水利工程建设与管理工作先进单位	四川省水利厅	2018.1.12
叙永县林业局	2017年林业宣传工作先进单位	四川省林业厅办公室	2017.9.3
叙永县森林公安局	集体三等功	四川省森林公安局	2017.10.30
叙永县森林专业扑火队	森林防火工作开展较好单位	四川省森林防火指挥部	2017.12.26
叙永县国土资源局	全省国土资源系统政务公开先进集体	四川省国土资源厅	2017.6.21
叙永县工商质监局	2016年度企业年报工作通报表扬	四川省工商局	2017.7.17
叙永县工商质监局	2016年度个体工商户年报工作通报表扬	四川省工商局	2017.7.17

续表 4

获奖单位	获奖名称	颁奖单位	获奖时间
叙永县工商质监局	2016 年度农民专业合作社年报工作通报表扬	四川省工商局	2017.7.17
叙永县环境保护局	四川省“十二五”主要污染物总量减排工作先进集体	省人力资源社会保障厅 省环境保护厅	2017.4.24
马岭镇综合文化站	四川省优秀文化站	省人社厅、文化厅	2018.1.5
马岭镇	四川省妇联基层组织示范乡镇	省妇联	2017.12.28
水尾镇画稿溪保护区	四川首批国家级森林氧吧	四川省生态旅游协会	2017.1
水尾镇番山村	省级“四好村”	四川省农工委、四川省委宣传部、四川省文明办	2017.1
水尾镇西溪村	四川省旅游扶贫示范村	四川旅游标准评定委员会	2017.2
水尾镇西溪村团支部	全国五四红旗团支部	共青团中央	2017.5
水尾镇西溪村	四川省森林康养基地	中国林业产业联合会	2017.11
摩尼镇联盟村	省级“四好村”	中共四川省委四川省人民政府	2017.2.21
观兴镇普兴村	省级“四好村”	中共四川省委、四川省人民政府	2017.2.21
水潦乡高坪村	省级“四好村”	中共四川省委、四川省人民政府	2017.2.21
水潦乡	四川省妇联基层组织示范乡镇	四川省妇女联合会	2017.12
水潦乡	全国一村一品示范村镇	农业部	2017.7
水潦乡白沙村	第三批省传统村落	四川省住房和城乡建设厅	2017.3
两河镇人民太平山村	四川省文化扶贫示范村	四川省委宣传部	2017.11.20
叙永县安全监管局	煤矿安全生产先进单位	四川煤矿安监局川南监察分局	2017.12.31
叙永县安全监管局	安全生产标准化建设推进先进单位	四川煤矿安监局川南监察分局	
叙永县安全监管局	机械化建设推进先进单位	四川煤矿安监局川南监察分局	

2017 年度叙永县获省级部门以上表彰的先进个人一览表

表 5

获奖人	获奖名称	颁奖单位	获奖时间
曾德金、罗　兵	2016 年脱贫攻坚“五个一”驻村帮扶先进个人	中共四川省委、四川省人民政府	2017.4.21
刘远平	“十二五”打击破坏生态资源违法犯罪先进个人	四川省人社厅、林业厅	2017.1
杨　军、姜　平、向　阳、刘　婷	全省法院优秀庭审	四川省高级人民法院	2017.1.3
许　燕	全省法院庭审标兵	四川省高级人民法院	2017.1.3
白光强	全省法院“执行大会战”集中行动先进个人	四川省高级人民法院	2017.11.1
孙文建	四川省法院系统先进个人	四川省高院、四川省人社厅	2017.12.4
魏　军	全省法院司法警察刑事庭审警务保障执法规范化活动先进个人	四川省高级人民法院	2017.12.12
伍　岗	四川省维护稳定工作先进个人	省政法委	2016.12.21
胡金华	四川省中医药工作先进个人	颁奖单位为四川省人社厅、省中医管理局	2017
江永红	四川省爱国卫生先进个人	四川省人社局、省爱卫办	2017.12
王世洪	四川省爱国卫生先进个人	省人社厅、省爱卫会	2017.12
赵学庆	优秀个人	四川省发改委	2017.12.28
赵学龙	全省安全生产政务信息工作先进个人	四川省人民政府安全生产委员会办公室	2017.3.16
杜安辉	全省 2016 年度水利脱贫攻坚先进个人	四川省水利厅	2017.3.31
潘光慧	四川省会计工作先进个人	四川省人力资源社会保障厅、四川省财政厅	2017.4.
李学富	“红盾春雷 2017”先进个人	四川省工商局	2017.5.17
兰　杰	四川省统战系统先进个人	四川省人力资源和社会保障厅、中共四川省委统战部	2018.1

2017 年叙永县获市级表彰的先进集体一览表

表 6

获奖单位	获奖名称	颁奖单位	获奖时间
中共叙永县委	创建“四好”领导班子先进集体	市委	2017.6.29
叙永县委办公室	脱贫攻坚先进帮扶单位	市委	2017.6.29
叙永县纪律	脱贫攻坚先进帮扶单位	市委	2017.6.29
叙永县政法委	脱贫攻坚先进帮扶单位	市委	2017.6.29
叙永县公安局	脱贫攻坚先进帮扶单位	市委	2017.6.29
叙永县文体广局	脱贫攻坚先进帮扶单位	市委	2017.6.29
叙永县委宣传部	2017 年度网络问政优秀单位	市政府	2017
叙永县委宣传部	共产党员示范团队	市委	2017.6.29
叙永烟草公司麻城烟站	2017 年度烟叶工作先进集体	泸州市人民政府办公室	2018.2
叙永烟草公司摩尼烟站	2017 年度烟叶工作先进集体	泸州市人民政府办公室	2018.2
叙永烟草公司营山烟站	2017 年度烟叶工作先进集体	泸州市人民政府办公室	2018.2
叙永县人民政府	安全生产工作目标考核 安全生产一等奖单位	泸州市人民政府	2017.1.11
叙永县森林专业扑火队	共产党员示范团队	市委	2017.6.29
叙永水尾镇卫生院支部	共产党员示范团队	市委	2017.6.29
叙永县扶贫移民局	共产党员示范单位	市委	2017.6.29
叙永县教育局	共产党员示范单位	市委	2017.6.29
叙永县叙永镇政府	共产党员示范单位	市委	2017.6.29
叙永县委组织部组织股	共产党员示范团队	市委	2017.6.29
叙永县公安局合成作战中心	共产党员示范团队	市委	2017.6.29
水潦乡高坪村	市级四好村	市委	2017.2
水潦乡草把龙	市级第六批非物质文化遗产	泸州市人民政府	2017.1

2017 年度叙永县获市级表彰先进个人一览表

表 7

获奖人	获奖名称	颁奖单位	获奖时间
毕　猛、夏征勇	十佳乡镇（街道）党（工）委书记	市委	2017.6.29
范友明、王正卫、陈宇锋、杨文平、何高琪、何文洪、高　平、杨清元、王昌会、付延群、何代群、邱显宗、张本胜、薛占贵、吴华友、王力华	市优秀村（社区）党组织书记	市委	2017.6.29
刘能才、何　扬、扬　勇、马小洪、王致力	泸州市“优秀第一书记”	市委	2017.6.29
瞿　钊、李　豪、周燕燕、刘发强、余　飞、周　敏、李　刚、罗　杰、喻晓林、李茂君	泸州市“优秀驻村干部”	市委	2017.6.29
谢　坤、李正茂、蒋　杰、李　花、董　巧、张　霖、丁本军、赵学龙	共产党员示范岗	市委	2017.6.29
张安玉	种烟大户	泸州市人民政府	2017.1
杨　利	征兵工作先进个人	泸州市人民政府	2017.8.8

获县委、县人民政府表彰的先进集体、先进个人名录

一、2017年2月6日，中共叙永县委、叙永县人民政府表彰2016年度脱贫攻坚工作先进集体、特别贡献集体和先进个人。

1. 先进乡镇（10个）

正东镇、水尾镇、龙凤镇、摩尼镇、向林镇、江门镇、兴隆镇、两河镇、叙永镇、分水镇

2. 先进部门（20个）

县委办、县政府办、县委组织部、县直机关工委、县卫生计生局、县人力资源和社会保障局、县扶贫移民工作局、县发展改革局、县住房和城乡规划建设局、县文体广局、县教育局、县农业局、县水务局、县林业局、县科技局、县外事侨务旅游局、国家统计局叙永调查队、县档案史志局、县纪委、县公安局

3. 其他先进单位（5个）

县人民医院、县法院、县检察院、叙永农村商业银行、县人武部

4. 县级先进个人（43人）

文　娟（县委办）
吕　艳（县人大办）
张仁华（县政府办）
谢　坤（县政府办）
毕　稀（县政协办）
韩　同（县委组织部）
许家义（县委组织部）
杜联勇（县委宣传部）
祝　磊（县纪委）
李丽君（县脱贫办）
姜　琴（县委政法委）
杨学东（县委统战部）
刘　韧（县人武部）
李忠林（县法院）
陈继红（县检察院）
管婷婷（县直机关工委）
张宇楠（县委农工办）
张佳盛（县委督查组）
吕　波（县卫生计生局）
喻晓林（县外侨旅游局）
殷中文（县住房和城乡建设局）
何　丹（县财政局）
何克林（县调查队）
成禄富（县林业局）
张　钢（县国土资源局）
彭　俊（县国土资源局）
康茂松（县交通运输局）
余　游（县水务局）
魏　伟（县经济商务局）
文　浩（县发展改革局）
刘光容（县农业局）
沈运洋（县扶贫移民局）
徐顺香（县教育局）
毕吉祥（县科知局）
王夏泽（县统计局）
彭龙飞（县人社局）
曾德江（县民政局）
穆　岚（县文体广局）
何　平（县档案史志局）
高　威（县金融服务中心）
李正业（县人民医院）
李　怡（县人民银行）
曾令强（县城投公司）

5. 乡镇和村社干部脱贫工作先进个人（89人）

黄坭乡：王　永　黄映超　杨　松　赵　毅
摩尼镇：单亚琼　罗秀强　彭　洪　商　博　王强德　张本胜
向林镇：毕　猛　曾维荣　贾如桃　赵　奎
大石乡：付　鹏　兰志华
天池镇：宋华维　杨水平
龙凤镇：周　爽　李天才　张立超　李莲莲

叙永镇：罗志强　陈　琦　杨志芬　郑祥禄
赤水镇：屈　波　汪　鹏　李代华　肖　梦
　　侯顺武　赵祥学
落卜镇：李怀栋　罗登林
石坝彝族乡：曾富波　曾剑川
水潦彝族乡：李腾远　李　波　张小龙
　　郑方宇　观兴镇　张雪芹
　　陈启波　吴文超　郑祖军
分水镇：伍安忠　秦吉明
合乐苗族乡：项吉林　刘发刚
白腊苗族乡：杨中才　陈　刚　缪昌明
　　杨先华
两河镇：毛　军　陈云刚　王方华
　　张正全　周松柏
马岭镇：曾令西　罗　颖　王正卫　徐小刚
麻城镇：柯真用　胡　伟
正东镇：许继友　刘稼俊　闵胜江　郑远林
营山镇：廖先明　林佐国
兴隆镇：付晓明　刘晨光　卢瑞高　秦纪刚
水尾镇：王艺录　周志敏　李昌壕
后山镇：郑绍怀　张光智　蒋　杰　邱显宗
江门镇：王　然　陈　刚　秦定乾
　　沈运才　王　欢
枧槽苗族乡：王世林　施建华　钱庆春
　　赵明舟

6.第一书记或驻村干部先进个人（30人）
原东东（江门镇高家村第一书记）
张　珩（马岭镇盘田村第一书记）
刘能才（兴隆镇南坳村第一书记）
薛　强（向林镇副镇长兼大岩村第一书记）
王致力（叙永镇大岭村第一书记）
何敏莉（正东镇普市村第一书记）
胡凌鸣（后山镇三斗米村第一书记）
何　军（摩尼镇东柴村第一书记）
罗　响（观兴镇奇峰村第一书记）
王艳平（水潦彝族乡黄狮村第一书记）
先大勇（枧槽苗族乡九龙村第一书记）
魏健康（黄坭乡芦稿村第一书记）
何　扬（两河镇乐郎村第一书记）
陈　亮（白腊苗族乡亮窗口村第一书记）
杨清乐（龙凤镇谊合村第一书记）
王小信（水尾镇广木村第一书记）
王瑛杰（分水镇分水村第一书记）
王扬勇（大石乡旺龙村第一书记）
陈振欲（白腊苗族乡落木河村第一书记）
余　乐（马岭镇盘田村驻村工作组成员）
郑应翠（向林镇大岩村驻村工作组成员）
沈　波（合乐苗族乡红店子村驻村工作组成员）
李一帆（正东镇普市村驻村工作组成员）
瞿　钊（营山镇马湖村驻村工作组成员）
尹剑秋（观兴镇河坝村驻村工作组成员）
张　剑（落卜镇红星村驻村工作组成员）
罗　兵（摩尼镇金榜村驻村农技员）
朱建忠（水潦彝族乡海涯村驻村农技员）
郭学强（两河镇鱼香坪村驻村农技员）
熊　培（白腊苗族乡亮窗口村驻村农技员）

二、2017年6月22日，中共叙永县委、叙永县人民政府为2014—2016年连续三年年度考核优秀的公务员（参照公务员法管理单位的工作人员）记三等功一次。

县委组织部　孙　超
县委群工局　黄　进
县委编办　李旭东
县委机要局　朱远新
县法院　雷明江
县经商局　申　刚
县司法局　曾　融　谢先虎
县财政局　余　乐　温明菲　张　平
县人社局　李正茂
县国土局　罗晓春
县水务局　刘晓燕
县农业局　简志强　潘洪伦

县卫计局　袁凤国　吕　波

县工商质监局　刘红介

县食药监局　苏小艳　刘朝良　郑长松　张雪梅

县扶贫移民局　李丽君　高　潭

县科技局　张　欣

县公共资源交易中心　王智勇

县公安局　葛正军　郭全兴　徐　勇　杨光泽　张　柯　何洪波

兴隆镇　钱　山　刘成刚

天池镇　宋华维

水尾镇　杜旭东

大石镇　夏　青　张　霖

叙永镇　王明俊　赵淑蓉

合乐苗族乡　张学军　罗　红

正东镇　刘　强

营山镇　王　建

分水镇　骆国洪　谢先成　熊　宇

三、2017年6月30日，中共叙永县委表彰“四好”领导班子先进集体、先进基层党组织、优秀基层党组织书记、优秀党务工作者、优秀共产党员、先进帮扶单位、共产党员示范岗、共产党员示范团队、共产党员示范单位。

1. 创建“四好”领导班子先进集体（22个）

水尾镇、兴隆镇、大石镇、叙永镇、营山镇、观兴镇、水潦彝族乡、两河镇、县委办、县委政法委、法院、检察院、纪委（监察局）、县委组织部、县委宣传部、公安局、园区管委会、财政局、国税局、地税局、发改局、统计局

2. 优秀基层党组织书记（59个）

罗　斌　落卜镇党委书记

宋华维　天池镇党委书记

罗　涛　马岭镇党委书记

童正乾　合乐苗族乡党委书记

代远强　观兴镇党委书记

郑绍怀　后山镇党委书记

何朝开　黄坭镇轿子村党支部书记

王在忠　麻城镇驰松村党支部书记

李锦民　大石镇白云村党支部书记

卢中建　龙凤镇凤池村党支部书记

马仕林　龙凤镇头塘村党支部书记

罗　平　观兴镇观兴社区党支部书记

罗仕燃　落卜镇新华村党支部书记

邢吉荣　天池镇柏阳村党支部书记

李　芳　叙永镇环城社区党总支书记

周成彬　叙永镇大岭村党支部书记

胡贤杰　赤水镇赤水社区党支部书记

吴维宣　分水镇木格倒村党支部书记

鲁传书　后山镇丰收村党支部书记

张　勇　水尾镇画稿溪社区党支部书记

傅仕辉　水尾镇观音阁村党支部书记

卢万永　向林镇太关村党支部书记

黄良富　向林镇龙池村党支部书记

秦纪平　兴隆镇卷子城村党支部书记

邹国琼　两河镇天生桥村党支部书记

魏小梅　两河镇两河社区党支部书记

陈修才　江门镇大元村党支部书记

张元奇　石厢子彝族乡石厢子社区党支部书记

胡孟玲　水潦彝族乡岔河村党支部书记

李先林　水潦彝族乡高坪村党支部书记

曾令西　马岭镇麦地坝村党支部书记

王吉凤　合乐苗族乡三河社区党支部书记

孙大龙　营山镇营山村党支部书记

袁泽祥　正东镇阳坪村党支部书记

叶　松　黄坭镇高坎村党支部第一书记

牟友良　马岭镇龙盘村党支部第一书记

邱　雨　大石镇双全村党支部第一书记

何剑锋　龙凤镇凤林村党支部第一书记

何敏莉　正东镇普市村党支部第一书记

曾　宇　观兴镇山关村党支部第一书记

李臆枰　枧槽苗族乡群英村党支部第一书记

余忠奇　赤水镇斜口村党支部第一书记

王瑛杰　分水镇分水村党支部第一书记
罗　兵　合乐苗族乡四美村党支部第一书记
周元超　后山镇海力村党支部第一书记
赵芋翔　向林镇棉竹村党支部第一书记
李　星　兴隆镇卷子城村党支部第一书记
陈敬堂　两河镇关坝村党支部第一书记
原东东　江门镇高家村党支部第一书记
申　刚　经商局党委书记、局长
穆　岚　文化体育新闻出版广电局党委书记、局长
张　刚　住房和城乡规划建设局党委书记、局长
赵燕友　教育局党委书记、局长
李小平　交通运输局党委书记、局长
成禄富　林业局党委书记、局长
胥　强　国土资源局乡镇国土所支部书记、龙凤镇国土所所长
温玉涛　就业局党支部书记、基金增收股股长
郑佐刚　畜牧局基层第一支部书记、马岭畜牧兽医站站长
张　翔　公安局党委两河片区党支部书记、派出所副所长

3. 先进基层党组织（53 个）

黄坭镇三溪村党支部
麻城镇寨和村党支部
马岭镇盘田村党支部
营山镇马湖村党支部
大石镇互助村党支部
龙凤镇四坪村党支部
正东镇普市村党支部
后山镇高楼村党支部
落卜镇大屯村党总支
天池镇甲寨子村党支部
赤水镇梁坪村党支部
分水镇分水村党支部
水潦彝族乡水潦村党支部
合乐苗族乡四美村党支部
摩尼镇旗燕村党支部
水尾镇月明村党支部
向林镇跃龙村党支部
兴隆镇茨竹村党支部
两河镇太平山村党支部
观兴镇普兴村党支部
江门镇高家村党支部
叙永镇百花村党支部
石厢子彝族乡堰塘村党支部
马岭镇马岭社区党支部
江门镇江门社区党支部
分水镇分水社区党支部
摩尼镇摩尼社区党支部
叙永镇和平社区党支部
公安局巡逻防控大队党支部
后山镇三斗米村富邦特色农业专业合作社党支部
质量安全监督站党支部
德才律师事务所党支部
公路养护一段党支部
“三违”整治办临时党总支
政务服务中心党支部
公共资源交易中心党支部
环境保护局党支部
叙永一中党总支
教师进修学校党支部
永宁中学党支部
后山镇海坝完小党支部
摩尼镇新苗实验学校党支部
兴隆镇兴隆中心校党支部
中医医院党总支
妇幼保健计划生育服务中心党支部
疾病预防控制中心党支部
卫生执法监督大队党支部
富丽房地产开发有限公司党支部

泸州市星火生态农业有限责任公司党总支
县个体私营企业协会永宁分会总支
泸州市容大竹业集团有限公司党支部
县个体私营企业协会城区分会党支部
帮扶创业协会党支部

4. 优秀党务工作者（19 人）

许继友　正东镇党委副书记、纪委书记
谢　清　叙永镇党委副书记、纪委书记
亢昌旭　兴隆镇党委副书记、纪委书记
宋朝阳　两河镇党委副书记、纪委书记
丁念强　石厢子彝族乡党委副书记、纪委书记
杜　艳　黄坭镇党委副书记、纪委书记
徐志超　后山镇党委委员、组织委员
杨　钱　分水镇党委委员、组织委员
张华君　两河镇党政办副主任、组织干事
淡　丽　纪委（监察局）宣传部副部长
杨中智　新社会组织党委副书记
潘　健　新经济组织党委组织干事
周　跃　人社局机关支部书记、公务员局副局长、工资股股长
刘光容　农业局党委委员、副局长
黄　潇　交通运输局办公室主任、组织干事
李志永　公安局组织员、党办秘书
胡　琼　公共资源交易中心党支部副书记、监察室主任
余　波　组织部人才股股长
郑海英　德才律师事务所党支部组织委员

5. 优秀共产党员（95 人）

胡思金　黄坭镇副镇长
曾江华　马岭镇党政办主任
孟　艳　营山镇党政办工作员
刘建平　大石镇综治办副主任
肖　宏　龙凤镇财政所所长
刘　强　正东镇纪委副书记、经发一室主任
李婷婷　枧槽苗族乡党政办工作员
刘　强　江门镇团委副书记
谭凤霞　摩尼镇团委常务副书记、组织干事
胥虹壹　落卜镇党政办副主任、组织干事
易　浩　天池镇经发办主任、安办主任
李　治　赤水镇党政办主任
熊　宇　分水镇纪委副书记、党政办主任
付　燕　水潦彝族乡交管办副主任
胡仕容　合乐苗族乡社事办副主任
曾　伟　后山镇纪委副书记
张从平　摩尼镇扶贫办主任
何大军　水尾镇社事办副主任
曾　倩　向林镇群团中心副主任、组织人事干事
高　映　兴隆镇机关支部书记
尹　峰　两河镇扶贫办主任
乔光武　白腊苗族乡卫生和计划生育办公室主任
代　雪　石厢子彝族乡机关支部书记、纪委委员、财政所副所长
侯甫鹏　观兴镇党政办副主任
刘　永　分水镇路井村党支部第一书记
任　礼　合乐苗族乡兴复村党支部第一书记
徐　川　水潦彝族乡岔河村党支部第一书记
陈　俊　正东镇阳坪村党支部第一书记
李代春　黄坭镇兴安村党支部第一书记
易国波　麻城镇柏香村党支部第一书记
杨清乐　龙凤镇谊合村党支部第一书记
张开源　叙永镇百花村党支部第一书记
舒建华　赤水镇双山村党支部第一书记
熊　军　摩尼镇联盟村党支部第一书记
胡欣平　水尾镇西溪村党支部第一书记
肖慈金　两河镇何营村党支部第一书记
孔祥森　兴隆镇黄桷坪村党支部第一书记
钱庆春　枧槽苗族乡双河村党支部第一书记
谢平刚　天池镇高木村驻村工作组成员
曾　智　赤水镇斜口村驻村工作组成员
李莲莲　龙凤镇谊合村驻村工作组成员

魏　伟　兴隆镇南坳村驻村工作组成员
李　勇　黄坭镇春光村驻村工作组成员
杨汝勇　水尾镇西溪村驻村工作组成员
张　剑　落卜镇红星村驻村工作组成员
李柏桦　枧槽苗族乡九龙村驻村工作组成员
赵　斌　向林镇棉竹村驻村工作组成员
王颖枫　两河镇鱼香坪村驻村工作组成员
朱建忠　水潦彝族乡海涯村驻村农技员
陈祖平　正东镇落业村驻村农技员
胡永龙　赤水镇黄坪村驻村农技员
黄　伟　龙凤镇凤林村驻村农技员
李昭远　水尾镇广木村驻村农技员
马文超　后山镇三斗米村驻村农技员
杨廷勇　天池镇高木村驻村农技员
赵德全　枧槽苗族乡观音桥村驻村农技员
张仁华　县政府办公室党组成员、公共资源交易中心副主任
陈才泉　麻城镇人大主席
刘昌荣　林业局党政办主任
罗　琴　人社局办公室副主任
蒋跃平　住房和城乡规划建设局规划股股长
张洪委　房和城乡规划建设局村镇股股长
吴云峰　国土局营山镇国土所所长
许　珠　卫生计生局党政办副主任
胡秋果　司法局永宁片区党支部书记、叙永司法所副所长
张　宇　水务局水利股股长、规划股股长
杜忠杰　农业局科教站站长
何　平　原畜牧局行政审批股股长
陈鸥翼　公路养护二段段长
靳旭阳　食品药品监督管理局办公室主任
戴　瑜　经商局监察室主任
王俊松　公安局麻城派出所副所长
刘　姣　检察院未检科副科长
隆林佐　三违整治办总支副书记，农业局党委委员、纪委书记
杨　军　法院审判管理办公室主任
先冰梅　政协社情民意调研中心副主任
杨家高　安监局行政审批股股长
曾　诚　资源综合利用经济园区管理委员会规划建设股股长
崔　岩　叙永二中教师
陈乃劲　永宁中学党支部副书记
魏　萍　叙永职高德育主任
何光才　城郊初级中学校德育主任
罗　涛　后山镇初级中学校长、支部书记
傅光伦　兴隆镇中心校副校长
周开敏　两河镇中心小学校教师
严勇均　人民医院妇产科主治医师
陈庆波　妇幼保健院办公室主任
胡　彧　中医院 ICU、急诊科主任
亢章贵　后山镇卫生院院长
张　凤　两河镇卫生院办公室主任
李　谦　叙永通安驾驶培训学校资格证继续教育培训教员
韩明中　泸州市川天食品有限公司党支部书记
张登红　叙永鑫福煤业灯盏坪煤矿党总支书记
项吉桥　帮扶创业协会会长
苏仲禄　马岭粮油食品有限公司总经理

6. 先进帮扶单位（20 个）

县人大办公室
龙凤镇谊合村帮扶单位
县政府办公室
观兴镇河坝村帮扶单位
县政协办公室
叙永镇百花村帮扶单位
县委统战部
落卜镇硐坪村帮扶单位
人民武装部
营山镇马湖村帮扶单位
县直机关工委
向林镇大岩村帮扶单位

县委编制委员会办公室
正东镇阳坪村帮扶单位
县委老干局
黄坭镇芦稿村帮扶单位
县委农工委
大石镇旺龙村帮扶单位
林业局
水尾镇西溪村帮扶单位
外侨事务旅游局
水尾镇广木村帮扶单位
交通运输局
赤水镇石门村帮扶单位
人力资源和社会保障局
两河镇关坝村帮扶单位
经济和商务局
兴隆镇南坳村帮扶单位
农业局
枧槽苗族乡九龙村帮扶单位
安监局
正东镇落业村帮扶单位
司法局
后山镇海力村帮扶单位
民政局
后山镇三斗米村帮扶单位
卫生计生局
两河镇何营村帮扶单位
国土资源管理局
白腊苗族乡亮窗口村帮扶单位

7.“双星”先进集体和个人

（1）共产党员示范团队（15个）

营山镇扶贫办
正东镇普市村产业发展党小组
赤水镇经发办
水尾镇党政办
向林镇扶贫办
水潦彝族乡脱贫攻坚办公室
龙凤镇社会事务服务中心
江门镇便民服务中心
叙永镇劳动就业和社会保障服务中心
法律援助中心
环境监察执法大队
检察院未成年人刑事检察科
政务服务中心国税窗口
法院诉讼服务中心
叙永一中政治教研组

（2）共产党员示范岗（15人）

冯俊杰　黄坭镇经发办主任
张本洪　麻城镇综治办主任
周润忠　落卜镇社会事务办公室
曾　祥　天池镇党政办主任
张　益　后山镇组织干事
赵庆富　两河镇党政办主任
张　佩　社保局办公室主任
易　德　教育局职成股副股长、安办副主任
文　娟　县委办公室综合股副股长
何宣鸿　合乐苗族乡九年校教师
王晓农　人民医院信息科科长
秦昌宏　中医医院检验科主任
张　颖　人民政府办公室综合股副股长
朱小波　审计局监察室主任、办公室副主任
严　萍　医保局办公室主任

（3）共产党员示范单位（10个）

正东镇、江门镇、天池镇、后山镇、白腊苗族乡、叙永县双山苗王寨种植专业合作社、公安局刑事科学技术室、向林镇中心小学校、两河镇中心校、叙永二中

四、2017年7月24日，中共叙永县委、叙永县人民政府表彰拥军优属先进单位、拥政爱民先进单位、双拥先进个人、优秀复员退伍军人。

1. 拥军优属先进单位（10个）

县委办公室
县政府办公室

县财政局

县民政局

县人力资源社会保障局

江门镇人民政府

赤水镇人民政府

两河镇人民政府

水尾镇人民政府

石厢子彝族乡人民政府

2. 拥政爱民先进单位（3 个）

县人武部

县消防大队

县武警中队

3. 双拥先进个人（10 名）

况沁竺　县委政法委国安办副主任

万　义　县信访局副局长

张　晴　县卫生计生局项目办主任

阮履宏　县住房城乡规划建设局质安站站长

黄中文　县民政局优抚安置股副股长

王明俊　叙永镇党委书记

韩启荣　后山镇武装部长、副镇长

陶建君　正东镇社事办主任

刘　洪　马岭镇社事中心主任

王自芳（女） 落卜镇社事办工作员

4. 优秀复员退伍军人名单（10 名）

赵华昌　叙永县原警卫营退伍军人

高小明　叙永镇东城社区退伍军人

李金屯　正东镇中寨村退伍军人

许书铭　水潦彝族乡水潦村退伍军人

何　江　后山镇丰收村退伍军人

万元强　落卜镇红星村退伍军人

郭　礼　落卜镇大屯村退伍军人

郑　霞　水尾镇水星村退伍军人

杨　坤　向林镇九良村退伍军人

李小康　马岭镇紫阳村退伍军人

重要文件（选载）

中共叙永县委　叙永县人民政府
关于做好 2017 年脱贫攻坚工作的实施意见

委发〔2017〕1 号

各乡镇党委和人民政府，县级各部门，县属以上有关企事业单位：

为深入贯彻落实中央、省、市关于脱贫攻坚工作的决策部署，扎实做好 2017 年全县脱贫攻坚工作，结合我县实际，提出如下实施意见。

一、指导思想

深入学习贯彻习近平总书记扶贫战略思想和全国、省、市扶贫开发工作会议精神，紧紧围绕市委“决胜全面小康、建成区域中心”的战略部署。坚持以脱贫攻坚统揽县域经济社会发展全局，以脱贫攻坚作为头等大事和第一民生工程，为决胜全面小康，建成乌蒙山精准脱贫示范县奠定坚实基础。

二、目标任务

始终坚持“一个统揽”，牢牢把握“两大重点”，全面夯实“三个基础工作”，着力解决“四大问题”，精心打造“五大示范工程”。按照贫困村“一低五有”、贫困户“一超两不愁三有三保障四个好”的要求，高标准、高质量完成 2017 年退出 42 个贫困村、减贫 14175 人贫困人口的目标任务。

三、时间安排

第一阶段：摸清家底，锁定目标（2017 年 2

月 28 日前）。各乡镇对照中央、省、市贫困村退出和贫困人口脱贫标准，到村、到户、到人精准锁定 2017 年度脱贫目标任务。按照巩固提升的总体要求，完成已脱贫户达标调查摸底，建立短板台账，细化帮扶措施。

第二阶段：对标帮扶，补齐短板（2017 年 3 月 1 日至 7 月 31 日）。联系乡镇县领导、行业主管部门、帮扶单位、乡镇围绕短板台账，将责任分解到人，明确完成时限，全面落实帮扶措施。

第三阶段：中期评估，巩固提升（2017 年 8 月 1 日至 10 月 31 日）。组织召开自查评估工作培训会，就时间、范围、内容、程序、标准等开展全方位培训，成立检查工作组，全覆盖开展自查评估工作。根据评估结果，对标冲刺，确保全面达标。

第四阶段：严格程序，精准退出（2017 年 11 月 1 日至 11 月 30 日）。抽调人员，组建队伍，强化培训，严格按照程序，对照标准，开展全覆盖考核验收。

第五阶段：巩固成果，迎接检查（2017 年 12 月 1—31 日）。对特色、亮点、创新工作进行提炼总结，形成材料。制定迎检工作方案，分解落实任务，做实、做细、做好各项准备工作，确保省市考核验收和第三方评估取得优异成绩。

四、工作重点

（一）始终坚持“一个统揽”

以“决胜全面小康，建成乌蒙山精准脱贫示范县”奋斗目标作为县域经济社会发展的总统揽，实现所有工作都向脱贫攻坚聚焦，各种资源都向脱贫攻坚聚集，各方力量都向脱贫攻坚聚合。

（二）牢牢把握“两大重点”

1. 围绕 2017 年脱贫攻坚目标任务，按照要求，细化措施到村、到户、到人，确保全面完成任务。（责任县领导：叶继东、苏丹，牵头部门：县扶贫移民局）。

2. 巩固提升已脱贫村和已脱贫户脱贫成果。资源和举措精准落实到村、细化到户，按照脱贫标准，对标自查，巩固脱贫成效。（责任县领导：叶继东、苏丹，牵头部门：县扶贫移民局）

（三）全面夯实“三个基础工作”

1. 夯实帮扶对象。一是精准锁定贫困对象。继续执行贫困对象能进能出机制，实时动态调整。及时解决好贫困户中强分户、合并户、空挂户等特殊问题，做到不错、不漏一户一人。二是查实摸清贫困家底。深入开展调查分析，找准贫困对象致贫原因和达标短板，实行每季核查，建立动态短板台账，根据情况及时调整帮扶措施、力度。三是准确录入基础数据。精准核实贫困对象贫困属性、家庭人口、帮扶责任人等基础信息数据，及时、全面、真实、准确录入国扶系统和省级“六有系统”，切实做到贫困对象基础信息真实、准确，并与医保、低保和住房保障等信息一致。（责任县领导：叶继东、苏丹，牵头部门：县扶贫移民局）

2. 夯实帮扶举措。一是精确扶贫项目规划。乡镇、行业部门、帮扶部门、帮扶责任人要切实做好贫困村、贫困户的年度脱贫规划，精准落实到村、到户项目，并推动项目落地见效。二是加强工作痕迹管理。全面实行脱贫达标行业认定机制，加强扶贫专项行动计划过程管理，细化项目、资金的来源、分配，量化工作任务、工作进度，帮扶工作定期开展，帮扶任务定期完成，帮扶规划定期筹谋，帮扶项目定期推动，实现帮扶工作常态化、标准化、痕迹化。三是及时解决帮扶难题。县、乡成立“五个一”帮扶力量协调小组，统筹协调解决“五个一”帮扶工作中存在的问题和困难，指导乡镇建立“任务、责任、清单”三张清单，积极探索组建由行业致富能手和技术骨干组成的“专家服务团”，坚持人才跟着产业走，实行专业人才固定驻村与跨区服务相结合的服务机制。四是加强帮扶干部考核管理。加强驻村工作组的日常管理和督导考核，健全和完善驻村干部选拔、考核、激励机制，逐步加大对驻村干部的表扬奖励力度。积极选送驻村干部、贫困村干部参加学习培训，提升驻村干部和村干部干事创业的本领和激情。坚持分片区建立例会制度，定期召开驻村工作经验交流会议。（责任县领导：周之平、苏丹，牵头部门：县委组织部、县直机关工委、县委农工办、县农业局）

3. 夯实帮扶档案。一是巩固提升档案品质。全面、真实收集归档各条战线、各个层面精准扶贫工作资料，做到“五个一”，即：有一个领导分管、有一个人员负责、有一个地方存放、有一套管理制度、有一套专用设施，实现精准脱贫档案管理规范有序、提档升级。二是探索创新档案管理模式。积极探索精准扶贫档案信息资源数字化建设，巩固、优化已形成的档案管理体系，将档案管理纳入规划、考核、督查，加强档案管理业务培训，加强档案管理的过程性督查。（责任县领导：叶继东、苏丹，牵头部门：县扶贫移民局、县档案史志局）

（四）着力解决“四大问题”

1. 着力解决贫困户持续增收难的问题。一是加快长效富民产业培育。以南部高寒山区、赤水河流域特色经果、中部种植养殖和北部乡村旅游四大片区产业带为依托，发展高山蔬菜 10 万亩，油茶 4 万亩，烤烟 6 万亩，柑橘 5000 亩，优质李 2.6 万亩、核桃 2 万亩，竹林 2 万亩，辐射带动全县贫困户增收致富。二是大力培育村集体经济。政府主导、乡镇主抓，用好用活市、县财政共同配套的 2 万元启动资金，按“两种模式”“三条路子”，重点发展贫困村集体经济。按照后山三斗米村模式，引进龙头企业带动群众发展长效产业，政府基础设施建设资金作为村集体股金，入股企业分红增加集体收入；按照正东普市村模式，通过向施工单位出售建筑材料、提供劳务服务等增收；走资产利用型路子，将现有闲置资产、集体房屋出租获得收益；走创建发展型路子，通过能人领办或能人带动，创办村级发展项目实现增收；走集体经营型路子，成立农机合作社，以合作社的部分收益作为集体收入。三是加大就业扶持。依托重点企业和重点项目建设，完善龙头企业与贫困户利益联结机制，吸纳贫困户在项目建设中就近就业。积极构建“人社部门＋乡镇＋村＋户”平台，实现用工信息、劳动力信息互联互通，畅通农民务工就业渠道，落实就业扶贫政策，举办就业扶贫招聘会，大力开发农村公益性岗位，针对性开展免费技能培训，力争让 6500 名贫困群众实现转移就业。（责任县领导：周之平、申波、叶继东、苏丹，牵头部门：县委组织部、县委农工办、县农业局、县林业局、县人力资源社会保障局、县经济商务局、县烟办）

2. 着力解决基础设施薄弱的问题。一是加快农村道路提档升级，强势推进交通建设大会战，切实加大贫困村交通基础设施建设投入力度，改造县乡村道公路，实现 2017 年度所有预脱贫村通 4.5 米以上硬化路，快速推进自然村公路、村与村之间连接公路、少数民族聚居点公路等项目建设。二是加快实施农网升级改造。突出重点乡镇、重点村的电网改造，投入 2 亿元，完成 50 个村农网改造升级（其中 31 个贫困村），实现贫困村农网改造全覆盖。三是加快实施安全饮水工程。实施农村饮水巩固提升工程，建设贫困村安全饮水工程 500 处。供水量每人每天不低于 60 升，供水质符合国家相关水质标准，供水方便程度达到人力取水往返时间不超过 10 分钟，供水保证率不低于 95%，实现安全供水全覆盖。四是加快推进易地扶贫搬迁建设。按照“小规模、组团式、生态化、微田园”理念，坚持统筹规划、突出风格特色，投资 13.78 亿元，对 24112 人的农村建档立卡贫困人口实施易地扶贫搬迁，并依托北面以江门、龙凤为主的工业产业，南面以麻城、赤水河谷为主的农业产业，重点打造江门、水尾、合乐、正东、麻城和石坝示范点。（责任

县领导：申波、袁维荣、苏丹，牵头部门：县交通运输局、县经济商务局、县水务局、县发展改革局）

3. 着力解决扶贫形式单一的问题。一是积极探索财产性收益经营模式。鼓励利用“四荒地”、农村集体资产、农民承包地、林地等折资入股，吸引社会资本，积极引导村集体和农户用自己的土地、房屋、林权等资产的经营权入股成立合作社，通过财产收益、工资性收入，让群众增加收入，达到“资源变资本、资金变股金、农民变股东”。二是大力实施金融扶贫。加大对贫困户信贷支持，继续开展贫困户评级授信，发放“免担保、免抵押”信用贷款。设立扶贫小额信贷分险补偿基金，开展好创业担保贷款贴息，按照规定对符合条件的个人和小微企业创业担保贷款予以贴息。三是大力推广众筹扶贫。以摩尼金榜“众筹养牛”、水尾西溪“众筹卖笋”为蓝本，运用“朋友圈”“互联网”等形式，推广“众筹模式”，搭建筹资渠道，引入更多社会力量参与扶贫。四是大力实施生态扶贫。开展项目兴林，推进退耕还林、天保工程等生态工程建设，通过实施生态补偿、废弃物利用、护林员公益性岗位等形式，提升生态服务功能，发展生态产业，助农增收，打造“绿富美”（责任县领导：申波、叶继东、袁维荣、苏丹，牵头部门：县委农工办、县财政局、县发展改革局、县扶贫移民局、县经济商务局、县环境保护局、县林业局）

4. 着力解决贫困群众“等靠要”和陈规陋习问题。一是建好脱贫攻坚宣传平台。建立“四个一”宣传平台（一个宣传平台、一个公益宣传片、一部纪实片、一个乡村文艺会演），广泛开展习惯教育、风气教育、感恩教育、法纪教育“四个主题”教育，通过开展“卫生评比树洁净风、家风评比树道德风、致富评比树勤劳风、学习评比树上进风”等活动，激发贫困群众主观能动性，实现贫困户物质脱贫与精神脱贫同步。二是探索实行“正负激励”。在全县贫困户中开展“脱贫明星”评选活动，实行“正面激励”；对赌博酗酒、好逸恶劳、违法乱纪的贫困户“歇帮”，采取“负面激励”。三是常态推进“四好村”创建。以环境卫生治理、倡导移风易俗、树立文明新风、开展依法治村等为重点，加大基础投入、加大治理力度，全面建成省级38个、市级38个、县级44个“四好村”的目标任务。（责任县领导：陈学军、张伟、叶继东、古涛、苏丹，牵头部门：县委宣传部、县委农工办、县文体广局、县城乡环境治理整治办、县依法治县办）

（五）精心打造“五大示范工程”

1. 提档升级健康扶贫示范工程。提升医疗卫生服务能力。县人民医院创建三级医院，重点升级改造江门镇、摩尼镇、向林镇3个卫生院，完成50个村卫计站的提档升级，全面建成远程诊疗系统。转变办医理念，实现由疾病治疗为中心，向健康管理为中心的转变，提供优质健康服务。进一步落实分级诊疗、巡回医疗制度，加强县、乡、村三级医疗机构联动服务，优化配置医疗资源，确保贫困人口县域内就诊率达95%以上；深化全民预防保健成果。按“面上做实、点上做优”的原则，打造2—3个新亮点，抓实抓好“体检、建档、管理”三大任务，确保贫困人口免费体检率达100%，扎实开展“2+1”精准管理，助推劳动力恢复；创新健康扶贫机制，强化政府主导，积极探索健康扶贫新举措，全面落实“八百工程”“九免一补助”政策，确保贫困人口在规定医疗机构就诊“零自付”。全面提升贫困群众卫生健康水平，争创全国健康扶贫示范县。（责任县领导：陈学军、谢华，牵头部门：县卫生计生局、县人力资源和社会保障局、县民政局）

2. 强势推进泸州老窖百亿帮扶示范工程。抓住泸州老窖帮扶重大历史机遇，以“一体两区”为重点（“一体”指与老窖集团结成利益共同体，“两区”指规划3500亩的江门大食品产业园区和辐射350平方公里的画稿溪—丹山景区)，通过产业园区建设和景区开发，实现区域经济大发展，农民脱贫奔康，争创国有企业扶贫的全国典范。启动画稿溪旅游景区旅游基础设施建设，完成沟口景观打造和样板酒庄主体工程，力争建成旅游集镇1处。3月启动江门大食品园区建设，今年完成(一期)土石方、“五通一平”等项目施工；清香型酒酿造基地规划年产10万吨，建设一期2万吨；30万吨酒库先期建成5万吨，打造储存交割一体化标准库；力争引进5家酒业和食品企业、2家种养加农业产业化企业。(责任县领导：王坤，牵头部门：泸州老窖扶贫项目领导小组、县扶贫移民局、江门镇、水尾镇)

3. 积极打造电商扶贫示范工程。加快推进国家级电子商务进农村综合示范项目建设，实施电商服务网络体系、物流配送体系、品牌培育、培训教育以及电商扶贫五大类工程，为广大群众搭建创业平台、销售平台、信息平台，着力解决农产品市场渠道不宽的问题。实施“互联网+”行动计划，培育天赐供合等本土电商企业，深化本土电商平台与阿里巴巴电商平台的对接合作，提升产供销一体化信息水平。在全县实现“五个一”电商扶贫模式:“培养一个电商领头人，建立一个电商服务站，主抓一个网销产品，带动一个产业发展，培育一个特色品牌”，构建全县电商扶贫体系。投入60万元打造电商扶贫“宜居宜业”亮点工程，在2017年预脱贫村易地扶贫搬迁小集中安置点中，选取10户符合条件的预脱贫户，建设10个精品电商站，达到脱贫农户“有房居住”“有业谋生”“生活方便”的效果。完善电子商务公共服务体系建设，打造线上线下融合的公共服务体系。培育发展农村庭院经济，帮助搭建农产品销售平台，不断开拓市场，增品种、提品质、树品牌，保障农产品市场销路。(责任县领导：叶继东、袁维荣、苏丹，牵头部门：县供销社、县经济商务局)

4. 大力实施旅游扶贫示范工程。加快“山水画稿·问道丹山”国家AAAAA级景区、江门桃花坞旅游度假区、西溪·云上花开旅游区、赤水河畔精品休闲体育度假区、红洞桥国家AAAA级旅游景区建设，推进旅游路网建设和升级改造，完善水尾、石坝等乡镇旅游公共服务设施。争创省级旅游扶贫示范村1个，推动10个贫困村、扶持20户贫困户发展乡村旅游，开发采摘、露营、垂钓等农事体验产品，培育农家乐园、生态鱼庄、花果人家、民族风苑、休闲农庄等旅游新业态。举办好赤水河赏花摘果、画稿溪清凉狂欢、彝族火把节、苗族踩山节等乡村旅游节庆活动，推动农业、畜牧业、服务业等相关产业发展，实现旅游业带动贫困村、贫困户创收增收。(责任县领导：古涛，牵头部门：县外侨旅游局)

5. 巩固提升党建引领示范工程。按照“党建助力脱贫攻坚”的总体思路，在全县打造南北纵横党建示范带，北面：江门高家三带工程—兴隆卷子城阵地建设—水尾西溪阵地建设和集体经济—大石旺龙支部建设—向林绵竹移风易俗“四好村”—叙永和平社区、百花村阵地建设；南面：两河太平山阵地建设—落卜红星阵地建设和集体经济—后山三斗米集体经济—合乐兴复双设双配—正东普市阵地建设和集体经济。选优配强支部班子，加强班子考核和建设，发挥党支部战斗堡垒和党员先锋模范作用，创新党建扶贫新模式，以党建带扶贫、以扶贫促党建。(责任县领导：周之平，牵头部门：县委组织部)

五、保障措施

(一)提高认识，强化领导

全县上下务必高度重视，提高认识，加强组织协调，明确目标，克服畏难情绪，增强责任感和紧迫感。主要领导要亲自抓，分管领导具体抓，一级对一级，层层抓落实。编制脱贫攻坚“作战图”，细化“作战”目标清单、任务清单和节点清单，将工作安排到月、细化到周、落实到天。

（二）强化宣传、营造氛围

充分利用广播、电视、报纸、互联网等载体，打造并推出精准脱贫的纪实作品、系列报道、专题专栏、主题外宣等。对内统一思想、凝聚共识、鼓劲造势，形成强大的精神动力和舆论支撑；对外展现叙永致力赶超跨越、实现同步小康的奋进态势，树立攻坚脱贫、务求必胜的良好形象。

（三）转变作风，落实责任

坚持“四个一”推进机制。即：每月县委常委会研究一次、脱贫攻坚领导组例会部署一次、听取县委督查组汇报一次、召开全县流动现场会推进一次。全面落实“四主四包”责任机制，即：党委主责、政府主抓、部门主帮、基层主推，县领导包乡、乡领导包村、干部包户、党员包人，细化帮扶责任清单，确保扶贫对象精准、措施精准、脱贫精准。

（四）严肃纪律，奖惩逗硬

加强督查督办，每季度对乡镇、部门资料报送、项目推动、对标补短、资金管理使用等工作情况进行考核并排名，并将考核结果计入脱贫攻坚年度总目标考核，确保脱贫攻坚工作有效推进。严格实行考核问责“四个一律”：未完成脱贫任务的乡镇，党政主要领导一律免职，综合目标考核一票否决，帮扶责任人、第一书记、驻村工作组成员取消目标考核奖；帮扶部门主要负责人一律同等追责，部门目标考核一票否决；联系县领导一律取消评先评优资格，取消目标考核奖；督查工作走过场的，对督查人员一律同等追责。

附件：叙永县2017年脱贫攻坚减贫目标任务分解表

中共叙永县委

叙永县人民政府

2017年2月6日

附件：

叙永县2017年脱贫攻坚减贫目标任务分解表

表1

序号	乡镇	2017年计划脱贫人口（人）	2015年17个省未认定脱贫的贫困村	2016年2个省未认定脱贫的贫困村	2017年拟新增预脱贫村数量	2017年拟新增预脱贫村
合计	全县	14175	17	2	23	23
1	白腊苗族乡	900	—	—	2	天堂村、落木河村
2	赤水镇	982	—	—	2	斜口村、南山村
3	大石乡	511	双全村	—	1	旺龙村
4	分水镇	982	路井村	鱼洞村	1	分水村
5	观兴镇	805	河坝村	—	1	骑龙村
6	合乐苗族乡	187	红店子村、兴复村、四美村	—	—	—
7	后山镇	687	三斗米村	—	1	高楼村
8	黄坭乡	280	高坎村	—	1	春光村
9	枧槽苗族乡	220	双河村	—	1	群英村
10	江门镇	310	向坝村	—	—	—
11	两河镇	668	河营村	—	1	鱼香坪村
12	龙凤镇	689	—	—	1	凤林
13	落卜镇	628	硐坪村	—	1	红星村
14	麻城镇	393	寨和村	—	1	龙凤村
15	马岭镇	668	—	—	1	龙盘村
16	摩尼镇	786	联盟村	—	1	金榜村
17	石坝彝族乡	350	—	—	1	堰塘村
18	水潦彝族乡	1043	—	海涯村	2	岔河村、白腊村

续表 1

序号	乡镇	2017 年计划脱贫人口（人）	2015 年 17 个省未认定脱贫的贫困村	2016 年 2 个省未认定脱贫的贫困村	2017 年拟新增预脱贫村数量	2017 年拟新增预脱贫村
19	水尾镇	393	—	—	1	西溪村
20	天池镇	354	高木村	—	—	—
21	向林镇	412	棉竹村	—	—	—
22	兴隆镇	590	—	—	1	卷子城村
23	叙永镇	413	百花村	—	—	—
24	营山镇	413	—	—	1	马湖村
25	正东镇	511	—	—	1	阳坪村

中共叙永县委　叙永县人民政府
关于实施产业园区大会战三年攻坚行动的意见

叙委发〔2017〕5 号

各乡镇党委和人民政府，县级各部门，有关企事业单位：

为抢抓精准脱贫、长江经济带发展等战略机遇，紧紧围绕“建成乌蒙山精准脱贫示范县、川滇黔渝结合部区域次中心、泸州拓展滇黔的桥头堡”的发展定位，以超常规的决心、思路和举措，推动产业园区大干快上、跨越发展，成为推动县域经济发展的主要增长极。经县委、县政府研究，决定自 2017 年起实施产业园区大会战三年攻坚行动，全力打造“双百亿”产业园区。现提出如下工作意见。

一、攻坚目标

1. 按照“大项目支撑、集群化推动、园区化承载”思路，突出优势资源的综合利用和重大项目的引领驱动，三年计划攻坚项目 47 个，攻坚投资 769 亿元。其中，要素保障项目 20 个、计划投资 15.3 亿元；在建项目 7 个、计划投资 23 亿元；开工项目 6 个、计划投资 38.4 亿元；招商项目 14 个、计划投资 692.3 亿元。

2. 到 2019 年，园区建成区面积突破 10 平方公里，固定资产投资达到 100 亿元，主营业务收入达到 100 亿元；园区工业增加值占全县规模以上工业增加值的 60% 以上，规模以上工业企业实现利润 10 亿元、上缴税金 6 亿元，解决就业岗位 15000 个。

（年度攻坚目标另行下达）

二、攻坚重点

按照“一园四区”总体规划布局，突出规划引领，在项目驱动、要素保障、招商引资、产业转移和投融资等方面寻求突破，重点攻坚以下四个方面。

——建设以中小企业创业与服务为孵化带动的龙凤产业新城，打造“两化互动、产城一体”的龙凤示范园。

——建设以竹浆生产及其下游产业链为集群的江门农副产品加工集中区，打造全省最大的竹浆生产基地。

——建设以酒业为主导、培育叙永有机生态食品特色产品深加工和现代物流等产业的泸州老窖产业扶贫示范区。

——建设以化工新材料为突破的泸州多资源综合利用循环经济产业基地，打造全省多资源综合利用循环经济产业先导区。

三、攻坚内容

（一）龙凤中小企业创业与服务区

1. 要素保障。道路：完成产城大道二、三标段建设，新建龙凤大桥1座，园区道路8.39公里，新增用地500亩，实现投资9亿元。天然气：架设兴文至龙凤30公里D219天然气专线管网，配套建设日供气20万方配气站1座，新增用地8亩，实现投资1亿元；架设兴文至纳溪112公里D813管线，其中叙永段10公里，实现投资1亿元。电力：龙凤35kVA变电站技改扩容2万kVA，实现投资0.2亿元。附属设施：供水管网、通信及道路绿化、景观打造等，新增用地200亩，实现投资1亿元。

2. 入驻项目。郎酒玻瓶项目：完成9500平方米仓储设施，3、4号窑炉及其配套生产线建设，用地100亩，实现投资1.2亿元，新增产值3亿元。

泸州复烤厂异地技改项目：完成年加工能力45万担的烟叶复烤生产线及其配套设施建设，用地280亩，实现投资6.2亿元，新增产值5亿元。

泸州烟叶仓储中心项目：完成2万平方米规模仓储设施及其配套物流装置建设，用地140亩，实现投资1.94亿元，新增产值2亿元。

叙永园区孵化中心项目：建设1.7万平方米的集创新创业、孵化研发、金融服务、总部经济为一体的孵化中心大楼，用地10亩，投资0.75亿元。

鸿艺粉业5000吨/年农副产品加工项目：新建5条自动化农副产品加工生产线，生产规模5000吨/年，新增用地35亩，实现投资1.3亿元，新增产值1亿元。

30万吨/年石英砂精深加工项目：完成年产30万吨石英砂加工生产线及其配套设施建设，新增用地100亩，实现投资1亿元，新增产值1亿元。

5万吨/年魔芋精深加工项目：完成年产5万吨魔芋精粉精深加工生产线装置建设，新增用地100亩，实现投资1亿元，新增产值3亿元。

10万吨/年有机饲料加工项目：新增用地50亩，实现投资2亿元，新增产值3亿元。

北大纵横野植珍农业龙头加工项目：建设竹笋、果蔬加工生产、冷藏冷链及电子商务销售物流中心，新增用地200亩，实现投资2亿元，新增产值4亿元。

3. 招商引资。依托石英砂、农牧资源，与川大高分子材料研究所、安徽蚌埠玻璃工业设计研究院、郎酒集团合作，利用高校科研院所的技术实现科技成果转化和龙凤区位优势，开展针对性招商活动，招引项目6个，新增用地300亩，新增投资10亿元，新增产值20亿元。

（二）江门农副产品加工集中区

1. 要素保障。道路：新建24米宽的东西干道、南北干道4公里，新增用地300亩，完成投资3.2亿元。电力：新建35kVA变电站1座，新增用地8亩，完成投资0.2亿元。配套设施：天然气管网、供水管网及通信设施、绿化景观建设，新增用地200亩，完成投资2亿元。

2. 入驻项目。20万吨/年漂白竹浆纸一体化项目：完成年产20万吨竹浆生产线及其配套设施建设，至2018年初实现投运，当年产能达到60%以上，占地884亩，新增用地300亩，完成投资11.1249亿元，新增产值8.5亿元。

泸州老窖大食品工业园：依托泸州老窖川滇黔白酒金三角产业扶贫，规划建设30万吨原酒酒库酒庄，2条白酒灌装线及其仓储物流配送中心，新增用地3000亩（其中一期新增占地900亩），实现投资30亿元，新增产值30亿元。

生态竹笋、泡菜、果蔬“百绿食品园”项目：建设万吨生态竹笋加工、2万吨/年泡菜食品、5万吨/年果蔬加工及冷藏冷链销售，新增用地300亩，实现投资5亿元，新增产值10亿元。

3. 招商引资。围绕20万吨竹浆下游产业链、30万吨酒库酒庄产业链以及竹木资源招商，招引10万吨/年办公及生活用纸、10万吨/年溶解浆及其纺织、10万个纸品包装、竹木制品系列加工等项目，招引项目10个，新增用地300亩，新增投资20亿元，新增产值30亿元。

（三）泸州多资源综合利用循环产业园

1.深化规划。积极配合市经信委，加强与中国国际咨询有限公司对接，深化园区规划论证，完善园区地形图测绘及大气风速检测，主动对接川南火电厂、泸天化搬迁和产业转移，科学规划布局多资源综合利用循环发展产业链，进一步明晰园区的主导产业、产品路径，为打造全省多资源综合利用循环产业先导区奠定坚实基础。

2.要素保障。道路：启动起步区中心干道1.2公里建设，新增用地50亩，完成投资0.5亿元。电力：天池110kVA变电站建成投运，新增用地30亩，完成投资1亿元。

四、攻坚举措

（一）加强组织领导，理顺园区管理

1.成立“产业园区大会战”攻坚工作领导小组。由县委书记、县政府县长担任组长，县级相关部门和相关乡镇负责人为成员的产业园区大会战攻坚工作领导小组，建立“党工委领导、行政负责、市场运作、创新驱动”的园区工作运行机制，对产业园区规划、产业、政策、要素、建设等进行统筹管理；领导小组每月召开一次工作例会，县委常委会、县政府常务会定期听取工作汇报，研究解决园区建设的重大事项。

2.建立项目推进联席会议制度。实行“一个项目一名县领导、一个部门一套班子”责任制，责任县领导召集有关部门按照“一事一议”原则，协调解决项目推进相关问题。

（二）创新管理机制，形成强大合力

1.采取分散管理模式。园区党工委（管委会）依法负责园区党的建设工作以及规划建设、招商引资、基础配套等产业发展关键环节的管理与服务工作，园区内的社会管理和公共服务职能由属地镇政府负责。

2.建立园区共建机制。统筹县党政领导班子成员和园区领导班子成员双向兼职，加强工作协调和资源整合；建立园区属地党委书记兼任园区党工委副书记机制，充分发挥属地政府在征地拆迁、化解矛盾纠纷、维护社会稳定等方面的优势，共同推进园区建设。

3.实行行政审批分级负责制。县投资促进局、县住房城乡规划建设局、县国土资源局、县环境保护局、县安监局在园区管委会设立分局，指定一名副局长任园区分局局长，全权负责园区范围内的招商、规划、土地、环保、安全等工作；县发展改革局、县经济商务局、县交通运输局、县林业局、县水务局、县国税局、县地税局、县工商质监局、县人力资源社会保障局等部门在园区管委会设立工作站，每周周一、周三两日在园区政务服务中心派员蹲点开展服务工作，实行“一站式服务”和全程代办服务，做到“园区办事不出园”，行政审批高效服务。

（三）强化要素保障，增强承载能力

全力保障园区建设用地，招引入住的重大项目按“一事一议”提供用地保障；工矿废弃地复垦、低效用地再开发利用等试点项目获得的新增用地指标重点用于支持园区开发建设；全县主要污染物总量指标优先支持园区发展符合环境准入条件的项目建设；支持采取PPP+EPC、债券、基金等方式加快园区道路等基础设施建设，强化水、电、气等要素保障。

（四）拓宽融资渠道，做实园区平台

按照“政府启动、多元投入、市场运作、自求平衡”的原则，建立“财政扶持启动、专项资金推动、融资平台支持、金融机构与民间资金互动”的投融资体系。通过政府性债务剥离、优质资产注入、混合所有制改造等方式，推进园区现有开发平台的市场化改造，引导园区向市场化融资、综合性投资转变。

1.设立1000万元园区发展专项资金。按照“与财政收入同比增长”的原则逐年增加园区发展专项资金，用于支持园区产业发展、基础设施建设、公共服务平台建设等。

2. 做强产业园区投资开发公司，拓宽融资渠道。整合国有资产，通过土地、债券、风险投资基金、PPP+EPC模式等各类社会资金投资或入股，壮大园区投融资平台资本金规模，通过担保放大融资额度，筹集园区开发建设资金。

3. 建立税收补偿机制。凡新进入园区的企业5年内所缴纳税收的地方留存部分、园区辖区内国有土地使用权出让或转让以及园区内新增行政事业性收费的地方财政统筹部分均全额安排给园区，用于园区要素保障、基础设施建设。

（五）坚持多方借力，实施科技兴园

1. 强化招商引资第一要务。园区招商与县投资促进局整合，加大对世界500强、中国100强，四川10强企业和国内先进研发中心的招引力度，成立专业招商队伍，采取“定人员、定地区、定任务、定经费”等方式，有重点、多举措、分层次的开展招商工作，引进经济效益好、投资规模大、示范带动强的优势产业项目。

2. 主动承接产业转移。抓住精准脱贫、长江经济带发展战略、乌蒙山连片扶贫开发等政策机遇，加大与泸天化、川南火电厂、多资源综合循环利用等项目的对接力度，推动传统产业转型升级，成为产业园区新的增长极。

3. 建立招商引资利益分享机制。突破行政区域限制，支持通过“飞地工业”等多种途径，全县各乡镇自主招商投资入驻园区的项目或企业，其所缴纳的税收和实现的工业增加值等经济指标实行分成共享。

4. 推动科技兴园。加大与川大高分子材料研究所、安徽蚌埠玻璃工业设计研究院等高校科研院所合作，针对叙永资源研究包装项目，利用高校科研院所的技术实现成果转让，引入高新技术产业项目。

（六）支持干事创业，强化目标督查

1. 实施人才兴园计划。选优配强园区班子，建立适应园区发展的人才激励机制，把园区建设发展作为锻炼和选拔干部的一个重要平台；鼓励乡镇、县级部门、事业单位具有专业背景的优秀年轻干部到园区工作；实行园区与乡镇、党政部门干部双向培养机制，形成乡镇、党政部门干部与园区干部互动培养锻炼的良性循环，对园区工作中业绩突出的干部在干部使用方面予以倾斜；注重把园区优秀年轻干部统筹纳入各级递进培养计划，选派园区后备干部人才到沿海发达地区园区、省内先进园区或市级相关部门挂职锻炼；鼓励大专院校毕业生及各类高层次专业技术人才入园创业。

2. 建立园区发展工作考核评价机制。制定园区综合考核评价办法，将园区工作纳入全县目标管理；对在园区项目建设、招商引资、要素保障等方面支持园区发展的相关工作部门、乡镇制定考核办法进行专项考核，通报激励；对服务工作不力或严重影响建设的，进行督查督办。

中共叙永县委
叙永县人民政府
2017年2月

中共叙永县委　叙永县人民政府 关于印发《叙永县 2017—2019 年交通建设大会战实施方案》的通知

叙委发〔2017〕7 号

各乡镇党委和人民政府，县级各部门，各企事业单位：

《叙永县 2017—2019 年交通建设大会战实施方案》已经县委十三届第九次常委会议和县政府第 16 届第 90 次常务会议审议通过，现印发你们，请按照责任分工，结合实际，认真抓好贯彻落实，确保各项目标任务圆满完成。

中共叙永县委

叙永县人民政府

2017 年 3 月 6 日

叙永县 2017—2019 年交通建设大会战实施方案

为切实加快交通建设步伐，助推精准脱贫，建成乌蒙山片区精准脱贫示范县、川滇黔渝结合部区域次中心、泸州拓展滇黔的桥头堡。根据市、县脱贫攻坚部署，结合我县交通实际，经县委、县政府研究，决定自 2017 年起开展“三年攻坚交通建设大会战”，特制定如下实施方案。

一、总体目标

以高速公路、国省干线、农村公路、旅游公路和渡改桥为重点，集中力量加快建设，开展交通扶贫攻坚三年大会战。完成投资约 127 亿元。到 2019 年，国省干线公路全面提升，县乡道公路更加畅通，全面提高公路技术等级，加快乡村客运站建设，实现所有自然村通水泥路，所有行政村开通客运班车，通过交通大建设、大发展，加快脱贫攻坚步伐，促进县域经济加快发展。

——新建高速公路（叙威高速）36 公里，争取叙（永）赤（水）高速列入省级规划。

——完成国、省道 112.1 公里（G547、S438）升级改造，续建完成绕城公路 7.2 公里，开工新建国道 84 公里（G352），实现二级以上比重达到 80% 以上。

——完成新改建农村公路 4097.6 公里，加快县乡道改造提升、撤并行政村（自然村）公路、村与村之间连接公路、少数民族村寨公路、林区公路、窄路加宽的硬化及安保工程。

——完成 9 座渡改桥攻坚建设任务，彻底消除江河渡运安全隐患。

——建成县级客运站一级站一座、二级站一座，县级机械化养护中心一座。发展县城公共交通，解决市民便捷出行问题，保证县城公共交通规划与县城总体布局相协调。

二、主要建设任务

（一）高速公路

1. 新建叙永至威信高速公路 36 公里，完成投资 50 亿元。

2. 研究谋划叙永—赤水—綦江高速公路，争取列入国、省规划，配合市上开展前期相关工作。

（二）普通国、省干线公路

建设项目总投资 51.99 亿元，建设期完成投资 22.45 亿元。

1. 普通国道公路：续建绕城公路 7.2 公里和产城大道龙凤镇双桥至老君驿段 3.3 公里；新开工并建成国道 G547 线（原 S309 线）叙永县龙凤镇烂泥沟—万年榜（宜宾界）7.1 公里，规划期完成投资 6.46 亿元。新开工建设国道 G321 线叙永县江门镇—叙永县城段 33 公里、国道 G352 线古蔺县城—叙永县分水镇叙威路口（叙永段）51 公里，力争 2021 年完工，项目总投资 33.3 亿元，规划期完成投资 6.66 亿元。

2. 普通省道：新开工并建成 S438 线叙永县大石乡（贵州界）至叙永县兴隆镇巴毛田 45 公里、S438 叙永县叙永镇胜利桥至叙永县分水镇谢家坳 56.7 公里，完成总投资 9.32 亿元。

（三）农村公路

1. 建设目标。深入实施农村公路县、乡、村道改造，加快推进撤并行政村（自然村）公路、村与村之间连接公路、少数民族村寨公路、林区公路、窄路加宽的硬化及配套安保工程，以市上帮助实施重点扶贫公路为契机，着力改善通行条件，全面提高农村公路通行保障能力，实现全县所有行政村村委会（或村小学）通畅路面宽度不小于 4.5 米水泥路（油路）、所有自然村通硬化路，同步实施村级招呼站项目，实现已通客运的村建有招呼站。完成 49.17 亿元，实施公路改造 4108.1 公里（其中，2016 年新改建 51.2 公里、2017 年新改建 1363.4 公里、2018 年新改建 1443.1 公里、2019 年新改建 1250.4 公里）。

2. 建设项目。（1）县乡道改建工程。完成改造 556.3 公里，完成投资 27.97 亿元。包含由市交投统筹建设项目 400 公里、由县上组织实施 71 公里、由乡镇组织实施 85.3 公里，其中：2017 年完成改造 112.4 公里，完成投资 9.44 亿元。2018 年完成改造 192.1 公里，完成投资 11.76 亿元。

2019 年完成改造 251.8 公里，完成投资 6.76 亿元。

（2）撤并行政村（自然村）公路硬化。完成改造 4.5 米宽以上硬化路 1180.7 公里，完成投资 7.67 亿元。其中：2016 年完成改造 51.2 公里，完成投资 0.33 亿元（含贫困村完成改造 25.5 公里）。2017 年完成改造 389.1 公里，完成投资 2.53 亿元（含贫困村完成改造 196.8 公里）。2018 年完成改造 457.6 公里，完成投资 2.97 亿元（含贫困村完成改造 261.4 公里）。2019 年完成改造 282.8 公里，完成投资 1.84 亿。

（3）农村公路窄路加宽。完成改（扩）建 754.9 公里，完成投资 3.01 亿元。2017 年完成改（扩）建 311.1 公里，完成投资 1.24 亿元。2018 年完成改（扩）建 266.1 公里，完成投资 1.06 亿元。2019 年完成改（扩）建 177.7 公里，完成投资 0.71 亿元。

（4）农村公路连接线。完成改（扩）建 763.5 公里，完成投资 4.96 亿元。2017 年完成改（扩）建 252.3 公里，完成投资 1.64 亿元。2018 年完成改（扩）建 254.5 公里，完成投资 1.65 亿元。2019 年完成改（扩）建 256.7 公里，完成投资 1.67 亿元。

（5）少数民族聚居点公路。完成改（扩）建 402.7 公里，完成投资 2.62 亿元。2017 年完成改（扩）建 148.5 公里，完成投资 0.97 亿元。2018 年完成改（扩）建 122.8 公里，完成投资 0.8 亿元。2019 年完成改（扩）建 131.4 公里，完成投资 0.85 亿元。

（6）林区公路建设项目。完成改（扩）建 450 公里，完成投资 2.94 亿元。2017 年完成改（扩）建 150 公里，完成投资 0.98 亿元。2018 年完成改（扩）建 150 公里，完成投资 0.98 亿元。2019 年完成改（扩）建 150 公里，完成投资 0.98 亿元。

（四）旅游通道、产业园区、矿区公路建设

加快旅游景区通道建设，促进旅游开发，规划建设 S438 黄桷坪至大石，观音阁至桂花，向林经水尾至桂花，叙永经合乐至桂花，江门经向林到凤凰，丹岩龙凤环线等旅游环线公路。

推进产业园区、矿区公路建设，减轻运输压

力，续建产城大道龙凤镇双桥至老君驿段，规划建设叙兴路水库儿至枇杷湾、落卜镇云山坝至两河保丰至两河镇、落卜镇大屯村至三家坝村至叙永镇车家村、合乐乡经红店子、正东刁林沟至落卜镇等园区矿区公路。

（五）农村渡口改桥梁工程

建成鸡鸣三省等渡改公路桥 1553 米（9 座），完成投资 1.9 亿元。

（六）站点建设

建成南城客运站、西外车站和县级机械化养护中心。开通县城公共交通。2017 年投放公交车 30 辆，投资 1300 万元。2018 年投放公交车 26 辆，投资 1200 万元。

三、资金筹措

规划项目总投资 226.6 亿元，建设期内完成投资 127 亿元，在资金筹措上申请部省补助 5.92 亿元，市级投资 29.84 亿元，县级筹资 43.39 亿元（包括银行贷款 21.75 亿元，PPP、易地扶贫搬迁等其他方式21.64亿元），其他投入47.88亿元（包括 BOT45 亿元，企业投入 2.88 亿元）。

四、实施方式

（一）高速公路

由市上负责组织实施，县上协助配合市上及项目公司做好征地拆迁、项目建设协调服务工作。

（二）普通国道

按照“市为主体、市县共建”的模式组织实施，国道 G547、国道 G321、国道 G352 的规划建设由市上组织实施，县上承担征地拆迁费用，项目所在乡镇做好征地拆迁和建设期协调工作；绕城路和国道 G321 城区至龙凤段（产城大道）由县上组织实施，叙永镇、龙凤镇参与组织实施。

（三）普通省道

普通省道 S438（黄桷坪至大石段）、普通省道 S438（县城至分水段）的升级改造由县上组建项目公司，使用“PPP+EPC”模式、公开招投标等方式组织实施。

（四）农村公路

农村公路按照“重点突破，乡为主体，市、县、乡、村四级共建”的原则组织建设。

1. 重点县乡改造公路（市级项目）：总体规模 400 公里，按照市上实施意见由泸州市交投集团统筹资金推进建设。

2. 重点县乡改造公路（县级项目）：总体规模 71 公里，由县上统筹资金推进建设，所在乡镇负责土地调整、占用和协调工作。其中：县道公路建设项目土地占用费由县上补助 3 万元 / 亩包干解决，乡道公路建设项目土地占用费由乡镇自行解决。

3. 县乡公路改善工程（乡镇项目）：总体规模 85.3 公里，以乡镇为主体，按照省政府关于农村公路建设及整合涉农资金管理的政策组织实施，所需资金由上级补助和乡镇自筹解决，县上按 65 万元 / 公里标准予以补助，土地占用由乡镇负责，包干使用。

4. 通村公路项目（含撤并行政村项目、窄路加宽、村道连接项目、少数民族聚居点项目、林区公路建设项目）：以乡镇为主体。撤并行政村（自然村）项目、窄路加宽项目在交通部门数据库中筛选，村道连接、少数民族聚居点项目由乡镇上报，林区公路由林业局规划，交通部门核查后报县政府审定。根据《四川省人民政府关于加快四川农村公路发展的实施意见》（川府发〔2006〕20 号），及《叙永县人民政府关于叙永县财政涉农资金项目及涉农资金管理办法（试行）》的要求组织村道建设，因地制宜确定建设标准，占用土地和青苗补偿由村民自行解决，在项目推进中，优先保障群众积极性高的乡村道路改扩建。项目资金来源为县级补助和乡镇自筹，窄路加宽 3.5 米改 4.5 米，县上按 40 万元 / 公里标准予以补助（包括安保设施）；新建路面宽 4.5 米及以上（水泥路或油路），县上按 65 万元 / 公里标准予以补助（包括安保设施）。

（五）渡改桥项目。按照《泸州市渡改桥建

设管理办法》实施推进。

五、组织保障措施

（一）加强组织领导，完善工作机制

成立叙永县2017—2019年交通大会战工作领导小组。充分发挥领导小组的领导协调作用，强化领导组办公室统筹实施功能，建立交通扶贫攻坚协同配合、高效推进的协作机制。

（二）完善政策支持，强化要素保障

加大公共财政投入，切实把交通基础设施建设资金纳入本级财政预算，完善以政府公共财政投入为主的资金保障机制；创新投融资渠道，积极争取政策性银行融资，加快基金落地和PPP等模式推进力度，吸引社会资本参与建设。项目前期工作经费纳入财政预算，有步骤、分阶段加快开展前期工作，提高工作质量和深度，为项目建设创造先决条件。

（三）严格执行规划，实施动态管理

严格执行交通基础设施建设规划，将更多的项目列入国家和省的相关规划，争取政策和资金支持；强化规划的指导性、权威性和执行的严肃性，将规划实施任务纳入各级政府的工作目标。实行“规划项目和年度预算”的项目动态管理，提高计划工作的精准性，推动规划顺利执行。

（四）规范项目管理，提升工程质量

严格执行国家基本建设程序和公路建设强制性技术标准，推广完善施工标准化体系。加快推进交通基础设施建设管理信息化，构建项目综合信息管理平台。加快项目法人制、监理制、招投标制和合同制等建设管理体制改革，提高项目管理水平。推广“新技术、新工艺、新材料、新设备”在工程建设中的转化应用。全面建立对建设单位的信用评价考核制度，实现监督管理全覆盖。全面提升交通基础设施工程质量水平。

（五）加大监督力度，实行考核奖惩

层层落实行业监督管理责任。交通运输部门要坚持督导服务工作制度，加强对交通基础设施建设的督促、检查、指导和技术服务，随时发现问题、解决问题。加强计划管理和目标考核力度，将乡镇和相关部门对交通扶贫攻坚规划的执行落实情况纳入县上综合目标考核，加强督查督办，并与当地其他建设项目计划挂钩，实行奖优罚劣、奖勤罚懒。

中共叙永县委　叙永县人民政府
关于印发《叙永县法治政府建设实施方案（2017—2020 年）》的通知

叙委发〔2017〕15 号

各乡镇党委和人民政府，县级各部门：

现将《叙永县法治政府建设实施方案（2017—2020 年）》印发给你们，请结合实际认真贯彻执行。《叙永县深入推进依法行政加快法治政府建设规划（2015—2020 年）》将不再实施。

中共叙永县委

叙永县人民政府

2017 年 6 月 2 日

叙永县法治政府建设实施方案
（2017—2020 年）

为深入推进依法行政，确保如期完成法治政府建设各项任务，根据中共中央、国务院印发的《法治政府建设实施纲要（2015—2020 年）》和《中共四川省委关于贯彻落实党的十八届四中全会精神全面深入推进依法治省的决定》《四川省依法治省纲要》《四川省法治政府建设实施方案（2016—2020 年）》《泸州市法治政府建设实施方案（2017—2020 年）》，结合叙永实际，制定本方案。

一、总体要求

按照中央、省、市确定的法治政府建设指导思想、基本原则，总体要求和具体措施，抓住法治政府建设的关键环节和“关键少数”，切实解决当前依法行政面临的突出问题，力争到 2017 年年底，全县依法行政能力和水平明显提升，法治政府建设制度机制基本健全；到 2018 年，基本完成纲要和方案确定的各项任务，政府工作全面纳入法治轨道；到 2019 年，进一步巩固提高法治政府建设成果；到 2020 年，基本建成职能科学、权责法定、执法严明、公开公正、廉洁高效、守法诚信的法治政府。

二、具体措施和责任分工

（一）依法全面履行政府职能

1. 深化行政审批制度改革

（1）进一步减少行政审批事项。按照国家、省、市要求清理、取消、下放行政审批事项，公布取消、下放的行政审批项目目录。减少地方性法规设定的行政审批事项，严格控制地方新设行政审批事项。清理规范行政审批条件，严禁增设违反上位法的其他条件。做好下放行政审批事项的衔接落实，完善办事指南，实现集中办理（牵头单位：县政务服务中心，责任单位：县法制办、县委编办、县级相关部门、各乡镇人民政府）。

（2）大力精简行政审批前置条件，2017 年公布《投资项目行政审批前置条件目录》，根据行政审批项目取消调整情况进行动态调整（牵头单位：县发展改革局，责任单位：县政务服务中心、县法制办、县委编办、县级相关部门、各乡镇人民政府）。

（3）按照国家、省、市要求清理取消职业资格许可和认定事项，取消全县各级政府及有关部门自行设置的职业资格，公布相关目录（牵头单位：县人力资源和社会保障局，责任单位：有职业资格许可和认定事项的县级部门）。

（4）建立行政许可标准化管理，依据《国务院审改办、国家标准委关于推进行政许可标准化的通知》（审改办发〔2016〕4号）制定行政许可流程管理规范、行政许可服务规范、行政许可受理场地建设与管理规范实施方案并组织实施。推进“互联网＋政务服务”，加强省、市、县三级联动审批体系建设，进一步推动行政审批综合效能提升（牵头单位：县政务服务中心，责任单位：有行政审批事项的县级部门，各乡镇人民政府）。

（5）依托全市投资项目在线审批监管平台，实现省、市、县三级投资项目全程线上并联审批，加强投资项目事中事后监管，贯彻落实投资项目在线审批监管相关管理办法（牵头单位：县发展改革局，责任单位：县政务服务中心及其他有投资项目审批职责的县级部门）。

（6）清理规范行政审批中介服务事项。2017年完成投资项目行政审批中介服务事项清理，按照国家、省、市要求清理非投资项目行政审批中介服务事项，发布行政审批中介服务事项清单（牵头单位：县政务服务中心，责任单位：县发展改革局等县级有关部门）。

2. 大力推行权力清单、责任清单、负面清单并实行动态管理

（7）实行全县统一的行政权力清单目录化、编码化管理，动态调整权力清单，落实《四川省权责清单动态调整管理办法》，2017年建成并完善全县行政权力数据库（牵头单位：县信管办，责任单位：县委编办、县法制办、县监察局、有行政权力事项的县级部门，各乡镇人民政府）。

（8）对全县责任清单实行动态管理，落实《四川省权责清单动态调整管理办法》（牵头单位：县委编办，责任单位：县信管办、县法制办、县监察局、有行政权力事项的县级部门，各乡镇人民政府）。

（9）按照国务院、省、市政府统一安排实行市场准入负面清单管理制度。结合行业管理责任清单进行清理核实，并进行公开，接受监督（牵头单位：县发展改革局，责任单位：县工商质监局、县经济商务局等县级有关部门）。

（10）对全县公共服务进行清理，编制《叙永县公共服务事项目录》（牵头单位：县政务服务中心，责任单位：县级各部门，各乡镇人民政府）。

（11）全面清理行政事业性收费项目和政府性基金项目，2017年编制并公布全县政府性基金、行政事业性收费和涉企行政事业性收费三张目录清单。没有法律法规依据且未按规定获批、越权设立的收费基金项目，政府提供普遍公共服务或体现一般性管理职能的行政事业性收费，没有法定依据的行政审批中介服务项目及收费一律取消（牵头单位：县财政局，责任单位：县发展改革局、有收费基金项目的县级部门）。

3. 优化政府组织结构

（12）按照国家、省、市部署推进行政体制改革，进一步优化政府机构设置、职能配置、工作流程。结合责任清单编制工作，理顺部门职责关系，积极稳妥推进大部门制（牵头单位：县委编办，责任单位：县委组织部、县级有关部门，各乡镇党委和人民政府）。

（13）完善政府绩效管理。科学设定考核指标，客观反映政府和部门工作实绩。加大测评力度，扩大公众参与，增强考评的公正性和透明度（牵头单位：县目标办，责任单位：县级各部门、各乡镇人民政府）。

4. 完善宏观调控

（14）切实转变政府投资管理职能，减少投资审批事项，确立企业投资主体地位。根据国

家、省、市公布的投资项目核准目录，及时更新我县《政府核准的投资项目目录》（牵头单位和责任单位：县发展改革局）。

（15）完善主要由市场决定价格的机制，大幅缩减政府定价种类和项目。到2017年，基本放开竞争性领域和环节价格（牵头单位和责任单位：县发展改革局）。

5. 加强市场监管

（16）清理、废除妨碍全国统一市场和公平竞争的各种规定和做法，破除部门保护、地区封锁和行业垄断。2017年6月30日前开展全面清理自查，2017年年底前完成核查整改。按照国家、省、市部署开展公平竞争审查（牵头单位：县发展改革局，责任单位：县经济商务局、县工商质监局，各乡镇人民政府）。

（17）深化商事制度改革。严格执行国务院、省政府发布的工商登记前置审批事项目录和省政府依法制定的工商登记后置审批事项目录。2017年完成个体工商户营业执照、组织机构代码证、税务登记证“三证合一”改革试点，探索完善市场主体便捷退出机制，推进简易注销登记改革试点，制定未开业企业和无债权债务企业简易注销的规定。推行电子营业执照和全程电子化登记，实行“一址多照”和“一照多址”。在全面实施“三证合一”基础上，推行“五证合一、一照一码”（牵头单位：县工商质监局，责任单位：县国税局、县地税局、县人力资源社会保障局、县统计局等县级有关部门，各乡镇人民政府）。

（18）加强事中事后监管。全面推行“双随机一公开”监管改革，建立投资项目协同监管机制，实行综合监管（牵头单位：县信息公开办，责任单位：县工商质监局、县发展改革局和其他有市场监管职责的县级部门）。

（19）加强社会信用体系建设。2018年建立健全全县统一的社会信用代码制度，建成叙永县社会信用信息平台，建设开通统一对外服务窗口“信用叙永”，依法依规公示行政许可和行政处罚等信用信息（牵头单位：县发展改革局，责任单位：县法制办、县委编办、县工商质监局、县民政局、县环境保护局、县国税局、县地税局、县公安局、人行叙永支行）。

（20）健全对外投资促进制度和服务体系，加强“一带一路”建设法律服务，支持企业扩大对外投资，推动装备、技术、标准、服务走出去（牵头单位：县经济商务局，责任单位：县投资促进局、县司法局等县级有关部门）。

6. 创新社会治理

（21）按照国家、省、市规定制定社会组织提供公共服务和承接政府职能转移的指导意见，支持和发展社会工作服务机构和志愿服务组织，逐步建立政府向民办社会工作服务机构购买服务机制，制定社会工作服务相关标准。规范和引导网络社团社群健康发展，加强监督管理（牵头单位：县民政局，责任单位：县财政局、团县委、县文明办、县公安局、县网信办等县级有关部门，各乡镇人民政府）。

（22）深化社会治理。健全落实社会治安综合治理领导责任制，强化重点特殊人群管控，夯实平安基层基础。修订《叙永县突发公共事件总体应急预案》。2017年落实安全生产“五级五覆盖、五落实五到位”责任制，狠抓安全隐患排查治理，强化安全生产监察执法。2019年推行重点食品安全全程追溯制度、食品药品安全信用档案管理制度。推进基层群众自治（牵头单位：县综治办，责任单位：县政府应急办、县安全监管局、县食品药品监管局、县民政局等县级有关部门，各乡镇人民政府）。

7. 优化公共服务

（23）推进基本公共服务标准化、均等化、法定化。根据国家、省、市要求，落实基本公共服务均等化（牵头单位：县发展改革局，责任单位：县财政局、县民政局、县住房和城乡规划建设局、县教育局、县卫生计生局、县人力资源社会保障局、县工商质监局、县文体广局、县扶贫移民局等县级有关部门，各乡镇人民政府）。

（24）建立健全政府购买公共服务制度，根据《四川省政府向社会力量购买公共服务指导目录》，制定我县政府购买公共服务相关政策措施。重视和落实政府购买公共法律服务（牵头单位：县财政局，责任单位：县民政局、县委编办、县监察局、县工商质监局等县级有关部门，各乡镇人民政府）。

8. 强化生态环境保护

（25）深化资源型产品价格和税费改革，实行资源有偿使用制度和生态补偿制度。根据国家、省、市要求制定叙永县探索建立生态补偿机制实施方案、部署建立资源型产品价格形成机制，推进落实相关工作（牵头单位：县发展改革局，责任单位：县环境保护局、县国土资源局、县财政局、县水务局、县农业局、县林业局、县地税局等县级有关部门，各乡镇人民政府）。

（26）落实《四川省生态文明体制改革方案》《叙永县党政领导干部生态环境损害责任追究实施细则（试行）》，推进生态环境保护管理体制改革。严格实行环境信息公开制度、环境影响评价制度和污染物排放总量控制制度。按照全省审计工作安排部署，开展领导干部自然资源资产离任审计试点，制定叙永县领导干部自然资源资产离任审计暂行办法（牵头单位：县环境保护局，责任单位：县监察局、县委组织部、县国土资源局、县农业局、县林业局、县审计局等县级有关部门按相应职责分别负责）。

（二）完善依法行政制度体系

9. 加强行政规范性文件监督管理

（27）完善行政规范性文件制定程序，落实风险评估、合法性审查、集体讨论决定等制度，实行制定机关对行政规范性文件统一登记、统一编号、统一印发制度。按照法定要求和程序公布涉及公民、法人和其他组织权利义务的行政规范性文件。（牵头单位：县政府办公室，责任单位：县法制办等县级有关部门，各乡镇人民政府）。

（28）加强备案审查制度和能力建设。根据省、市政府部署，2018年制定行政规范性文件建议审查办法。加强政府行政规范性文件信息化管理，把所有政府行政规范性文件纳入备案审查范围，做到有件必备。依法纠正违法设定行政许可、行政处罚、行政强制，违法减损公民、法人和其他组织合法权益或增加其义务的行政规范性文件，做到有错必纠。加强备案审查人员队伍建设（牵头单位：县法制办，责任单位：县委编办等县级有关部门，各乡镇人民政府）。

10. 建立行政规范性文件清理长效机制

（29）2017年完成规范性文件全面清理，并向社会公布清理结果。在政府网站等信息平台开设专栏公布现行有效的行政规范性文件目录与文本，并实行动态调整（牵头单位：县政府办公室，责任单位：县法制办、县级有关部门，各乡镇人民政府）。

（三）推进行政决策科学化、民主化、法治化

11. 健全依法决策机制

（30）制定《叙永县重大行政决策程序规定》并落实，把公众参与、专家论证、风险评估、合法性审查和集体讨论决定作为重大行政决策必经程序（牵头单位：县政府办公室，责任单位：县级有关部门，各乡镇人民政府）

12. 增强公众参与实效

（31）完善征求意见制度。事关经济社会发展全局和涉及群众切身利益的重大行政决策，应当与利害关系人进行充分沟通，并征求社会公众及人大代表、政协委员和人民团体、基层组织、社会组织的意见（牵头单位：县政府办公室，责任单位：县级有关部门，各乡镇人民政府）。

（32）建立健全行政决策公众参与平台。2017年县级政府及其部门依托政府网站、政务微博、政务微信公众号等建立健全行政决策公众参与平台，对社会关注度高、涉及群众切身利益的决策事项，及时公开信息、解释说明、征求公众意见，及时反馈意见采纳情况和理由（牵头单位：县政府办公室，责任单位：县级有关部门，各乡镇人民政府）。

（33）推行民意调查制度。对文化教育、医疗卫生、资源开发、环境保护、公用事业等重大民生决策事项，开展民意调查，充分听取公众意见（牵头单位：县委办公室，责任单位：县级有关部门，各乡镇人民政府）。

13. 提高专家论证和风险评估质量

（34）建立行政决策咨询论证专家库，对专业性、技术性较强的决策事项，组织专家、专业机构进行论证。2017 年起逐步实行专家信息和论证意见公开（牵头单位：县委政研室，责任单位：县政府研究室，县级各部门，各乡镇人民政府）。

（35）落实重大决策社会稳定风险评估机制。对关系群众切身利益、社会普遍关注的重大行政决策事项，按照《四川省社会稳定风险评估办法》规定开展社会稳定风险评估（牵头单位：县委维稳办，责任单位：县法制办等县级有关部门，各乡镇人民政府）。

14. 加强合法性审查

（36）严格落实《四川省行政决策合法性审查规定》，未经合法性审查或经审查不合法的，不得提交会议讨论和作出决定（牵头单位：县政府办公室，责任单位：县法制办等县级有关部门，各乡镇人民政府）。

（37）建立政府法制机构人员为主体、吸收专家和律师参加的法律顾问队伍，保证法律顾问在制定重大行政决策、推进依法行政中发挥积极作用。将法律顾问经费列入财政预算，采取政府购买或财政补贴的方式，为法律顾问开展工作提供必要保障（牵头单位：县政府办公室，责任单位：县法制办、县财政局等县级有关部门，各乡镇人民政府）。

（38）建立健全公职律师制度。2017 年年底前，县级以上地方各级党政机关普遍设立法律顾问、公职律师，乡镇党委和政府根据需要设立法律顾问、公职律师，国有企业深入推进法律顾问、公司律师制度，事业单位探索建立法律顾问制度，到 2019 年全面形成与经济社会发展和法律服务需求相适应的中国特色法律顾问、公职律师、公司律师制度体系（牵头单位：县司法局，责任单位：县法制办、县国资公司等县级有关部门，各乡镇人民政府）。

15. 坚持集体讨论决定

（39）重大行政决策应当经政府常务会议或全体会议、部门领导班子会议讨论，由行政首长在集体讨论基础上作出决定，行政首长拟作出的决定与会议组成人员多数人的意见不一致的，应当在会上说明理由。加强重大行政决策档案管理，如实记录重大行政决策集体讨论情况和决定，并完整存档（牵头单位：县政府办公室，责任单位：县级有关部门，各乡镇人民政府）。

16. 严格决策责任追究

（40）落实重大行政决策后评估制度。2017 年起县、乡镇政府根据实际需要，对重大行政决策执行情况和实施效果开展评估（牵头单位：县政府办公室，责任单位：县级有关部门，各乡镇人民政府）。

（41）健全落实重大行政决策责任追究制度。2017 年制定《叙永县重大行政决策责任追究暂行办法》。对决策严重失误或依法应当及时作出决策但久拖不决造成重大损失、恶劣影响的，严格追究行政首长、负有责任的其他领导人员和相关责任人员的党纪政纪和法律责任。建立容错免责机制，营造勇于改革、敢于创新、允许试错、宽容失败的社会氛围（牵头单位：县监察局，责任单位：县委组织部、县法院、县检察院、县审计局，各乡镇党委和人民政府）。

（四）坚持严格规范公正文明执法

17. 改革行政执法体制

（42）整合优化执法机构和队伍，进一步充实加强基层一线执法力量，推进执法重心下移（牵头单位：县委编办，责任单位：县法制办、有行政执法职责的县级部门，各乡镇党委和人民政府）。

（43）加大安全生产、环境保护、食品药品安全、产品质量、医疗卫生、劳动和社会保障、土地管理、道路交通、社会治安、建设规划、农产品质量安全、价格监督等关系群众切身利益的重点领域执法力度（牵头单位：县法制办，责任单位：县安全监管局、县环境保护局、县食品药品监管局、县工商质监局、县卫生计生局、县人力资源和社会保障局、县国土资源局、县林业局、县交通运输局、县公安局、县住房和城乡规划建设局、县城管局、县农业局、县发展改革局和其他有行政执法职责的县级部门，各乡镇人民政府）。

（44）根据省、市部署，逐步理顺我县城管执法体制，加强城市管理综合执法机构和队伍建设，提高执法和服务水平（牵头单位：县委编办，责任单位：县法制办、县城管局、县住房城乡规划建设局）。

（45）依法规范行政强制执行程序，优化流程、提高效率。2017年制定完成本部门行政强制执行程序规定（牵头单位：县法制办，责任单位：有行政强制执行权的县级部门按相应职责分别负责）。

（46）健全行政执法和刑事司法衔接机制。2017年分部门、分系统制定完善涉嫌犯罪案件移送标准和程序（牵头单位：县检察院，责任单位：县法制办、县法院、县监察局、县公安局和其他有行政执法职责的县级部门）。

18. 完善行政执法程序

（47）落实行政裁量权基准制度，严格执行《四川省规范行政执法裁量权规定》公布的行政执法裁量标准（牵头单位：县法制办，责任单位：有行政执法职责的县级部门）。

（48）建立行政执法全过程记录制度。根据省市统一部署，贯彻落实行政执法全过程记录制度（牵头单位：县法制办，责任单位：有行政执法职责的县级部门）。

（49）严格落实行政执法相关制度。严格落实《四川省罚款和没收财物行政处罚管理办法》《泸州市行政处罚听证程序规定》《泸州市重大行政处罚、行政强制备案制度》等行政执法相关制度（牵头单位：县法制办，责任单位：有行政执法职责的县级部门）。

（50）贯彻《四川省行政执法监督条例》，完善行政执法权限争议协调机制，及时解决行政执法机关之间的权限争议（牵头单位：县法制办，责任单位：县委编办、有行政执法职责的县级部门，各乡镇人民政府按相应职责分别负责）。

（51）严格执行重大行政执法决定法制审核制度。根据省市统一部署，落实重大行政执法决定法制审核制度（牵头单位：县法制办，责任单位：有行政执法职责的县级部门）。

19. 创新行政执法方式

（52）加强行政执法信息化建设和信息共享。充分利用现代信息技术，推广非现场执法、移动执法和执法文书电子化。根据省市统一部署，落实行政执法公示制度（牵头单位：县法制办，责任单位：有行政执法职责的县级部门，各乡镇人民政府）。

（53）依托四川省行政权力依法规范公开运行平台，完善网上执法办案及信息查询系统（牵头单位：县信管办，责任单位：有行政执法职责的县级部门，各乡镇人民政府）。

（54）探索“柔性执法”，推广运用说服教育、劝导示范、行政指导、行政合同、行政奖励等非强制性执法手段（牵头单位：县法制办，责任单位：有行政执法职责的县级部门，乡镇政府按相应职责分别负责）。

（55）健全公民和组织守法信用记录，完善守法诚信褒奖机制和违法失信惩戒机制。2019年制定信用基础性评价指标体系和评价办法，完善失信信息记录和披露制度，建立健全信用基础数据统一平台（牵头单位：县发展改革局，责任单位：县工商质监局、县公安局、人行叙永支行和其他有市场监管和社会管理职责的县级部门）。

20. 全面落实行政执法责任制

（56）严格确定执法责任，健全责任追究机制。严格执行《四川省行政机关工作人员行政过错责任追究试行办法》（牵头单位：县监察局，责任单位：县委编办、县法制办、有行政执法职责的县级部门按相应职责分别负责）。

（57）加强执法监督。2018年依托行政权力依法规范公开运行平台，建立全市统一的行政执法监督网络平台。严格落实《四川省行政执法监督条例》，完善行政执法投诉举报、情况通报等制度。落实政府层级监督与行政监察、预防职务犯罪联动工作制度，加大对非法干预行政执法、执法腐败问题的查处力度（牵头单位：县监察局，责任单位：县法制办、县信管办、县检察院）。

21. 健全行政执法人员管理制度

（58）全面实行行政执法人员持证上岗和资格管理制度，未经执法资格考试合格，不得授予执法资格，不得从事执法活动。2017年，向社会公布执法人员信息清理结果（牵头单位：县法制办，责任单位：有行政执法职责的县级部门，各乡镇人民政府）。

（59）健全纪律约束机制，加强职业道德教育，严格执行《国家公务员行为规范》和四川省行政执法“十不准”，全面提高执法人员素质。逐步推行行政执法人员平时考核制度，科学合理设计考核指标体系，考核结果作为执法人员职务级别调整、交流轮岗、教育培训、奖励惩戒的重要依据（牵头单位：县法制办，责任单位：县委组织部、县人力资源和社会保障局、有行政执法职责的县级部门，各乡镇人民政府按相应职责分别负责）。

（60）规范执法辅助人员管理，明确执法辅助人员的适用岗位、身份性质、职责权限、权利义务、聘用条件和程序等，适时制定相关管理规定（牵头单位：县法制办，责任单位：有行政执法职责的县级部门，各乡镇人民政府）。

22. 加强行政执法保障

（61）各级党政机关和领导干部要大力支持行政执法机关依法公正行使职权，严禁行政执法人员做不符合法律规定的事情（牵头单位：县委办公室，责任单位：县纪委等县级有关部门，各乡镇人民政府）。

（62）司法机关要依法查处妨碍行政机关正常工作秩序、阻碍行政执法人员依法履职的违法行为（牵头单位：县委政法委，责任单位：县公安局、县法院、县检察院）。

（63）行政机关履行执法职责所需经费，由各级政府纳入本级政府预算，保证执法经费足额拨付。改善执法条件，合理安排执法装备配备、科技建设方面的投入。严格执行罚缴分离和收支两条线管理制度，坚决杜绝以罚代管、靠罚款养人的现象（牵头单位：县财政局，责任单位：有行政执法职责的县级部门，各乡镇人民政府）。

（五）强化对行政权力的制约和监督

23. 健全行政权力运行制约和监督体系

（64）在起草行政规范性文件时，要体现法制统一、防止部门利益倾向、有效管控权力、完善运行流程、防控廉政风险等要求。根据国家立法进程，及时完善相关行政程序规定，明确各类行政行为的主体、权限、方式、步骤和时限（牵头单位：县法制办，责任单位：县级有关部门，各乡镇人民政府）。

（65）加快政府守信践诺机制建设。严格执行行政决定事项，撤销或变更已经生效的行政决定须有法定事由并经过法定程序。严格履行合同和协议，依法履行判决、裁定、行政复议、仲裁决定等生效法律文书（牵头单位：县法制办，责任单位：县政府各部门，各乡镇人民政府）。

（66）加强公务员诚信建设。2019 年年底前，按照干部管理权限分级建立公务员诚信档案（牵头单位：县委组织部，责任单位：县公务员局等县级有关部门，各乡镇党委和人民政府）。

24. 自觉接受党内监督、人大监督、民主监督、司法监督

（67）贯彻落实中共中央、国务院印发的《关于实行党风廉政建设责任制的规定》，建立健全检查考核制度机制，制定检查考核的评价标准、指标体系，明确检查考核的内容、方法、程序（牵头单位：县纪委，责任单位：县级有关部门，各乡镇党委和人民政府）。

（68）依法向本级人大及其常委会报告工作，接受询问和质询。认真研究处理人大及其常委会组成人员对政府工作提出的有关审议意见，及时研究办理人大代表提出的意见和建议，切实改进工作。行政规范性文件发布后 15 日内报送同级人大常委会备案（牵头单位：县政府办公室，责任单位：县法制办，县政府各部门，各乡镇人民政府）。

（69）健全知情明政机制，政府有关部门向政协定期通报有关情况，为政协委员履职提供便利、创造条件。及时研究办理政协委员提案（牵头单位：县政府办公室，责任单位：县级有关部门，各乡镇人民政府）。

（70）自觉接受司法监督。支持审判机关依法受理行政案件，建立健全行政应诉制度，依法出庭应诉，尊重并执行审判机关生效裁判，积极配合检察机关对行政违法行为依法进行监督。2017 年建立行政机关负责人出庭应诉制度，统一行政应诉法律文书；2018 年建立法院、检察院工作建议办理反馈制度（牵头单位：县法制办，责任单位：县政府办公室等县级有关部门，各乡镇人民政府）。

25. 加强行政监督和审计监督。

（71）完善政府内部层级监督，改进上级行政机关对下级行政机关的监督，建立健全常态化、长效化监督制度。加强督查督办和行政执法监督，及时发现和纠正违法或不当的行政行为（牵头单位：县政府办公室，责任单位：县法制办等县级有关部门，各乡镇人民政府）。

（72）加强对政府内部权力的制约，对财政资金分配使用、国有资产监管、政府投资、政府采购、公共资源转让、公共工程建设等权力集中的部门和岗位实行分事行权、分岗设权、分级授权，定期轮岗，强化内部流程控制，防止权力滥用（牵头单位：县政府办公室，责任单位：县发展改革局、县财政局、县国资公司、县国土资源局、县环境保护局、县交通运输局、县住房城乡规划建设局、县审计局等县级有关部门，各乡镇人民政府）。

（73）按照省、市政府部署，落实审计机关人财物管理改革，健全依法履行审计职责保障机制，完善审计结果运用机制。按照国家规定建立审计人员管理制度和职业保障机制，分别制定公共资金、国有资产、国有资源和领导干部履行经济责任情况审计监督全覆盖规划，分类确定审计重点和审计频次，保证在一定周期或领导干部任期内实现有重点、有步骤、有深度、有成效的审计全覆盖。（牵头单位：县审计局，责任单位：县财政局、县委组织部、县人力资源社会保障局、县委编办等县级有关部门）。

26. 完善社会监督和舆论监督机制

（74）建立完善违法行政行为投诉举报登记制度，通过举报箱、电子信箱、热线电话等渠道，及时接收投诉举报和情况反映，依法及时调查处理违法行政行为（牵头单位：县法制办，责任单位：县监察局等县级有关部门，各乡镇人民

政府）。

（75）充分发挥报刊、广播、电视等传统媒体和网络、微博、微信等新兴媒体的舆论监督作用，加强网络舆情信息监测、分析、研判，完善部门间的舆情联动处置工作机制（牵头单位：县委宣传部，责任单位：县网信办，各乡镇党委和人民政府按相应职责分别负责）。

27. 全面推进政务公开

（76）贯彻落实《四川省贯彻〈中华人民共和国政府信息公开条例〉实施办法（试行）》，进一步拓宽政府信息公开渠道，明确公开范围和内容。重点推进财政预算、公共资源配置、重大建设项目批准和实施、社会公益事业建设等领域的政府信息公开（牵头单位：县政府信息公开办，责任单位：县级有关部门，各乡镇人民政府）。

（77）完善新闻发布机制。制定并完善叙永县突发公共事件信息发布和舆论引导、加强和改进新闻发布工作相关制度。推进新闻发布平台建设，加强新闻发言人队伍建设，及时做好信息发布和政策解读。建立重要信息和热点问题定期有序发布机制，运用多种形式开展新闻发布，及时回应群众关切（牵头单位：县委宣传部，责任单位：县政府办公室等县级有关部门，各乡镇党委和人民政府）。

（78）创新政务公开方式，依托市级政务云加强互联网政务信息数据服务平台和便民服务平台建设，提高政务公开信息化、集中化水平。利用政务微博、政务微信公众号、全媒体平台等新兴媒体和平台推进政务公开，加强便民服务（牵头单位：县政府办公室，责任单位：县经济商务局、县网信办等县级有关部门，各乡镇人民政府）。

28. 完善纠错问责机制

（79）加强行政问责规范化、制度化建设。严格执行责令公开道歉、停职检查、引咎辞职、责令辞职、免职的问责方式和程序，增强行政问责的针对性和时效性（牵头单位：县监察局，责任单位：县政府办公室、县委组织部、县人力资源和社会保障局、县审计局等县级有关部门，各乡镇人民政府）。

（80）开展正风肃纪检查，依法及时查处行政不作为、乱作为、失职、渎职，克服懒政、庸政、怠政，公布典型案例。对“四风”问题突出、发生顶风违纪问题或出现区域性、系统性腐败案件的地方和部门（单位），既追究主体责任、监督责任，又严肃追究领导责任（牵头单位：县纪委，责任单位：县委办公室、县政府办公室、县委组织部等县级有关部门，各乡镇党委和人民政府）。

（六）依法有效化解社会矛盾纠纷

29. 健全依法化解纠纷机制

（81）构建维护群众利益制度体系，建立健全社会矛盾预警、利益表达、协商沟通、救济救助机制。及时收集分析热点、敏感、复杂矛盾纠纷信息，提高依法应对和处置群体性事件的能力（牵头单位：县信访联席办，责任单位：县综治办、县委维稳办、县公安局、县民政局、县司法局、各乡镇党委和人民政府按相应职责分别负责）。

（82）推进多层次多形式依法治理，依法解决食品药品安全、生产安全、生态环境、网络安全、社会安全等方面的问题，从源头上预防和消除社会不稳定因素（牵头单位：县依法治县办，责任单位：县食品药品监管局、县农业局、县安全监管局、县环境保护局、县公安局、县网信办等县级有关部门，各乡镇人民政府）。

（83）开展“七五”普法，推进“法律八进”，创新普法方式，加快各级政务服务中心法律服务专区建设，引导和支持公民、法人和其他组织依法表达诉求和维护权益。深入推进“七五”普法规划实施（牵头单位：县司法局，责任单位：县政务服务中心等县级有关部门，各乡镇人民政府）。

30. 加强行政复议应诉工作

（84）落实行政复议委员会制度、重大复杂案件交由行政复议委员会案审会审议制度，提高行政复议办案质量，增强行政复议的专业性、透明度和公信力（责任单位：县法制办）。

（85）落实行政复议听证制度，加大公开听证审理力度，纠正违法或不当行政行为（牵头单位：县法制办，责任单位：县级有关部门）。

（86）落实行政复议法及其实施条例对行政复议办案人员要求，加强行政复议、应诉人员队伍建设，根据办案需要落实工作经费、办案场所和有关装备。落实国家统一法律职业资格制度要求，配齐配强专兼职行政复议、应诉人员，加强在职行政复议、应诉人员培训，切实提高行政复议、应诉人员素质（牵头单位：县委编办，责任单位：县法制办、县财政局、县人力资源和社会保障局、县机关事务办，各乡镇党委和人民政府按相应职责分别负责）。

31. 完善行政调解、行政裁决、仲裁制度。

（87）健全行政调解制度，进一步明确行政调解范围，完善行政调解机制，规范行政调解程序，加强行政调解队伍建设。依法开展行政调解，及时化解矛盾纠纷（牵头单位：县法制办，责任单位：有行政调解职责的县级部门，各乡镇人民政府）。

（88）加强仲裁工作指导，规范仲裁机构登记管理，推进仲裁机构和仲裁员队伍建设，完善劳动人事争议仲裁等方面的仲裁工作规则，提高仲裁公信力，充分发挥仲裁解决经济纠纷、化解社会矛盾、促进社会和谐的作用（牵头单位：县法制办，责任单位：县司法局、县人力资源和社会保障局、县工商质监局等县级有关部门）。

32. 加强人民调解工作

（89）健全人民调解组织网络。2017 年所有乡镇、村（社区）全部建立人民调解组织。2019 年在县级行政区域建立健全消费者权益、劳动关系、医患关系、物业管理等方面的专业调解组织。人民调解工作经费纳入各级政府财政预算（牵头单位：县司法局，责任单位：县工商质监局、县人力资源和社会保障局、县卫生计生局、县住房城乡规划建设局，各乡镇人民政府）。

（90）完善人民调解、行政调解、司法调解联动工作体系。制定关于完善矛盾纠纷多元化解机制的实施意见（牵头单位：县综治办，责任单位：县法院、县司法局、县检察院、县公安局、县法制办等县级有关部门，各乡镇党委和人民政府）。

33. 改革信访工作制度

（91）完善信访工作机制。完善办信、接访、网上投诉、督查督办、统计分析等方面的业务工作规程，根据国家、省、市要求落实信访信息化建设工作，实现信访业务网上流转。完成信访工作手机移动应用平台开发，建成县视频接访系统。强化属地和部门责任，健全及时就地解决群众合理诉求机制（牵头单位：县信访局，责任单位：县级各部门，各乡镇党委和人民政府）。

（92）严格执行“诉访分离”规定。本方案印发之日起，对涉法涉诉信访不统计、不交办、不通报，不再受理已经依法终结的涉法涉诉信访事项，但需建立工作台账，说明理由和依据。2018 年实现政法机关进驻群众来访接待中心，接待处理涉法涉诉信访事项（牵头单位：县信访局，责任单位：县检察院、县法院、县公安局、县司法局、各乡镇党委和人民政府）。

（七）全面提高政府工作人员法治思维和依法行政能力

34. 树立重视法治素养和法治能力的用人导向

（93）把法治观念、法治素养作为干部德才的重要标准，把遵守法律、依法办事作为考察任用干部的重要条件，在同等条件下优先提拔使用法治素养好、依法办事能力强的干部，根据领导班子功能结构，配备具有法律专业背景或法治工作经验的班子成员（牵头单位：县委组织部，责任单位：县级有关部门，各乡镇党委）。

（94）把党员领导干部守法用法作为干部人事管理的重要内容，探索建立法治档案制度。把领导班子和领导干部依法履职情况作为年终报告工作的重要内容，建立健全领导班子及其成员年度述职述廉述法报告制度（牵头单位：县委组织部，责任单位：县纪委等县级有关部门，各乡镇党委和人民政府）。

35. 加强对政府工作人员的法治教育培训

（95）按规定开展政府常务会议学法（牵头和责任单位：县政府办公室）。

（96）按规定开展部门办公会议学法（牵头单位：县司法局，责任单位：县级各部门、各乡镇人民政府）。

（97）县委党校要把宪法法律列为干部教育的必修课。相关部门要各司其职，协调配合，深入开展法治思维教育（牵头和责任单位：县委党校）。

（98）每年组织开展行政执法人员通用法律知识、专门法律知识、新法律法规等专题培训（牵头单位：县法制办，责任单位：县级各行政执法部门，各乡镇人民政府）。

（99）各级人民代表大会及县级以上各级人民代表大会常务委员会选举或决定任命的政府工作人员，以及各级政府任命的国家工作人员，在就职时公开进行宪法宣誓（牵头单位：县人大办，责任单位：县政府办公室等县级有关部门，各乡镇党委和人民政府）。

36. 完善政府工作人员法治能力考查测试制度

（100）加强对领导干部任职前法律知识考查和依法行政能力测试，将考查和测试结果作为领导干部任职的重要参考（牵头单位：县委组织部，责任单位：县级有关部门，各乡镇党委和人民政府）。

（101）实行公务员晋升依法行政考核制度。2017 年起将公务员依法行政情况纳入年度考核内容，在依法行政方面存在较大问题的不得晋升职务（牵头单位：县委组织部，责任单位：县公务员局、县法制办等县级有关部门，各乡镇党委和人民政府）。

37. 注重通过法治实践提高政府工作人员法治思维和依法行政能力

（102）领导干部坚持依法决策、依法用权、依法履职，带头遵守法律、执行法律，运用法治思维和法治方式处理各类矛盾和问题（牵头单位：县委办公室，责任单位：县政府办公室等县级有关部门，各乡镇党委和人民政府）。

（103）按照“谁执法谁普法”的原则，落实部门普法责任，建立行政执法人员以案释法制度。完善法律顾问工作机制，注重发挥法律顾问和法律专家的咨询论证、审核把关作用（牵头单位：县司法局，责任单位：县法制办、有行政执法职责的县级部门，各乡镇人民政府）。

（八）加强法治政府建设的组织保障

38. 加强党对法治政府建设的领导

（104）各级党委发挥总揽全局、协调各方作用，及时研究法治政府建设中的重大问题，解决制约法治政府建设的体制机制障碍。各级政府在党委统一领导下谋划和落实法治政府建设各项任务（牵头单位：县委办公室，责任单位：县政府办公室、县依法治县办、县法制办等县级有关部门，各乡镇党委和人民政府）。

（105）县级有关部门、各乡镇人民政府应结合本地、本部门实际，每年对法治政府建设工作作出具体安排，部署年度重点工作，明确完成时限，切实抓好落实（牵头单位：县法制办，责任单位：县委办公室、县政府办公室等县级有关部门，各乡镇人民政府）。

（106）适应行政规范性文件合法性审查、行政执法监督、行政复议应诉等方面工作需要，加强政府法制工作队伍建设，充实专业人员。县政府工作部门设立或指定法制工作机构，乡镇政府、村（社区）配备法制员（牵头单位：县法制办，责任单位：县委组织部、县委编办、有行政执法职责的县级部门，各乡镇党委和人民政府）。

39. 落实第一责任人责任

（107）党政主要负责人履行推进法治政府建设第一责任人职责，将建设法治政府摆在工作全局的重要位置。县政府建立健全政府主要领导任组长的法治政府建设领导小组，定期研究部署法治政府建设重点工作（牵头单位：县委办公室，责任单位：县政府办公室、县法制办等县级部门，各乡镇党委和人民政府）。

（108）县、乡镇政府每年第一季度向同级党委、人大常委会和上一级政府报告上一年度法治政府建设情况，政府部门每年第一季度向本级政府和上一级政府有关部门报告上一年度法治政府建设情况，报告通过报刊、政府网站等向社会公开（牵头单位：县政府办公室，责任单位：县法制办、县委宣传部等县级有关部门，各乡镇人民政府）。

40. 强化考核评价和督促检查。

（109）党委要把法治政府建设成效作为衡量各级领导班子和领导干部工作实绩的重要内容，纳入政绩考核指标体系。加大法治政府建设考核力度，增加其在政府目标绩效考核中的权重（牵头单位：县委办公室，责任单位：县委组织部、县目标办、县依法治县办、县法制办、县司法局，各乡镇党委和人民政府）。

（110）政府及其部门的党组织领导和监督本单位模范遵守宪法法律，坚决查处执法犯法、违法用权等行为（牵头单位：县委组织部，责任单位：县监察局等县级有关部门，各乡镇党委和人民政府）。

（111）结合法治政府建设年度重点工作，开展定期检查和专项督查。对工作不力、问题较多的，要及时约谈、通报和责令整改（牵头单位：县依法治县办，责任单位：县法制办、县目标办、县司法局，各乡镇党委和人民政府）。

41. 加强理论研究、典型示范和宣传引导

（112）加强法治理论研究，将中国特色社会主义法治政府理论应用研究纳入叙永县年度哲学社会科学规划课题，组织开展理论应用对策研究（牵头单位：县委宣传部，责任单位：县依法治县办、县法制办、县社科联）。

（113）开展法治政府建设示范创建，培育法治政府建设示范单位，及时总结、交流和推广先进经验，按照国家有关规定，对法治政府建设成效突出的单位给予表扬奖励（牵头单位：县法制办，责任单位：县委宣传部、县人力资源社会保障局等县级有关部门，各乡镇人民政府）。

（114）加强宣传舆论引导。在报刊、广播、电视台、新闻网站开设法治政府建设栏目，制作发布公益广告，大力宣传依法行政、建设法治政府工作。定期通报和曝光违法行政典型案例，帮助有关单位分析原因、汲取教训、改进工作（牵头单位：县委宣传部，责任单位：县依法治县办、县法制办等县级有关部门，各乡镇党委和人民政府）。

各乡镇人民政府要对照本方案，结合本乡镇法治政府建设实际制定工作方案。工作方案要坚持问题导向，突出工作重点，体现地方特色，不求面面俱到，要以年度工作安排为主，可以兼顾中长期规划，提出具体工作措施、时间进度安排和可检验的成果形式。县级有关部门要根据部门职责组织制定落实本方案的具体办法和配套制度。对有关工作负牵头责任的县级部门要做好统筹协调，及时沟通协商，形成工作合力。

县、乡镇两级政府法制工作机构要在本级政府领导下，认真履行法治政府建设工作领导小组办公室职责，做好贯彻落实本方案的综合协调和组织指导工作。县法制办要牵头做好全县法治政府建设工作的督促检查，对工作不力、问题较多的，要及时约谈、通报批评、责令整改。

各乡镇、县级各部门在贯彻落实《纲要》和

本方案过程中，要注意研究法治政府建设的新情况新问题，解放思想、大胆实践，开拓进取、久久为功。贯彻执行中的重要情况和问题要按程序及时向县委、县政府报告。

中共叙永县委　叙永县人民政府
关于印发《叙永县生态文明体制改革方案》的通知

叙委发〔2017〕25 号

各乡镇党委和人民政府、县级有关部门（单位）：

现将《叙永县生态文明体制改革方案》印发你们，请结合实际认真贯彻执行。

中共叙永县委

叙永县人民政府

2017 年 10 月 31 日

叙永县生态文明体制改革方案

为加快推进生态文明建设，根据《市委 泸州市人民政府关于印发泸州市生态文明体制改革方案的通知》（泸委发〔2016〕21 号）精神，结合我县实际，制定本方案。

一、总体要求

（一）指导思想。全面贯彻党的十八大和十八届三中、四中、五中、六中全会精神，深入贯彻习近平总书记系列重要讲话精神，认真落实党中央、国务院和省委、省政府、市委、市政府加快推进生态文明建设部署，切实处理好经济发展与生态环境保护的关系，坚持节约资源和保护环境基本国策，坚持节约优先、保护优先、自然恢复为主方针，以正确处理人与自然关系为核心，以解决生态环境领域突出问题为导向，以建设生态文明美丽叙永为目标，保障生态安全，改善环境质量。

（二）基本原则。坚持正确改革方向，完善市场机制，更好发挥政府、企业、社会组织和公众的作用，推动各方形成合力。坚持自然资源资产的公有性质，切实保障人民群众分享全民所有自然资源资产收益。坚持城乡环境治理体系统一，加强城市环境保护和工业污染防治，加大生态环境保护工作对农村地区的覆盖，完善农村环境治理体制机制，让广大人民群众喝上干净的水、呼吸清洁的空气、吃上放心的食物，在整洁的环境中生产生活。坚持激励和约束并举，既要形成支持绿色发展、循环发展、低碳发展的利益导向机制，又要坚持源头严防、过程严管、损害严惩、责任追究，形成对各类市场主体的有效约束。

（三）改革目标。到 2020 年，在权限内基本建成由自然资源资产产权制度、国土空间开发保护制度、空间规划体系、资源总量管理和全面节约制度、资源有偿使用和生态补偿制度、环境治理体系、环境治理和生态保护市场体系、生态文明绩效评价考核和责任追究制度构成的生态文明制度体系，政府、企业、公众共治的环境保护体系基本建立，生态建设和环境治理取得显著成效。

二、健全自然资源资产产权制度

（四）探索建立统一的确权登记系统。2017 年年底前，实行县不动产登记机构对土地及房屋等建筑物、构筑物和林木等定着物进行不动产统一登记，依申请对集体土地所有权、建设用地使用权、宅基地使用权、农村房屋等建筑物、构筑物所有权、林权等办理登记。逐步探索对水流、森林、山岭、荒地、滩涂等自然生态空间统一进行确权登记，划清全民所有和集体所有的边界，划清不同集体所有者的边界。

（五）推进自然资源产权体系建设。按照国家和省上部署，明确各类自然资源产权主体权利。根据授权，探索所有权和使用权相分离，明确占有、使用、收益、处分等权利归属和权责，适度扩大使用权出让、转让、出租、抵押、担保、入股等权能。明确国有农场、林场土地所有者与使用者权能。全面建立覆盖各类全民所有自然资源资产的有偿出让制度，严禁无偿或低价出让。加强自然资源资产交易平台建设。

（六）改革自然资源资产管理体制。按照所有者和监管者分开和一件事情由一个部门负责的原则，整合分散的全民所有自然资源资产所有者职责，组建统一行使自然资源资产所有权的机构，对全民所有的矿藏、水流、森林、山岭、荒地、滩涂等各类自然资源进行监督管理。

三、建立国土空间开发保护制度

（七）加快建设主体功能区。统筹推进限制开发区域发展，加快我县农产品主产区建设，形成以提供农产品和生态产品为主的功能区，保障城市基本农产品供应，构筑较为完善的生态屏障。严格保护禁止开发区域。加强国家级自然保护区、风景名胜区、重要饮用水源地建设和保护，严禁各类与保护功能无关的开发建设活动，形成以提供生态产品为主的功能区，成为维持生物多样性和生态产品多样化的承载地。实施分类管理区域政策。建立完善有利于引导科学发展的区域政策措施和绩效评价体系。

（八）加快建立国土空间用途管制制度。加强形成国土资源空间规划管控和高效开发利用制度体系，探索提高利用地下空间方式方法，推广集约节约利用土地模范县经验，促进国土空间可持续开发。探索工业用地弹性年期租赁办法，实现生产空间集约高效。贯彻国家和省划定并严守生态保护红线的若干意见，严守生态保护红线，严禁任意改变用途，防止不合理开发建设活动对生态红线的破坏，保障生活空间宜居、保护生态空间清秀。控制建设用地总量，调整按照行政区和用地基数分配指标的做法，把开发强度指标作为约束性指标分解到各乡镇，加快土地要素配置和差别化用地机制改革。

（九）加强自然生态系统和文化自然遗产保护。坚持生态保护第一原则，将自然生态系统和文化自然遗产保护放在第一位，加强自然保护区、风景名胜区、遗产地、森林公园、湿地公园、水产种质资源区、野生植物原生境保护区等典型生态系统保护和建设，除不损坏生态系统的原住居民生产生活设施改造和自然观光、科研、教育、旅游外，禁止其他开发建设。创新经营管理方式，建立多渠道、多形式的资金投入机制。全面启动编制省级和市级风景名胜区总体规划和重点建设区域详细规划。

（十）探索建立自然资源监管体制。按照国家和省、市关于自然资源监管体制改革的安排部署，探索将分散在各部门的自然资源有关用途的管制职责，逐步统一到一个部门，统一行使国土空间的用途管制职责。

（十一）加强城市生态建设与修复。着力构建新型绿色城镇体系，严格保护城市山体、水体和林地，保护划定城市规划区生态红线和绿地绿线和城市蓝线。加强城市规划区内地质灾害防治的督查和指导，加强地质灾害避险搬迁工作。坚持绿线管制、逐步开展城市生态受损地的恢复工作，建设一批特色城市山地公园和城市湿地公园。加快推进“海绵城市”建设，充分发挥“海绵体渗滞蓄净用排”功能，实现城市雨水自然积存、自然渗透、自然净化，提升防洪排涝减灾能力，改善区域水环境、水安全、水生态，保护和改善城市生态环境。严格执行城市绿地系统规划，科学保护利用城市近郊生态林地，形成多片多楔的城市生态廊道。大力推进城市园林绿化项目建设，进一步夯实创建省级园林县城基础，全力打造生态宜居宜业叙永。

四、建立统一衔接的空间规划体系

（十二）探索编制空间规划。在整合目前各部门分头编制的各类空间规划基础上，明确县级事权管控的空间区域及管治要求，划定城市开发边界、生态保护红线、永久基本农田等主要控制线和跨区域线性工程基础设施廊道，明确县和各类开发区的空间规划主要控制指标。编制统一的空间规划，实现规划全覆盖。创新空间规划编制方法，探索规范化的空间规划编制程序，扩大社会参与，增强规划的科学性和透明度。探索由一个部门牵头负责空间规划的编制，完善规委会统一审查制度。规划编制前应当进行资源环境承载能力评价，以评价结果作为规划的基本依据。

（十三）推动“多规合一”及其信息平台建设。统一编制县空间规划，积极推进城区多规合一，形成一本规划、一张蓝图。要统一土地分类标准，划定生态控制线、基本农田控制线、建设用地增长边界控制线、产业区块控制线、基础设施空间廊道控制线等。切实加强对城市地下空间的统筹规划，加快推进地下综合管廊建设。优化审批流程，构建多规合一信息平台。配合行政管理体制改革，以大数据和“互联网 +”技术为基础，建立联动共享“多规合一”的信息协同平台，形成多部门协同策划生成项目、协同服务落实项目的工作机制，进一步整合优化行政审批流程，减少审批环节。

五、完善资源总量管理制度，推行全面节约

（十四）实行最严格耕地保护制度和土地节约集约利用制度。强化基本农田保护，划定永久基本农田红线，并将全县永久基本农田落地到户、上图入库，实行严格保护。编制实施叙永县“十三五”土地整治规划，到 2020 年年底全县耕地保有量不低于 73333 公顷，基本农田保护面积不低于 55442 公顷。严格按照四川省耕地质量等级评定标准，开展监测工作，加强耕地质量保护与提升建设。健全耕地占补平衡制度，严格控制新增建设用地占用耕地规模，严格施行耕地占一补一、先补后占、占优补优。实行建设用地总量控制管理，建立节约集约用地激励和约束机制，推进城乡存量建设用地挖潜利用和高效配置，提高存量建设用地在土地供应总量中的比重。调整土地利用结构，优化产业布局，合理确定生产、生活和生态用地比例，合理增加城镇建设用地，加大农村闲置和低效用地整治力度。

（十五）实行最严格水资源管理制度。严格水资源管理，加强水资源管理考核，切实保障水安全。协助国家制定赤水河等跨省（市）河流水量分配方案。规范取水计量监测监控，完善水资源综合规划和用水总量控制指标体系，促进水资源的优化配置和可持续利用。落实规划和建设项目水资源论证制度。认真执行四川省用水定额地方标准，全面推进节水型社会建设。强化灌区农业取水许可，在大中型灌区逐步实行计划用水、合同用水。深入推进重点企业节水行动和节水型企业建设，水资源匮乏地区严格控制新上高耗水项目。健全水功能区监督管理制度，协助省上开展促进非常规水源利用的政策研究。

（十六）健全能源消费总量管理和节约制度。推动实施能源消费总量和能源消耗强度双控制度，完成下达我县的能源消费总量目标和“十三五”节能目标任务。健全节能目标责任考核机制，加强节能监察。完善能源统计制度。强化节能评估审查，将节能评估审查作为控制能源消费总量和增量的重要措施。围绕节能节水、提高固废综合利用率、清洁生产、淘汰落后和过剩产能等重点工作，认真落实工作责任制，进一步完善工业节能减排目标任务体系，落实相关政策措施，加强对企业的指导、服务和监管。

（十七）完善天然林保护制度。将集体和个人所有天然起源商品林逐步纳入森林生态效益补偿范围，切实保护天然林资源。建设国家储备林基地。稳步推进国有林场改革，建立以购买服务为主的国有林场公益林管护机制，建立有利于保护和增加森林资源、改善生态和民生的新体制，确保国有林场资源管理高效率，林场发展有后劲。落实集体林权制度，稳定承包权，拓展经营权能，推进以经济林木（果）权证为主的新型林权抵押贷款改革，完善林权抵押贷款和流转制度。

（十八）完善湿地保护制度。严格执行《四川省湿地保护条例》，守住湿地生态红线，逐步恢复退化湿地。争取纳入省级湿地生态补偿试点范围。实行湿地分类管理，规范保护利用行为，落实湿地生态修复制度。将城镇规划区内湿地纳入城镇蓝线或绿线保护范围，规划建设城镇湿地公园。

（十九）完善岩溶地区等生态脆弱地区生态修复机制。加强项目组织和实施，建立以购买服务为主的生态建设成果管护机制，完善生态脆弱地区生态修复机制和生态监测体系，加快推进岩溶地区石漠化综合治理。依法依规探索具有营造林资质的业主参与生态修复政府购买服务。

（二十）加强矿产资源开发利用管理。落实国家矿产资源开发利用水平调查评估制度，加强矿产资源储量登记管理。进一步推进矿产资源整合和矿山企业兼并重组，提高矿区企业集中度，鼓励规模化开发。进一步落实国家重要矿产资源开采回采率、选矿回收率、综合利用率等指标要求，落实鼓励提高矿产资源利用水平的经济政策，编制叙永县第三轮矿产资源总体规划。建立并实施矿山企业高效和综合利用信息公示制度，建立矿业权人“黑名单”制度。完善和落实矿山地质环境保护和土地复垦制度。

（二十一）推进资源循环利用。推进生活垃圾分类收集处理。推进农林废弃物处理资源化，各相关部门要按照职责分工，统筹研究推进秸秆综合利用和禁烧的重大问题，完善秸秆收储体系，进一步推进秸秆肥料化、饲料化、燃料化、基料化和原料化利用，加快推进秸秆综合利用产业化。限制一次性用品使用，严格落实国家关于限制生产销售使用塑料购物袋的有关要求。适应现代农业发展和我国农业经营体制特点，积极探索有机养分资源循环利用的有效模式，完善扶持政策，鼓励引导新型农业经营主体积造农家肥，施用商品有机肥。实施 PPP 模式推进畜禽粪污还田试点，建立第三方治理农业面源污染治理机制。

六、建立健全资源有偿使用及多样化的生态补偿制度

（二十二）推进天然气等自然资源及其产品价格改革。推进居民生活用水、电、气实行阶梯价格制度。深入开展农业水价综合改革，科学合理制定农业供水价格，促进节水增效。完善排污收费制度，推进差别化排污收费。推进建立乡村垃圾处理收费制度，完善污水、垃圾和危险废弃物处理收费政策。规范风景名胜区门票收入管理。风景名胜区内经营项目原则上采取招标、拍卖、挂牌等公平竞争方式确定经营者。

（二十三）落实土地有偿使用制度。按照国家的总体部署和要求，扩大国有土地有偿使用范围，严格限定划拨供地范围和协议出让土地范围，扩大招标、拍卖、挂牌出让比例，减少非公益性项目用地划拨。探索实行弹性出让年限及长期租赁、先租后让、租让结合的工业用地供应制度。探索建立有效调节工业用地和居住用地合理比价机制，逐步提高工业用地出让地价水平，逐步降低工业用地比例。健全地价形成机制和评估制度，完善土地等级价格体系，理顺与土地相关的出让金、租金和税费关系。探索通过土地承包经营、出租等方式，完善国有农用地有偿使用制度。

（二十四）完善矿产资源有偿使用制度。严格落实矿业权出让制度，国有矿产资源出让收支纳入预算管理。按照国家和省出台的相关政策，落实矿产资源国家权益金制度，调整探矿权、采矿权使用费及矿产资源最低勘查投入标准。进一步完善矿业权进入公共资源交易中心集中交易制度，逐步实现与国家、省矿业权交易平台有效衔接。

（二十五）研究推进资源环境税费改革。按照国家、省和市的要求，稳步推进我县资源税费改革，实施清费立税，进一步理顺税费关系，实施从价计征改革，逐步扩大资源税征收范围。

（二十六）建立健全生态补偿机制。积极对接国家和省生态补偿政策，贯彻落实对森林、湿地、荒漠、水流、耕地等重点领域生态保护补偿任务，按照“谁受益、谁补偿”的原则，加快形成受益者付费、保护者得到合理补偿的运行机制。制定出台我县探索建立生态补偿机制改革实施方案。

（二十七）完善生态保护修复资金使用机制。依照有关规定整合可整合的财政专项资金，完善相关的资金使用管理办法，支持生态保护修复项目，并探索创新生态保护资金使用方式，引导群众参与生态保护工程项目建设和后续管护。

（二十八）落实耕地河库休养生息制度。严格执行耕地、河库休养生息规划。推进退耕还林还草工程建设，探索建立巩固退耕还林还草成果长效机制。

七、健全环境治理与执法体系

（二十九）落实污染物排放许可制。根据国家出台的排污许可证管理暂行办法及四川省贯彻实施意见，依法核发排污许可证。

（三十）完善大气、水、土壤污染防治区域联动机制。建立健全大气污染防治联防联控协作机制，积极应对重污染天气。加强小流域污染治理，开展水质达标工作，对永宁河流域水污染排放实行特别排放限值管理；加强城乡集中式饮用水水源地保护，确保饮用水安全。推进工业固体废物污染治理，研究危险废物处置节点布局。推进“智慧环保”建设，建设全覆盖的生态环境监测网络体系，建立与全国统一联网的环境监测数据平台，实现各类环境监测数据互联共享，全面提升生态环境风险监测预警评估能力。根据省级联动机制相关要求，主动联系周边区域，构建大气、水、土壤联防联控协作通道。搭建沟通信息渠道，落实多部门合作协议。分工协作，落实各乡镇责任，加强区域内协调，健全突发环境事件应急机制，提高环境风险的防控应急处理能力。

（三十一）健全农村环境治理体制机制。加强农村人居环境综合治理，建立健全规划、建设、管理、监督和考核制度。明确乡镇（街道）环境保护机构，完善农村环境保护网格化、标准化、全覆盖的防治体系。推进幸福美丽新村建设和旧村改造整治。完善农村污水收集管网配套建设规划。健全农村污水处理设施运营经费保障机制。农村垃圾治理坚持以块为主，属地管理的原则，因地制宜，科学建立适应不同地理类别的治理模式；加快推进农村生活垃圾减量化收集、资源化利用、无害化处理的设施体系建设；积极探索适应不同经济条件、基础建设水平的农村环境保护设施运行保障机制。全面推进病虫害统防统治，提高专业化防治水平，积极探索建立政府购买病虫防治公共服务机制。积极推广绿色防控技术，降低化学农药用量。

（三十二）健全环境信息公开制度。以环境质量信息和企业环境信息为重点，全面推进大气、水和土壤等环境信息公开、排污单位环境信息公开、监管部门环境信息公开。完善环境新闻发言人制度。落实《建设项目环境影响评价信息公开机制方案》。健全公众参与制度，切实保障人民群众依法有序行使环境监督权。督促重点排污单位执行《企业事业单位环境信息公开办法》。健全环境保护网络举报平台和举报制度，充分发挥“12369”环保举报热线和网络平台作用。

（三十三）落实生态环境损害赔偿制度。切实强化生产者生态环境保护法律责任，大幅度提高违法成本。落实生态环境损害赔偿法规制度，对违反环境保护法律法规的，依法严惩重罚；对造成生态环境损害的，以损害程度等因素依法确定赔偿额度；对造成严重后果的，依法追究刑事责任。

（三十四）完善环境保护管理制度。建立健全严格监管所有污染物排放的环境保护管理制度，逐步实行城乡环境保护工作由一个部门进行统一监管和行政执法的体制。建立权威统一的环境执法体制，充实执法队伍，统一执法标识，赋予环境执法强制执行的必要条件和手段。切实加强环境行政执法与刑事司法衔接，建立高效、便捷的联动工作机制，实现环保与公安联勤联动执法。制定出台生态环境监测网络建设工作方案。

八、培育环境治理和生态保护的市场体系

（三十五）培育壮大环境治理和生态保护市场主体。积极鼓励各类投资进入环境保护市场。通过政府购买服务等方式，加大对环境污染第三方治理的支持力度。加快推进污水垃圾处理设施运营管理单位向独立核算、自主经营的企业转变。探索设立国有资本投资运营公司，推动国有资本加大对环境治理和生态保护等方面的投入。积极支持生态环境保护领域国有企业实行混合所有制改革。

（三十六）探索推进用能权和碳排放权交易制度。积极参与用能权交易市场建设，加快推行合同能源管理等市场化机制。开展碳排放权配额和自愿减排项目交易。推进温室气体排放统计核算体系建设，编制温室气体排放清单。

（三十七）探索推进排污权交易制度。根据全省排污权交易政策，积极探索排污权交易机制。

（三十八）积极探索水权交易制度。针对水资源时空分布不均，工程性、季节性缺水严重等问题，开展水权交易制度研究。

（三十九）探索建立绿色金融体系。探索建立人民银行与环保部门的合作机制，指导金融机构积极支持全市绿色信贷，加大对符合政策规定的行业和企业的信贷支持力度。建立“黑名单”制度，对于被环保部门行政处罚的企业以及重点监管企业，依照有关规定纳入相关征信系统，作为对金融机构开展执法检查和处罚的重要参考。构建PPP模式绿色产业基金。通过政府资金撬动民间资本股权投资，发展适合叙永地区的PPP模式绿色基金。深入贯彻国务院办公厅《关于推行环境污染第三方治理的意见》，创新金融服务模式，鼓励银行业金融机构依照有关规定创新金融产品和服务。鼓励符合条件的金融机构和企业发行绿色债券，试点发行绿色金融债，依规探索激励企业和政府发行绿色债券的相关政策。逐步实现区域金融和环保资源信息共享，支持建设区域内排污权交易市场，建立区域排污权有偿使用和交易机制，促进区域排污权交易市场的高效运作。

（四十）构建绿色低碳的产品发展体系。实施绿色技术标准战略，积极推动国家绿色产品标准宣传贯彻与实施，支持和鼓励企业制定并实施高于国家标准、行业标准的绿色产品标准，提升产品整体质量水平和产业整体竞争力。实施质量品牌攻关战略，围绕制约绿色产品质量提升的瓶颈问题，开展共性技术、关键技术、前沿技术攻关，推进科技成果转化，培育引领产业发展战略的绿色产品。大力发展绿色品牌经济，培育创建绿色优质品牌，支持和指导优质绿色产品申报省政府质量奖和四川名牌。推进绿色产品认证，扶持和培育有机产品认证、地理标志产品保护，推进地理标志产品保护等绿色产业示范县区创建活动，鼓励支持政府、企业申请有机产品、地理标志产品保护和生态原产地认证。加强绿色产品体系宣传和监督检查，收集建立绿色产品认证机构及专家信息库，积极搭建绿色产品相关的检验检测平台，为绿色产品提供技术支撑。

九、建立生态文明绩效评价考核和责任追究制度

（四十一）建立绿色发展指标体系和生态文明目标评价考核体系。研究制定符合我县实际、可操作可量化的绿色发展指标体系。制定我县生态文明建设目标评价考核办法，把资源消耗、环境损害、生态效益纳入经济社会发展评价体系，引导各乡镇推进绿色发展。

（四十二）建立资源环境承载能力监测预警机制。研究制定资源环境承载能力监测预警机制工作方案，定期编制资源环境承载能力监测预警报告，对资源消耗和环境容量超过或接近承载能力的地方，采取预警提醒和限制性措施。

（四十三）探索编制自然资源资产负债表。认真确保自然资源资产负债表核算方法落地执行，对水资源、土地资源、森林资源等建立实物量核算账户，探索编制自然资源负债表，定期评估自然资源资产变化状况。

（四十四）实行领导干部自然资源资产离任审计。积极探索领导干部自然资源资产审计的目标、内容、方法和评价指标体系。按照国家和省上统一部署，适时开展领导干部自然资源资产离任审计试点。

（四十五）建立生态环境损害责任终身追究制。认真执行《叙永县党政领导干部生态环境损害责任追究实施细则（试行）》，严格落实党委、政府领导干部生态文明建设“党政同责”“一岗双责”制。以自然资源资产离任审计结果和生态环境损害情况为依据，细化完善对党委、政府领导班子主要负责人、有关领导人员、部门负责人的追责情形和认定程序。按照情节轻重，对造成生态环境损害的，予以诫勉、责令公开道歉、组织处理或党纪政纪处分，对构成犯罪的依法追究刑事责任。对领导干部离任后出现重大生态环境损害并认定其需要承担责任的，实行终身追责。

十、强化组织保障

（四十六）加强组织领导。强化县生态文明体制改革专项小组统筹协调职能，县级有关部门（单位）要按照专项小组要求和本方案制定单项改革方案，明确责任主体和时间进度，加强协调配合，形成改革合力。县级有关部门（单位）要深刻认识生态文明体制改革的重大意义，认真贯彻中央和省委、省政府、市委、市政府决策部署，增强责任感、使命感、紧迫感，确保各项改革任务加快落地落实。

（四十七）加强宣传引导。建设生态文明建设和生态文明体制改革宣传平台，广泛宣讲生态文明各项制度的内涵和改革方向，推动生态学校、生态社区、环境教育基地等各项生态细胞创建活动，充分利用好传统媒体、新媒体等宣传平台，创新宣传形式，逐步引导全县人民增强环保意识、低碳意识、节约意识，形成勤俭节约、绿色低碳、文明健康的生活方式和消费模式，营造推进生态文明建设和生态文明体制改革的良好氛围。

（四十八）加强督促落实。县委全面深化改革领导小组办公室、生态文明体制改革专项小组要加强统筹协调，对本方案落实情况进行跟踪分析和督促检查，及时研究解决实施中遇到的问题，重大问题及时向县委、县政府请示报告。

附件：叙永县生态文明体制改革路线图、时间表

附件：

叙永县生态文明体制改革路线图、时间表

表 1

主要任务		牵头单位	参与单位	叙永县主要成果形式	完成时限
一、健全自然资源资产产权制度	(一）探索建立统一的确权登记系统	县国土资源局、县农业局	县住房城乡规划建设局、县水务局、县林业局	县农业局：建立承包地确权登记管理信息系统	2017 年
				县国土资源局：积极探索对水流、森林、山岭、荒地等自然生态空间统一确权登记工作	2017 年
	(二）探索推进自然资源产权体系建设	县国土资源局	县委编办、县财政局、县环境保护局、县住房城乡规划建设局、县水务局、县农业局、县林业局	县国土资源局：按照中央和省改革方案要求，做好我县相关工作	—
	(三）改革自然资源资产管理体制	县委编办	县发展改革局、县财政局、县环境保护局、县国土资源局、县住房城乡规划建设局、县水务局、县农业局、县林业局	县委编办：按照中央和省、市改革方案要求，做好我县相关工作	—
二、建立国土空间开发保护制度	(四）加快建设主体功能区	县发展改革局	县经济商务局、县财政局、县国土资源局、县环境保护局、县住房城乡规划建设局、县水务局、县农业局、县林业局、县外侨旅游局	县发展改革局：研究制定叙永县重点生态功能区产业准入负面清单制度实施方案	2018 年
	(五）加快建立国土空间用途管制制度	县国土资源局、县住房城乡规划建设局、县环境保护局	县发展改革局、经济商务局、县住房城乡规划建设局、县水务局、县农业局、县林业局	县环境保护局：研究制定叙永县生态保护红线划定方案	2017 年
	(六）加强自然生态系统和文化自然遗产保护	县发展改革局、县住房城乡规划建设局、县林业局	县财政局、县国土资源局、县环境保护局、县水务局、县农业局	县林业局：编制国家公园体制试点方案可行性报告	2017 年
				县住房城乡规划建设局：完成风景名胜区总体规划编制工作	2017 年
				县住房城乡规划建设局：完成风景名胜区重点建设区域详细规划编制工作	2018 年
	(七）探索建立自然资源监管体制	县委编办	县发展改革局、县国土资源局、县环境保护局、县住房城乡规划建设局、县水务局、县农业局、县林业局	县委编办：按照中央和省、市改革方案要求，做好我县相关工作	—
	(八）加强城市生态建设与修复	县住房城乡规划建设局	县国土资源局、县环境保护局、县水务局、县林业局	县住房城乡规划建设局：编制叙永县规划区绿化系统专项规划	2017 年
				县住房城乡规划建设局：完成城市公园规划编制工作	2018 年
三、建立统一衔接的空间规划体系	(九）探索编制空间规划	县住房城乡规划建设局	县发展改革局、县经济商务局、县国土资源局、县住房城乡规划建设局、县环境保护局、县水务局、县农业局、县林业局	县住房城乡规划建设局：形成叙永县城市战略发展规划研究成果	2017 年
	(十）推动“多规合一”及其信息平台建设	县住房城乡规划建设局	县发展改革局、县国土资源局、县住房城乡规划建设局、县环境保护局、县经济商务局、县水务局、县农业局、县林业局	县住房城乡规划建设局：启动“多规合一”探索工作，以江门镇为试点，编制完成江门镇“多规合一”规划成果，完成叙永县“多规合一”编制工作方案	2017 年

续表 1

主要任务		牵头单位	参与单位	叙永县主要成果形式	完成时限
四、完善资源总量管理制度，推行全面节约	（十一）实行最严格耕地保护制度和土地节约集约利用制度	县国土资源局	县农业局、县林业局	县国土资源局：永久性基本农田划定成果上图入库	2017 年
	（十二）实行最严格水资源管理制度	县水务局	县发展改革局、县经济商务局、县环境保护局、县住房城乡规划建设局、县农业局	县水务局：编制完成《叙永县十三五节水型社会建设规划》	2017 年
	（十三）健全能源消费总量管理和节约制度	县发展改革局、县经济商务局	县财政局、县农业局、县林业局、县工商质监局、县统计局	县发展改革局：制定叙永县节能目标任务分解方案	2017 年
				县经济商务局：制定叙永县工业节能监察工作方案、节能减排指导意见	2017 年
	（十四）完善天然林保护制度	县林业局	县发展改革局、县财政局、县国土资源局、人民银行	县林业局：完成叙永县国有林场改革	2017 年
	（十五）完善湿地保护制度	县林业局	县财政局、县住房城乡规划建设局、县水务局、县农业局、县国土资源局	县林业局：制定出台叙永县湿地生态红线实施方案	2017 年
	（十六）完善岩溶地区等生态脆弱地区生态修复机制	县发展改革局	县财政局、县农业局、县林业局、县水务局	县发展改革局：研究制定叙永县岩溶地区生态修复方案	2017 年
	（十七）加强矿产资源开发利用管理	县国土资源局	县发展改革局、县经济商务局	县国土资源局：编制叙永县第三轮矿产资源总体规划	2017 年
				县国土资源局：1. 按照国土资源部、国土资源厅统一部署，研究制定叙永县矿山企业高效和综合利用信息公示制度方案；2. 研究制定矿山地质环境保护和土地复垦制度方案	2018 年
	（十八）推进资源循环利用	县发展改革局、县农业局	县经济商务局、县财政局、县国土资源局、县环境保护局、县城管局、县工商质监局、县统计局	县城管局：制定出台叙永县垃圾分类和处置管理办法	2017 年
				县农业局：制定叙永县畜禽养殖粪污处理利用实施方案	2018 年
五、建立健全有偿使用及多样化的生态补偿制度	（十九）推进天然气等自然资源及其产品价格改革	县发展改革局	县经济商务局、县环境保护局、县住房城乡规划建设局、县水务局、县农业局	县发展改革局：研究制定我县关于推进天然气价格机制改革的实施办法	2017 年
	（二十）落实土地有偿使用制度	县国土资源局	县经济商务局、县农业局、县林业局	县国土资源局：研究制定扩大国有土地有偿使用范围的实施办法	2018 年
	（二十一）完善矿产资源有偿使用制度	县国土资源局、县财政局		县国土资源局：完善叙永县矿业权出让制度	2018 年
	（二十二）研究推进资源环境税费改革	县财政局	县国税局、县地税局、县发展改革局、县经济商务局、县国土资源局、县环境保护局、县住房城乡规划建设局、县水务局、县农业局、县林业局	县财政局：实施清费立税，进一步理顺税费关系	与国家和省级政策要求同步
	（二十三）建立健全生态补偿机制	县发展改革局	县财政局、县国土资源局、县环境保护局、县住房城乡规划建设局、县水务局、县农业局、县林业局	县发展改革局：制定出台我县探索建立生态补偿机制改革实施方案	2017 年

续表 1

主要任务		牵头单位	参与单位	叙永县主要成果形式	完成时限
五、建立健全有偿使用及多样化的生态补偿制度	（二十四）完善生态保护修复资金使用机制	县财政局	县国土资源局、县环境保护局、县住房城乡规划建设局、县水务局、县农业局、县林业局	县财政局：研究制定我县整合相应财政专项资金的方案，用于重点支持生态保护修复项目	2017 年
	（二十五）落实耕地河湖休养生息制度	县发展改革局	县国土资源局、县水务局、县农业局、县林业局	县发展改革局：制定耕地河湖休养试点方案	2018 年
六、健全环境治理与执法体系	（二十六）完善污染物排放许可制	县环境保护局	县发展改革局、县经济商务局、县财政局、县住房城乡规划建设局、县农业局	县环境保护局：完成重点污染源排污许可证的核发工作	2017 年
	（二十七）完善大气、水、土壤污染防治区域联动机制	县环境保护局	县委编办、县发展改革局、县经济商务局、县财政局、县国土资源局、县住房城乡规划建设局、县水务局、县农业局	县环境保护局：编制叙永县环境空气质量达标规划	2017 年
	（二十八）健全农村环境治理体制机制	县住房城乡规划建设局、县城管局、县农业局	县财政局、县环境保护局	县住房城乡规划建设局：全县一级场镇实现污水处理厂全覆盖	2017 年
				县城管局：完成县生活垃圾有效治理任务，全市农村生活垃圾有效治理率达到并保持 80% 以上	2017 年
				县农业局：实施《叙永县农业面源污染综合防治实施方案》	2020 年
	（二十九）健全环境信息公开制度	县环境保护局	县发展改革局、县经济商务局、县国土资源局、县住房城乡规划建设局、县水务局、县农业局	县环境保护局：研究制定叙永县环境影响评价信息公开方案	2017 年
	（三十）建立生态环境损害赔偿制度	县环境保护局	县国土资源局、县住房城乡规划建设局、县水务局、县农业局、县林业局	—	—
	（三十一）完善环境保护管理制度	县环境保护局、县编办	县发展改革局、县经济商务局、县国土资源局、县住房城乡规划建设局、县水务局、县农业局、县林业局	县环境保护局：制定出台叙永县生态环境监测网络建设工作方案	2017 年
七、培育环境治理和生态保护的市场体系	（三十二）培育壮大环境治理和生态保护市场主体	县发展改革局、县环境保护局	县经济商务局、县财政局、县住房城乡规划建设局、县城管局	县发展改革局：研究制定叙永县培育环境治理和生态保护市场主体的实施办法	2018 年
	（三十三）探索推进用能权和碳排放权交易制度	县发展改革局	县经济商务局、县财政局、县环境保护局、县农业局、县林业局	县发展改革局：1、研究制定叙永县用能权交易工作方案；2、研究制定叙永县碳排放权交易管理暂行办法	2018 年
	（三十四）探索推进排污权交易制度	县环境保护局	县经济商务局、县财政局	县环境保护局：研究形成叙永县排污权交易研究报告	2018 年
	（三十五）积极探索水权交易制度研究	县水务局	县发展改革局、县经济商务局、县财政局	县水务局：形成叙永县水权交易研究报告	2018 年
	（三十六）探索建立绿色金融体系	人行叙永支行	县发展改革局、县经济商务局、县财政局、县国土资源局、县环境保护局、县住房城乡规划建设局、县水务局、县农业局、县林业局	人行叙永支行：制定叙永县绿色金融体系实施方案	2019 年
	（三十七）构建绿色低碳的产品发展体系	县工商质监局	县发展改革局、县经济商务局、县财政局、县环境保护局、县住房城乡规划建设局、县水务局、县农业局、县林业局	县工商质监局：制定叙永县有机产品认证示范区（县）创建工作方案	2017 年
				县工商质监局：制定国家绿色产品标准、认证、标识在我县推广实施方案	2019 年

续表 1

<table>
<tr><th colspan="2">主要任务</th><th>牵头单位</th><th>参与单位</th><th>叙永县主要成果形式</th><th>完成时限</th></tr>
<tr><td rowspan="11">八、建立生态文明绩效评价考核和责任追究制度</td><td rowspan="2">（三十八）建立绿色发展指标体系和生态文明目标评价考核体系</td><td rowspan="2">县统计局、县发展改革局、县环境保护局</td><td rowspan="2">县委组织部、县经济商务局、县国土资源局、县住房城乡规划建设局、县水务局、县农业局、县林业局</td><td>县统计局：制定叙永县绿色发展指标体系</td><td>2018 年</td></tr>
<tr><td>县发展改革局、县环境保护局：执行四川省生态文明建设目标评价考核办法</td><td>2017 年</td></tr>
<tr><td rowspan="2">（三十九）建立资源环境承载能力监测预警机制</td><td rowspan="2">县发展改革局</td><td rowspan="2">县经济商务局、县国土资源局、县住房城乡规划建设局、县环境保护局、县水务局、县农业局、县林业局</td><td>县发展改革局：执行四川省资源环境承载能力监测预警机制工作方案</td><td>2017 年</td></tr>
<tr><td>县林业局：研究建立叙永县森林资源监测体系</td><td>2017 年</td></tr>
<tr><td>（四十）探索编制自然资源资产负债表</td><td>县统计局</td><td>县国土资源局、县环境保护局、县住房城乡规划建设局、县水务局、县农业局、县林业局、县审计局</td><td>县统计局：研究编制叙永县自然资源资产负债表</td><td>2018 年</td></tr>
<tr><td>（四十一）实行领导干部自然资源资产离任审计</td><td>县审计局</td><td>县委组织部、县发展改革局、县经济商务局、县财政局、县国土资源局、县环境保护局、县住房城乡规划建设局、县水务局、县农业局、县林业局、县统计局</td><td>县审计局：制定叙永县领导干部自然资源资产离任审计试点方案</td><td>2018 年</td></tr>
<tr><td rowspan="5">（四十二）建立生态环境损害责任终身追究制</td><td rowspan="5">县委组织部、县纪委、县环境保护局、县法制办</td><td rowspan="5">县发展改革局、县经济商务局、县国土资源局、县住房城乡规划建设局、县城管局、县水务局、县农业局、县林业局、县审计局</td><td>县环境保护局：牵头制定生态环境损害责任终身追究暂行办法</td><td>2018 年</td></tr>
<tr><td>县法制办：负责暂行办法的合法性审查</td><td rowspan="4">—</td></tr>
<tr><td>县委组织部：负责对领导干部损害生态环境责任组织处理</td></tr>
<tr><td>县纪委：负责对党员干部损害生态环境责任进行责任追责</td></tr>
<tr><td>县审计局：制定叙永县领导干部自然资源资产离任审计暂行办法</td></tr>
</table>

叙永县 2017 年国民经济和社会发展统计公报 [1]

叙永县统计局　国家统计局叙永调查队

（2018 年 3 月 24 日）

2017 年，叙永县委、县政府认真贯彻落实上级决策部署，紧紧围绕“决胜全面小康，建成乌蒙山精准脱贫示范县”的目标，有效应对多重矛盾交织和多重困难叠加的严峻考验，出色完成繁重艰巨的脱贫、环保及改革发展稳定任务，全县综合实力稳步提升，动能接续加快推进，脱贫攻坚再战再胜，环境保护成绩显著，社会事业全面进步。

一、综合

经市统计局审定，全年地区生产总值 [2] 115.36 亿元，比上年增长 7.7%。其中，第一产业增加值 22.31 亿元，增长 3.9%；第二产业增加值 46.31 亿元，增长 9.1%；第三产业增加值 46.75 亿元，增长 8.1%。第一产业增加值占地区生产总值的比重为 19.3%，第二产业增加值比重为 40.1%，第三产业增加值比重为 40.5%，比上年同口径提高 1.1

个百分点。全年人均地区生产总值 19849 元，比上年增长 7.5%。

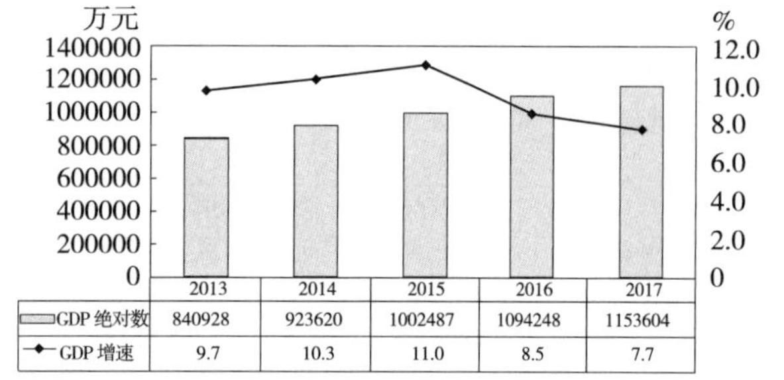

图 1　2013—2017 年全县地区生产总值及其增速

注：因 R&D 计入地区生产总值，2016 年 GDP 基数有调整

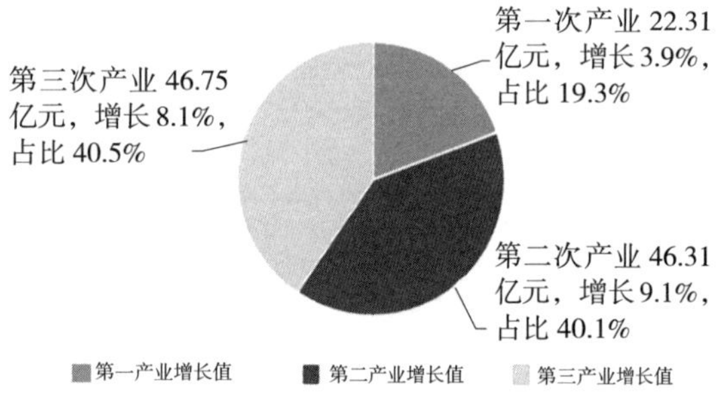

图 2　2017 年全县三次产业比重

注：因 R&D 计入地区生产总值，2016 年 GDP 基数有调整

年末全县户籍人口 72.51 万人，比上年末增加 0.1 万人。其中，城镇人口 17 万人，占户籍人口比重（户籍人口城镇化率）为 23.4%，同比提高 2.3 个百分点。全县常住人口 58.16 万人，比上年末增加 0.08 万人。其中，城镇常住人口 19.87 万人，占常住人口比重（常住人口城镇化率）为 34.16%，同比提高 1.57 个百分点。全年出生人口 12044 人，出生率为 16.45‰；死亡人口 7113 人，死亡率为 11.62‰；自然增长率为 4.83‰。

全县 2017 年年末户籍人口数及其构成表

表 1

指　标	年末数（人）	比重（%）
全县总人口	725070	100.0
其中：城镇	169995	23.4
乡村	555075	76.6
其中：男性	381587	52.6
女性	343483	47.4
其中：0—17 岁	176574	24.4
18—34 岁	164840	22.9
35—59 岁	262676	36.4
60 岁及以上	120980	16.4

全年城镇新增就业 3962 人。年末城镇登记失业率为 3.63%。

全年居民消费价格比上年上涨 0.1%。分类别看，八大类商品和服务价格同比涨幅呈“七升一降”的态势。其中，衣着、居住、生活用品及服务、交通和通信、教育文化和娱乐、医疗保健、其他用品和服务分别上涨 3.5%、0.4%、1.3%、2.1%、2.3%、1.4%、2.5%；食品烟酒下降 2.9%。商品零售价格比上年上涨 0.5%，农业生产资料价格下降 1.0%。

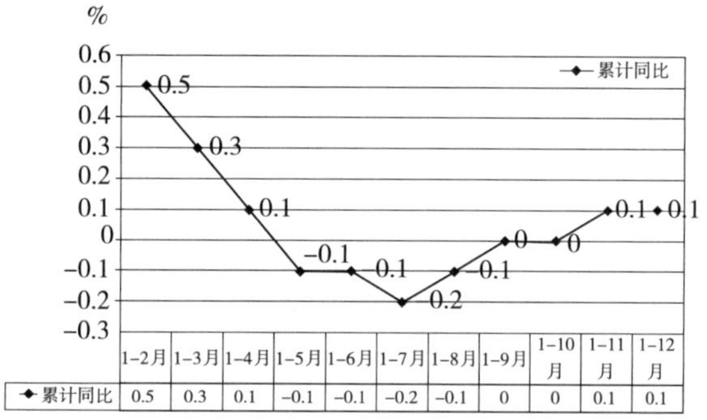

图 3　2017 年居民消费价格累积涨跌幅度

2017 年居民消费价格比上年涨跌幅度表

表 2

指　标	涨跌幅度
居民消费价格总指数	0.1
其中：食品烟酒	−2.9
衣着	3.5
居住	0.4
生活用品及服务	1.3
交通和通信	2.1
教育文化和娱乐	2.3
医疗保健	1.4
其他用品和服务	2.5

全年地方一般公共预算收入 7.1 亿元，完成调整任务的 100%。其中，税收收入 4.86 亿元，比上年增长 6.1%。

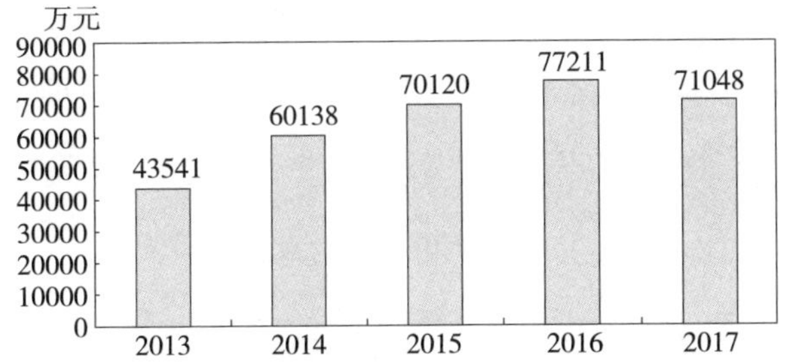

图4 2013—2017年全县地方一般公共财政预算收入

注：图中2013—2016年数据为全县一般公共财政预算收入决算数，2017年为执行数。

二、农业

全年粮食种植面积6.06万公顷，比上年增加486公顷。其中，小麦种植面积252公顷，减少3881公顷；稻谷种植面积1.82万公顷，增加79公顷；玉米种植面积1.77万公顷，增加3820公顷。油料种植面积3210公顷，增加291公顷。糖料种植面积93公顷，与去年持平。

全年粮食产量24.6万吨，比上年增加986吨，增产0.4%。其中，夏粮产量4.25万吨，增产4.9%；秋粮产量20.35万吨，减产0.5%。全年谷物产量17.6万吨，比上年减产5.1%。其中，稻谷产量11.4万吨，增产1.5%；小麦产量410吨，减产93.9%；玉米产量6.0万吨，增产18.1%。

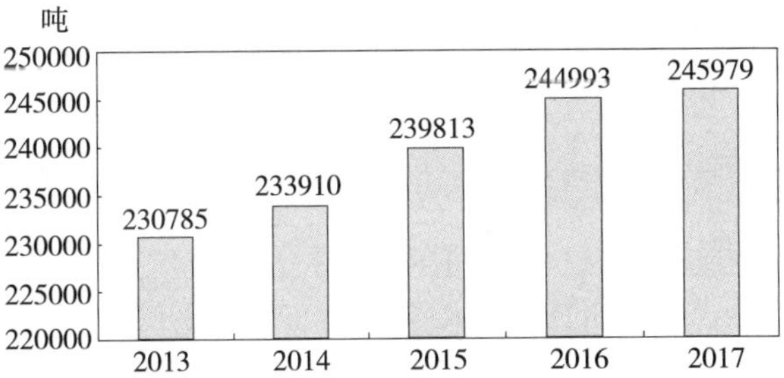

图5 2013—2017年全县粮食总产量

全年油料产量5646吨，比上年增产10.0%。糖料产量2094吨，与去年持平。茶叶产量1326吨，增产4.1%。

全年肉类总产量3.59万吨，比上年下降6.7%。其中，猪肉产量3.0万吨，下降7.3%；牛肉产量4005吨，增长0.2%；羊肉产量129吨，增长3.2%；禽肉产量1925吨，下降11.0%。禽蛋产量1162吨，下降2.4%。牛奶产量90吨，下降5.3%。年末生猪存栏34.46万头，下降2.0%；生猪出栏41.92万头，下降6.9%。牛存栏12.78万头，增长0.9%；牛出栏3.23万头，下降0.8%。羊存栏1.52万只，下降0.8%；羊出栏0.67万只，增长2.9%。

全年水产品产量2572吨，比上年增长3.5%。其中，淡水养殖水产品产量2526吨，增长5.5%；淡水捕捞水产品产量46吨，减少49%。

全年商品木材产量4.18万立方米，比上年下降6.1%。大径竹材产量258万根，增长1.4%。小杂竹材产量51万吨，增长4.1%。

全年新增耕地灌溉面积870公顷，新增节水灌溉面积90公顷。

三、工业和建筑业

全年全部工业增加值39.8亿元，比上年增长9.0%。规模以上工业增加值增长6.8%。其中，煤炭开采和洗选行业下降7.5%；建材及玻璃行业增长11.0%；食品、酒和饮料行业增长10.2%；电力及燃气行业增长9.8%；竹木及家具行业增长9.5%；硫铁矿开采行业增长7.4%；化工行业增长2.5%；造纸行业增长1.4%。

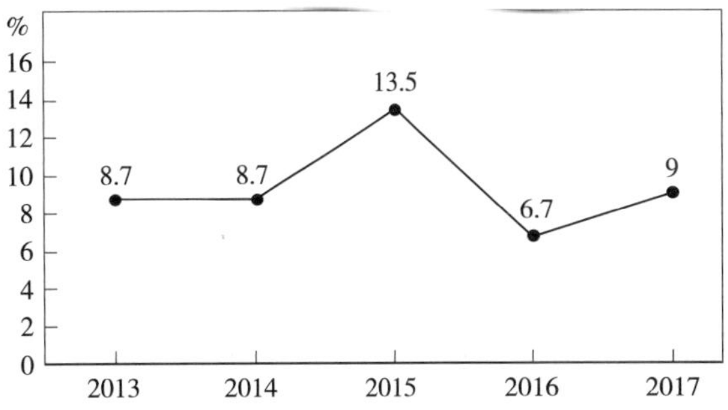

图6 2013—2017年全县全部工业增加值增速情况

全年规模以上工业企业主营业务收入50.32亿元，比上年增长13.8%；实现利润1.15亿元，下降18.5%；主营业务收入利润率为2.3%。

2017 年全县主要工业产品产量及其增速表

表 3

产品名称	单位	产量	比上年增长（%）
原煤	万吨	118	40.5
发电量	万度	17800.0	-8.7
水泥	万吨	118.6	10.1
机制纸及纸板	吨	16530	-39.7
硫酸	吨	109571	2.1
白酒	千升	9216	-15.9

全年全社会建筑业增加值 6.5 亿元，比上年增长 9.5%。全县具有建筑业资质的所有独立核算建筑业企业总产值（含省外）14.15 亿元，增长 16.4%。

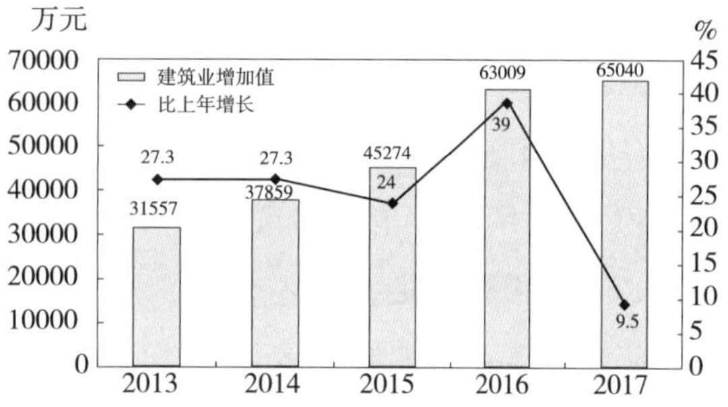

图 7　2013—2017 年全县建筑业增加值及其增速

四、固定资产投资

全年全社会固定资产投资 166.29 亿元，比上年增长 21.7%。其中，固定资产投资（不含农户）161.59 亿元，增长 22.3%。分类别看，基础设施投资 77.31 亿元，增长 59.7%；产业投资 30.22 亿元，下降 29.8%；民生及社会事业投资 37.37 亿元，增长 46.1%；房地产开发投资 19.2 亿元，下降 1.0%；其他投资 2.18 亿元，增长 11 倍。

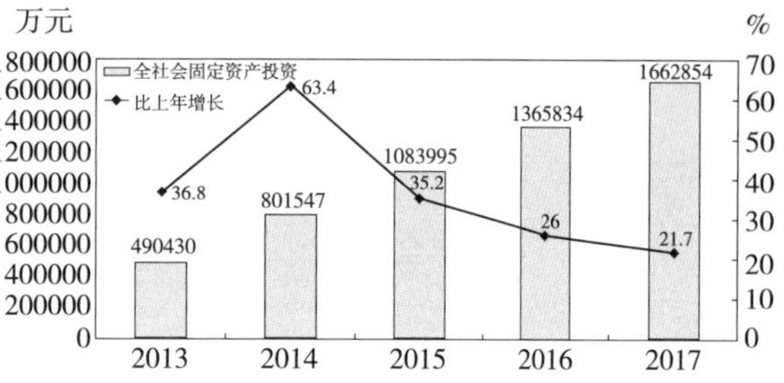

图 8　2013—2017 年全县全社会固定资产投资

在固定资产投资中，第一产业投资 7.69 亿元，比上年增长 2.5%；第二产业投资 33.76 亿元，下降 19.1%；第三产业投资 124.84 亿元，增长 42.9%。

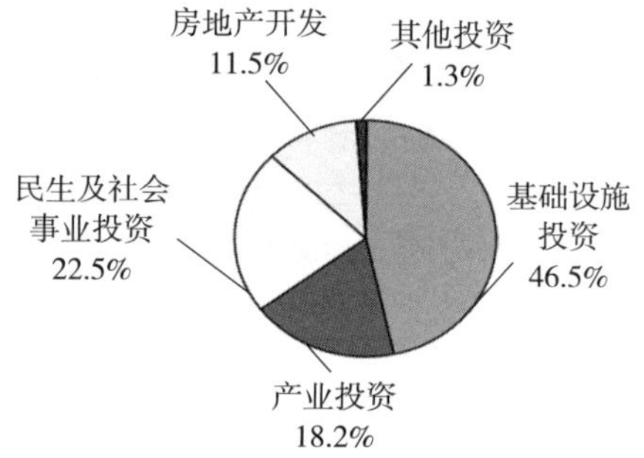

图 9　2017 年按领域分固定资产投资及其占比

2017 年分行业固定资产投资及其增速表

表 4

行业	投资额（万元）	比上年增长（%）
总计	1662854	21.7
农、林、牧、渔业	80641	7.6
采矿业	73329	-59.1
制造业	133850	-10.4
电力、热力、燃气及水生产和供应业	125276	46.0
建筑业	5096	88.7
批发和零售业	29609	-27.0
交通运输、仓储和邮政业	553751	78.1
住宿和餐饮业	0	-100.0
信息传输、软件和信息技术服务业	0	-100.0
金融业	0	—
房地产业	449376	35.7
租赁和商务服务业	0	—
科学研究和技术服务业	0	—
水利、环境和公共设施管理业	129093	3.5
居民服务、修理和其他服务业	10960	35.3
教育	41999	22.0
卫生和社会工作	6175	136.5
文化、体育和娱乐业	4126	-13.7
公共管理、社会保障和社会组织	19573	1060.9

全年房地产开发投资 19.2 亿元，比上年下降 1.0%。其中，住宅投资 12.3 亿元，下降 2.3%；商业营业用房投资 5.51 亿元，增长 8.1%。年末商品房待售面积 28.95 万平方米，比上年末增加 16.67 万平方米。

农村地区建档立卡贫困户危房改造 1585 户，

易地搬迁 5743 户。

2017 年房地产开发和销售主要指标及其增速表

表 5

指标	单 位	绝对数	比上年增长（%）
投资额	万元	192018	−1.0
其中：住宅	万元	122962	−2.3
其中：90 平方米及以下	万元	15900	−51.8
房屋施工面积	平方米	2077977	13.1
其中：住宅	平方米	1408636	18.1
房屋新开工面积	平方米	652160	−2.0
房屋竣工面积	平方米	753152	95.6
其中：住宅	平方米	554631	137.2
商品房销售面积	平方米	391304	21.1
其中：住宅	平方米	316262	12.2
本年资金来源	万元	184037	−8.3
其中：国内贷款	万元	10021	110.7
个人按揭贷款	万元	34955	−15.5

五、贸易

全年社会消费品零售总额 70.31 亿元，比上年增长 13.3%。按经营地统计，城镇消费品零售额 43.7 亿元，增长 13.3%；乡村消费品零售额 26.6 亿元，增长 13.1%。按消费类型统计，商品零售额 61.52 亿元，增长 14.4%；餐饮收入额 8.79 亿元，增长 5.9%。

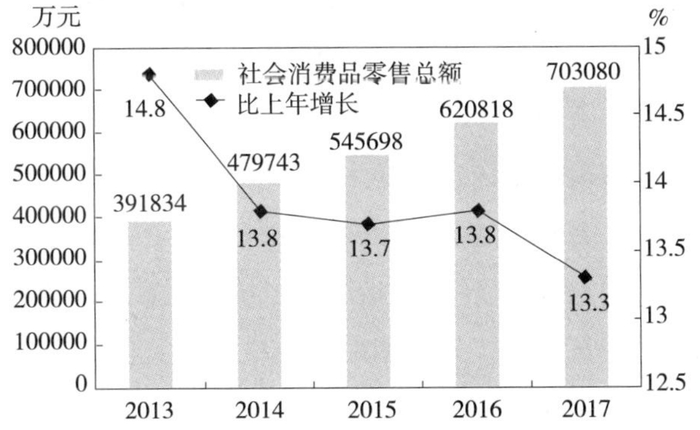

图 10　2013—2017 年全县社会消费品零售总额及其增速

在限额以上企业商品零售额中，粮油、食品、饮料、烟酒类零售额比上年增长 20.2%，服装、鞋帽、针纺织品类增长 18.3%，化妆品类增长 32.9%，金银珠宝类增长 44.4%，日用品类增长 46.1%，体育、娱乐用品类增长 104.3%，家用电器和音像器材类增长 31.1%，中西药品类增长 17.7%，文化办公用品类增长 30.8%，家具类增长 24.2%，石油及制品类增长 14.0%，建筑及装潢材料类增长 36.3%，汽车类增长 27.7%，其他类增长 26.7%。

六、交通、邮电和旅游

全年公路旅客周转量 52031 万人公里，比上年下降 12.1%；公路货物周转量 96853 万吨公里，增长 9.2%。水路货物周转量 23998 万吨公里，增长 11.6%。

年末全县拥有营运载客汽车 634 辆，客位 9962 个。其中，小型车 370 辆，轿车 80 辆，中型以上汽车 184 辆。拥有载货汽车 1413 辆，其中大型普通载货汽车 661 辆，中型普通载货汽车 116 辆，小型普通载货汽车 95 辆，专用载货汽车 541 辆。

全年完成邮政业务总量 4438 万元，比上年下降 10.3%。邮政业全年完成邮政函件业务 1.78 万件，包裹快递业务 15.34 万件。

全年接待旅游人数 412.29 万人，比上年增长 42.8%。旅游总收入 31.91 亿元，增长 49.0%。

七、金融

年末全县各项存款余额 144.86 亿元，比年初增加 17.17 亿元。其中，城镇居民储蓄存款余额 58.04 亿元，增加 6.85 亿元；农村居民储蓄存款余额 48.48 亿元，增加 4.65 亿元。全县各项贷款余额 85.77 亿元，比年初增加 12.36 亿元。其中，住户贷款余额 49.62 亿元，增加 6.39 亿元；非金融企业及机关团体贷款余额 36.14 亿元，增加 5.97 亿元。

年末农村商业银行各项存款余额 58.42 亿元，比年初增加 8.5 亿元。其中，个人存款余额 48.48 亿元，增加 4.65 亿元；单位存款余额 9.94 亿元，增加 3.85 亿元。各项贷款余额 34.31 亿元，比年初增加 4 亿元。其中，短期贷款余额 6.04 亿元，增加 2.46 亿元；中长期贷款余额 27.7 亿元，增加 1.06 亿元。

2017 年年末全部金融机构本外币存贷款余额及其增速表

表 6

指　标	年末数（万元）	比年初增减数（万元）	比上年末增长（%）
全社会各项存款余额	1448582	171697	13.4
其中：境内存款	1448496	171700	13.4
其中：住户存款余额	1065201	115046	12.1
其中：城镇居民储蓄存款余额	580394	68542	13.4
农村居民储蓄存款余额	484807	46504	10.6
境外存款	86	−3	−3.4
全社会各项贷款余额	857662	123617	16.8
其中：境内贷款余额	857662	123617	16.8
其中：住户贷款余额	496215	63887	14.8
其中：短期贷款余额	74810	25156	50.7
中长期贷款余额	421405	38731	10.1
非金融企业及机关团体贷款余额	361448	59730	19.8
其中：短期贷款余额	47778	8789	22.5
中长期贷款余额	307896	46155	17.6
票据融资余额	5774	4787	485

八、人民生活和社会保障

全年全体居民人均可支配收入 14829 元，比上年增长 10.0%。按常住地分，城镇居民人均可支配收入 23880 元，增长 8.3%；农村居民人均可支配收入 10897 元，增长 10.0%。

全体居民人均消费支出 10888 元，比上年增长 5.2%。按常住地分，城镇居民人均生活消费支出 16022 元，增长 5.2%；农村居民人均生活消费支出 8657 元，增长 4.3%。恩格尔系数为 46.4%，比上年下降 1.2 个百分点，其中城镇为 43.9%，农村为 48.4%。

2017 年全体居民人均可支配收入情况表

表 7

指标名称	单位	居民人均可支配收入	城镇住户	农村住户
人均可支配收入	元	14829	23880	10897
其中：工资性收入	元	7666	14365	4756
经营净收入	元	3635	3252	3801
财产净收入	元	572	1328	243
转移净收入	元	2957	4936	2097

2017 年全体居民人均消费支出情况表

表 8

指标名称	单位	居民人均消费支出	城镇住户	农村住户
消费支出	元	10888	16022	8657
其中：食品烟酒	元	5053	7031	4193
衣着	元	674	1203	444
居住	元	2007	2641	1732
生活用品及服务	元	663	855	580
交通通信	元	865	1358	651
教育文化娱乐	元	737	1237	520
医疗保健	元	641	1132	427
其他用品和服务	元	247	567	108

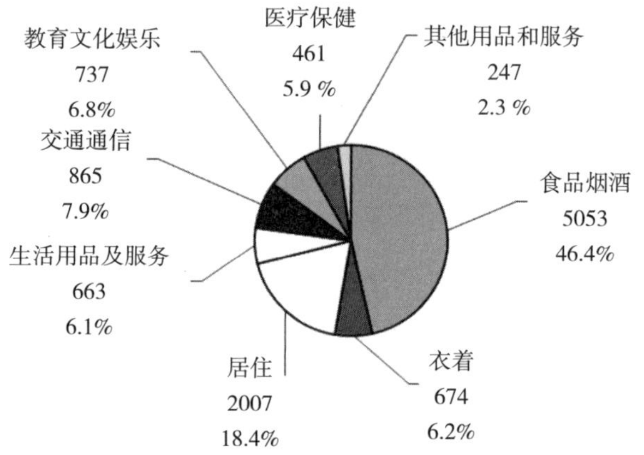

图 11　2017 年全体居民人均消费支出及其构成

年末全县参加城镇职工基本养老保险人数 4.95 万人，比上年末增加 0.42 万人。参加城乡居民基本养老保险人数 17.8 万人，增加 0.61 万人。参加城镇基本医疗保险人数 64.65 万人，减少 1.19 万人。其中，参加职工基本医疗保险人数 3.9 万人，增加 0.07 万人；参加城乡统筹居民基本医疗保险（新口径）人数 60.75 万人，减少 1.25 万人。参加失业保险人数 2.08 万人，增加 0.16 万人。年末全县领取失业保险金人数 684 人。参加工伤保险人数 2.14 万人，增加 0.08 万人，其中参加工伤保险的农民工 8408 人，减少 26 人。参加生育保险人数 2.34 万人。年末全县共有 4887 人享受城市居民最低生活保障，3.82 万人享受农村居民最低生活保障，3154人享受农村特困人员救助供养。全年资助2.59万人参加基本医疗保险。国家抚恤、补助各类优抚对象5793人。全年社会捐款112.5万元。贫攻坚再战再胜，顺利通过省级脱贫考核验收，完成42个贫困村退出、13535人减贫。

九、教育、科学技术和文化体育

全年中等职业教育招生1224人，在校生3139人，毕业生1051人。普通高中招生3092人，在校生8763人，毕业生2911人。初中招生11106人，在校生30499人，毕业生8667人。普通小学招生7514人，在校生57709人，毕业生11398人。特殊教育招生158人，在校生814人，毕业生192人。学前教育在园幼儿1.92万人。

全年开展送文化下乡、广场文化活动、元旦春节文化活动100余场。全县25个乡镇建成综合文化站，231个行政村建成农家书屋。全县现有省级非物质文化遗产4项，市级25项，县级16项。流动图书借阅服务惠及25个乡镇和42个贫困村。完成农村公益电影放映近3000场，完成12个行政村固定电影放映点建设。春秋祠纪录片《春秋祠里盐商传奇》成功在央视《国宝档案》栏目上映。叙永形象片从九月下旬开始在央视微信平台1号线上推出，并在中央1台《鸟瞰中国》中播出。《护国英雄》获得电视社教专题提名奖。广泛开展群众性体育活动，全年举办群众体育活动50场以上，新增运动场地1.1万平方米，人均体育活动面积达到1.45平方米以上，体育场馆免费开放人数达23万人次。在全国空手道俱乐部争霸赛四川站比赛中，全县26名参赛运动员共获得11金7银11铜的佳绩。

十、卫生和社会服务

年末全县共有医疗卫生机构513个，其中医院9个，在医院中有公立医院3个，民营医院6个；基层医疗卫生机构503个，其中乡镇卫生院25个，社区卫生服务中心（站）8个，门诊部（所）53个，村卫生室417个；专业公共卫生机构即疾病预防控制中心1个。年末卫生技术人员2288人，其中执业医师和执业助理医师750人，注册护士1019人。医疗卫生机构床位2373张，其中医院1138张，乡镇卫生院1235张。

年末全县共有养老服务机构26个，养老服务床位2343张；社区服务指导中心1个，社区服务中心1个，社区服务站36个，社区养老机构和设施6个，社区互助型养老设施46个；社区日间照料床位数521张；社区留宿照料床位数730张。

十一、资源、环境和安全生产

全年全县供应国有建设用地使用权25宗，供应土地面积134.46公顷。其中，公共管理与公共服务用地4.18公顷，水域及水利设施用地21.8公顷，工矿仓储用地10.48公顷，交通设施用地92.75公顷，商业和住宅用地5.1公顷，公园绿地0.13公顷。

全年降水总量1134.2毫米。平均气温为18.8℃，与上年持平。

全年完成造林面积7534公顷，其中人工造林面积4867公顷，占全部造林面积的64.6%。森林抚育面积800公顷。年末实有森林管护面积70566公顷。

初步核算，全年全县规模以上工业企业能源消费总量29万吨标准煤，比上年下降7.6%；煤炭消费量47.24万吨，增长1.2%，占能源消费总量的86.8%；天然气消费量1321万立方米，占总量的4.5%；电力消费量29595万千瓦时，下降2.2%；吨水泥综合能耗与同期持平。

年末城市建成区绿地面积446公顷，增长7.2%；建成区绿地率为30.18%，提高0.04个百分点；人均公园绿地面积9.2平方米，增加0.17平方米。

全年共发生各类伤亡事故45起，比上年下降25.0%；死亡14人，下降22.2%；受伤51人，下降7.3%；直接经济损失43.2万元，下降11.1%。亿元GDP生产安全事故死亡率为0.127；工矿商贸10万人死亡率为2.01；道路交通万车死亡率为1.82；煤矿百万吨死亡率为0。

注释：

① 本公报中数据均为初步统计数。正式数据以《叙永统计年鉴—2017》为准。部分数据因四舍五入的原因，存在着与分项合计不等的情况。

② 公报中地区生产总值、各产业增加值绝对数按当年价格计算，增长速度按可比价格计算。地区生产总值核算执行国家统计局新的《国民经济行业分类》和《三次产业划分规定》，即第一产业是指农、林、牧、渔业（不含农、林、牧、渔服务业）；第二产业是指工业（不含开采辅助活动，金属制品、机械和设备修理业）和建筑业；第三产业即服务业，是指除第一产业、第二产业以外的其他行业。

资料来源：

本公报中户籍人口、户籍人口城镇化率数据来自公安局；城镇新增就业、登记失业率、社会保障数据来自人力资源社会保障局；价格指数、居民收支数据来自国家统计局叙永调查队；财政数据来自财政局；货币金融数据来自人民银行；水产品产量数据来自农业局；木材产量、林业数据来自林业局；灌溉面积、水资源数据来自水务局；公路、水路运输数据来自交通运输局；农村地区建档立卡贫困户危房改造、建成区绿地面积数据来自住房城乡规划建设局；邮政业务数据来自邮政局；旅游数据来自外侨旅游局；城乡低保、农村特困人员救助供养、社会服务数据来自民政局；农村地区建档立卡贫困户易地搬迁数据来自脱贫攻坚领导小组办公室；脱贫人数来自扶贫移民局；教育数据来自教育局；艺术表演团体、公共图书馆、文化馆、广播电视、体育数据来自文体广局；卫生数据来自卫生计生局；国有建设用地供应数据来自国土资源局；平均气温、降水总量数据来自气象局；安全生产数据来自安全监管局；其他数据均来自统计局。